グローバル化する〈正義〉の人類学

国際社会における法形成とローカリティ

細谷広美・佐藤義明 編

昭和堂

目次

序章　グローバル化する正義とローカリティ……細谷広美　1
正義の規範化と法
1　グローバル化と境界　1
2　国民国家から地球市民社会へ　3
3　国際社会と正義《ジャスティス》　4
4　グローバル化と正義《ジャスティス》　8
5　法人類学における新たな潮流　13
6　本書の構成　15

第Ⅰ部　グローバル化と移行期正義

第1章　グローバル化する移行期正義と先住民
ローカリティを代表／代弁するのは誰か？……細谷広美　27
1　グローバル化と正義、文化――ネイティヴとは誰か？　27
2　移行期正義の系譜　29
3　南アメリカと移行期正義、真実委員会、和解　30
4　グローバル化する移行期正義　32
5　ペルーの国内紛争　35
6　ペルー真実和解委員会と二つの異なる暴力　39
7　ペルー社会と移行期正義　41
8　ジェノサイド条約と先住民の大規模虐殺　43
9　移行期正義と先住民――秘密墓地の発掘　45
10　おわりに　54

第2章　真実と正義を求めるグローバルな動き
アルゼンチンの経験と国際社会の変化……杉山知子　65
1　はじめに　65
2　冷戦期のアルゼンチン　66
3　アルゼンチンにおける真実と正義を求める動き　73
4　アルゼンチンの経験と移行期正義を求める動き　77
5　おわりに　85
第3章　和解と忘却
ソロモン諸島における真実和解委員会の活動が意味するもの……関根久雄　91
1　ソロモン諸島概観　91
2　エスニック・テンションの経緯　93
3　移行期正義と真実和解委員会　96
4　ソロモン諸島の真実和解委員会　98
5　「赦す」――ナショナルとローカル、二つの正義　105
6　おわりに　110

第4章　アムネスティの国際法上の意義と限界……………………………………洪　恵子　117
1　はじめに——問題の所在　117
2　アムネスティの概念　119
3　国際法から見たアムネスティの展開　122
4　アムネスティとコア・クライム　126
5　おわりに　133

第Ⅱ部　正義と法のインターフェイス

第5章　国家の開発促進と先住民の権利
マプチェの自決権要求とチリ政府の緊張関係
……………ジャンヌ・W・シモン&クラウディオ・ゴンサレス - パラ　139
1　はじめに　139
2　国際連合と先住民　141
3　国際連合の持続的開発目標と「先住民の開発」　146
4　先住民の権利の枠組および先住民開発の政府による実施　148

5　独裁政権後のチリにおける先住民開発の促進と尊重　151
6　おわりに　159

第6章　ジャスティスの追求とヒュブリス
コソボの「独立」は正義を実現したか？……佐藤義明　167
1　はじめに　167
2　「悪」の創造——前史から一九九九年まで　171
3　暴力による「正義」の追求——一九九九年のＮＡＴＯによる武力攻撃　174
4　権限の踰越と簒奪——一九九九年以降の国連による暫定統治　176
5　「法の支配」からの免除——「違法であるが正当」および「唯一の事例」　183
6　司法判断の回避——二〇一〇年の国際司法裁判所による勧告的意見　185
7　おわりに　191

第7章　性暴力と裁判
フィリピン戦が伝えるもの……岡田泰平　199
1　はじめに——性暴力の過去をさかのぼる　199
2　一次資料の構造と初期調査　204
3　（A）初期調査報告　205

4　（B）捜査報告書になった事例　209
5　「勧告」のなかの性暴力　214
6　（C）訴追段階における性暴力　216
7　おわりに——マニラ裁判と国際法　222

第Ⅲ部　人類学の現場から

第8章　国家を代替する社会
東アフリカ遊牧社会におけるローカル・インジャスティス……湖中真哉　233
1　はじめに——ジャスティスからインジャスティスへの視座転換　233
2　東アフリカ遊牧社会における紛争事例の概要　238
3　ローカル・インジャスティス状況における拷問と和解　242
4　おわりに——国家を代替する社会　249

第9章　待つことを知る社会の正義
東アフリカ民族誌からのオルタナティブ・ジャスティス論……石田慎一郎　261

1　はじめに——ケニア三社会の比較から　261
2　待つということ——イゲンベ農村での内省的考察　263
3　オルタナティブ・ジャスティス——呪縛圏を脱出する二つの方法　268
4　赦しと怒り——交渉を停止する二つの方法　272
5　おわりに——ふたたび待つということについて　275

第10章　福祉国家における難民の社会統合
ビルマ（ミャンマー）難民のフィンランドへの第三国定住……久保忠行　281

1　はじめに　281
2　国家による難民の受け入れ　284
3　フィンランドでの定住生活　289
4　フィンランドにおける難民の社会統合　301

第11章　宗教と「正義」
ミャンマーにおける仏教徒女性婚姻法制定をめぐって……土佐桂子　309

1　はじめに——宗教多元的状況における「ジャスティス」　309
2　婚姻法制定の経緯　311
3　草案の変化と批判のプロセス　316

4　法律をめぐる歴史と法律制定を支える階層　322
5　おわりに——法律制定運動で何がとりのこされたか　329
おわりに……339
索　引……iii

序章　グローバル化する正義とローカリティ
正義の規範化と法

細谷広美

1　グローバル化と境界

国際社会は国家を基本単位としてきたが、グローバル化はこのような国際社会に質的変容をもたらしてきた。[*1] また、「他者」の存在は法の境界を揺るがせてきた。本書は、人類学者を中心に、国際法、政治学、歴史学、社会学の専門家が集まり、学際的議論をすることで、グローバル化の進展にともない国際社会において共通の規範としての正義（ジャスティス）が形成されるプロセスとそのダイナミズムを、ローカリティとの関係性という具体的なコンテクストから、法との関係を中心に検討することを目指す。

二〇一七年の全米人類学会（American Anthropological Association：AAA）は、AAAの本部があるワシントンDCで開催された。全米人類学会は一九〇二年に創設され全米のみならず世界各地の人類学者、人類学徒一万人以上の会員を有する世界最大の人類学関係の学会である（AAAのホームページより）。[*2] 二〇一七年はワシントンDCで開催されたこともあり、世界銀行の第一二代総裁で韓国系アメリカ人のジム・ヨン・キム博士と、ポール・ファーマー博士の基調対談が行われた。ともに医師であり人類学を修め、一九八七年に医療NGO（Non-Governmental Organization：非政府組織）の「パートナーズ・イン・ヘルス（Partners in Health: PIH）」を仲間たちとともに創設し、ハイチ、ペルー、ルワンダなどの貧困地域に医療を提供してきた盟友である。[*3] 両者の活躍は社会における人類学の可能性の一つを示している。[*4]

ワシントンDCでは住人がオバマ大統領からトランプ大統領に代わったホワイトハウスで恒例のクリスマスツリーの点灯式が行われ、夜になると外はかなり冷え込むようになっていた。しかし、街のなかにはホームレスの人々の姿が目立った。アメリカ合衆国の首都であることから、世界銀行をはじめとする世界各地の開発や貧困対策に従事する国際機関、NGOが集まる瀟洒な街並みのなかで、足元には国内の人々がホームレスとなって寝ているというのは、考えさせられる光景であった。

筆者がフィールドワークを行ってきているペルーの首都リマのバスは、貧困地区から高級住宅地までを通る。物理的にはそれほどでもない距離の間で、いわば「先進国」と「開発途上国」の間を行き来するかのように風景が変化していき、住民の人種的背景も変化していく。貧困地区の住民のなかには、高級住宅地にある雇い主の家で働くために、毎朝二時間以上かけてバスで移動する人々もいる。人類学者は、外部者であることから社会階層を横断して移動することができるため、ある時はプール付きの豪邸が並ぶゲーテッド・コミュニティのなかにある家を訪れ、ある時は目的の家を探すことが難しい貧困地区にある廃材を集めてつくった家を訪れることがある。ゲーテッド・コミュニティの入り口は銃を持つ警備員がコントロールし、住民は多言語の海外番組を視聴し、インターネットを通じて世界とつながる。そこでは「同じ○○人」ということが難しいような、圧倒的な貧富の格差や、グローバル化の恩恵にあずかることができる人々とそこから排除される人々の距離を目の当たりにする。しかし、その距離は物理的な距離ではなく、実際には車で十分程度の距離であったり、貧困層と富裕層の地区を隔てる壁一枚であったりする。

トランプ大統領は、メキシコとの国境に壁をつくることを公約としたが、アメリカ合衆国とメキシコとの国境を越える移民はメキシコ人ばかりではない。メキシコは移民供出国であり、受け入れ国であり、中米からの移民たちの通過国でもある。また、往々にして看過されることであるが、南北問題という枠組みのなかで南側に位置づけられてきたラテンアメリカ諸国の多くはすでに貧困国ではない。ブラジルの名目GDP（国内総生産）は世界第八位であり、旧植民地宗主国のポルトガルを抜いている。メキシコも世界第一五位であり、第一四位の旧宗主国のスペインと競っている（IMF 2017）。つまり、移民は必ずしも貧しい国から豊かな国に移住しているというわけではないのである。もちろん、治安の悪化、著しい暴力、深刻な経済危機や政治的危機などがその要因ともなる。しかし、一方で国内に存在する経済格差や様々な差別という「境界」を乗り越えることが困難であるが故に、国境という「境界」を越える人々が存在する。とりわけラテンアメリカでは、貧富の差が、植民地支配のレガシーとしての人種・民族差別と密接に関係している。実際、中米にはアメリカ合衆国への労働移住を経験することで、母語である先住民言語に次ぐ第二言語が、公用語のスペイン語ではなく英語である人々が存在する。

2　国民国家から地球市民社会へ

ベネディクト・アンダーソンは、国民国家を「想像の共同体（Imagined Communities）」と位置づけ、小規模の共同体と異なり、対面状況で接することがない人々が「想像」によって結びつく、しかし、空想ではなく人々を突き動かす愛着《アタッチメント》を伴う共同体であるとした（アンダーソン 二〇〇七）。今日、グローバル化が進展するなか、私たちは国家を超える社会や共同体を「想像する」ようになり、「地球（グローバル）共同体」あるいは「地球市民社会」という言葉が使用されるようになってきている。地球市民社会は、個々人の位置《ポジション》によって関係性の強度の差があり、領域国家のような領土を有さず、物理的制約をもたず、非恒常的な無数の集団を含む。

アンダーソンは国民の形成過程において、言語と「出版資本主義」に注目している。たとえば新聞をとりあげ、国語が形成され、国民が同じ言語の新聞を読み、国家の領域内で起こっている出来事を同時的に共有し、時間を共有するに至る過程を描き出した。国際社会においては急速に英語が共通言語になりつつある一方で、翻訳や通訳ツールの技術的進歩が見られる。そして、私たちはグリニッジ標準時間を基準に、たとえば金融の世界ではお互いの株式市場が開く時間を知る。また、テレビ、新聞、インターネットを通じて世界で起こっている出来事の情報を、臨場感あふれる映像を含め瞬時に共有する。パリで起こった同時多発テロやワールドカップの結果といった出来事を、オンタイムで情報として受け取り共有し、チリの鉱山労働者や洞窟に閉じ込められたタイの少年たちの救出作業を見守る。人類学者のクリフォード・ギアツは「劇場国家」について論じたが、私たちは世界各地で起きる出来事の「観衆」となる。さらに、インターネットを利用してソーシャル・メディアを含めて様々なかたちで国境を越えるコミュニケーションが行われている。国際社会は国家を基本単位としているとはいえ、それを越える新たな公共空間が生まれ、「地球市民社会」がイメージされるようになってきているのである。

グローバル化が進展し、「地球市民社会」がイメージされつつあることと並行して、国際社会では、環境、貧富の差、移民・難民、感染症、紛争、ジェンダーなど、グローバルな課題（グローバル・イシュー）への取り組みが行われてきている。このことは同時に価値観の共有、基盤となる共通の規範、基準をつくる必要性を生み出している。

3　国際社会と正義《ジャスティス》

第一次世界大戦、第二次世界大戦という二つの世界大戦を経て、国際社会では共通規範としての正義を形成するためにこれまで様々な取り組みが行われてきた。なかでも平和や人権を守るために個々の国家の枠を超えた新たな試みが行われている。第一次世界大戦後の一九二一年に設立された常設国際司法裁判所（Permanent Court of International

Justice: PCIJ）は、国際社会における史上はじめての普遍的な常設の司法裁判所であった。常設国際司法裁判所は、第二次世界大戦後に設立された国際司法裁判所（International Court of Justice: ICJ）に、かたちをかえて引き継がれている。国際司法裁判所は、国家間の紛争を解決する国際連合（以下、国連）の主要な司法機関であり、国際司法裁判所規程（一九四五年発効）に基づき一九四六年に活動を開始している。

第二次世界大戦の終結を機に開かれたニュルンベルク裁判、極東国際軍事裁判いわゆる東京裁判という二つの国際軍事裁判では、従来の「戦争犯罪」に「人道に対する罪」「平和に対する罪」が訴因として加わった。さらに、それまで国家間で行われる戦争においては、戦争の責任は国家に帰されてきたが、これらの裁判では個人の刑事責任が問われ、個人にも戦争の責任が課せられた。

一九四八年一二月九日の国連総会では、「集団殺害罪の防止および処罰に関する条約」、通称ジェノサイド条約（一九五一年一月一二日発効）が採択されている。ジェノサイド（genocide）という言葉は、ギリシア語で種族や民族を意味する genos とラテン語で殺人を意味する caedere から派生した -cide を組み合わせた、ラファエル・レムキン（Raphael Lemkin 1900-1959）による造語である。レムキンはポーランド出身のユダヤ系の法学者であり、ドイツのポーランド侵攻により、アメリカ合衆国に逃れることになった。彼は第一次世界大戦中に起こったオスマン帝国によるアルメニア人の虐殺に着想し、ユダヤ人の大規模な虐殺が行われたホロコースト（ショア）から、国際社会が大量殺害を禁止し、大量殺害が行われた際には介入する法をつくることを構想した。ジェノサイドが国際犯罪となることで、ジェノサイド条約の締約国は、ジェノサイドが起こる、もしくは起こった当該国でなくても、ジェノサイドの「防止と処罰を行う義務」を負うことになった。

ちなみに、レムキンのジェノサイドをめぐるアイデアのなかには、文化的ジェノサイドも含まれていた。しかし、国内に先住民を抱える国や、植民地を有していた国の反対により、ジェノサイド条約の対象となる「ジェノサイド」に、文化的ジェノサイドが加えられることはなかった。

続く一九四八年一二月一〇日の国連総会では、「世界人権宣言」が採択されている。「世界人権宣言」は、第一条で「すべての人間は、生れながらにして自由であり、かつ、尊厳と権利とについて平等である」とし、第二条では「すべて人は、人種、皮膚の色、性、言語、宗教、政治上その他の意見、国民的若しくは社会的出身、財産、門地その他の地位又はこれに類するいかなる事由による差別をも受けることなく」、また「個人の属する国又は地域が独立国であると、信託統治地域であると、非自治地域であると、又は他のなんらかの主権制限の下にあるとを問わず」とする。「世界人権宣言」には法的拘束力はない。しかし、多様な人種、被植民地の人々を含むすべての人々が、生まれながらに同等の人権を有していることを公的に確認し、「すべての人民とすべての国とが達成すべき共通の基準[*5]」(前文)であることを宣言している。「世界人権宣言」はまた、人権を国際法の領域へと導いた。このように、第二次世界大戦後は、伝統的に国家を主体としてきた国際法の領域において、個人を国際法上の権利、義務主体として位置づけるという新たな潮流が生まれた。

両世界大戦を経て様々な取り組みがなされる一方で、国際社会は東西冷戦下におかれた。しかし、一九八九年のソビエト連邦の崩壊は、国際社会に新たな展開をもたらした。国際政治学者のキャスリン・シッキンクらが「正義のカスケード(Justice Cascade)」として論じたように、軍事政権が倒れたラテンアメリカ諸国、ソビエト連邦崩壊後の東欧などで「正義」がなだれを打つように連鎖し国際社会に広がった(Lutz & Sikkink 2001, Sikkink 2011)。

冷戦終結に続いて起こった旧ユーゴスラビアの紛争は、ヨーロッパ内部で起こったことにより欧州における衝撃も大きかった。「旧ユーゴスラビア国際刑事裁判所(International Criminal Tribunal for the former Yugoslavia：ＩＣＴＹ)」は、一九九三年に国連安全保障理事会によって創設されている。また、フツの人々によって、ツチとフツの穏健派の人々が、わずか一〇〇日間で約八〇万人殺害されるという大規模な虐殺が起こったルワンダをめぐる「ルワンダ国際刑事裁判所(International Criminal Tribunal for Rwanda：ＩＣＴＲ)」が一九九四年に設置されている。これら二つの裁判においては、条約発効後はじめてジェノサイド条約が適用されている。

そしてＩＣＴＹとＩＣＴＲという二つのアド・ホックな国際刑事裁判所を経て、二〇〇三年に常設の国際刑事裁判所（International Criminal Court：ＩＣＣ）がオランダのハーグに誕生した。ＩＣＣの設立をめぐっては、一九九八年七月一七日にローマで開かれた全権大使会議で「国際刑事裁判所ローマ規程」が採択され、二〇〇二年七月一日に発効している。ＩＣＣは国連から独立しており、「国際社会全体の関心事である最も重大な犯罪」すなわち、集団殺害犯罪、人道に対する犯罪、戦争犯罪等のコア・クライムによって個人を訴追する。ただし、米国、中国、ロシアなど、国連の安全保障理事会を構成する主要大国は条約締結国となっていない。[*6]

この他、常設の国際裁判所として、国連海洋法条約に基づき一九九六年に発足した国際海洋法裁判所（International Tribunal for the Law of the Sea）（ドイツ・ハンブルク）がある。他方で、国家を超えた地域レベルの裁判所として、欧州連合司法裁判所、人権裁判所として米州人権裁判所、欧州人権裁判所、アフリカ人権裁判所などが設置されてきている。

また、紛争や著しい暴力の後に国連と当該国が合同で設置したハイブリッド法廷として、シエラレオネ特別裁判所（Special Court for Sierra Leone: SCSL）、カンボジア裁判所内設置の特別法廷（Extraordinary Chambers in the Courts of Cambodia: ECCC）、レバノン特別法廷（Special Tribunal for Lebanon: STL）などが設置されてきた。

このように国際社会において正義と法をめぐる取り組みが行われるなか、グローバル化の進展、メディア、およびインターネットの発達は、前述のように世界各地で起こる出来事を「劇場」化した。また、国際社会におけるアクターも、国家に加え、国連をはじめとする国際機関、多国籍企業、ＮＧＯなどの非国家主体のアクターが加わり多様化している。同時にこれら非国家主体のアクターが果たす役割や影響力が高まっている。たとえば人権ＮＧＯであるアムネスティ・インターナショナルが、一九六一年に英国の弁護士ピーター・ベネンソンによって創設されたとき、現在のような巨大な組織になることは誰も予測していなかったであろう。私たち人類学者も、ヒューマン・ライツ・ウオッチ、オックスファム、ワールド・ヴィジョンをはじめとする様々なＮＧＯと、フィールドで何らかのかたちで関わったり遭遇したりする機会が少なくない。

国際社会におけるアクターが多様化する一方、国家にとっては国際社会における説明責任（accountability）が重要になっている。マーガレット・ケックとキャスリン・シッキンクは国境を越えるアドボカシーのネットワークを、「トランスナショナル・アドボカシー・ネットワーク（transnational advocacy network）」と名づけている（Keck & Sikkink 1998）。国連は、国家には保護する責任があり、それが機能しない場合は国際社会にあるとする「保護する責任（Responsibility to Protect）」を確認している。[*7] 内政干渉と国際法に違反する国際犯罪への国際社会の介入という二つのカードの間で、国家間の力関係や政治が大きく作用しつつ、国家は国際社会への説明を求められている。

4　グローバル化と正義《ジャスティス》

本書では外国語文献からの翻訳や定訳との関係から各章で用いられる「正義」「ジャスティス」という表記の統一は図らなかった。国際社会における正義をめぐっては、ジョン・ロールズによる大著『正義論』がきっかけとなり、グローバル・ジャスティスとは何かということをめぐる議論が展開してきている。ロールズは国内社会を基本的対象とし、『人民の法（*The Law of Peoples*）』において、リベラリズムを基盤とした現実主義的ユートピアを提唱した。[*8] ロールズの教えを受けたトマス・ポッゲは、グローバル化へと焦点を移しコスモポリタンな正義を構想してきている。また、マティアス・リッセは多元的国際主義（pluralist internationalism）を提唱し、正義の基盤の多様性を指摘する（Risse 2011）。アマルティア・センは『正義のアイデア』（二〇一一）で、マーサ・ヌスバウムも論じる「ケイパビリティ」という概念を重視し、ロールズが『公正としての正義』で試みたように正義を追求するよりは、不正義を減らすことの重要性を論じる。

しかしながら、本書が目指すのは、グローバル・ジャスティスとは何かという、普遍的グローバル・ジャスティスやその理念型を論ずることではない。むしろ、グローバル化が進展するなかで、共通の規範としてのジャスティス（正義）が形成されるプロセスとローカリティの関係を、具体的コンテクストから検証することを目指す。換言すれば、国際社会におけるジャスティスを形成過程の ongoing（進行中）の「コト」として扱う。それは、センやリッセが論じる正義の基準、基盤の多元性を、具体的なコンテクストの下、現場のダイナミズムにおいて捉えようとする試みといえるかもしれない。すなわち、グローバル・ジャスティスが所与のものとして存在し、それがローカルな現場に適用されたときにどのような葛藤が起こるかということを扱うのではなく、グローバル・ジャスティスそのものも形成され変容するプロセスにあり、それがローカルな現場とどのような関係にあるかというダイナミズムを検証する。このように本書で用いるグローバル・ジャスティスは、グローバル化の進展にともない国際社会において形成途上にある共通の規範としてのジャスティス（正義）を意味する。そして、グローバル・ジャスティスを形成過程にあり可変的ないわばコトとして扱うことで、そこに存在する権力関係や相互作用、ネゴシエーション（交渉）の過程に注目する。この点についてもう少し説明しよう。

国際社会は一六四八年のウェストファリア条約をもとに築かれた主権国家体制を基盤としてきており、国際法は西欧を中心とするいわば「文明国」のものとされてきた。しかし、他者との出会いは、西欧の規範を共振させてきた。たとえば国際法の基礎を築いたフーゴー・グロティウス（Hugo de Groot 1583-1645）に先立ち、サラマンカ学派の始祖とされるフランシスコ・デ・ヴィトリア（Francisco de Vitoria 1480?-1546）やカトリック司祭であったバルトロメ・デ・ラス・カサス（Bartolomé de las Casas 1484-1566）は、新大陸におけるスペインの征服に対して、「インディオ」の権利をめぐる議論を展開している（ビトリア 一九九三、松森 二〇〇九、ラス・カサス 二〇一三）。「インディオ」をめぐる議論は、西欧の国際法においていかに「他者」を含むかという議論の先鞭であったといえるだろう。一方で、西欧において「他者」は歴史的に「非白人」のみを意味してきたわけではない。アメリカ大陸で調査行を実施し、後にフンボルト海流やフンボルトペンギンの名前の由来となった博物学者アレクサンダー・フォン・フンボルト（Alexander von Humboldt 1769-1859）は、新大陸生まれの白人（クリオーリョ）たちの間で、スペイン人と同等の権利を有さないことへの不満が高まっていることを指摘している。スペインによる植民地統治下にあったアメリカ大陸生まれの白人たちが、スペイン「市民」から排除されていたことが、独立へとつながっている。このように、法においては誰を「他者」とするかという包摂と排除の境界の線引きが繰り返されてきた。[*9]

アジア諸国をはじめとする非キリスト教国との新たな関係、両世界大戦を経て旧植民地国が次々に独立し欧米以外の国々が新たに参与することで、「国際社会」は空間的および質的に変化してきた。そして、今日のグローバル化の進展および交通や通信、インターネットを含む広義のコミュニケーションの発達は、物理的距離という障壁を低め、点と点をつなぐことを可能とし、またインターネット内に水平的関係が生まれることで、これまで接触することがなかった人々や地域が容易に接触する状況を加速化した。

その結果、従来普遍的であると見なされてきた価値観や概念をめぐって、新たな議論が起こっている。人権、デモクラシー、正義などの定義や観念が、社会、文化、宗教、歴史、民族、地域的背景などの相違により多様であることが顕在化したのである。たとえば、女子割礼をめぐり、女性の心身を傷つけるということで人権侵害と見なすのか、あるいは文化相対主義の立場から見るべきなのか、加えて誰がそれを判断することができるのか、という議論が生まれている。[*10]

しかしながら、多様性が顕在化する一方で、グローバルな課題に取り組むためには、国際社会における共通の規範やルールを構築する必要性がある。この脈絡において規範となる正義を形成することは、多様な正義のなかから選択し、時にはローカルなレベルでの正義と衝突、葛藤、あるいは相互作用を起こしながら標準化《スタンダード》し、汎用化を進めることを意味する。標準化から汎用化のプロセスは、標準化されたジャスティスが修正・補正されつつ国際社会に広がっていくプロセスである。このプロセスは図０‐１のように図式化することができる。

たとえば、国際刑事裁判所（ＩＣＣ）がはじめて判決を出したコンゴ民主共和国のトマス・ルバンガの案件は、国際社会において、子ども兵の使用は人道に反するということを規範化し、もしくは規範を強化することに貢献することが期待される。しかし、子ども兵の使用の禁止という規範を国際社会の標準とし、汎用化する際には、子どもは何歳から何歳までを意味するのか、それを普遍化できるのかという課題が生まれる。[*11] フィリップ・アリエスが論じたように、ヨーロッパにおいても、中世には子どもは「小さな大人」として位置づけられていた（アリエス 一九八〇）。時代によって子どもとは何かということや、子どもの範疇は変化してきている。子どもの定義は社会階層によっても異なる。

国連の「児童の権利に関する条約（子どもの権利条約）[*12]」は、一八歳未満を児童と位置づけている。つまり、一八歳未満を子どもとしている。しかし、通過儀礼等を経ることで一八歳未満でも「大人」とする社会もある。筆者が調査するアンデス山岳部の先住民社会では、年齢ではなく婚姻によって共同体の一人前の成員として認められる。日本では現在、明治時代以来満二〇歳以上としてきた成人年齢を満一八歳以上に引き下げ、「子ども」の範疇を変えることが進められている。[*13]

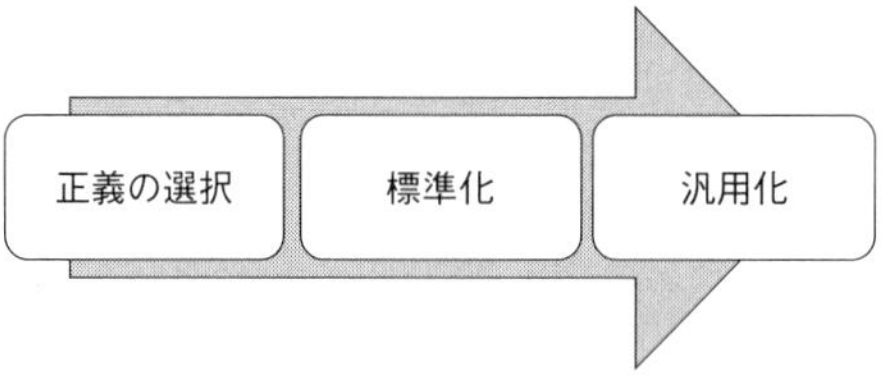

図 0-1　正義の規範化

具体的なコンテクストにおいて、多様な正義のなかから正義を選択する現場には、文化的相違に加え往々にして権力関係が介在する。メアリー・ルイーズ・プラットは、「互いに異なる文化が、往々にして植民地主義、奴隷、今日の世界にも見られるそれらの余波といったような、支配と従属の非常に不均衡な関係性の脈絡で、遭遇し、ぶつかり合い、互いに葛藤する社会空間」（Pratt 1992: 7）を「コンタクト・ゾーン（接触領域）」と名づけている。

共通の規範としてのグローバルな正義を構築しようとする取り組みと、ローカルな正義が接触する結節点においても両者が衝突、葛藤、あるいは相互作用するコンタクト・ゾーンが生じる。そしてその現場においては往々にして不均衡な権力関係が介在する。紛争、平和構築、災害後の復興のプロセスなどにおいて現れるコンタクト・ゾーンでは、一方が国家内の

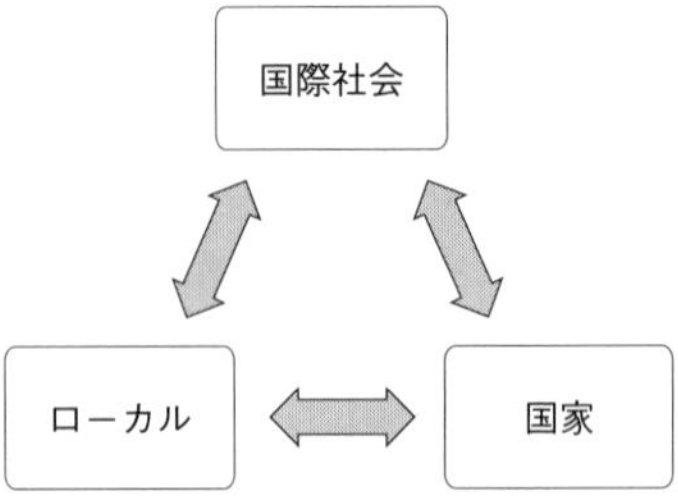

図 0-2　ローカル、国家、国際社会の関係性

図 0-3　ローカル、国家、国際社会の関係性

マイノリティ集団であるとき、しばしば図０‐２ではなく図０‐３の構造をとってきた。これにより、平和構築や復興の過程においても、国内の多様性や不平等が、国際社会からは不可視となるということが起こっている。このことは、紛争の再発や新たな抑圧を招いてきた。本書第Ⅰ部で扱う移行期正義において、近年ローカリティとの関係をめぐる研究が増えているのも、そのようなことが背景にある。

　以上のことから、本書が目指したのは、グローバルな正義《ジャスティス》を構築しようとする取り組みと、ローカルな正義が接触する結節点とそこで起こる現象を、具体的な現場の文脈《コンテクスト》から見ることである。つまり、グローバル化の進展にともないグローバルな正義が形成され、標準化され、汎用化されるプロセスとそのダイナミズムを、ローカリティとの関係性という具体的なコンテクストにおいて検証することである。

　ただし、この場合のローカリティは三つの位相において想定される。まず第一の位相として、国際社会と国家の関係においては、国家がローカリティを構成する。第二の位相として、国家の内部の特定の地域あるいは集団を意味する。第三の位相としてのローカリティは、人類学者のアルジュン・アパデュライに依拠する。アパデュライは、グローバル化におけるローカリティを、「関係的でコンテクスト的なものであって、スケールにかかわるものでも、空間的なものでもない」（アパデュライ二〇〇四〔1996〕：三一八）と定義し、「近接（neighborhood）」と区別した。近接は、ローカリティが生成、生産される現実の社会形態を意味する。第三の位相のローカリティはこの意味でのローカリティと「近接」を包摂する。本書においてはローカリティの意味を統一することなく、それぞれの筆者がこれら三つの位相においてローカリティもしくはローカルという言葉を用いている。

5　法人類学における新たな潮流

人類学は、「未開社会」を研究している学問であるというイメージがまだあるかもしれない。しかし今日、人類学の研究対象は多様化している。文化を研究するという基本は変わらないにせよ、文化のあり方自体が変化し、定義も変化してきている。

「人類学の父」とされるエドワード・B・タイラーは『原始文化（*Primitive Culture*）』（一八七一）において文化を、「文化あるいは文明とは、広義の民族誌的意味からすると、知識、信仰、芸術、法律、習俗、その他、人間が社会の一員として獲得する能力と習慣を含む複雑な全体である」と定義している*14（Tylor 1874）。つまり、文化は「社会の一員として」後天的に獲得されるものであるとしている。これは言語について見るとわかりやすい。人間は言語の運用能力を有するが、どの言語を習得するかは生まれ育った社会によって決まる。しかし、この「社会の一員」としてというときに想定される社会は、個人を基点にしてみると、必ずしも一つではなくなってきている。日本においても、かつて農村部では婚姻は村落内の者同士でするという規範が見られた。しかし、人の移動が活発化している今日、個人にとって出生地、育った場所、現在の居住地のすべてが一致しているということは一般的ではなくなってきている。国内の移動のみならず、国境を越える移動も拡大している。

日本語で書かれている本書の読者の大半にとっては、母語として日本語を話し、日本語で思考するということはあたり前のこととして受け止められているかもしれない。しかし、実際には母語を獲得する、維持するというのは、特定の社会に日常的に長期にわたって所属することができなければ、「あたり前」でも「自然なこと」でもない。たとえば海外に居住する日本人家族は、子どもの母語をどうするか、日本語を選択した場合、いかに習得させ維持するかという課題に直面する。義務教育の間は日本人学校で学ぶという方法もあるが、しかし、世界各地に日本人学校があるわけではない。また、言語が異なる複数国に派遣される可能性もある。それならばどこに派遣されても対応できるようにと、現地のインターナショナル・スクールに就学させるという選択肢をとる例もある。この場合、文化は「社会の一員として」獲得するという際の社会自体が、居住している現地の社会なのか、日本社会なのか、時間軸で見た場合一つなのか、複数なのか、つまり必ずしも一元的ではないことがわかる。一方でデカセギとして来日し定住化が進む日系ブラジル人、日系ペルー人の子弟のなかには、国籍はブラジル人、ペルー人、母語は日本語という若者たちが生まれている。

近年メディアで「ミックス」（「ダブル」「ハーフ」）の芸能人やスポーツ選手を目にする機会が増えている。実際、現在日本の新生児の二％が「ミックス」となっている（二〇一六年政府統計）。一九八七年の統計では、この割合は〇・七％で半分以下であった。端的にいえば新生児の五〇人に一人が「ミックス」ということである。出生地主義ではなく血統主義をとってきた日本において、「血」はすでに内側から揺らいでいるのである。

文化のあり方が変容するとともに、これまで見てきたように法や正義をめぐる新たな取り組みが行われるなか、人類学の一分野である法人類学（Legal Anthropology、Anthropology of Law）[*15]の学問的対象も多様化してきている。法人類学は、これまで特定の部族や民族の慣習法や紛争解決の方法、慣習法と国家法との関係、あるいは社会と法の関係などを中心に研究してきている。しかし、近年法人類学の分野において、国連をはじめとする国際機関や国際NGO、国際法、国際人権法等を検討する研究が生まれている。

アメリカの人類学者サリー・エングル・メリーは、ハワイでの調査を起点に国際社会と法の関係に視野を広げ、法人類学研究の新たな取り組みを牽引してきた。メリーは種々の書籍を編集し、ジェンダーや国際人権法を論じてきている（Merry 2006, 2016など）。先住民の血をひくエヴォ・モラレスが大統領となり、先住民運動が政党化したボリビアでフィールドワークを行ったマーク・グッデールは、その後メリーとともに『人権の実践——グローバルとローカルの間の法の軌跡（*The Practice of Human Rights: Tracking Law between the Global and the Local*）』（Goodale & Merry (eds.) 2007)を、さらに『岐路に立つ人権(*Human Rights at the Crossroads*)』(Goodale (ed.) 2013)を編集し、近著『人類学と法(*Anthropology and Law*)』(Goodale (ed.) 2017)で国際法、移行期正義への取り組みをはじめとする法人類学の新たな展開を整理している。リチャード・アシュビー・ウィルソンは、アパルトヘイトが行われた南アフリカの真実和解委員会を調査研究した後(Wilson 2001)、『国際刑事裁判において歴史を書く(*Writing History in International Criminal Trials*)』(Wilson 2011)により国際的な刑事裁判所の分析を行っている。ロバート・ニーゼンは、カナダの真実和解委員会を論ずる(Niezen 2017)。カナダの真実和解委員会は、二〇〇八年にスティーヴン・ハーパー首相が先住民に対する寄宿学校制度を通じての暴力の過ちを正式に認め謝罪したことをきっかけに発足し、二〇一五年に最終報告書を提出している。近編著書では、国連やグローバルな国際機関、国際法を人類学の立場から分析する論集を出版している(Niezen & Sapignoli (eds.) 2017)。この編著には、メリーも論文を執筆している。

日本においては、これまで人類学の分野で国連をはじめとする国際機関や国際法、国際人権法等が研究対象になることは、ほとんどなかった。[*16] それ故、本書は法人類学の分野における近年の新たな潮流に位置する野心的取り組みであるといえるだろう。

6　本書の構成

本書は成蹊大学アジア太平洋研究センター(Center for Asian and Pacific Studies: CAPS)のプロジェクト「グローバル・ジャスティスの模索とローカリティ――グローバルとローカルの出会う現場から」(代表・細谷広美、副代表・佐藤義明)として、二〇一五年度から二〇一七年度の三年間にわたって実施した共同研究の成果出版である。メンバーは人類学を中心に、国際法、政治学、国際関係論、社会学、歴史学の専門家から構成され、学際的に議論することを目指した。対象地域も、アジア、アフリカ、ヨーロッパ、アメリカ、オセアニアをカバーするかたちで構成している。

加えてその多くが特定の地域について、長期にわたって調査研究を実施してきた知見を有する。

本書は第Ⅰ部「グローバル化と移行期正義」、第Ⅱ部「正義と法のインターフェイス」、第Ⅲ部「人類学の現場から」の三部構成をとる。第Ⅰ部では、紛争後あるいは過酷な人権侵害が行われた後の平和構築や民主化へのプロセスと関連して冷戦後重要性を増し、近年学際的に活発な研究が行われてきている移行期正義のグローバル化と連鎖（カスケード）を扱う。移行期正義は、日本では政治学や法学の分野を中心に論じられてきているが、海外では初期から人類学者たちも研究に取り組んでいる。

人類学を専門とする細谷広美論文は、ペルーの移行期正義を扱う。移行期正義においてラテンアメリカが果たした役割は大きいが、日本における研究は主に軍政から民主化への移行に焦点をあててきた。細谷論文は、移行期正義研究の新たな動向として注目されている先住民に焦点をあてることで、移行期正義の「移行」の時間の問題、国際社会における先住民をめぐる定義の課題、代表／代弁性の問題を論ずる。

政治学を専門とする杉山知子論文は、軍部による強制失踪が行われた「汚い戦争」を背景に八〇年代に軍事政権から民主化への移行を実現し、国際社会において転機をもたらしたアルゼンチンの移行期正義を扱い、その概要を明らかにするとともに、国際社会への影響の拡がりについて論じる。ちなみに検事として軍政下の市民殺害や拷問などの訴追を担当し、アルゼンチンの移行期正義と関わったルイス・モレノ・オカンポは、その後国際刑事裁判所（ＩＣＣ）の初代検察官となっている。

人類学を専門とする関根久雄論文は、南アフリカの真実和解委員会およびキリスト教の影響のもとに組織されたソロモンの真実和解委員会に焦点をあて、真実和解委員会が持ち込んだ「和解」と、ソロモンのローカル文化における紛争処理や「和解」の方法との相違、および両者の葛藤を論じる。ソロモンの真実和解委員会の調査にはペルー真実和解委員会の元委員も参加している。

国際法を専門とする洪恵子論文は、平和と正義の関係、すなわち平和が達成されなければ正義はない、逆に正義が行われなければ平和は確保できないという議論を背景に、アムネスティをめぐる論点を整理し、今日国際法上の犯罪に対してアムネスティを否定する主張が見られるようになっていることにおける国際法上の根拠を検討する。

第Ⅱ部は国際社会においてグローバルなジャスティスが形成されていくプロセスとローカリティの関係を、主として国際法の形成過程や国際機関とローカリティの関係から見る。チリ、コンセプシオン大学の政治学者のジャンヌ・W・シモンと社会学者・人類学者のクラウディオ・ゴンサレス‐パラによる論文は、チリ最大の先住民マプチェに焦点をあて、軍事独裁政権後も引き続きネオリベラリズム（新自由主義）の経済政策がとられてきていることを背景に、二〇〇七年の「先住民族の権利に関する宣言」をはじめとする国連における先住民権と開発をめぐる様々な取り組みとチリ政府の関係、それがマプチェにとってどのような意味をもってきたかということを、ウィル・キムリッカのネオリベラリズムと多文化政策の関係をめぐる議論を援用しつつ論ずる。なお、本稿は本書のための書き下ろしである。[*17]

国際法を専門とする佐藤義明論文は、旧ユーゴスラビアの紛争に続き、NATO（北大西洋条約機構）による武力行使が行われたコソボの独立をめぐり、マイケル・イグナティエフの研究等を引用しながら、国連、安全保障理事会、国際司法裁判所、欧州諸国の対応を分析し、「法の支配」と、「法の支配」に必ずしも回収されず、むしろ「法」を乗り越えようとするジャスティスの政治との関係を綿密に検証する。

歴史学者の岡田泰平論文は、太平洋戦争後に日本軍を対象にフィリピンで行われた戦争犯罪を裁く裁判記録を分析し、裁判において性暴力がどのように扱われたかを明らかにする。岡田は従軍慰安婦問題への関心も深く、近年注目されている戦争とジェンダーをめぐる議論のなかで重要となっている性暴力の扱いについて、その萌芽を具体的なデータによって検証している。

第Ⅲ部は、人類学者が長期にわたってフィールドワークを実施してきた自身のフィールドの現場から見える、ローカリティと国際社会および正義の関係に焦点をあてている。アフリカを中心に内戦や政治的腐敗などによって、主権国家が国内において適切に機能していない「破綻国家」「失敗国家」をめぐる議論が見られるが、湖中真哉論文は汚職が蔓延する東アフリカのある国の紛争の過程で行われた拷問と和解の事例を手掛かりに、国家が機能しなくなった社会における、ローカルレベル、グローバルレベルのジャスティスとインジャスティスの関係を問う。

石田慎一郎論文は、ケニアの三つの社会の比較を起点に、人が人を裁くことの困難さと向き合い、ベンヤミンの「呪縛圏」という概念を、オルタナティブ・ジャスティスをめぐる議論と関連づけ再考する。石田は「リーガル・プルーラリズムは〈他者の法〉（異文化の法）に関わるものであり、オルタナティブ・ジャスティスは〈法の他者〉（法の外側に置かれたもの）に関わるものである」とし、和解をめぐる議論を通じて両者の相違を明らかにする。

タイの難民キャンプで、ビルマ（ミャンマー）からの難民を調査研究してきた久保忠行論文は、難民認定されフィンランドで第三国定住をした難民のその後を追い、福祉国家の多文化共生とシティズンシップの関係を論じる。久保はこれまでアメリカやオーストラリアに第三国定住した難民についても調査研究してきており、ビルマからの難民を基点に、相対的に見て「単一民族」を構成してきたフィンランドにおける難民受け入れのシステムとプロセスを明らかにする。

長年にわたってミャンマーの宗教を研究してきた土佐桂子論文は、民主化後のミャンマーにおける法と宗教の関係を論じる。仏教が生活の隅々まで根づいているミャンマーにおいて、イスラーム教徒との婚姻が仏教徒に改宗を要求することに危機感を抱いた仏教僧たちが、婚姻に関する新たな法をつくろうとしたことが、国際社会の人権をめぐる議論と衝突、葛藤する様相を、仏教における「法」と西洋的法の相違自体を含め丁寧に分析する。

多様な学問分野からの学際的研究であること、加えて世界の五地域をカバーすることになったことから、研究会では互いの専門分野の議論のコンテクストや用語の相違、地域における議論のコンテクストを理解しつつ、対話、議論していく必要があった。異質なものが出会う産みの苦しみは、各執筆者にとっても新たな展開をもたらすことになったと考える。本書がさらなる議論のトリガーとなること、そしてグローバル化が進む世界における、正義の規範形成とその動態を研究するうえで新たな地平を築く一助となることを願う。

注

＊1　グローバル化と国際化は、後者が国家を基本単位とすることにより異なる。

＊2　日本では一八八四年に日本人類学会の前身が創設された後、一九三四年に分かれ日本民族学会が創設されている。日本人類学会は、人類の起源と進化、身体形質を扱う自然人類学を中心とし、自然科学的観点から「ヒト」を探求する。一方、日本民族学会は文化や社会を対象とし、文化人類学、民族学、社会人類学、民俗学研究を含む。日本民族学会は二〇〇四年に日本文化人類学会に改称されている。本書で人類学というときは自然人類学ではなく、後者の意味で用いる。

＊3　ポール・ファーマー博士に関しては、日本でも『権力の病理　誰が行使し誰が苦しむのか――医療・人権・貧困』（みすず書房、二〇一二）などの著書が出版されている。また、ピュリッツァー賞受賞者であるトレーシー・キダーが執筆したその半生をめぐる伝記も出版されている（キダー 二〇〇四）。

＊4　人類学の社会的活用に関わる分野は「応用人類学」と呼ばれてきている。

＊5　Proclaims this Universal Declaration of Human Rights as a common standard of achievement for all peoples and all nations, to the end that every individual and every organ of society, keeping this Declaration constantly in mind, shall strive by teaching and education to promote respect for these rights and freedoms and by progressive measures, national and international, to secure their universal and effective recognition and observance, both among the peoples of Member States themselves and among the peoples of territories under their jurisdiction.（「世界人権宣言」より。下線筆者）

＊6　日本は全体（約一億三〇〇〇万ユーロ）の約一〇％にあたる拠出金を負担しており（二〇一三年）、最大の分担金拠出国となっている（内閣府ホームページ http://www.pko.go.jp/pko_j/organization/researcher/atpkonow/article073.html）。また、捜査、訴追対象がアフリカに集中するなか、近年アフリカ諸国において脱退もしくは脱退を検討する国が出ている。

＊7　「保護する責任」は、カナダ政府の主導で設置された「干渉と国家主権に関する国際委員会（International Commission on Intervention and State Sovereignty: ICISS）」の報告書で提示された（二〇〇一年）。その後、二〇〇五年の国連サミットの成果

文書に含まれ、二〇〇六年四月の国連安保理決議一六七四号において再確認されている。

＊8　ロールズは「万民の法（人民の法）」を国際法と区別して、「正しさや正義、共通善の諸原理を備えた一群の政治概念」とおく（ロールズ他 一九九八：六二―六三）。

＊9　これは現在の移民や難民とシティズンシップをめぐる議論につながる。

＊10　男子割礼をめぐって、人類学者のベフ・ハルミ氏（スタンフォード大学名誉教授）によると、かつてカリフォルニア州では「衛生上」の理由から、男児の新生児に「割礼」をすることが珍しいことではなかった。このためカリフォルニア州の病院で出産した日本人家族の男児が「割礼」をされてしまったことに対して、家族が訴訟を起こしている。

＊11　国際刑事裁判所（ＩＣＣ）に関しては、客員研究員中の二〇一二年にハーバード大学ロー・スクールで行われた国際刑事裁判所判事であるアレックス・ホワイティング博士（Alex Whiting）によるセミナーから学ぶところが大きい。また、子どもの年齢をめぐっては、同じくハーバード大学ロー・スクール人権プログラムのランチョン・セミナーで同研究科の研究科長でもあるマーサ・ミノウ博士の発表に示唆を受けた。両者はその後、*The First Global Prosecutor: Promise and Constraints* (2015) を編集出版している。本論集の執筆者の一人である洪氏も国際刑事裁判所に関する共編著（村瀬・洪 二〇一四）を出版している。

＊12　一九八九年一一月二〇日の国連総会で採択、一九九〇年九月二日発効。日本では児童は小学生を指すため、「子ども」という訳語を用いる場合もある。

＊13　日本では一八七六（明治九）年の太政官布告で定められて以来、成人年齢は二〇歳以上とされてきた。年明けに各地で開催される成人式もこれに基づく。しかし、公職選挙法等の一部を改正する法律が二〇一五年六月に成立し、二〇一六年六月一九日に施行され、選挙権年齢が満二〇歳から満一八歳以上に引き下げられている。さらに成人年齢を満一八歳以上に引き下げる改正民法が二〇一八年六月一三日に成立しており、二〇二二年四月一日から施行される。つまり「子ども」の年齢が二〇歳未満から一八歳未満に変更されるのである。これと並行して少年法の適用も二〇歳未満から一八歳未満に引き下げることが検討されている。

＊14　"CULTURE or Civilization, taken in its wide ethnographic sense, is that complex whole which includes knowledge, belief, art, morals, law, custom, and any other capabilities and habits acquired by, man as a member of society". (Tylor 1874: 1) ちなみに英語の原文では、文化、文明が単数形で記されているが、これは一九世紀後半の西洋においては、西洋以外の文化、文明

を文明と見なしていなかったためである。

＊15　法医学としての法人類学、もしくは司法人類学（Forensic anthropology）とは区別される。

＊16　しかし、アフリカ地域をめぐる研究を中心に近年紛争や平和構築を扱った仕事が増えている。なかでも太田至を代表として行われたプロジェクトをもとに二〇一六年に京都大学学術出版会から出版された「アフリカ潜在力」シリーズ全五巻（京都大学学術出版会）は重要である。

＊17　英語原文は成蹊大学アジア太平洋研究センター発行の学術雑誌『アジア太平洋研究（*Review of Asian and Pacific Studies*）』四三号（二〇一八年一一月発行）に掲載。

参考文献

アパデュライ、アルジュン　二〇〇四『さまよえる近代――グローバル化の文化研究』門田健一訳、平凡社。

アリエス、フィリップ　一九八〇『〈子供〉の誕生――アンシァン・レジーム期の子供と家族生活』杉山光信・杉山恵美子訳、みすず書房。

アンダーソン、ベネディクト　二〇〇七『定本 想像の共同体――ナショナリズムの起源と流行』白石隆・白石さや訳、書籍工房早山。

キダー、トレーシー　二〇〇四『国境を越えた医師』竹迫仁子訳、小学館プロダクション。

クリフォード、ジェイムズ　二〇〇二『ルーツ――二〇世紀後期の旅と翻訳』毛利嘉孝・柴山麻妃・福住廉・有元健・島村奈生子・遠藤水城訳、月曜社。

ビトリア　一九九三『人類共通の法を求めて』（アンソロジー新世界の挑戦六）、佐々木孝訳、岩波書店。

ファーマー、ポール　二〇一二『権力の病理　誰が行使し誰が苦しむのか―― 医療・人権・貧困』豊田英子訳、みすず書房。

セン、アマルティア　二〇一一『正義のアイデア』池本幸夫訳、明石書店。

ポッゲ、トマス　二〇一〇『なぜ遠くの貧しい人への義務があるのか――世界的貧困と人権』立石真也監訳、生活書院。

松森奈津子　二〇〇九『野蛮から秩序へ――インディアス問題とサラマンカ学派』名古屋大学出版会。

村瀬信也・洪恵子　二〇一四『国際刑事裁判所――最も重大な国際犯罪を裁く　第二版』東信堂。

ラス・カサス　二〇一三『インディアスの破壊についての簡潔な報告』染田秀藤訳、岩波文庫。

ロールズ、ジョン　二〇一〇『正義論』川本隆史・福間聡・神島裕子訳、紀伊國屋書店。
ロールズ、ジョン他　一九九八『人権について――オックスフォード・アムネスティ・レクチャーズ』中島吉弘・松田まゆみ訳、みすず書房。
Goodale, Mark（ed.）2017. *Anthropology and Law: A Critical Introduction*. N.Y.: New York University Press.
Goodale, Mark（ed.）2013. *Human Rights at the Crossroads*. Oxford: Oxford University Press.
Goodale, Mark & Sally Engle Merry（eds.）2007. *The Practice of Human Rights: Tracking Law between the Global and the Local*. Cambridge: Cambridge University Press.
Keck, Margaret E. & Kathryn Sikkink 1998. *Activists Beyond Borders: Advocacy Networks in International Politics*. Ithaca: Cornell University Press.
Lutz, Ellen & Kathryn Sikkink 2001. The Justice Cascade: The Evolution and Impact of Foreign Human Rights Trials in Latin America. *Chicago Journal of International Law* 2 (1), Article 3, pp. 1-33.
Minow, Martha & C. Cora True-frost, Alex Whiting（eds.）2015. *The First Global Prosecutor: Promise and Constraints*. Michigan: University of Michigan Press.
Merry, Sally Engle 2006. *Human Rights and Gender Violence: Translating International Law into Local Justice*. Chicago: University of Chicago Press
Merry, Sally Engle 2016. *The Seductions of Quantification: Measuring Human Rights, Gender Violence, and Sex Trafficking*. Chicago: University of Chicago Press.
Niezen, Ronald 2010. *Public Justice and the Anthropology of Law*. Cambridge: Cambridge University Press.
Niezen, Ronald 2017. *Truth and Indignation: Canada's Truth and Reconciliation Commission on Indian Residential Schools*. (Second Edition）Toronto: University of Toronto Press.
Niezen, Ronald & Maria Sapignoli（eds.）2017. *Palaces of Hope: The Anthropology of Global Organizations*. Cambridge: Cambridge University Press.

Pratt, Mary Louise 1992. *Imperial Eyes: Travel Writing and Transculturation*. London and New York: Routledge.

Risse, Mathias 2011. *On Global Justice*. Princeton: Princeton University Press.

Sikkink, Kathryn 2011. *The Justice Cascade: How Human Rights Procecuations are Changing World Politics*. New York: W.W. Norton & Company.

Tylor, Edward B. 1874. *Primitive Culture: Researches into the Development of Mythology, Philosophy, Religion, Language, Art and Custom*. Boston: Estes & Lauriat.

Wilson, Richard Ashby 2001. *The Politics of Truth and Reconciliation in South Africa: Legitimizing the Post-apartheid State*. Cambridge: Cambridge University Press.

Wilson, Richard Ashby 2011. *Writing History in International Criminal Trials*. Cambridge: Cambridge University Press.

第I部

グローバル化と移行期正義

第1章　グローバル化する移行期正義と先住民

ローカリティを代表／代弁するのは誰か？

細谷広美

1　グローバル化と正義、文化――ネイティヴとは誰か？

人類学者サリー・エングル・メリーは、その著書『人権とジェンダー暴力――国際法のローカル正義への翻訳』（Merry 2006: 16-18）で、二〇〇一年にスイスのジュネーヴで開催された国際連合人権委員会の会議で出会ったあるナイジェリア人女性にふれている。女性は、ナイジェリアの農村部で行われている未亡人に対する儀礼が女性への人権侵害であり、男女平等とするナイジェリア憲法に違反すると報告した。この報告に対し、メリーは文化相対主義の立場が欠如したレトリックと植民地主義の親縁性を指摘している。都市に居住し、流暢な英語を話し、アメリカ合衆国に本部をおく人権NGOに所属する報告者のナイジェリア人女性は、農村部の女性と必ずしも文化を共有しておらず、ポストコロニアル・エリートとして、国内の特定の社会階層に所属し、それに基づく文化的枠組を有する。メリーは「誰が文化について語ることが可能なのか」という問いを投げかける。

国際社会が国家を主要な基本単位としてきているなか、国家内の集団間の権力関係、文化的多様性が往々にして国際社会では不可視となることが指摘されてきている。一方、グローバル化の進展とインターネットをはじめとするコミュニケーション技術の進歩は、物理的距離を越えて点と点をつなぐことを可能にした。加えて国際社会におけるアクターの多様化を促進した。マーガレット・ケックとキャスリン・シッキンクは、国際社会において国際連合、多国籍企業、NGOなど非国家主体のアクターの多様化と影響力が広がることで生じた国家の枠を超えたトランスナショナルなアドボカシーのネットワークを、「トランスナショナル・アドボカシー・ネットワーク（transnational advocacy network）」と名づけた（Keck & Sikkink 1998）。このネットワークはまた、地理的・空間的制約にとらわれない国家の枠を超えたコスモポリタンな新たな共同体を創出している。同時にネットワークに基づいた共同体の出現は、これまで以上に可視化が困難な複雑な権力関係を生み出している。

前述のナイジェリア人女性は、国際会議の場において、国際NGOの代表としてナイジェリア女性の現状を代表／代弁（representation）する。彼女はジェンダーと人権をめぐるアメリカのNGOや国際連合とのネットワークに位置する。しかし、未亡人への人権侵害が行われていると指摘する農村部の文化に所属しない。「同じ女性」であり、「同じナイジェリア人」であっても、彼女にとって農村部の文化は異文化である。彼女は、どのレベルにおいて、誰にとって「ネイティヴ」なのであろうか？　ポストコロニアル・エリートの存在は、国家を主要単位とする国際社会の場において、誰が、誰を代表／代弁するのかという新たな表象の権力関係を生み出している。

しかし、それではナイジェリアの農村部出身の女性ならば代表／代弁できるのか、というほど単純ではない。細分化は際限ない細分化を招く。農村部出身者であっても、欧米流の教育を経てポストコロニアル・エリートになることは十分ありえる。加えてインターネットの発達によって公共空間のあり方が変容し、個の移動と新たなつながりが、物理的レベルでもインターネット上でも活発化している世界において、ネイティヴとは誰なのか、何をもってネイティヴとするのかという状況はますます複雑になっている。本章はこのような代表／代弁の権力性とネイティヴの多様性を視野に入れ、南米ペルーの移行期正義と先住民の関係を見る。

2　移行期正義の系譜

移行期正義は、ここ数十年の間に展開をみせている新たな研究分野である。法学、政治学、国際関係論、社会学、文化人類学、教育学、心理学など、多様な学問分野から学際的に研究されてきている。移行期正義をめぐる研究は、アカデミズムの領域と実践的領域が密接に関わってきていることに特徴がある[*1]。

たとえば国際連合は移行期正義を「国際連合にとり移行期正義は、大規模な過去の悪弊の遺産に対して社会が説明責任を保障し、正義を果たし、和解を達成する社会の試みと関連したプロセスとメカニズムの全体である。移行期正義のプロセスとメカニズムは、法の支配を強化するうえでの国際連合の枠組の重要な構成要素である[*2]」(United Nations 2010) とする。また、ニューヨークに本部をおくNGOの国際移行期正義センター (International Center for Transitional Justice：ICTJ) は、「移行期正義は、体系的あるいは広範囲の人権侵害への対応である。それは犠牲者を認識し、平和、和解、民主主義の可能性の促進を求める。移行期正義は正義の特殊な形ではなく、人権侵害が広がった時期から社会が変化するうえで適用する正義である。変化は突然訪れる場合もあるし、何世紀もかかる場合もある[*3]」(ICTJ 2009) とする。

移行期正義をめぐる基本文献の一つ「移行期正義の系譜」を著した法学者ルティ・G・テイテルは、移行期正義を三期にわける。第一期は、第二次世界大戦後ニュルンベルク裁判と東京裁判 (極東国際軍事裁判) が設置された時期に相当する。第二期は、南アメリカで軍事政権から文民政権への移行および民主化が推進され、他方でソビエト連邦の崩壊とともに東ヨーロッパで政治体制の移行が起こった一九八〇年代終わりから一九九〇年代初頭以降に相当する。この時期は法の支配を国際的に拡大する潮流が起こるが、各国の政治的影響も強く見られた。第三期は、旧ユーゴスラビアにおける戦争後に設置された旧ユーゴスラビア国際刑事裁判所 (ICTY)、ルワンダのジェノサイドの後設置されたルワンダ国際刑事裁判所（ＩＣＴＲ）という二つのアドホックな国際刑事裁判所を経て、二〇〇三年にオランダのハーグに常設の国際刑事裁判所（ＩＣＣ）が設置された時期以降に相当する。「定常状態」で移行期正義がより高度に政治と関わるようになった時期である（Teitel 2003）。移行期正義が新たな学問分野として学際的に活発な議論が行われるようになったのは、主としてテイテルが分類する第二期以降との関係においてである。

3　南アメリカと移行期正義、真実委員会、和解

移行期正義が国際社会において重要な位置づけをもつに至る契機となった南アメリカ諸国では、移行期正義の移行は主に軍事政権から民主化への移行を意味していた。軍政下の南アメリカ諸国では、共産主義との関わりの嫌疑で市民が連行され、拷問を受け、秘密裡に殺害されていた。これにより多くの行方不明者が生まれた。この背景には各国の個別的状況のみならず、冷戦下という国際情勢があった。アメリカ合衆国は、一九五九年のキューバ革命によって海を隔てた隣国に社会主義政権が誕生したことで、ラテンアメリカの共産主義化への懸念を強めた。一九七〇年に南米チリに世界ではじめて民主的選挙による社会主義政権が誕生すると、アメリカ合衆国の中央情報局（ＣＩＡ）が支援するピノチェト将軍が、一九七三年九月一一日にアジェンデ政権に対する軍事クーデターを決行した。以後、チリでは一九九〇年までピノチェト大統領による軍事独裁政権が続く。一方、同じく軍事政権であった南アメリカのブラジル、アルゼンチン、ウルグアイ、パラグアイ、ボリビアは、国境を越えて協力し「共産主義者」を排除するコンドル作戦を実行した。[*4]

軍政下の「国家テロ」を、アルゼンチンでは「汚い戦争（*Guerra Sucia*）」と呼ぶ。国家テロは、当局による市民への暴力であり、いわゆる内戦とは異なる。それゆえ、アルゼンチンの移行期正義において人々が求めたのは、刑事裁判による訴追と行方不明となった家族の行方を明らかにすることであり、第二章に見るように、そこには必ずしも「和

解」は含まれていなかった。*5

チリにおいても、移行期正義において目指されたのは必ずしも「和解」ではなく刑事裁判による訴追と行方不明者の行方の調査であった。パトリシオ・エイルウィンが大統領になり民政移管が行われたとはいえ、ピノチェトは陸軍総司令官の地位に留まり軍部において権力を有していた。アルゼンチンにおいてもチリにおいても、民主化の実現は、軍部の軍事力との緊張関係の下での綱渡りの作業であった。ピノチェトの権力に陰りが見え始めたのは、彼が一九九八年にイギリスに病気治療に行ってからである。スペイン内戦後フランコによる軍事独裁政権を経験したスペインの裁判所は、自国民のみならず、他国民に対する人権侵害を裁くことができる。このため、ピノチェトが国外に出た機を狙って逮捕状が出された。結果的に引き渡しをめぐって、スペイン、イギリス、チリの間で一年以上交渉が行われた後、ピノチェトは健康上の理由により帰国した。しかし、不可侵であったピノチェトの裁判が可能であるという意識が国民の間に広がり、チリ国内での起訴へとつながった（ドルフマン 二〇〇六）。

南アメリカにおいて、移行期正義は各国において現実の政治レベルの様々な制約のなかで、民主主義の実現にむけ可能性をさぐり、その都度選択や交渉（ネゴシエーション）を行ったプロセスを意味していた。「正義」の意味は多様であるし、「移行」の時間的枠組も多元的である。たとえばチリの真実委員会の調査は、死が確認された行方不明者たちのみが対象となった。このため、後に逮捕され拷問を受けた人々による集団訴訟が行われている。他方で行方不明者の家族は、家族の「行方」を探し続けている。現実的な選択を迫られるプロセスにおいて、体制移行の移行、多様な被害者たちにとっての移行など、移行期正義の「移行」を、どの時点を、何をもって「移行」の終着点とするかということは一枚岩ではない。

移行期正義において「和解」が重要なテーマの一つとなる展開点となったのは、アパルトヘイトが行われていた南アフリカの真実和解委員会（Truth and Reconciliation Commission of South Affica）（一九九五年設置）からである。南アフリカに先立つチリの真実和解委員会（Comisión Nacional de Verdady Reconciliación）にも「和解」の単語が含まれていたが、キリスト教的意味合いが強かった。一方、南アフリカでは新たに人権侵害公聴会および免責公聴会が設置され、「真実と特赦の取り引き」(ヘイナー 二〇〇六:六八)が行われたことに特徴がある。南アフリカの「和解」について研究した阿部は、「和解」の意味内容は移行期正義のプロセスにおいて形作られることを指摘している(阿部 二〇〇七)。日本では、南アフリカの事例が広く知られることにより、「真実和解委員会」と「真実委員会(Truth Commission)」という二つの用語が同等に扱われることがあるが、真実委員会は、「和解」を伴う場合と、「和解」を伴わない場合があるので、真実委員会として総称される(ヘイナー 二〇〇六)。

本章で扱うペルーの移行期正義は、国際社会において、(1)軍政から民政移管が行われ民主化が重要課題であった南アメリカ地域の人権レジームと、(2)南アフリカにおいて真実和解委員会が設置され「和解」の理念の導入と公聴会が開催された、という二つの潮流の影響のもとにおかれた。他方で国際刑事裁判所(ICC)の設置も進められていた。ペルー真実和解委員会(Comisión de la Verdad y Reconciliación)の設置は、アルベルト・フジモリ大統領が二〇〇〇年に日本に逃亡した後の、バレンティン・パニアグア暫定政権下で決定された。続くアルハンドロ・トレド政権下で南アフリカに倣いその名称に「和解」が加えられ、二〇〇一年に活動を開始した。そして二〇〇三年に報告書を提出し解散している。ペルー真実和解委員会は、予算においては南アフリカに次ぐ規模であり(二〇〇六年時点)、活動に従事した延べ人数は南アフリカの委員会を超えている(ヘイナー 二〇〇六)。

4 グローバル化する移行期正義

移行期正義の「移行」に関しては大別して「民主化への移行」と「平和への移行」[*6]がある。もちろん、両者が重なる場合もある。前述のように、移行期正義の初期段階では「民主化への移行」が重要であったが、現在の移行期正義はむしろポスト紛争社会における「平和への移行」が重要となっている。移行期正義と平和構築の関係が重要性を増した背景には、国際社会において国家間の戦争に比して、国内紛争が増加していることがある。
テイテルは『グローバル化する移行期正義』（Teitel 2014）で、移行期正義のグローバル化の現象について次のように述べる。

移行期正義はもはや、主として国家が問題ある過去を扱う際に認識する規範的な事柄であるとは考えられていない。代わりに、移行期正義にまつわる事柄は、今や人間の安全保障と関わるより広範な国際的な取り組みの一環と考えられている（Teitel 2014: 6）。

このように移行期正義は、国際社会における平和、人権の尊重、人間の安全保障などの実現の取り組みのアジェンダの中に組み込まれている。これに伴い、近年の移行期正義の特徴は、移行期正義のパッケージ化およびマニュアル化の現象が起こっている。それぞれの国の個別的ケースにおいて検討され、適用された移行期正義をめぐる様々なメカニズム、真実委員会の設置、公聴会の実施などが、次の事例にセットとなって適用され、そこに新たな要素が付け加えられると、さらに新たな事例にセットとなって適用されるということが繰り返されている。加えて、証言の収集方法をはじめとする実施方法がマニュアル化され、新たな国に適用される。例えば世界各国に支部をおく国際移行期正義センターは、毎年世界中から希望者を募り研修を実施すると共に、各国の移行期正義をモニタリングしている。

国際社会における人権の広がりを分析したキャスリン・シッキンクらは「正義のカスケード（連鎖）」（Luts & Sikkink 2001, Sikkink 2011）という概念を出しているが、移行期正義における「正義のカスケード」は、文化人類学的関心からいえば、シッキンクが示したように人を介しても起こっている（Sikkink 2011）。例えば、アルゼンチンの移行期正義と関わる裁判を行ったルイス・モレノ・オカンポは、国際刑事裁判所（ＩＣＣ）の初代検察官となっている。オカンポはアフリカにおいて国際刑事裁判所（ＩＣＣ）を象徴する人物となった。同じくアルゼンチン出身の人権弁護士ファン・メンデスは、国際移行期正義センターのセンター長を二〇〇四〜〇九年まで務めるとともに国連の様々な活動に参加してきている。本章で扱うペルーの真実和解委員会の委員であった人権活動家ソフィア・マチェルと、同委員会で活動したドイツ出身ペルー在住の文化人類学者ルゥドヴィック・ウベルは、その後ソロモンの真実和解委員会の仕事に従事している。ウベルはペルー真実和解委員会の委員であった文化人類学者、故カルロス・イバン・デ・グレゴリが所長を務めたペルー研究所に所属する。また、同じくペルー真実和解委員会で活動したペルー人たちが、ニューヨークの国際移行期正義センターに所属し、世界各地の移行期正義に関わってきている。

国際社会における移行期正義のパッケージ化およびマニュアル化の進展は、他方でナショナルおよびローカルな個別的コンテクストと、グローバル化する移行期正義の関係という新たな課題を浮かび上がらせた。近年、移行期正義研究においてローカリティが注目されている背景には、このような流れがある。[*7]

本章で扱うペルーの国内紛争には次の二点の特徴がある。⑴民主主義政権下で、民間人の大規模な虐殺が行われたこと。⑵犠牲者の大半が先住民に集中したこと。

⑴に関しては、南アメリカの周辺諸国の移行期正義が軍事政権から民主化への移行に焦点があてられ、民主主義が主要な政治的ディスコースを構成する地域の人権レジームの下、これまでの移行期正義研究においては注目されてこなかった。[*8]しかし、二〇一六年に長期化した紛争から和平への道を歩み始め、大統領がノーベル平和賞を受賞した南米コロンビアの紛争も、民主主義政権下で展開してきている。この意味でもペルーの移行期正義を検討することは意味がある。また、平和構築のプロセスと並行して現在かつての非常事態宣言地域で麻薬産業が拡大している。この点は真実和解委員会の調査を含む移行期正義および平和構築の課題と関係しており、本章はその背景の一端を明らかにする。

⑵に関しては、移行期正義において植民地主義を扱うことは従来タブーとされてきた。しかし、近年移行期正義研究において、先住民との関係、および植民地主義が新たな対象となっている。[*9]たとえば真実委員会に関する包括的な

書を著したプリシラ・ヘイナーの第一版では、先住民に対する過去の人権侵害に関する委員会は「歴史をめぐる」委員会として区別された（ヘイナー 二〇〇六：三五―三六）。しかし、第二版ではこの区別に触れた箇所は削除されている（Hayner 2010）。先住民に焦点をあてることは、社会に構造的に内在する植民地主義を照射し、移行期正義の「移行」のフレームワークの再考を促す。

5　ペルーの国内紛争

ペルーの人口は増加し続けてきており、三一一七万人に達する（世界銀行 二〇一六）。人口比は混血のメスティソ五二％、先住民三二％、ヨーロッパ系一二％、その他四％である。その他のなかには中国系、日系、アフリカ系の人々等が含まれる。インカ帝国の中心であったクスコが位置していたことにも示されるように、現在も先住民人口の割合が高い。ただし、人種区分は後述するように文化・社会的区分であり、統計は目安である。また、一九四〇年代以降、国内の政治、経済、教育機能が一極集中するリマへの、山岳部からの国内移住の流れが活発化しており、リマ首都圏の人口は全人口の約三分の一を占める。

ペルーの国内紛争は、一九八〇年に毛沢東系の反政府組織「ペルー共産党―センデロ・ルミノソ（輝ける道）（*Partido Comunista del Perú -Sendero Luminoso*：以下、センデロと略す）」が武装闘争を開始したことによって始まっている。リーダーは、山岳部アヤクチョ県の中心アヤクチョ市に位置する、国立サンクリストバル・デ・ワマンガ大学（以下、国立ワマンガ大学と略す）の元哲学教授であったアビマエル・グスマン・レイノソである。センデロがなぜ山岳部で武装闘争を開始したのかという背景について、ここで、ペルーの地理的、社会的、歴史的要因を簡単に説明しておく必要があるだろう。

ペルーは六千メートル級の山々を含むアンデス山脈が南北にわたって縦断することから、その自然環境は海岸部

（*costa*）、山岳部（*sierra*）、熱帯雨林地域（*selva*）の三つに大きく分けられる（図1‐1）。しかし、この区分は伝統的に人種・民族・文化的区分とも密接に関連してきた。首都リマはスペイン人たちが太平洋岸に面した地に建設した街で、南アメリカの征服と植民地支配の拠点となった。リマが位置する海岸部は、ヨーロッパ系の人々、メスティソの人々が多く、先住民人口は山岳部に集中する。資源開発で注目される熱帯雨林地域はもともと人口密度が低い。また先住民の特徴も山岳部アンデス地域と熱帯雨林地域では異なり、熱帯雨林地域は狩猟採集および焼畑農耕を生業とする小規模の移動性が高い先住民が居住しており、インカ時代もチュンチョ（*chuncho*）と呼ばれ、山岳部の先住民とは区別されていた。山岳部のアンデス地域では農牧業が広く行われ、センデロが武装闘争を開始したアヤクチョ県はペルー国内でも最も貧しい県の一つであった。

国立ワマンガ大学の元教員であったグスマンの下に集まったセンデロの中核メンバーは、大学教員や学生など、都市在住のメスティソたちであった。たとえばセンデロ・ルミノソの幹部の一人であり、国立ワマンガ大学の元教員であった人類学者オスマン・モロテ・ベストは、アヤクチョ県の山岳部の先住民地域で調査をし、その圧倒的な貧困に接したことがセンデロで活動するきっかけの一つとなっている。国立ワマンガ大学はアヤクチョ県唯一の国立大学である。一六七七年に創設された由緒ある大学であるが、一八八七年に閉鎖され、一九五九年に再開されている。この大学の再開により山岳部の農村部出身者の子弟が高等教育を受ける機会が広がった。他方で、国立ワマンガ大学の学生、卒業生たちが農村部で教員となっていった。

センデロの武装闘争は、アヤクチョ県の先住民村であるチュスチ村で選挙用の投票箱を燃やすことにより始まった。軍事政権から文民政権に移行する際の大統領選挙の日が武装闘争の始まりとなっている。センデロは毛沢東に倣い、「農村から都市を囲む」という戦略をとり、山岳部の農村地域で闘争を開始し、山岳部の都市に至り、最終的に海岸部に位置する首都リマを制圧することを目指した。

しかし、ここに社会のポストコロニアル状況と関連した人種・民族の問題があった。前述のようにセンデロの中核は、都市のメスティソ（混血）であった。一方、センデロが武装闘争を開始したアヤクチョ県の山岳部の農民はその大半が先住民である。ペルーでは、大規模な農地改革を含むペルー革命を実行したベラスコ政権下（一九六八～七五）で、先住民の人々は、差別的なニュアンスのある「インディオ（*indio*）」から「農民（カンペシノ *campesino*）」に公的に改名された[*10]。これは国民統合政策の一環でもあった。それゆえ、センデロが貧しい「農民」とした人々は、人種・民族的には先住民であったのである。その多くはインカ帝国の公用語であったケチュア語の話者[*11]である。このようなことから、スペイン語を母語とするセンデロたちと、彼らが武装闘争を開始した地域の人々は、当初、人種・民族的背景、言語、社会・文化的背景が異なっていた。

　ただし、ペルーにおける先住民とメスティソの区別は身体的特徴だけでなく、言語、社会的地位、経済力などから総合的に決まる[*12]。両親がケチュア語のモノリンガルであっても教育を受けスペイン語を話し、社会・経済的地位が上昇し、都市部で生活すればメスティソと見なされる。一方、先住民の人々は、ヨーロッパ系の人々やメスティソを「私たち」と区別して「ミスティ（*misti*）」と呼ぶ。

　センデロは、はじめは商人を装ったり学校に宿泊したりして侵入し、その後、村人たちに革命教育を行うようになった。加えて原始共産制を強いるため市場を襲い、また、センデロに従わない村の有力者たちを公開処刑し、村人たちに恐怖を植え付け支配していった。

　ペルー政府は、当初センデロの活動をあまり重視していなかった。これは、文民政府に移行したばかりで軍が力をもつことを懸念したこと、センデロの活動が首都から遠く

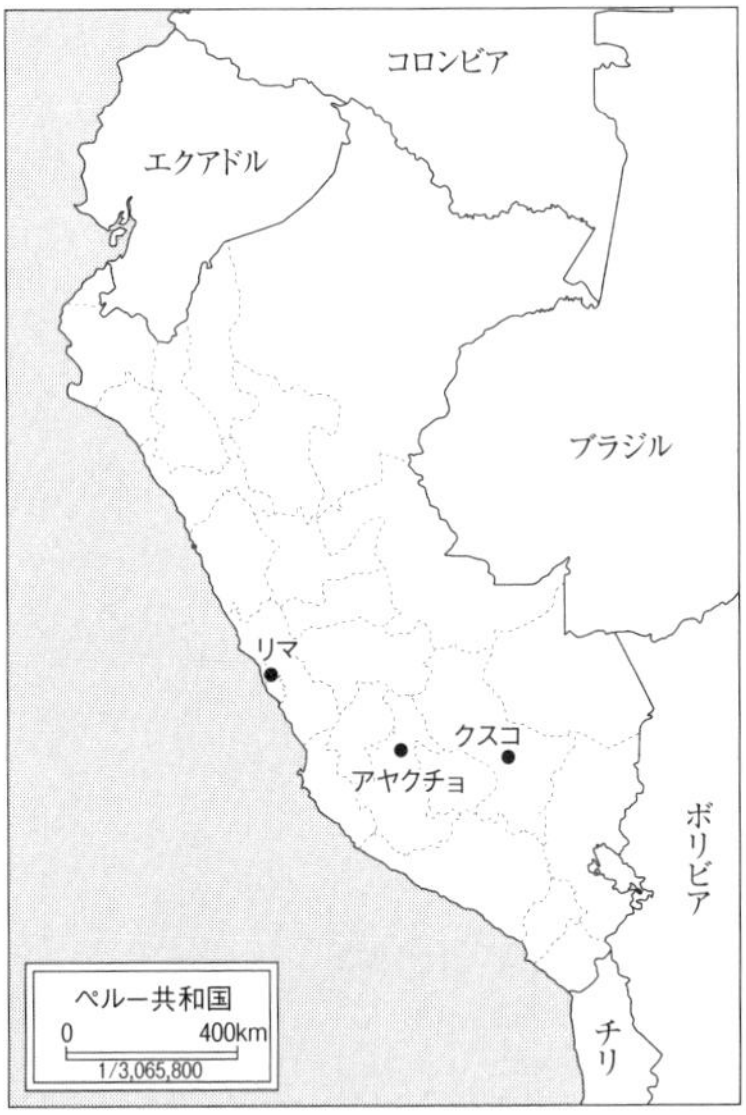

図 1-1　ペルー地図

離れた山岳部の辺境の、しかも社会的に周縁的地位にある先住民地域で行われていたことによる。しかし、その勢力の拡大により、当時のベラウンデ・テリー大統領は、一九八二年後半に非常事態宣言地域に政府軍を派遣することを決定した。初期に派遣された政府軍は海軍であった。欧米的な街であるリマを含む海岸部から派遣された軍にとって、山岳部の世界は、まったくの別世界であり、異文化であった。言語もスペイン語と先住民言語という相違があった。結果として、先住民に対する根強い人種差別があるなか、センデロの支配下、影響下にあると情報が入った村に対する軍による掃討作戦が行われた。センデロも軍に協力した村人や村への報復と襲撃を行い、結果として、政府軍、反政府組織双方による山岳部の先住民の大規模な虐殺が行われた。虐殺は女性、高齢者、子どもにも及んだ。

高地の農村地域では村自体が消失したケースもあり、度重なる攻撃により村で暮らすことができなくなった先住民の人々は都市部へと逃げ込んだ。しかし、山岳部の都市はアシエンダ（農園）を所持するアセンダード（農園主）たちを中心とするヨーロッパ系の人々やメスティソすなわちミスティの街であり、国内避難民[*13]となった先住民の人々が受け入れられることはなかった。国内避難民となった先住民の人々は、都市の人々に「テロリスト（*terruco*）」と見なされることすらあった。このため、避難してきた先住民は、都市周辺部の使用されていずごみ捨て場などになっていた土地へスクオッター（不法占拠者）として居住していった。こうしてアヤクチョ市やアヤクチョ県第二の街であるB市の周辺には、国内避難民となった人々が築いたバリオ（街区）が現れた。

注目すべきは、八〇年代山岳部で政府軍、反政府組織双方による、山岳部の人々の大規模な虐殺が起こっていたにもかかわらず、リマをはじめとする首都圏の人々はこの事実をほとんど知らなかったという点である。[*14] そのことを象徴する出来事として、ウチュラハイ村事件がある。ウチュラハイ村はアヤクチョ県の山岳部にある先住民村で、センデロによる侵入と襲撃を受けていた村人たちが、取材にむかう記者八名をセンデロのメンバーと誤って殺害した。当初センデロを、チェ・ゲバラをはじめとするかつてのゲリラのイメージで捉えていた首都の左翼系の人々や人権団体は、記者たちを殺害したのは軍であると考え、首都で大規模なデモを行った。これを受け、政府は国際的に著名な文学者バルガス・リョサ[15]を委員長とする調査委員会を組織した。首都での裁判や議論が続く一方で、事件の舞台となったウチュラハイ村自体はセンデロ、政府軍双方の攻撃により一九八四年末に消滅している（Hosoya 2003, CVR 2003, 細谷 二〇〇五、二〇一三）。

他方で、一九八四年には労働組合を母体とする都市型ゲリラ「トゥパック・アマル革命運動[16]（*Movimiento Revolucionario Túpac Amaru*：ＭＲＴＡ）」が組織され、一九八五年に闘争を始めている。先述のように、ペルーは国家機能が首都リマに集中しており、マスメディアも同様である。センデロは一九八八年にリマへの到達を宣言したが、リマは人種によるセグリゲーションが明確に見られる都市であり、当初センデロが勢力を広げ攻撃をしたのは首都圏の貧困地区および国立大学であった。このため、首都の中産階級以上の人々がセンデロの攻撃を自らに差し迫った危機として明確に意識するようになったのは、サン・イシドロ地区やミラフロレス地区など中産階級以上の人々の居住区で本格的なテロ攻撃が始まった一九九二年以降である。

一方、同年一九九二年四月五日に日系人のフジモリ大統領が、国会を閉鎖し憲法停止措置をとる無血の自主クーデター（*autogolpe*）を実施している。そして同じ年、ＭＲＴＡのリーダーであるビクトル・ポライに続いて、九月にセンデロのリーダーであるグスマンが逮捕されている。カリスマ的リーダーであるグスマンが逮捕されたことで、これ以降センデロによる攻撃は鎮静化していった。

6　ペルー真実和解委員会と二つの異なる暴力

ペルー真実委員会は、フジモリ大統領が日本に逃亡した二〇〇〇年のバレンティン・パニアグア暫定政権下で設置が決定されている。翌二〇〇一年にアレハンドロ・トレドが大統領になると「和解」を付け加えたペルー真実和解委員会の名称で活動を始めた。委員長には私立のエリート大学であるカトリック大学（*La Pontificia Universidad*

Católica del Perú）元学長のサロモン・レルネル博士[*17]が任命された。委員会の最終報告書は、二〇〇三年八月二八日に提出された。翌二九日には最も被害が大きかったアヤクチョ県のアヤクチョ市の中心広場でも式典が行われた。真実和解委員会の最終報告書は九巻におよび、インターネット上でも公開されている。[*18]

委員会の調査対象期間は一九八〇年から二〇〇〇年であり、この間の死者および行方不明者数を六万九二八〇人と推計した。犠牲者の数は独立後最大であった。特筆すべきは、死者および行方不明者のうち七五%が先住民諸言語を母語とする人々であったことである。七九%は農村地域の犠牲者であった。原因は五四%がセンデロに、三七%が国家エージェントに帰された（CVR 2003）。つまり、犠牲の原因の大半はセンデロによると結論づけられた。

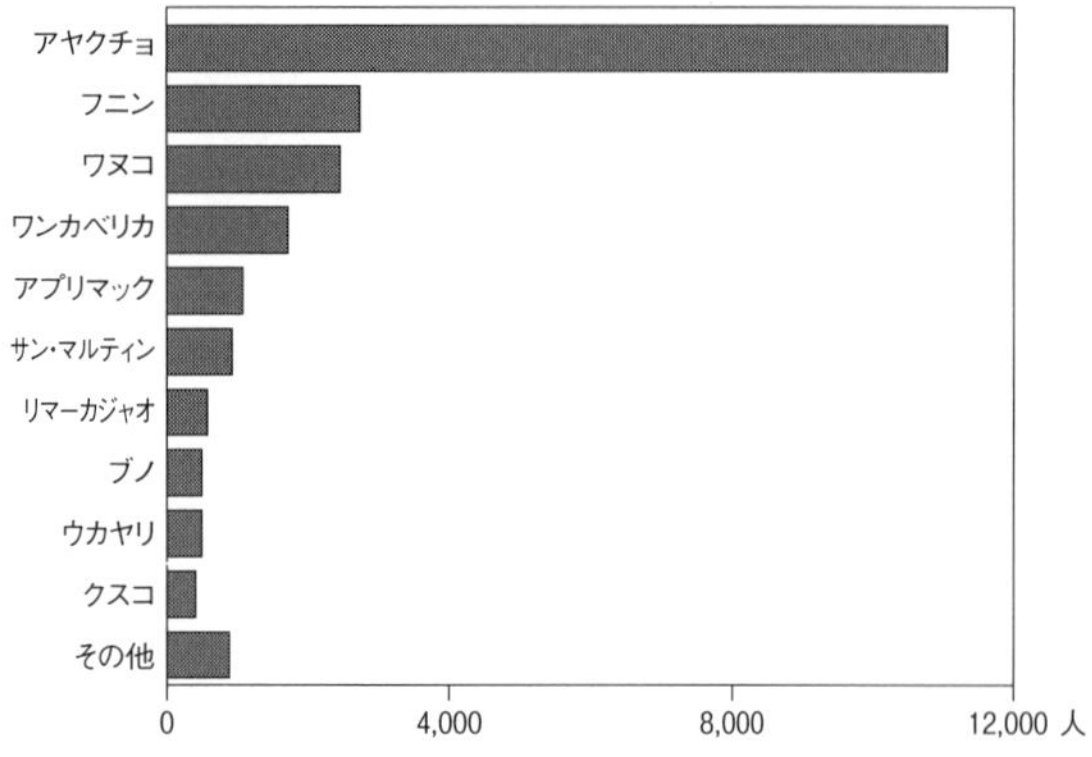

図 1-2　県別にみた死者・行方不明者数（1980 〜 2000 年）
出典）CVR 2003 より作成

真実和解委員会の調査対象期間には、実際には二つの異なる種類の暴力と人権侵害が含まれている。(1)反政府組織と政府軍をはじめとする国家エージェント（このなかには、政府軍、警察、政府軍が組織させた自警団が含まれる）による国内紛争。主として八〇年代に相当する。(2)フジモリ大統領が自主クーデターを行った一九九二年から国外逃亡するまでの権威主義的政権下での人権侵害。

(1)の主たる犠牲者は先住民を中心とする山岳部の人々であった。つまり、ペルーの移行期正義は「平和への移行」と「民主化への移行」の双方を含んでいたのである。調査対象期間には、ベラウンデ政権（一九八〇〜八五）、アラン・ガルシア政権（一九八五〜九〇）、フジモリ政権（一九九〇〜二〇〇〇）[*19]が相当する。

図1‐2は、県（Departamento）ごとの犠牲者数である。アヤクチョ県、

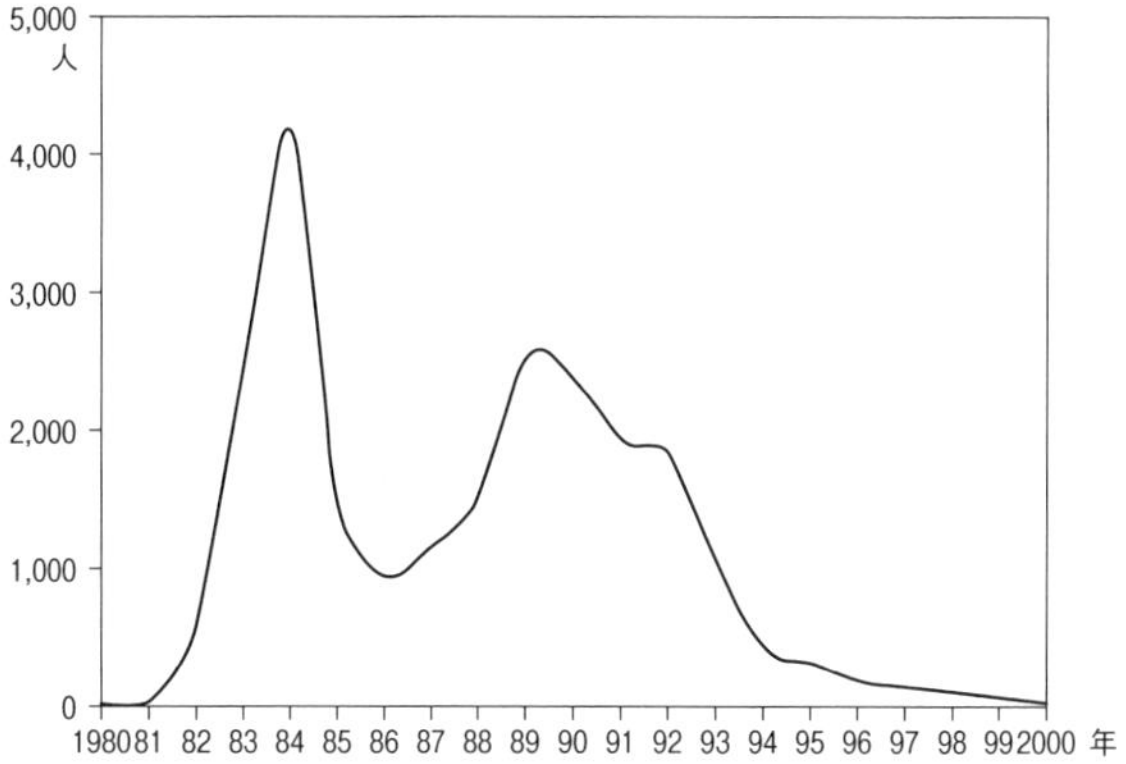

図 1-3　死者・行方不明者数の推移（1980 ～ 2000 年）
出典）CVR 2003 より作成

フニン県、ワヌコ県、ワンカベリカ県、アプリマック県という上位五県はすべて先住民人口の割合が高い山岳部のアンデス地域に位置する。リマ首都圏の犠牲者の割合は、ペルー全体の人口比にこの地域が占める割合を考慮すると小さいことが分かる。一方、センデロが武装闘争を開始したアヤクチョ県の犠牲者数は、全体の四〇％以上に及んでいる（CVR 2003）。

図１‐３は、年ごとの犠牲者数の推移をあらわす。一九八三～八四年の死者および行方不明者数が突出しているが、これはベラウンデ大統領が非常事態宣言地域に政府軍を派遣した直後の犠牲者である。このため、ここでの犠牲者の中心は先住民である。その後、前述のように一九八八年にセンデロはリマへの到達を宣言している。さらに、一九九二年以降急激に犠牲者数が減少しているが、この年センデロのリーダーのグスマンが逮捕されたことによる。

以上のように犠牲者は山岳部に集中しており、加えて真実和解委員会の調査対象であった一九八〇～二〇〇〇年のうち、犠牲は反政府組織と国家エージェントによる国内紛争が激しかった八〇年代に集中している。これはベラウンデ政権およびガルシア政権という「民主主義政権」下に相当する。

7　ペルー社会と移行期正義

ペルーの移行期正義において、誰が、何を、どのように代表／代弁したのだろうか。ペルー真実和解委員会の委員は、宗教界、法曹界、軍、人権活動家、社会科学の専門家などバランスを配慮し任命されている。しかし、人種・民族的観点から見ると、犠牲者の割合が著しく高かった先住民は委員に加えられず、ヨーロッパ系の人々で占められ、犠牲者の大半を占めるケチュア語が理解できる委員も一名のみであった。さらにほとんどがリマ在住者であった。委員の一人であり、ヨーロッパ系で首都のエリート層に属する弁護士ベアトリス・アルバ・ハートは、委員として調査に従事するまで、八〇年代に山岳部で起こっていた先住民の大規模な虐殺について全く知らなかったと述べている。[*20]

前節で見たように、委員会は実際には二つの異なる種類の暴力を扱った。しかし、委員会による報告書提出後も、ペルー社会の関心は民主主義の回復に集まった。つまり、フジモリ大統領による「権威主義的政権」から民主化への移行に焦点があてられたのである。ペルー国内では、委員会が活動を始めた段階から、オピニオンリーダーたちによって、なぜ民主主義政権下で起こったことまで、すなわちベラウンデ[*21]およびガルシア政権下で起こったことを調査しなければならないのかという批判がなされた（González 2006）。加えて、海岸部のエリート層は、真実和解委員会はテロリストに甘く軍に対して厳しいというメディア・キャンペーンを行った（Rojas-Perez 2015: 201）。ペルーの移行期正義が「民主主義」の言説に支配された背景には、国内の政権争いに加え、以下の二つの要因が考えられる。

第一点は、人種・民族による紛争経験の相違。前述のように、首都リマの中産階級以上の人々の居住区でセンデロによる本格的な攻撃が始まったのは、一九九二年に入ってからであり、グスマンが逮捕されたのも同年九月である。このため、国家のエリート層と山岳部の先住民の間では紛争経験が大きく異なった。これまで見てきたように紛争の犠牲者自体も先住民に集中している。それゆえ、ヨーロッパ系、メスティソを中心とする国内のエリート層は、多くの犠牲者を生んだ国内紛争とその鎮圧へのリアリティが相対的に乏しく、直接経験することになったフジモリ大統領の「権威主義的政権」下でのテロ鎮圧過程を含む人権侵害に関心が集まった。しかもフジモリ大統領は伝統的に政治を担ってきたヨーロッパ系ではなかった。

第二点は、南アメリカ地域の人権レジームの影響。冒頭で見たように南アメリカ諸国の移行期正義は軍事政権からの民主化が主要課題であった。それゆえ、フジモリ大統領による自主クーデターの際にも国民の約九〇%が自主クーデターを支持したにもかかわらず、周辺諸国による制裁が行われた。しかも軍事政権下で「国家テロ」が行われた周辺諸国と異なり、ペルーでは反政府組織が武装蜂起し、山岳部で多くの犠牲者を出す国内紛争に至っていた。

トレド政権に続く二〇〇六年の大統領選は、真実和解委員会調査後の国内の政治状況と移行期正義のあり方を反映する結果となった。大統領候補として出馬するために逃亡先の日本から帰国しようとしたフジモリ元大統領は、途中チリで身柄を拘束されペルーで刑事裁判にかけられることとなった。[22]一方で、民主主義の回復の言説により、フジモリ元大統領の人権侵害を強調することには、第一次ガルシア政権下の国内紛争と大規模な虐殺＝人権侵害を不可視にするという構造が存在していた。結果として、ガルシア元大統領は再選し、フジモリ元大統領には二五年の禁錮刑が求刑された。

付言しておくと、ペルー真実和解委員会は「和解」をその名称に加えたが、和解に関与することはなかった。委員会の調査に重要な役割を果たした人類学者デ・グレゴリは、「和解」は委員会にとって過重（*sobrecargo*）であったと述べている。[23]別稿で論じたように（細谷 二〇一三）、実際には「和解」や「真実」の意味は国家レベルと紛争の当事者となった山岳部のコミュニティレベルでは異なっている。国家レベルでは真実を明らかにすることが強調される一方、紛争により結果として潜在する村落内部及び村落間の争いが拡大したコミュニティレベルでは、村人たちが継続してともに生きていくために「忘却」を選択するケースもある（Theidon 2012, Hosoya 2003, 細谷 二〇一三）。

8　ジェノサイド条約と先住民の大規模虐殺

これまで見てきたように、ペルーの国内紛争は死者および行方不明者の七五%が先住民に集中していた。[24]しかしながら、ペルーで起こった先住民の大規模な虐殺はジェノサイド条約の対象になりうるのであろうか。ジェノサイド条約第二条の冒頭は、ジェノサイド条約の対象となる集団の範囲を次のように規定する。「この条約では、集団殺害とは、国民的、人種的、民族的又は宗教的集団を全部または一部を破壊する意図をもって行われた次の行為のいずれをも意味する」。つまり、ジェノサイド条約の対象となる集団のなかには、社会的集団や政治的集団は含まれていない。

「国民的、人種的、民族的集団」という集団設定にも議論の余地がある。人類学は人種や民族の定義を議論してきているが、ジェノサイド条約が制定された第二次世界大戦後からその定義は大きく変化してきている。人種や民族は必ずしも自然発生的なものではないし、固定的ではなく流動的である。民族が政治的につくられる可能性があることは、植民地統治下の誤った人種概念と統治の便宜からツチ、フツという民族境界が画定されたルワンダで起ったジェノサイド[*25]や、政治的に民族境界が強調されていった旧ユーゴスラビアの紛争の例にも示される。

ラテンアメリカにおいては、先住民の定義に関して二つの大きな歴史的転換点がある。まず、第一の転換点は、コロンブスによるアメリカ大陸到達に続いてヨーロッパの人々がアメリカ大陸に植民した時期である。アメリカ大陸にもともと住んでいた人々が、非ヨーロッパ人として、インディオ／インディアンとなった。

第二の歴史的転換点は、ヨーロッパの宗主国からの独立である。独立とともに、国境線がひかれ、各国の領域内の人々は特定国の国民となった。先住民も国民となることで、国民国家の建設過程で、そして国民統合の過程で、誰が先住民であるかということが各国において個別に定義されてきた。統計上も国や時代によって異なり、特別保留地などの特定領域に居住することによって、言語によって、あるいはアイデンティティ（自己申告）などを基準として分類されてきている。

そして、国家の枠を超えた先住民間のネットワークの形成や定義が行われている現在は第三の段階にあるといえるだろう。国際連合による一九九三年の「世界の先住民の国際年（International Year of the World's Indigenous People）」宣言、それに続く一九九五～二〇〇四年の「世界の先住民の国際の一〇年（International Decade of the World's Indigenous People）」、二〇〇五～一四年の「第二次世界の先住民族の国際の一〇年（Second International Decade of the World's Indigenous People)」、二〇〇七年の国連総会での「先住民族の権利に関する宣言」は、先住民という存在をめぐる議論を進展させてきた。しかし、「先住民」を明確に定義していないのは、定義することによって逆に多様な現実を排除してしまうことを避ける意味がある。

ペルーの場合、先述のように虐殺の主たる対象となった山岳部の先住民は、社会的には「農民」として位置づけられている。それゆえ、農民という生業集団の虐殺はジェノサイド条約の対象にはならない。加えて、真実和解委員会の報告書においては、次のように記述されている。「国内紛争の犠牲による死者のうち七五％は、ケチュア語もしくは他の先住民言語を母語としていた」[*26]。言語は民族の指標にはなるが、言語集団そのものは厳密にいえばジェノサイド条約で規定される対象集団に含まれていない。

加えて、ジェノサイド条約においては「全部または一部を破壊する意図をもって行われた次の行為」と記されており、「意図」があったことを立証する必要がある。つまり、法廷において「意図」を立証する法的証拠が必要となる。しかし、そのためには加害者の側に、ジェノサイド条約が定義するいずれかの集団として相手を認識するカテゴリーが存在することが前提となる。たとえば、スレブレニツァの虐殺がジェノサイドとされる過程においては、セルビア人の司令官の発言を記録した映像が証拠の一つとして用いられている[*27]。しかし、ペルー社会においては、山岳部の先住民が「農民」というカテゴリーによって社会的に認知され、言語化されていることにより、「農民」ではなく「先住民」という集団の破壊の「意図」を立証することは困難となる[*28]。

9　移行期正義と先住民――秘密墓地の発掘

真実和解委員会の調査は、国内紛争によって多くの先住民の人々が犠牲となったことを明らかにした。ペルーの移行期正義はこれまで見てきたように、民主主義への移行と紛争後の平和構築という二つの移行が含まれていたが、前者に関心が集中することになった。ペルーの移行期正義と先住民の人々はどのような関係にあるのだろうか。

先述のヘイナーは真実委員会の特徴を以下のように整理している。

① 真実委員会は過去に焦点をあてる。
② 委員会はある特定の事件というよりも、ある時期における暴力の傾向や特徴を調べる。
③ 真実委員会は期間限定（たいてい半年から二年）の組織であり、報告書の公刊をもって活動を終了する。
④ 公的な認可を受けており、政府（と、和平協定に組み込まれている場合は対立した武装組織）によって権限を付与されている（ヘイナー 二〇〇六：三二）。

ヘイナーが特徴づけたように、真実委員会は期間限定で活動し、報告書を公刊したことでその仕事を終える。真実委員会の調査は、過去に行われた暴力や人権侵害を明らかにする調査の始まりであるが、往々にして終わりとして理解されがちである。ペルー真実和解委員会の場合、調査対象期間が二〇年であることに比して、委員会が組織され、調査、報告書の作成までの期間はわずか二年であった。委員会は数度にわたって期限の延長を申請している。委員会の調査は時間的制約のもとにおかれることから、過去を明らかにし国民の歴史として共有するためには、報告書提出後も公的に制度化した継続調査が必要である。加えて委員会の提言を実現する組織、制度も必要である。しかし、ペルーでは委員会の解散後、継続調査をはじめとして、行方不明者の行方の調査、秘密墓地の発掘、犠牲者への補償などが十分制度化されることはなかった（Hosoya 2012）。

ここでは紙面の都合上、暴力の実態を明らかにするうえで、また家族にとって大きな課題となる秘密墓地の発掘に焦点をあててみることにする。秘密墓地は、国家エージェントや反政府組織が殺害した人々を、秘密裡にまとめて埋めた場所である。ペルー真実和解委員会は、四六〇〇以上の秘密墓地の存在を指摘している。その多くは山岳部に位置する。このうち、委員会の調査中に発掘調査が行われた秘密墓地はわずか三ヶ所のみであった。

秘密墓地の発掘には専門家の参加が必要であるだけでなく、費用と時間を要する。これに加え、ペルーの秘密墓地の発掘は他地域の事例と比較していくつかの困難を抱えている。第一点として、身元確認の難しさである。先住民地域には歯医者がほとんどなく、人々も歯医者に行く習慣がなかったため、紛争当時の先住民の人々には歯型の記録がなく、歯型による身元確認ができない。他方でそれにかわるDNA鑑定に関しては、国内でDNA鑑定ができる場所が限られており時間と多額の費用がかかる。第二点として、国内紛争が最も過酷だった時期から調査が始められるまで一五年以上の年月を経ていたことである。これらの点は、たとえばボスニア・ヘルツェゴビナ紛争後の発掘作業等と比較するとその違いが明らかである。

真実和解委員会がその調査時に発掘調査を実施したのは、アヤクチョ県のケチュア語話者の先住民村チュスチ、トトス、ルカナマルカにある三ヶ所の秘密墓地であった。これらの村はセンデロ、政府軍双方による攻撃を複数回受けており、三ヶ所というのは村に複数ある秘密墓地のうちからそれぞれ一ヶ所を選択したことを意味する。チュスチ、アコマルカでは政府軍、ルカナマルカではセンデロによる襲撃を原因とする秘密墓地の発掘が行われた。

人類学者イサイア・ロハス - ペレスは、これら三ヶ所の発掘後の遺体の扱いの相違について論じている。アヤクチョ市で処理された政府軍によるものと異なり、センデロの襲撃を原因としたルカナマルカの秘密墓地に関しては、発掘された六二遺体が首都リマまで運ばれ、リマの主要なカトリック教会の一つであるラ・レコレタで、政治家、真実和解委員会委員と関係者、人権NGOと発掘関係者、ルカナマルカからリマへの移住者団体などが参加する大規模な儀式が行われ報道された。しかし、ルカナマルカからはるか遠いリマでの儀式に参加した犠牲者の親族はわずかであった（Rojas-Perez 2015: 202）。死者たちは政治的に利用されたのである。

ペルー真実和解委員会は報告書の提出にあわせ、写真展を開催し、写真集 *Yuyanapaq: para recordar*（ケチュア語、スペイン語で「記憶するために」の意）を刊行している。ルカナマルカへのセンデロの襲撃の際に負傷し、顔の半分を包帯で覆った農民／先住民男性の肖像写真は、メディアで繰り返し使用されることで象徴的意味を獲得していった。視覚的にインパクトがあるこの写真は、センデロによる虐殺を強く印象づけることになった。むろん時間および人的資源の制約があった委員会は、秘密墓地を選択して発掘調査を実施せざるをえなかった。しかし、筆者のルカナマルカ出身者へのインタビューでも、ルカナマルカでは政府軍も虐殺を行っているのに、なぜセンデロによる襲撃だけが強調されるのかという批判が見られた。

真実和解委員会解散後、秘密墓地の発掘は政府の法医学機関（Instituto de Medicina Legal: IML）に所属する特別法医学チーム（Equipo Forense Espscializado: EFE）が引き継ぐことになった。このほか、アメリカの大学で学位を得て国際的に活躍するペルー出身の法医人類学者ホセ・パブロ・バライバル（José Pablo Baraybar）を代表とする国際ＮＧＯ「ペルー法医人類学チーム（Equipo Peruano de Antropología Forense: EPAF）」が発掘に従事している。秘密墓地の発掘の進展の遅れに関しては、制度上の問題もある。発掘には検察官の許可が必要である。人々は自分の村にある秘密墓地であっても勝手に掘り返すことはできない。しかし、たとえば膨大な数の秘密墓地があるアヤクチョ県には検察官が三名しかいない。[*29] 加えて、秘密墓地は険しいアンデス山中の人里離れた場所に散在している。車では到達できない場所も少なくなく、アヤクチョ市にいる検察官が現地に行くのに数日かかることもあり、確認に行くこと自体が容易ではない。二〇一六年のオンブズマン事務所の発表によると、約一万六千人と推計されている行方不明者のうち、二〇〇二年から二〇〇五年の間に政府機関が発掘した遺体は三二〇二体であり、このうち一八三三人の身元が判明している（Rojas-Perez 2017: 253）。しかし、実際には先住民の中には真実和解委員会への証言やその後の犠牲者登録を行わなかった人々も少なくない（Hosoya 2012b）。

秘密墓地とは具体的にどのようなものであるのか。以下はアヤクチョ県出身でケチュア語を母語とし、人権ＮＧＯで働いてきているレタブロ作家エディルベルト・ヒメネス[*30]が、アヤクチョ県チュンギ地区で収録した証言の抜粋である。図１‐４は証言に基づいてヒメネスが描いた線描画である。

政府軍の基地の傍らには、常に秘密墓地があります。チュスチ・ワイコ（地名）には約二五〇人が埋まっているといわれています。「セスペデス隊長は私の姉とその六人の子どもたちを殺害しました。自警団と穴を掘った後、なんら同情もなく一人一人リボルバーで頭を撃っていきました。（中略）神のみがチュスチ・ワイコに何人の亡骸があるか知っています。逮捕された者たちはすべてその場所に埋められました。昼間に自警団が穴を掘り、夜間に無実の者たちが兵士たちに殺害されていきました」（筆者訳、Jiménez 2010: 278）。

図 1-4 「チュスチ・ワイコには何人の亡骸があるのだろう」
出典）Jiménez 2010: 279.

連行、拷問を受けた後、解放された人々の証言は、同時に行方不明者たちの存在と「行方」を伝える。筆者が調査を続けてきているアヤクチョ県B郡の国内避難民の人々が建設した居住区に住むカルロス（仮名）は、紛争が激しくなるなか、出身の先住民村から家族でB郡の中心都市B市に移住した。そして中学校を終え、技術専門学校に通い、あと二ヶ月で卒業という一九八九年に、軍に連行され拷問を受け障害を負った。

いつもと同じある日曜日のことでした。家から出かけたところで軍に捕まり軍の施設へ連行されました。私は七日間行方不明になっていました。縛られ、目隠しをされ、隅に放り出されました。私を含め五人がそこにいました。五人のうち軍の施設を出ることができたのは二人だけで、残りは行方不明となりました。私は暴行を受け、今でも足が悪く、仕事をするとき痛みます。

六月二一日と二五日にアコバンバ（アヤクチョ県の村）でセンデロによる襲撃があり、警官数名が殺害されたので、彼らは私がそれに関わっていたと考えたのです。「アコバンバの襲撃に参加しただろう」と追及されました。でも、私にはアリバイがありました。私はその日、学校の授業の最終試験に出席していたのです。それで私は、「私は学生で、その日は試験を受けていました」、「だから私は襲撃に参加していません、試験をした電気技師に確認して下さい」と言いました。

腕を引っ張られ、一人一人連れ出されたとき、目を覆われていたので昼夜の区別もつきませんでした。おそらくそこには多くの人々がいて、私たちに「我々はあなたたちが（襲撃に）参加したのを知っています。友よ、すべて話して下さい」そして優しく「私たちはあなたたちを助けるためにいます。誰がテロリストで、誰がテロリストの襲撃に参加したのか話して下さい」と言いました。それで、「私は学生で、何も知りません」と言うと、「何も知らないって？」と言い、私を殴り倒し、気を失うまで蹴りました。それから、処置室に連れていくと言い、階段から床まで蹴落としました。階段を転げ落ちると、再度当初いた隅に押しやられました。私は人々の上に転がりました。

おそらく技師に電話をして確認したのでしょう。七日後に私のところに来て解放すると言いました。私を立たせようとしましたが、七日間水も食べ物も与えられていなかったので、立ち上がる力がありませんでした。私を壁にもたれさせ、書類にサインをさせました。そこには、私を丁重に扱い、食事と栄養を十分与えたと書かれていました。私は解放されるためにサインせざるをえませんでした。そして、夕方六時に私を放り出しました。解放されたとはいえ、私は暴行により全身傷だらけでした。捕えられている間、泥のなかに横たわっていました。政府軍の施設のなかに小屋があり、そこには雨水が入り込んでいたので、私たちは泥まみれになっていました。[*31]

B市の軍の施設では、新聞記者であった郡長の弟を含め、多くの人々が行方不明になっている。カルロスは解放されたが、ケチュア語を母語とする農村出身の、貧しくも向学心の高い若者の技師になる夢は絶たれた。B市には二つ

写真 1-1　B 市にあるスタジアム。壁画は郡長の弟で、行方不明になったジャーナリスト

の軍施設があった。ベラウンデ大統領が非常事態宣言地域への政府軍の派遣を決定した直後にスタジアムに海軍の基地が建設され、海軍はそこを拠点としパトロールや山岳部での掃討作戦を行った。海軍の施設跡には再度スタジアムが建設された（写真1-1）。このため、発掘調査をすることはできなくなっている。もう一方の陸軍の基地は、現在もそのまま使用されている。紛争後も軍部と反政府組織が活動する地域で、軍の施設で起こったことに関する証言を得ることは実際には非常に困難である。

拷問、殺害が行われた政府軍の施設として最も有名なのは、アヤクチョ市郊外にあるロス・カビトスである（写真1-2）。ここには一九八〇年代から九〇年代初頭にかけて多くの人々が連行され行方不明となった。施設には兵舎があったため、兵士たちは遺体の匂いに耐えきれなくなり、最後には炉がつくられ遺体はそこで燃やされた。[*32] ロス・カビトスへは市内だけでなく、アヤクチョ県内の農村部からも人々が連行されてきていた。[*33] その無数の死者たちはどこに運ばれたのか、周囲一帯には殺害された人々の遺体がある可能性があるが、政府が発掘したのは一九八三年（故人となったベラウンデ政権下）の殺害に相当するとされる一〇九体のみである。

写真1-2　真実和解委員会10周年を記念してロス・カビトスの傍らで行われた式典。十字架の下に行方不明者たちの写真が並べられている

アヤクチョ市内には「誘拐、拘束、行方不明者の家族の会（Asociación Nacional de Familiares de Secuestrados, Detenidos y Desaparecido del Perú：ANPHASEP）」がある。この会の創始者の一人であるアンヘリカ・メンドサ・デ・アスカルサ（Angélica Mendoza de Ascarza）、通称「ママ・アンヘリカ」[*34]（写真1-3）の息子のアルキメデスは、一九八三年国立ワマンガ大学の学生だった一九歳のときに、ロス・カビトスに連行され行方不明となった。ママ・アンヘリカは行方不明者の家族として、象徴的存在となってきた。[*35] ANPHASEPはアヤクチョ市内に小さな博物館も建設している。二〇一七年八月一七日、ロス・カビトスで起こったことをめぐって一二年にわたって争われた一つの裁判の判決が出た。[*36] この裁判では、一九八三年に起こった五三名の行方不明、性的暴行、超法規的処刑に対して、軍関係者が有罪となった。[*37] しかし、一九八三年はベラウンデ政権下であり、ベラウンデはすでに故人となっている。ガルシア政権下で起こったことに関しては、まだふれられていない。ロス・カビトスの遺体が埋められている可能性がある一帯にはスクオッターによる家が建ち始めている。また、行方不明者たちを直接知る家族の高齢化も進んでいる。奇しくも真実和解委員会一四周年にあたる二〇一七年八月二八日、ママ・アンヘリカは八八歳で亡くなった。[*38] 発掘作業は時間との闘

写真 1-3　ママ・アンヘリカ

いとなっている。法の観点からも、現行では数名以上の犠牲者がいる場合は、首都リマで裁判をしなければならない。このことも山岳部の人々にとっては、訴追をする障壁となっている[*39]。

他方で、別の課題も起こっている。写真1-4は二〇一三年にアヤクチョ市にある政府の法医学機関で筆者が撮影した。親族が囲むなか政府機関の担当者が、小さな土器の壺を手にしている。先住民の人々は埋葬儀礼において、死者のためにトウモロコシなどの食べ物や貨幣を壺に入れる。つまり、この遺体は親族の手によって埋葬されたことを意味する。紛争中にセンデロもしくは政府軍によって殺害されたが、秘密墓地の遺体ではない。先住民文化の知識を欠いていることによるのか、説明責任《アカウンタビリティ》に対応するために、発掘作業をしていることを便宜的に示すためなのか。発掘作業を開始するにあたっては事前に調査をし、その作業にはアヤクチョ市出身者も雇用されている。

遺族の側から見れば、埋葬した墓が誤って「発掘」されてしまった場合、旅費を工面し、確認のために数日間かけてアヤクチョ市まで行かなければならない。皮肉なことに遺体はペルーの都市部でクリスマスに家族で食べるケーキ「パネトン」の段ボール箱に入れられ山積みにされている。遺体がいつ家族に返還されるか分からないが、その際には遺体を受け取りに再度アヤクチョ市まで

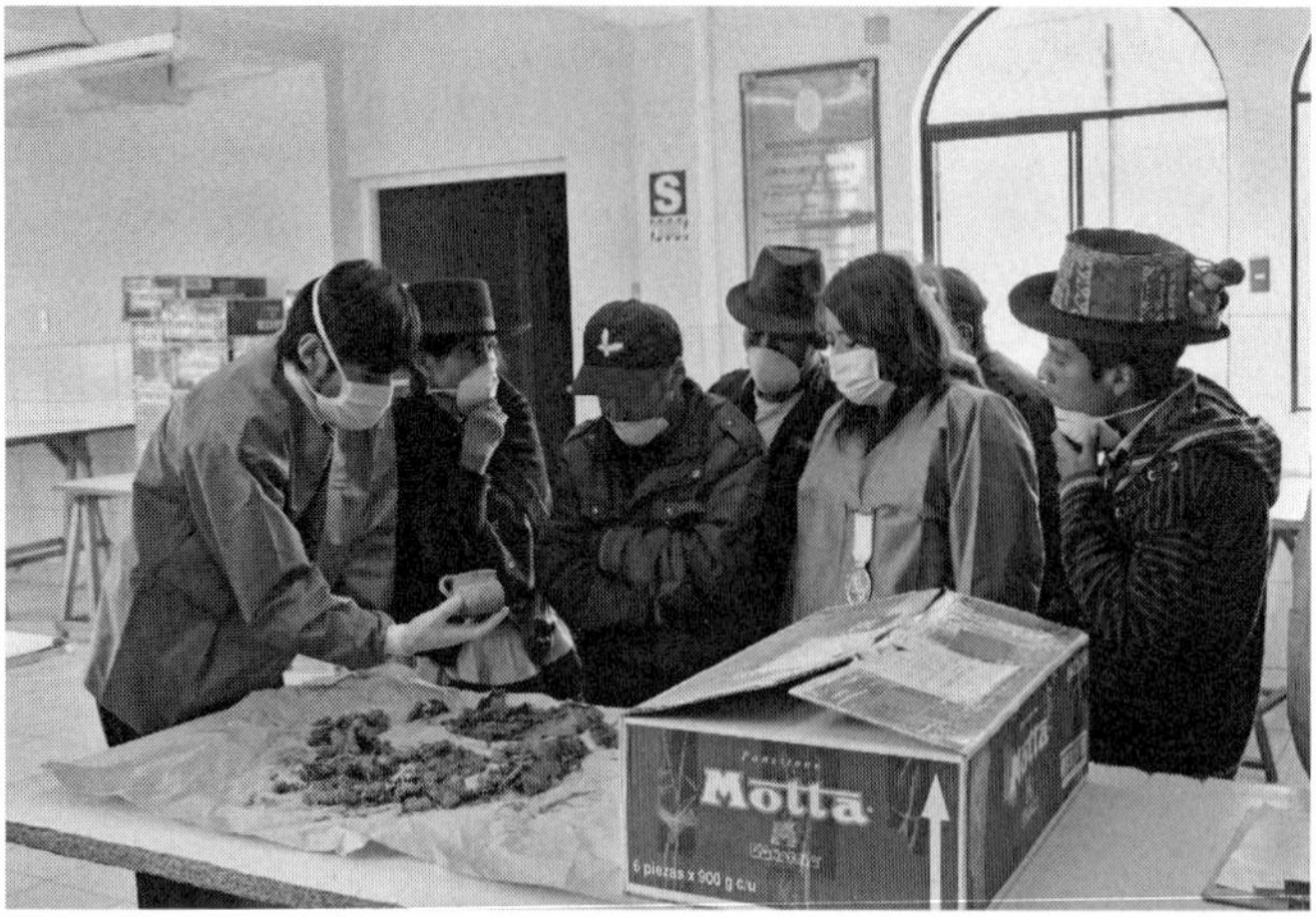

写真 1-4　発掘に従事する政府機関（アヤクチョ）

行かなければならず、さらに改めて埋葬するために、旅費に加え人夫を雇う必要がある。墓を暴かれただけでなく、農村部に住む家族にとって、これらは大きな経済的・時間的負担となる。

センデロは山岳部の険しい山道を徒歩で移動したため、ケチュア語で「歩く人（*puriqkuna*）」と呼ばれ、旧式の銃や山刀（マチェテ）、ダイナマイトなどを武器として使用していた。一方、近代兵器を装備した軍は、ヘリコプターや車で村に現れ攻撃をした。もし、膨大な数の秘密墓地の発掘が進んだら、当初ペルー真実和解委員会が出した、死者および行方不明者のうち五四％をセンデロに、三七％を国家エージェントに帰する割合は逆転する可能性もある。

10　おわりに

ペルーの紛争終結直後、アヤクチョ市には国内外のＮＧＯが集まり、街にはピザ店やバーが新たに開店し、首都から来た人々や外国人でにぎわった。しかし、それも宴の後となった。国際社会において、アクターが多様化し、非国家的主体の影響力が強まる一方で、ＮＧＯ自体が多国籍企業化している側面がある。これにより、国内のポストコロニアル・エリートや国際的なネットワークに参与した人々にとっては、国内紛争や貧困自体が資源化する局面がある。首都リマの一角には国内外のＮＧＯが集まる通りがあり、そのなかで人々の所属が変わっていく。多額の予算を使用して実施し「高い成果をあげた」はずのＮＧＯやＯＤＡによるプロジェクトが、実際には現地の人々は実施されたことすら知らず、ほぼ書類上だけで完結しているという例もある。人類学者のメアリー・ストラトザーンは、オーディット・カルチャーについて論じているが（Strathern ed. 2000）、この背景には短期的に成果をあげ、結果を出していかなければならない状況もある。もちろん長期的に取り組み現地の人々に多大な貢献をしてきているＮＧＯもある。

他方で、平和構築という観点から見た場合、かつて非常事態宣言地域となっていた地域は、平和構築の過程で十分な支援が行われることがないまま（Hosoya 2012b）、地域の経済復興はコカの栽培と運搬をする麻薬産業と、それによって潤った周辺経済の発展に依存することになった。アンデス地域では伝統的に文化として、コカインとは無縁にコカの栽培が行われてきている（細谷 一九九七）。ペルーのコカの作付面積は、現在世界最大規模となっている。麻薬産業で富を得た人々が、建物の建設、飲食や被服、ロジスティックなどに得たカネを使用することが、地域の経済発展を支えている。一方、紛争によってアセンダードをはじめとする地域の旧エリート層の多くは首都や国外に移住した。アセンダードたちが居住していた街の中心部の地区は閑散としている。このため、街では、人種的要因による経済格差が相対的に縮小している。これはユートピアなのだろうか、それともディストピアなのだろうか。しかし、麻薬産業の最も巨大な利益は別の場所に流れている。

本章ではペルーの移行期正義に見られる人種民族間の関係を明らかにした。ペルーで起こった暴力による犠牲者の大半は民主主義政権下の紛争によるものであり、その多くが先住民であった。しかしながら、ペルーの移行期正義は、国家のエリート層やトランスナショナル・アドボカシー・ネットワークと関わる人権団体を中心に、民主主義の回復に焦点があてられてきた。従来研究で見落とされてきた点として本章で明らかにしたように、そこには植民地主義のレガシーとしての人種主義が密接に関わっている。

紛争や大規模な人権侵害を、国際社会において誰が代弁／代表するのか。誰が説明責任《アカウンタビリティ》を果たすのか。グローバル化が進展するなか、そこには重層的かつ複雑な権力関係が存在する。そして、植民地主義と関係して生じた社会の構造的不平等の底辺におかれた先住民という存在は、移行期正義の「移行」の時間的枠組に再検討を迫る。

謝辞

本章のもととなる調査研究には、ＪＳＰＳ科研費課題番号ＪＰ二二四〇一〇四三の助成を受けた。

注

＊1　二〇〇七年にオックスフォード大学から「国際移行期正義ジャーナル」が刊行される一方、アカデミズムの領域では多くの研究書が出版され扱う内容も多様化している。他方で、スザンヌ・バックリー－ジステルら（Buckley-Zistel et al. eds. 2015）は、移行期正義研究が十分な理論化を欠いていることを指摘している。日本では平和学会（日本平和学会 二〇一二）が特集を組むとともに、杉山知子（二〇一一）、望月康恵（二〇一二）、クロス京子（二〇一六）らによって包括的研究が出版されてきている。また、国際刑事裁判所に関しては村瀬・洪編（二〇一四）がある。

＊2　For the United Nations, transitional justice is the full range of processes and mechanisms associated with a society's attempt to come to terms with a legacy of large-scale past abuses, in order to ensure accountability, serve justice and achieve reconciliation. Transitional justice processes and mechanisms are a critical component of the United Nations framework for strengthening the rule of law.

Transitional justice consists of both judicial and non-judicial processes and mechanisms, including prosecution initiatives, truth-seeking, reparations programmes, institutional reform or an appropriate combination thereof. Whatever combination is chosen must be in conformity with international legal standards and obligations. Transitional justice should further seek to take account of the root causes of conflicts and the related violations of all rights, including civil, political, economic, social and cultural rights. By striving to address the spectrum of violations in an integrated and interdependent manner, transitional justice can contribute to achieving the broader objectives of prevention of further conflict, peacebuilding and reconciliation. (UN 2010: 3)

＊3　Transitional justice is a response to systematic or widespread violations of human rights. It seeks recognition for victims and promotion of possibilities for peace, reconciliation and democracy. Transitional justice is not a special form of justice but justice adapted to societies transforming themselves after a period of pervasive human rights abuse. In some cases, these transformations happen suddenly; in others, they may take place over many decades.

＊4　スペインのフランコ大統領の葬儀で各国大統領が集まったことがコンドル作戦の契機となっている（ドルフマン 二〇〇六）。

＊5　ペルー真実和解委員会七周年を記念した国際シンポジウムが、国際移行期正義センターの創設に関わるとともに国際連合でも活躍してきているアルゼンチン出身の著名な人権弁護士ファン・メンデス博士、ペルー真実和解委員会委員長サロモン・レルネル博士、委員会の委員でペルー研究所所長のカルロス・イバン・デ・グレゴリ博士、同じく委員会の委員であり人権活動家のソフィア・メチョルらが参加し、ペルー研究所で開催された。各国から集まった発表者のうち、アルゼンチン出身者は、「アルゼンチンでは「和解」ということは視野にないのですか」という質問に、「私たちの家族を殺した相手の頬にキスすることはできません。それは、死者を冒涜する行為です」と答えている。

＊6　統計的な研究としては、オルセンら（Olsen et al. 2010）によるものがある。

＊7　たとえば、Shaw et al. eds.（2010）, Hinton ed.（2011）など。

＊8　アカデミズムの領域においても、政治学におけるペルーの移行期正義研究は、自主クーデター以降のフジモリ政権の反民主主義の側面と人権侵害に焦点があてられてきている。たとえば、Burt（2007, 2009）。フジモリ政権を分析した研究として村上（二〇〇四）がある。

＊9　たとえば、国際移行期正義ジャーナルは一〇周年を記念して、過去最も影響力があった一〇の論文の一つとしてオーストラリアのアボリジニに対する構造的被害と植民地主義を扱ったバリント等の論文を取り上げている（Balint & Evans, MacMillian 2014）。また、ロバート・ニーゼンはカナダの先住民に関する真実和解委員会について論じている（Niezen 2017）。

＊10　低地の先住民はナティボ（*nativo*）とされ、高地の先住民は「農民」、低地の先住民のみ「先住民」とする区分も見られる。

シピボをはじめとする低地の先住民の虐殺も過酷であった。本章では紙面の都合上、数のうえでも犠牲者数が圧倒的に多かった高地の先住民に焦点をあてる。

＊11 山岳部のボリビアとの国境地域にはアイマラ語を話す人々がいる。また熱帯雨林地域は複数の国が国境を接するなか、狩猟採集、および焼畑農耕を生業とし、移動性が高く小集団に分かれる、多様な先住民言語集団がいる。

＊12 ペルーの人種については、細谷（一九九七）、細谷編（二〇一二）、De la Cadena（2000）、García（2005）参照。

＊13 ただし、国内避難民（Internal Displaced Person: IDP）という言葉が国際社会において広く使用されるようになったのは一九九〇年代以降なので、当時は単なる移住者として扱われた。

＊14 詳細は、Hosoya（2003）、細谷（二〇〇五、二〇一三）。

＊15 一九九〇年の大統領選のフジモリの対立候補であり、後にノーベル文学賞を受賞。

＊16 日本では、一九九五年から一九九六年に起こったペルー日本大使公邸占拠事件で知られる。

＊17 委員会の委員は以下の通りである。委員長 Dr. Salomón Lerner Febres, Beatriz Alva Hart, Rolando Ames Cobián, Monseñor José Antúnez de Mayolo, Luis Arias Grazziani, Enrique Bernales Ballesteros, Carlos Iván Degregori Caso, Gastón Garatea Yori, Humberto Lay Sun, Sofía Macher Batanero, Alberto Morote Sánchez, Carlos Tapia García, Luis Bambarén Gastelumendi. 委員は、宗教者（カトリックとプロテスタントの双方から選出）、前国会議員、法学者、人類学者、人権活動家、軍などから選出されている。

＊18 http://www.cverdad.org.pe/pagina01.php また簡易版として、*Hatun Willakuy: Verisión abreviada del Informe Final de la Comisión de la Verdad y Reconciliación Peru*（2004）が出版されている。

＊19 ペルーの大統領は五年任期で、連続二期までが認められていたがフジモリ大統領は憲法を改定し三期を可能とした。しかし、三期目就任後ほどなく日本に逃亡している。

＊20 ドキュメンタリー映画 *State of Fear: The Truth about Terrorism*（Skylight Pictures 2005）。

＊21 ルートがレルネル委員長に行ったインタビューによると、真実委員会の設置を決定したパニアグア大統領ですら真実和解委員会に全面的に賛成したわけではなく、ベラウンデ元大統領を守ろうとしていた（Root 2012: 83）。

＊22　米州人権裁判所への提訴により、二〇〇一年に恩赦法は無効となった。フジモリ元大統領への適用が無効となった理由の一つに、バリオス・アルトス事件がある。この事件は秘密警察コリーナ部隊が、首都リマでパーティをしていた住民（メスティソの人々）をセンデロと誤り、子どもを含む一七名を殺害した事件である。米州人権裁判所と恩赦法の関係については、Burt（2007, 2009, 2014）、内田（二〇〇四）。しかし、一七名を「大量虐殺」とすることは、山岳部の国内紛争下での大規模な虐殺との比較の文脈においては、人種による命の重さの相違ともなる。他方で日常性を維持していた首都の人々の間で起こった虐殺と、国内紛争が展開していた山岳部で起こった虐殺という、虐殺が行われた文脈の相違もある。

＊23　二〇〇三年九月に大阪で開催された XI Congreso de la Federacíon Internacional de Estudios sobre América Latina y el Caribe（FIEALC）での発言。

＊24　ジェノサイドという単語は、序章で記したようにポーランド出身のユダヤ系の法学者ラファエル・レムキンによる造語である。

＊25　ルワンダのジェノサイドに関しては武内による詳細な研究がある（武内 二〇〇九）。あわせて細谷（二〇一六）参照。

＊26　La CVR ha podido apreciar que, conjuntamente con las brechas socioeconómicas, el proceso de violencia puso de manifiesto la gravedad de las desigualdades de índole étnico-cultural que aún prevalecen en el país. Del análisis de los testimonios recibidos resulta que el 75 por ciento de las víctimas fatales del conflicto armado interno tenían el quechua u otras lenguas nativas como idioma materno.（CVR 2003）

＊27　ペルーで最も話者数が多い先住民言語のケチュア語は、歴史的にインカ帝国の公用語であった言語で、その後は植民地統治の便宜として用いられ、北はコロンビアからエクアドル（エクアドルではキチュア）、ペルー、南はチリ、ボリビア、アルゼンチンで使用されている。インカ帝国の征服過程で多様な民族に広められたことから、ペルーではケチュア語を話す人々の間に我々ケチュア族というアイデンティティは醸成されてきていない。ペルー真実和解委員会の報告書に「先住民」もしくは「先住民族」と明記されていないことに関しては、民族集団とは何かという観点と、ジェノサイド条約の対象となることを回避した可能性という二つの観点からの検討が必要であろう。

＊28　国際移行期正義センター（ニューヨーク）に所属するあるペルー出身者にペルーにおける先住民の虐殺がジェノサイドになる可能性について質問したところ、山岳部の農民／先住民のほとんどはすでにメスティソである、という答えが返ってきた。

＊29　アヤクチョ市内の人権NGOの弁護士へのインタビューによる。
＊30　レタブロはもともと携帯用の箱型祭壇であるが民衆／民俗芸術となった。詳しくは、細谷（二〇一〇、二〇一六）、Jiménez (2010)、Golte & Pajuelo eds.（2012）、Hosoya（2012）を参照。
＊31　筆者によるインタビュー（二〇一一年）。
＊32　ロス・カビトスの行方不明者の家族の支援をしてきた人権団体の弁護士へのインタビュー（二〇一二年）。
＊33　行方不明者の家族と発掘の支援をしてきたドイツ・ペルーのNGO「平和への支援（Apoyo para La Paz）」へのインタビュー。
＊34　ママ・アンヘリカはケチュア語を母語としており、スペイン語はあまり話せない。息子は大学生であった。アヤクチョ県では、このように家族内で両親、とくに母親がケチュア語のほぼモノリンガルで子どもたちがバイリンガルとなっている例が少なくない。
＊35　二〇一六年にリマに建設された「記憶の博物館」に、ママ・アンヘリカの等身大の映像とその証言が展示されている。「記憶の博物館」に展示された多くの等身大の映像と証言のうち、ケチュア語によるものはママ・アンヘリカのみである。
＊36　ペルーの人権NGO「人権擁護連合（La Asociación Pro Derechos Humanos: APRODEH）」は、ロス・カビトスの裁判の支援を行ってきている。
＊37　五三名のうち三三名は行方不明となり、一六名が拷問を受け、三名の女性が性的暴行を受け、一名が超法規的に処刑された。半数以上が三〇歳未満で、国立ワマンガ大学の学生と学校の児童生徒たちであり、なかには七歳と一〇歳の少女も含まれていた。
＊38　ママ・アンヘリカは、演劇や小説の素材にもなっている。アナ・コレア公演「ロサのナイフ（Rosa Cuchillo）」（上智大学、二〇一七年一一月一九日、二一日）パンフレット（細谷二〇一七）。
＊39　裁判費用に加え、旅費、通訳の質、判決までの膨大な時間の問題などもある。ロス・カビトスの裁判も、専門家を交えたNGOによる支援が行われてきたが、一二年間を要している。

参考文献

阿部利洋　二〇〇七『紛争後社会と向き合う』京都大学学術出版会。

内田みどり　二〇〇四「米州人権保障システムとフジモリ政権――ペルー恩赦法への判決を中心に」『和歌山大学教育学部紀要　人文科学』五四、一―九頁。
クロス京子　二〇一六『移行期正義と和解――規範の多系的伝播・受容過程』有信堂。
杉山知子　二〇一一『移行期の正義とラテンアメリカの教訓――真実と正義の政治学』北樹出版。
武内進一　二〇〇九『現代アフリカの紛争と国家――ポストコロニアル家産制国家とルワンダ・ジェノサイド』明石書店。
ドルフマン、アリエル　二〇〇六『ピノチェト将軍の信じがたく終わりなき裁判――もうひとつの九・一一を凝視する』宮下嶺夫訳、現代企画室。
日本平和学会編　二〇一二『体制移行期の人権回復と正義』平和研究第三八号、早稲田大学出版部。
ヘイナー、プリシラ・B　二〇〇六『語りえぬ真実――真実委員会の挑戦』阿部利洋訳、平凡社。
細谷広美　一九九七『アンデスの宗教的世界――ペルーにおける山の神信仰の現在性』明石書店。
細谷広美　二〇〇五「歴史とポストコロニアル――ペルーウチュラハイ村事件と先住民族のテロ経験」遅野井茂雄・村上勇介編『JCAS連携研究成果報告七　現代ペルーの社会変動』地域研究企画交流センター（JCAS）、五三―八九頁。
細谷広美　二〇一〇「紛争と子どもたち――ネイティヴ・アーティスト、記録すること、表現すること」『成蹊大学アジア太平洋研究』三五、四七―七二頁。
細谷広美　二〇一三「人権のグローバル化と先住民――ペルーにおける紛争、真実和解委員会、平和構築」『文化人類学』七七（四）、五六六―五八七頁。
細谷広美　二〇一六a「平和構築と文化」内堀基光・山本真鳥編『人類文化の現在――人類学研究』放送大学教育振興会、NHK出版、一六八―一八四頁。
細谷広美　二〇一六b「アンデスの毛沢東――先住民、プロレタリアート、農民」楊海英編『中国文化大革命と国際社会』集広舎、二六一―二九三頁。
細谷広美　二〇一七　アナ・コレア公演「ロサのナイフ」パンフレット。
細谷広美編　二〇一二『ペルーを知るための六六章』第二版、明石書店。

村上勇介　二〇〇四『フジモリ時代のペルー——救世主を求める人々、制度化しない政治』平凡社。
村瀬信也・洪恵子編　二〇一四『国際刑事裁判所——最も重大な国際犯罪を裁く』第二版、東信堂。
望月康恵　二〇一二『移行期正義——国際社会における正義の追及』関西学院大学研究叢書、法律文化社。

Balint, Jennifer & Julie Evans, Nesam McMillan 2014. Rethinking Transitional Justice, Redressing Indigenous Harm: A New Conceptual Approach. *International Journal of Transitional Justice* 8 (2), 1 July: 194-216.

Buckley-Zistel, Susanne and Teresa Koloma Beck, Christian Braun, Friederike Mieth (eds.) 2015. *Transitional Justice Theories.* New York: Routledge.

Burt, Jo-Marry 2007. *Political Violence and the Authoritarian State in Peru.* New York: Palgrave McMillan.

Burt, Jo-Marry 2009. Guilty as Charged: The Trial of Former Peruvian President Alberto Fujimori for Human Rights Violations. *International Journal of Transitional Justice* 3 (3), 1 November: 384-405.

Burt, Jo-Marry 2014. The Paradoxes of Accountability: Transitional Justice in Peru. In Steve J. Stern & Scott Strus (eds.), *Human Rights Paradox: Universality and Its Discontents.* Wisconsin: The University of Wisconsin Press, pp. 148-174.

Comisión de la Verdad y Reconciliación (CVR) 2003. *Informe Final.*

Comisión de la Verdad y Reconciliación 2004. *Hatun Willakuy: Versión abreviada del Informe Final de la Comisión de la Verdad y Reconciliación Peru.* Comisión de la Verdad y Reconciliación.

De la Cadena, Marisol 2000. *Indigenous Mestizos: The Politics of Race and Culture in Cuzco, Peru, 1919-1991.* Durham: Duke University Press.

Garcia, Maria Elena 2005. *Making Indigenous Citizens: Identities, Education, and Multicultural Development in Peru.* Stanford CA: Stanford University Press.

Golte, Jurgen & Ramón Pajuelo (eds.) 2012. *Universo de la Memoria:Aproximación a los retablos de Edilberto Jiménez sobre la violencia política.* Lima: Instituto de Estudios Peruanos.

González Cueva, Eduardo 2006. The Peruvian Truth and Reconciliation Commission and the Challenge of Impunity. In Naomi

Roht-Arriaza & Javier Mariezurrena（eds.）, *Transitional Justice in the Twenty-First Century: Beyond Truth versus Justice.* New York: Cambridge University Press, pp. 70-93.

Hayner, Pricilla 2010. *Unspeakable Truths: Transitional Justice and the Challenge of Truth Commissions*, 2nd edition. New York: Routledge.

Hinton, Alexander Laban（ed.）2011. *Transitional Justice: Global Mechanisms and Local Realities After Genocide and Mass Violence.* New Jersey: Rutgers University Press.

Hosoya, Hiromi 2003. *Memoria postcolonial: Discursos sobre los sucesos de Uchuraccay.* Lima: Instituto de Estudios Peruanos.

Hosoya, Hiromi 2012a. Entre el documento de violencia y la creatividad artística:desde retablos a dibujos de Edilberto Jiménez. In Jürgen Golte & Ramón Pajuelo（eds.）, *Universo de la Memoria: Aproximación a los retablos de Edilberto Jiménez sobre la violencia política.* Lima:Instituto de Estudios Peruanos, pp. 152-155.

Hosoya, Hiromi 2012b. Transitional Justice for Whom?: Globalization of Human Rights, the Peruvian Truth and Reconciliation Commission, and Indigenous People. *Report on Project "Globalization-Its Light and Shadow": Multiple Approach from Economics, Economic Sociology and Urban Sociology*（2009-2011）上智大学学術情報リポジトリ

International Center for Transitional Justice 2009. What is Transitional Justice?

Jiménez, Edilberto 2010. *Chungui* Lima: Instituto de Estudios Peruanos.

Keck, Margaret E. & Kathryn Sikkink 1998. *Activists Beyond Borders: Advocacy Networks in International Politics.* Ithaca: Cornell University Press.

Kim, Jeffery Renée & Hun Joon（eds.）2014. *Transitional Justice in the Asia-Pacific.* Cambridge: Cambridge University Press.

Lutz, E. and K. A. Sikkink 2001. The Justice Cascade: The Evolution and Impact of Foreign Human Rights Trials in Latin America. *Chicago Journal of International Law 2/1* Spring: 1-33.

Méndez, Juan E. 1997. Accountability for Past Abuses. *Human Rights Quarterly* 9（2）: 255-282.

Merry, Sally Engle 2006. *Human Rights and Gender Violence: Translating International Law into Local Justice.* Chicago: The

University of Chicago Press.

Niezen, Ronald 2017. *Truth and Indignation: Canada's Truth and Reconciliation Commission on Indian Residential Schools*. Toronto: University of Toronto.

Olsen, Tricia D. & Leigh A. Payne, Andrew G. Reiter 2010. *Transitional Justice in Balance: Compareing Processes, Weighing Efficacy*. Washington DC: United States Institute of Peace Press.

Rojas-Perez, Isaias 2015. Death in Transition: The Truth Commission and the Politics of Reburial in Postconflict Society. In Francisco Ferrándiz & Antonius C. G. Robben (eds.), *Mass Graves and Exhumations in the Age of Human Rights*. Pensylvania: University of Pensylvenia Press, pp. 185-212.

Rojas-Perez, Isaias 2017. *Mourning Remins: State Atrocity, Exhumations, and Governing the Disappeared in Peru's Postwar Andes*. Stanford: Stanford University Press.

Root, Rebecca K. 2012. *Transitional Justice in Peru*. New York: Palgrave Macmilian.

Shaw, Rosalind & Lars Waldorf, Pierre Hazan (eds.) 2010. *Localizing Transitional Justice: Interventions and Priorities After Mass Violence*. Stanford: Stanford University Press.

Sikkink, Kathryn 2011. *The Justice Cascade: How Human Rights Procecuations are Changing World Politics*. New York: W. W. Norton and Company.

Strathern, Marilyn (ed.) 2000. *Audit Cultures: Anthropological Studies in Accountability, Ethics and the Academy*. Routledge.

Teitel, Ruti G. 2003. Transitional Justice Genealogy. *Harvard Human Rights Journal* 16: 64-94.

Teitel, Ruti G. 2014. *Globalizing Transitional Justice*. Oxford: Oxford University.

Theidon, Kimberly 2012. *Intimate Enemies: Violence and Reconciliation in Peru*. Pennsylvania: Pennsylvania University Press.

United Nations 2010. *Guidance Note of the Secretary-General, United Nations Approach to Transitional Justice*. United Nations.

第2章　真実と正義を求めるグローバルな動き

アルゼンチンの経験と国際社会の変化

杉山知子

1　はじめに

第二次世界大戦後、アジア・アフリカ諸国の独立によって、西欧国際政治体系は、世界規模へと広がりをみせた。国際連合（以下国連）が国際平和と安全の維持のために創設され、国際社会における主な行為主体は主権国家であり、主権国家の平等、内政不干渉、領土保全の原則が重視されていた。そのため二一世紀の今日とは異なり、国連が主権国家内の人々の生存や生活に対し関与することは例外的であった。さらに、冷戦期の国際政治は、軍事力を背景としたアメリカとソ連という二つの超大国によるイデオロギー対立を特徴とし、競合する価値体系や正義が並立していた。異なった正義の概念が激しく衝突している以上、国際社会では、基礎となる価値体系は存在せず、共通の行動の準則を作ることは極めて困難であった（高坂 一九六六：一二九―一三〇）。

これに対し、ポスト冷戦期では、人、モノ、資本、情報が、容易かつ大量に、そして迅速なスピードで国境を越えることを特徴とした。国際社会では、主権国家を中心的な行為主体としつつ、国連、グローバル企業、NGOなどが地球環境と開発、人間の安全保障、平和構築など様々な分野において、互いに連携し、協働し合う取り組みが見られるようになった。そこでは、グローバルな課題解決にむけた指針や行動基準、認識や価値、規範の共有が求められている。

このようなポスト冷戦期における国際社会の変化を背景に、学術分野においても、人道的な立場から国際社会が主権国家に対し介入する正当性をめぐる正義論、旧体制下での人権侵害に対する真実と正義の追求や紛争後社会の平和構築の方策としての移行期正義論、グローバル化の自由主義的市場経済のもとで世界的に広がる貧富の格差、地球環境問題や食糧問題に関する分配的正義を問うグローバル正義論などが議論されてきた（吉川 二〇一三：六―一二）。以下では、冷戦期のアルゼンチンの政治的暴力と軍部によるいわゆる「汚い戦争（guerra sucia, dirty war）」と人権擁護運動の広がり、体制移行期における真実と正義を求める動き、その経験がラテンアメリカをはじめ世界に与えてきたインパクトについて検討する。

2　冷戦期のアルゼンチン

冷戦期のアルゼンチンと国家安全保障ドクトリン

第二次世界大戦終結後、超大国アメリカとソ連によるイデオロギー対立が深まり、世界は冷戦の時代を迎えた。米ソ対立の構図のなかで多くのラテンアメリカ諸国では、軍部が伝統的な国境防衛に加え、国家安全保障のために政情の安定と経済発展、社会開発の促進を重視し、時に政治介入をした。冷戦期のアルゼンチンでは、選挙による文民政権とクーデターによる軍事政権が幾度となく繰り返された。冷戦初期の一九四六年、陸軍出身のカリスマ的指導者ペロン（Juan Domingo Peron）が大統領選に勝利した。ペロン政権は、ペロニズムと呼ばれる労働者層を中心としたペロン支持者による政治社会運動を中心としたポピュリズム型の政権であった。政権第二期目になると、ペロンの独裁的な政権運営に対し、保守派、教会、軍部が強く反発し、一九五五年、軍事クーデターによってペロンは失脚し、その後スペインに亡命した。一九五八年に再び文民政権となったものの、一九六六年には再び軍事クーデターにより、アルゼンチンは軍部官僚型権威主義体制となった。政治的自由が制限されるなか、一九五九年のカストロ（Fidel Alejandro Castro Ruz）やチェ・ゲバラ（Ernesto "Che" Guevara）らによるキューバ革命を理想とし、マルクス主義の流れを組む労働革命党（El Partido Revolucionario de los Trabajadores: PRT）の軍事部門である人民解放軍（El Ejército Revolucionario del Pueblo：ＥＲＰ）は、銀行強盗、企業経営者などの誘拐、政府関連施設の襲撃などのゲリラ活動をするようになった。一九七〇年には、新たな政治体制を望む学生グループがモントネロス（Montoneros）と称する組織を結成し、ペロンを失脚に追い込んだ陸軍出身のアランブル（Pedro Eugenio Aramburu Silveti）を誘拐し、殺害する事件が起きた。その後もＥＲＰやモントネロスは軍部や警察の施設襲撃や幹部の暗殺、公共施設の爆破を行った。ゲリラによる政治的暴力がエスカレートするなか、軍事政権の統治能力は低下し、軍部は、一九七三年に大統領選挙の実施を決定し、政権運営から退いた。一九七三年五月の大統領選挙では、ペロンはスペインに亡命中のため出馬できず、「カンポラ（Héctor José Cámpora）を大統領に、ペロンに権力を」をスローガンとしたカンポラが大統領に就任した。しかし、大統領就任後、カンポラは、ペロン帰国記念式典の暴動化の責任をとり辞職し、九月に再度大統領選挙が実施され、ペロンが大統領に、妻のイサベル・ペロン（María Estela Martínez Cartas de Perón）が副大統領に就任した。ペロンは一八年ぶりに政権運営を行うことになったが、市民の期待に反しアルゼンチン社会は安定化しなかった。

当時、隣国のチリでは、軍部のクーデターにより社会主義路線を目指すアジェンデ（Salvador Guillermo Allende Gossens）政権が崩壊し、軍事政権が誕生した。チリの軍事政権は、アジェンデ政権関係者を中心とする左派勢力が国家安全保障にとって脅威であると捉えた。その後、ピノチェト（Augusto Pinochet Ugarte）大統領直属の国家情報局（Dirección de Inteligencia Nacional: ＤＩＮＡ）が創設され、チリ全土、さらには海外において、超法規的な身柄拘束、収容、拷問、暗殺などが行われた。ＤＩＮＡは、チリの左派勢力の革命左派運動（El Movimiento de Izquierda Revolucionaria: MIR）がアルゼンチンのＥＲＰなど他のラテンアメリカの左派と連携しているとし、アルゼンチンやウルグアイの情報機関と左派ゲリラの動きについての情報共有をし、ゲリラ撲滅のための共同作戦として「コンドル作戦（La Operación Cóndor）」を開始した。ＤＩＮＡによってアルゼンチンのブエノスアイレスやアメリカのワシントンでは、アジェンデ政権の閣僚経験者が暗殺された。

アルゼンチンでは、この作戦に対し、ペロン政権のロペス・レガ（José López Rega）、軍部や警察の情報部局、極右団体のアルゼンチン反共産主義同盟（Allianza Anticommunista Argentina: AAA）が関与した。アルゼンチンにおける政治的暴力は沈静化せず、そのような状況下でペロンが病死し、政治経験不足のイサベル・ペロンが大統領に就任した。リーダーシップを発揮できない大統領、政権内部の権力抗争、エスカレートするゲリラ活動、経済の低迷など、アルゼンチンの政治的、社会的状況は著しく悪化した。そして一九七五年、大統領令によって、軍部は、トゥクマン州を拠点としていたＥＲＰに対し、「独立作戦（Operativo Independencia）」を展開した。この作戦では、ゲリラ戦闘員だけでなく、労働組合関係者や学生、ジャーナリストや地元の議員までもが安全保障上の脅威と見なされ、軍部の攻撃対象となった。その後、モントネロスがブエノスアイレス首都圏において軍事施設を攻撃したことなどによる治安の悪化を踏まえ、軍事作戦の範囲は、アルゼンチン全土へと拡大していった。

一九七六年の軍事政権とアルゼンチンの「汚い戦争」

一九七六年三月の軍事クーデターにより陸軍のヴィデラ（Jorge Rafael Videla）が大統領に就任した。この軍事政権は、「国家再編成プロセス（Proceso de Reorganización Nacional: PRN）」を掲げ、国家にとっての潜在的脅威の根絶と国家安全保障の強化、アルゼンチンの伝統的な価値観を基盤とした社会秩序の構築を唱えた。軍事政権は、アルゼンチンが戦時下におかれているとし、政治的暴力や反政府的な諸活動に従事するゲリラ戦闘員に加え、後方支援をする

写真 2-1　人権侵害の行われたESMA。現在は、人権・記憶の博物館として機能している

危険性のある者、社会秩序を脅かしかねない危険思想を有すると思われる者の存在を根絶することによって、国家の安全を保障しようとした。それは、特殊任務と作戦を伴う「汚い戦争」でもあった。

「汚い戦争」では、軍部、警察はそれぞれ高い自律性をもって行動していた。陸軍は、アルゼンチン全土を防衛ゾーンに区分けし、正規の部隊とは別に「汚い戦争」に従事する部隊が配備された。海軍では、マセラ（Emilio Eduardo Massera）のリーダーシップのもと、海軍工科学校（La Escuela de Mecánica de la Armada：ＥＳＭＡ）に「汚い戦争」の作戦本部がおかれ、「囚人」収容施設もあった。ＥＳＭＡ内では、「囚人」に対する拷問行為だけでなく、軍部の監視下のもと社会復帰のための再教育が行われ、復帰不可能と判断された者は、別の場所に移送するという建前のもと、空から大西洋に投げ込まれた。ＥＳＭＡに収容されたときに妊娠中であった女性は、ＥＳＭＡの医療施設で出産し、乳児は軍関係者の養子となった。アルゼンチンでは、一九七六年の軍事クーデター以前から、コンドル作戦や独立作戦などの軍事作戦が展開されていたこともあり、一九八三年の民政移管までに約九〇〇〇人から三万人が強制失踪したといわれている。特に、強制失踪者数は、軍事クーデターのあった一九七六年、翌年の一九七七年に急増した（Dinges 2005: 139）。強制失踪者のなかにはモントネロスなどのゲリラ関係者に加え、労働組合関係者、大学関係者、学生、弁護士、心理療法士、ジャーナリストなど専門職に従事する者などがいた。なかでも、労働者や学生が犠牲者の半数を占め、通学のための運賃値上げに抗議した高校生グループも犠牲となった。

人権擁護運動と軍事政権の終焉

「汚い戦争」において強制失踪者の数が増えるなか、行方不明となった子どもたちの安否を求め、母親たちは、警察署や裁判所、教会を訪ねた。そこで同じように子どもの行方を捜し求める母親たちと出会い、情報を共有し、一緒に行動するようになった。一九七七年、母親たちは大統領官邸前の五月広場に集まり、子どもたちの行方と真実を求める運動をはじめた。彼女たちは、後に五月広場の母の会（Asociación Madres de Plaza de Mayo）を結成し、人権侵害犠牲者家族のシンボル的存在となった。五月広場の母の会とは別に、失踪した妊娠中の子どもが出産し、生まれたであろう孫の行方を捜す五月広場の祖母の会（Abuelas de Plaza de Mayo）も結成された。五月広場の母の会の参加者の多くは、政治活動の経験のない専業主婦であったが、強制失踪者の家族のなかには、ミニョーネ（Emilio Fermín Mignone）のように、政府や国際機関でのキャリアを積んだ有能な弁護士もいた。ミニョーネは、一九七九年に法社会研究センター（El Centro de Estudios Legales y Sociales: CELS）を設立し、子どもたちを捜すための法的手続のための文書記録の作成や文書管理をし、南北アメリカ諸国の諸問題の解決を目指す米州機構（The Organization of American States: OAS）に請願するなどの活動をはじめた。軍事政権下において、これらの行動は、自らの生命の危険を冒すことでもあった。しかし、子どもたちを捜す家族の活動によって、強制失踪の事実が少しずつ可視化されていった。

強制失踪者家族による組織的な人権擁護運動が展開される以前に、一九七六年一一月に国際人権ＮＧＯのアムネスティ・インターナショナル（Amnesty International: AI）は、アルゼンチンの現状調査を開始していた。アムネスティ・インターナショナルは、一九六一年にイギリスの弁護士であるベネンソン（Peter Benenson）によって創設され、政治的理由により投獄された「良心の囚人」の釈放を求める運動を展開してきた国際人権擁護団体であり、一九七三年のチリの軍事クーデター後、ラテンアメリカ地域の人権擁護活動に携わり、人権擁護のためには現地の被害者や家族との連携による実態調査と速やかな行動が重要であることを学んでいた（Clark 2001: 76-77）。アムネスティ・インターナショナルは、一九七七年にアルゼンチンの調査報告を刊行し、人権侵害の状況についての重要な情報提供を行った。同年、創設以来の人権擁護活動が高く評価され、ノーベル平和賞を受賞したこともあり、国際社会は、その情報を正確なものと受けとめた。

一九七七年、アメリカ合衆国では民主党のカーター（Jimmy Carter）が大統領に就任し、人道的立場を重視する人権外交を掲げ、アルゼンチンの軍事政権に対し人権侵害の現状を批判した*1。カーターは、大統領選のときから、人権の立場を軽視したそれまでのアメリカの外交政策を批判していた。政権発足後、国務省に人権および人道問題担当部局が創設され、アメリカの公民権運動に携わってきたデリアン（Pat Derian）が専任スタッフとなり、ラテンアメリカ地域部局と調整し、人権外交政策実施にむけて業務を担当した。一九七七年、デリアンは、アルゼンチンを数回訪問し、強制失踪者家族から聞き取り調査を行った。地方、デリアンは海軍のＥＳＭＡにおいて、マセラと会談し、ＥＳＭＡ内に秘密収容所があり拷問が繰り返されていることについて言及した。駐アルゼンチンアメリカ合衆国大使館でも、アメリカの外交官が、人権侵害被害者家族から直接聞き取りをし、その情報を定期的に国務省に報告した。そして、カーター政権は、人権侵害の実態を踏まえ、対アルゼンチンの援助を激減し、軍事政権に対し圧力をかけた（Sikkink 2004: 101）。

さらに、一九七九年九月、米州機構の米州人権委員会（Inter-American Commission of Human Rights: IACHR）の調査チームが、アルゼンチンの人権状況について現地調査をし、翌年、米州人権委員会は、現地調査報告書を公開した。

また、この年、それまでの人権擁護運動が高く評価され、アルゼンチンの「平和と正義協会（El Servicio Paz y Justicia: SERPAJ）」代表のペレス・エスキベル（Adolfo Pérez Esquivel）がノーベル平和賞を受賞した。アルゼンチンにおける人権問題と強制失踪者の家族による活動が世界的に注目され、国際社会だけでなくアルゼンチン社会においても軍事政権への批判の声が聞かれるようになっていった。

一九七六年のクーデターから五年を経て、ヴィデラ大統領の任期満了に伴い、後継者として一九八一年、ヴィオラ（Roberto EduardoViola）が大統領に就任した。就任時、ヴィオラ政権は、国際的にも国内的にも軍事政権下での人権侵害に対する批判の高まりに直面していた。また、ヴィオラ政権は、それまでの新自由主義的経済政策の行き詰まり、国内総生産のマイナス成長、増加し続ける累積債務など経済関連の諸政策の課題を抱えていた。さらに、陸軍では、政治家との歩み寄りに理解を示す穏健派グループとそれに反対する強硬派グループとが対立していた。このような状況下で、ヴィオラは大統領就任数ヶ月で健康上の理由で辞任をし、強硬派のガルティエリ（Leopoldo Galtieri）が大統領に就任した。

一九八二年、困難な政権運営に直面していたガルティエリは、アルゼンチン社会や軍部を一致団結させる意図を込め、イギリスとの間で長年、その帰属をめぐり問題となっているマルビナス諸島（イギリスをはじめ国際社会では、フォークランド諸島と呼ばれている）への上陸作戦を決定した。アルゼンチンによるマルビナス戦争（一般的にはフォークランド紛争と呼ばれている）の勃発である。[*2] 四月のアルゼンチン軍の上陸および島都のスタンレーの占領に対し、イギリスは、迅速に反撃体制を整えた。五月はじめにイギリスの原子力潜水艦がアルゼンチンの巡洋艦ベルグラーノを撃沈し、六月にはイギリス軍が、アルゼンチン軍占領下のスタンレーを解放した。約一万人のアルゼンチン兵士が捕虜となり、上陸から約二ヶ月を経て、アルゼンチンはイギリスに対し降伏した。無謀な軍事作戦とその敗北後、ガルティエリは大統領を辞任し、軍事政権は、一九八三年の大統領選挙実施と民主化への移行を決めた。軍事政権末期、軍部は、一九七六年の軍事クーデター以前の一九七五年の大統領令によって軍部が特殊任務を伴う作戦を開始したことを踏まえ、一九七三年五月二五日から一九八二年六月一七日の期間における国家安全保障のための人権侵害的な行為に対し免責とする法律を制定し、人権侵害の責任を回避しようとした。

3　アルゼンチンにおける真実と正義を求める動き

体制移行期における真実と正義の追求

一九八三年に実施された大統領選挙では、ペロニズムの流れを組む正義党の候補者は、軍部との間で、新政権は人権侵害の責任を追及しないように交渉を進めているとの噂がある一方、人権弁護士でもある急進党のアルフォンシン（Raúl Ricardo Alfonsín）は、軍事政権下の人権侵害については、真実と正義を求める姿勢をみせていた。そして、大統領選挙では、アルフォンシンが勝利した。アルフォンシンは、まず、大統領就任直後、軍事政権下において制定された人権侵害的行為を免責とする法律を無効とする法律を成立させた。そして、強制失踪者調査委員会（Comisión Nacional sobre la Desaparición: CONADEP）を発足させ、人権侵害の実態とその責任の所在を明らかにしようとした。実際のところ、アルフォンシンの立場は政治的に微妙であった。隣国のウルグアイやブラジル、チリでは軍事政権が続いており、繰り返し軍事クーデターを経験してきたアルゼンチンにとって民主主義の定着は必ずしも楽観視できなかった。また、アルフォンシンは、軍事政権発足前にロペス・レガやアルゼンチン反共産主義同盟が関与した汚職や暗殺、モントネロスの犯罪行為に対しても法的に処罰すべきであると考えていた。これは、ペロン政権下での政治的暴力のエスカレートとそれに対する軍部の過剰な反応といった所謂「二つの悪魔論」の立場であった。

真実の追求については、強制失踪者調査委員会によって、人権侵害の背景や実態調査が行われ、軍事政権下において秘密収容所として機能していた施設が全国に三四〇ヶ所あることが確認された。人権侵害被害者や強制失踪者家族に加え、カーター政権下で人権外交を推し進めたデリアンなども証言のためにアルゼンチンを訪問し、強制失踪者調査委員会の聞き取り調査に応じた。法社会研究センターなどの人権ＮＧＯも、これまでに収集してきた資料を提出し、調査に積極的に協力した。軍部や警察からの強制失踪者調査委員会への協力はなかった。また、五月広場の母の会も、個人としては活動に協力する母親もいたが、強制失踪者調査委員会による真実の追求が不十分であるとの不満の立場から、組織としての協力を拒んだ。

強制失踪者調査委員会は一九八四年九月、大統領に対し調査報告書を提出した。報告書提出に先立ち調査活動がドキュメンタリー番組となり、人権侵害被害者や犠牲者家族による証言や秘密収容所跡地の様子がテレビ放映された。番組では、軍部による人権侵害の背景にはゲリラによる政治的暴力のエスカレートがあるとの言及があり、軍部とゲリラ双方の責任が問われるべきとの視点が示唆された。同時に、このような人権侵害が二度と繰り返されないこと、過去を記憶すること、過去に囚われることなく未来志向で社会を構築していくことが強調された。この番組を見た多くの市民は、軍事政権下での恐怖とその実態を垣間見ることとなり、番組は好評を得、強制失踪者調査委員会の活動の評価にもつながった（Crenzel 2011: 57-64）。報告書には、人権ＮＧＯの意見を踏まえ、被害者に対する補償などについての提言も添えられた。報告書は、『二度と繰り返さない（Nunca Más）』というタイトルでブエノスアイレス大学出版会から出版され、初版の四千部は発売二日で売り切れとなった。

一九八五年、アルゼンチンでは、軍事政権担当者らに対し、人権侵害の責任を問う裁判が実施された。裁判では、軍事政権発足時の大統領であったヴィデラや海軍のマセラに対し、終身刑の判決が下された。モントネロスのリーダーのフィルメニチ（Mario Eduardo Firmenich）に対しては殺人などの罪で三〇年の禁固刑であった。アルフォンシンは、大統領選挙当時から、政治的混乱や軍部の反発を警戒し、裁判は軍部指導者に限定するとしていたが、人権侵害被害者や犠牲者家族、人権ＮＧＯは、それには反対であり、指揮命令の範囲を超えた行為をした下士官にも責任があるとし、訴訟を起こした。これに対し、一九八六年一二月、アルフォンシン政権は、いわゆる終結法（Ley de Punto Final）を成立させ、法律制定後六〇日間を訴訟可能な期間とした。その間、訴訟は増え続け、アルフォンシン政権に対する軍部の不満も高まっていった。一九八七年四月、出頭を命じられていた陸軍幹部がそれを拒否し、陸軍の保守派の一部がその行為を支持し、戦闘服を着て抗議デモを行った。軍部一部の動きは、アルフォンシン政権に対する政治的圧力となった。その後、軍部の命令に従って行動した下士官は免責とする服従法（Ley de Obediencia Debida）が制定された。さらに、一九八九年にアルフォンシンの後に大統領に就任したメネム（Carlos Menem）は、裁判で判決を受けていたヴィデラやマセラらを恩赦とした。

このような状況は、アルゼンチンの体制移行期における正義の追求の限界を示唆していた。しかし、人権侵害の犠牲者家族は、粘り強く真実と正義を追求し続けた。たとえば、法社会研究センターは、強制失踪した者の家族は、その行方について知る権利があるとし、軍部や警察からの情報提供や関係者からの証言収集、調査を求める訴訟を起こした。このような真相究明を求める裁判は前例がなかったが、法社会研究センターは、裁判の実施にむけて米州人権委員会に働きかけ、一九九八年以後、ブエノスアイレスをはじめ、コルドバ、ロサリオ、メンドサ、ネウケンなど地方でも同様の裁判は実施されるようになった。

また、五月広場の祖母の会のメンバーは、強制失踪した妊娠中の娘たちが出産をしたと思われること、自分たちの孫は、軍部関係者の家族の養子となったであろうことに着目し、孫たちの行方と出生の特定のためのＤＮＡ鑑定の実施、ＤＮＡデータを保存するＤＮＡデータバンクの設立、子どもたちが出生証明をすることのできる権利の保障を訴え活動を続けていた。さらに、彼女らは、孫たちが違法に養子縁組みされたとすれば、それは誘拐行為であり、その過程で公文書偽造が行われており、それらの犯罪は、免責の対象ではないと主張した。そして、一九九八年、メネムによって恩赦を受けたヴィデラやマセラが乳児誘拐、公文書偽造の容疑で逮捕された。

アルゼンチンにおける真実と正義を求め続ける動き

二〇〇一年、アルゼンチンは、長年の新自由主義的経済政策の行き詰まりから、債務不履行に陥った。経済危機は政治的混乱を招き、大統領の辞職と暫定政権を経て、二〇〇三年に大統領選挙が実施され、キルチネル（Néstor Carlos Kirchner）が大統領に就任した。キルチネルは、アルフォンシンやメネムよりも二〇歳ほど若く、一九七〇年代に青春時代を過ごした世代に属し、文民統制が確立し民主主義の定着した体制移行期後に政権を担当した。キルチネルは、グローバル化の進むなかでの新自由主義的経済政策を批判する一方、積極的に人権政策を打ち出した。キルチネルは、まず軍部、警察、裁判所の幹部に対し退職を促し、新たな幹部を任命し、幹部層の世代交代を図った。当時、議会では、終結法と服従法を違憲とし、無効をとする法案が提出されており、世代交代の進むなかでの裁判所の判断は、正義の追求を実現する上で重要な意味をもっていた。実際、二〇〇五年に最高裁判所は、終結法および服従法に対し違憲判決を下し、二〇〇七年には、メネムが与えた恩赦に対して違憲とする判決が下された。これらの判決によって、人権侵害の被害者や犠牲者家族による訴訟が再度可能となった。一方、二〇〇五年、アルゼンチンの国防省には、人権局が創設され、軍事政権下の人権侵害に関連する軍部の活動記録の保存と文書管理を行うようになった。二〇〇七年、キルチネル大統領の後を継ぎ大統領に就任したキルチネルの妻のフェルナンデス（Cristina Elisabet Fernández de Kirchner）の政権下においても、機密性が高く公開されてこなかった文書が公開され、正義を追求する環境が整備されて、軍事政権関係者に対する訴訟が再開されることになった。

キルチネル政権やフェルナンデス政権下では、人権侵害の被害者や犠牲者家族が訴訟を通じて正義を追求するなか、過去の記憶の扱いにも微妙な変化が見られるようになった。「二つの悪魔論」の立場ではなく、軍事政権下の国家テロリズムの側面だけが強調されるようになったのである。アルゼンチンの真実を求める動きについては、クーデター三〇周年版として刊行された強制失踪者調査委員会報告書『二度と繰り返さない』では、実質的には一九八四年に刊行された報告書と同じであるが、クーデターから三〇年を経て、真実、正義、記憶を求める動きが高まりをみせていること、二つの悪魔論の言説は、国家テロリズムを正当化する試みであることが明記され、とくに検証されたり根拠が記されたりしたわけではないが、強制失踪者数は三万人に上るとの言及があった（Crenzel 2011: 138-141）。

ＥＳＭＡは、かつて最も悪名高い収容所の一つであったが、現在では、記憶と人権に関する博物館としての機能をもち、人権ＮＧＯの活動や人権関連イベントの場としても活用され、次世代に対しアルゼンチンの負の歴史を忘却することなく記憶する使命を担っている。ＥＳＭＡだけでなく、アルゼンチン各地の軍部施設においても、人権侵害の行われた場所の保存や慰霊碑の建立が進められてきた。犠牲者家族たちの働きかけによって、ブエノスアイレスのラプラタ川に面した一角に国家テロリズムの犠牲者を追悼する公共空間として創設された記憶公園では、クーデター四〇周年にあたる二〇一六年、「真実と正義を記憶する日」（クーデターが起きた日）に、前年一二月に大統領に就任したばかりのマクリ（Mauricio Macri）とアルゼンチンを訪問中であった当時のアメリカ大統領オバマ（Barrack Obama）がともに人権侵害の犠牲者に対し献花をした。そして、オバマは、犠牲者家族やアルゼンチン政府の要請に応え、これまで非公開であったアメリカの機密外交文書を公開することを表明した。このように、その時々の政治状況の影響を受けながらも、アルゼンチンの真実と正義を求める動きは依然として続けられている。

4　アルゼンチンの経験と移行期正義を求める動き

アルゼンチンに限らず、冷戦期においてアジア、ラテンアメリカ、アフリカ諸国をはじめ世界各地で、軍部による政治介入や体制下での人権侵害は多々見られた。一九八〇年代に入り、アルゼンチンは、隣国のウルグアイ、ブラジル、チリ、パラグアイに先駆け民政移管をし、民主化移行期において、体制下での人権侵害の実態を明らかにし、国家による犯罪の責任を追及しようとした。このような独自の試みは、同じような経験をした国々や人々に対し、どのような影響を与えたのであろうか。ポスト冷戦期における正義や真実を求める動向に対し、アルゼンチンはどのように関わってきたのだろうか。以下、移行期正義の概念、平和構築実践の現場、ラテンアメリカ諸国における真実委員会の広がりについて検討していく。

移行期正義という概念

アルゼンチンでは、民主化移行期において政府が過去の人権侵害を公的に認め、軍事政権担当者やゲリラのリーダーが処罰された。その一方で、軍部の一部による反発、その後の終結法や服従法の制定など人権侵害の責任追及には現実的な限界が見られた。さらに、体制移行期の文民統制や民主主義の将来も不確かであった。このような状況を踏まえ、アメリカのシンクタンクであるアスペン研究所（The Aspen Institute）が一九八八年に「国家犯罪の責任について――処罰すべきか赦すべきか（State Crime: Punish or Pardon?）」と題する会議を主催した。会議では、軍事政権下において人権侵害の被害を経験し、アメリカ合衆国を拠点に人権擁護活動に従事するようになったアルゼンチン出身の弁護士メンデス（Juan Mendez）やチリのサラケテ（José Zalaquette）、韓国や南アフリカなどラテンアメリカ諸国同様の権威主義体制で人権侵害が行われた経験をもつ国の弁護士や学者、アメリカの政治学者、哲学者、法学者など二四名が参加し、移行期正義（justice in transition, transitional justice）の概念を共有し、明確化するきっかけとなった。参加者は、それぞれ固有の歴史的背景や政治状況にありながらも、世界各地の権威主義体制下での人権侵害に対し、新体制はどのように向き合うのか、その対処の現実性と限界、倫理上の課題など普遍的なテーマについて意見が交わされた[*3]（Arthur 2011: 100-107）。

この会議の一年後の一九八九年、東欧諸国の民主化とアメリカとソ連による冷戦終結宣言といった劇的な変化が起きた。東欧諸国にとっても、旧体制下での人権侵害にどのように向き合うのかが現実的課題となった。一九九二年、オーストリアのザルツブルクにおいて、東欧諸国の民主化を支援する憲章七七財団（Charter 77 Foundation. 現在は The Foundation for a Civic Society に名称変更）というニューヨークに本部を置いて活動するＮＧＯが「移行期の正義（Justice in Times of Transition）」と題するテーマをかかげた会議を開催した。この会議では、一九八八年のアスペン研究所会議の参加者の一部に加え、ラテンアメリカ諸国や東欧諸国の政府関係者、アメリカ合衆国や西欧諸国から著名な政治学者、法学者、NGO関係者らが参加し、移行期正義のあり方について議論した。さらに、一九九四年には、南アフリカの民主化を支援するシンクタンクである、南アフリカのための民主的オルターナティブ研究所（Institute for a Democratic Alternative for South Africa: IDASA）が、「過去への対処（Dealing with the Past）」と題する会議を開催し、体制移行期における過去の人権侵害への対処と将来の課題が話し合われた（Arthur 2011: 119-124）。これらの会議では、参加した研究者や政策担当者らの間で、民主化移行期の正義の追求についての見解が必ずしも一致したわけではなかった。しかし、旧体制下の人権侵害について真相究明を行い、過去に何が起きたのかを公的に認め、その国の歴史に記すこと、人権侵害の被害者や犠牲者家族に対し、何が起きたかについて知る権利を保障することの重要性が確認された。

これらの会議で議論されたことは、『移行期正義――新興民主主義は旧体制とどう向き合うのか（Transitional Justice: How Emerging Democracies Reckon with Former Regimes）』全三巻として公刊され、一九九〇年代半ば以降の学術分野における移行期正義研究の発展や世界各地における移行期正義の取り組みの基礎となっていった。たとえば、前述の一九九二年の会議参加者でもある法学者のテイテル（Ruti G. Teitel）は、二〇〇〇年に『移行期正義（Transitional Justice）』を出版し、法律、歴史、行政などいくつかのレベルでの正義概念について検討した。その後、『グローバル化する移行期正義（Globalizing Transitional Justice）』を著し、二一世紀になり、紛争後社会が、その国家建設の過程において法の支配の定着や移行期正義が求められ、移行期正義に関わる行為主体も、国連や国際NGO、ローカルな市民団体など多岐にわたっていることを指摘し、移行期正義はグローバルなパラダイムとなっていると主張する（Teitel 2014: 4-8）。また、ヘイナー（Priscilla B. Hayner）は、二〇一一年に出版した『語られぬ真実　第二版（Second Edition Unspeakable Truths: Transitional Justice and the Challenges of Truth Commissions）』において、初版出版の二〇〇一年から一〇年の間で、世界各地において真実委員会を設置し過去の人権侵害について調査する国の数が、それまでに比べ倍増していること、真実委員会の活動が、強制失踪者に関する真相究明のみではなく、拷問や性暴力、女性や子ども、先住民に対する虐殺行為に関する調査へと拡大していること、その国独自の歴史的背景や経済・社会的差別の状況をも調査範囲とするなどし、真実委員会の調査内容に質的変化が見られることを指摘している（Hayner 2011）。この他、二〇〇七年には、学術雑誌「国際移行期正義ジャーナル（*International Journal of Transitional Justice*）」が公刊され、法学、政治学、歴史学、文化人類学など複数の学問領域において移行期正義の研究が進められている。

移行期正義と平和構築実践の現場

移行期正義の概念や学術分野での発展に加え、ポスト冷戦期には、国連主導の紛争後社会における平和構築の実践のなかで真実と正義を求め、法の支配を確立していくことが重視されるようになった。そして、アルゼンチンの人権侵害の裁判に関わったり、人権擁護運動に携わった人々が、ポスト冷戦期における移行期正義と平和構築の現場において国際的に活躍するようになった。たとえば、一九九二年、国連のリーダーシップのもと和平交渉が進められたエルサルバドル和平合意では、真実委員会の設置が盛り込まれた。国連は、内戦下で起きた人権侵害について、その原因や背景を明らかにすることが、紛争後社会の平和構築と民主主義の定着に寄与すると考えた。エルサルバドルの真実委員会事務局には、アルゼンチン出身の人権ＮＧＯのスタッフが事務局長及び実務スタッフとして参加し、内戦下での軍部による人権侵害の事例についての調査が行われた（Sikkink 2011: 92-94）。この他、アルゼンチンの人権ＮＧＯ関係者は、前述の南アフリカのシンクタンクＩＤＡＳＡのボレイン（Alex Boraine）の要請に応え、アルゼンチンにおける移行期正義の現状を南アフリカの研究者、議員、人権擁護関係者らに紹介する視察研修を企画するなどした。南アフリカの移行期正義は、独自の歴史や政治・社会状況、文化的文脈において進められたものであるが、このような現地視察や関係者との意見交換は、南アフリカの移行期正義を進めるうえでの参考になったと思われる。

また一九九八年、国連では、国際刑事裁判所に関するローマ規程が採択され、二〇〇三年に常設の国際刑事裁判所

（ＩＣＣ）が設立された。そして、ＩＣＣの主任検察官としてアルゼンチン出身のモレノ・オカンポ（Luis Moreno-Ocampo）が就任した。モレノ・オカンポは、一九八五年のヴィデラやマセラに対する裁判で副検事として捜査を担当しており、軍部や警察の協力が得られない場合の対応や法の支配が確立していない状況での捜査や起訴の進め方、検察に対し日常的に非難が寄せられるなかでの任務の遂行などＩＣＣでの業務遂行において、アルゼンチンの経験は有益であったという（Sikkink 2011: 91-92）。

二一世紀に入り、国連は、紛争後社会の平和構築と法の支配の確立のために、移行期正義への取り組みを重要な課題と位置づける。二〇〇四年の国連事務総長報告書「紛争社会並びに紛争後社会における法の支配と移行期正義（The Rule of Law and Transitional Justice in Conflict and Post-conflict Societies）」では、正義、平和、民主主義の確立はそれぞれの連携しあった基盤のもとに成り立つのであり、国連は、紛争後社会における法整備や移行期正義の取り組みを支援していくことに言及している。二〇一〇年「国連事務総長ガイダンスノート――移行期正義に対する国連によるアプローチ（Guidance note of the Secretary-General United Nations Approach to Transitional Justice）」では、移行期正義のための構成要素として、裁判の実施、真実委員会による真相究明、被害者に対する賠償、制度改革などへの取り組みをあげている。

このような国連の動きに連動し、移行期正義の実践に特化したＮＧＯも設立された。二〇〇一年に南アフリカの真実和解委員会の活動を主導したボレインらによって設立された国際移行期正義センター（ＩＣＴＪ）がその例である。ＩＣＴＪはニューヨークに本部をおき、国連と連携をとる一方、活動拠点としてアジア、アフリカ、中東に現地オフィスを開設し、現地のＮＧＯ関係者、政府関係者らと協働し、グローバル規模での移行期正義の諸活動を展開してきている。二〇〇四年には、前述のメンデスが会長となり、現在は名誉会長を務めている。メンデスは、ＩＣＴＪの活動だけでなく、国連事務総長のアドバイザー、ＩＣＣの検察アドバイザーや国連人権委員会の拷問に関する特別報告者などを歴任するなどグローバルな規模での移行期正義の課題に関わっている。

ラテンアメリカ諸国における真実委員会の広がり

前述のように文民統制や民主主義体制が十分に定着していない体制移行期の政治状況のなかにあって、アルゼンチンでは強制失踪者についての調査を行い、過去の人権侵害を公に認知した。その後、三〇年を経て、アジア、アフリカ、中東、南北アメリカ、ヨーロッパの国々においても、過去の人権侵害を調査し、その事実を認知するいわゆる真実委員会が設置され、過去の人権侵害や負の歴史を可視化する動きが見られるようになった。また、体制移行期に真実委員会が設置されなかった国においても、民主化定着後、実態調査を開始した国もある。過去の真実委員会の調査対象を拡大し、より包括的に人権侵害の実態をあきらかにした国もある。以下、アルゼンチンの隣国を中心にラテンアメリカ諸国の真実委員会について概観する。

隣国のブラジル、ウルグアイは、一九八五年に民政移管した。ブラジルでは、体制移行期に公的調査委員会は設置されず、カトリック教会が、軍部の文書記録をもとに『ブラジル――二度と繰り返さない（Brazil: Nunca Mais）』を出版した。この出版から二〇年以上を経た二〇一二年、左派のルセフ（Dilma Vana Rousseff）政権下において真実委員会が発足し、一九六四年から一九八五年までの軍事政権下の人権侵害について調査が行われ、二〇一四年に報告書が公開された。ウルグアイでは、一九八五年に議会が調査委員会を設置したものの、軍部や警察が関与したと思われる一六四の強制失踪の事例に限定し、調査報告書も公開されなかった。このように政府が公的な真相究明に消極的な一方、ウルグアイの「平和と正義協会」は、一九八九年に『ウルグアイ――二度と繰り返さない（Uruguay: Nunca Más）』において、ウルグアイの民主主義の破綻から軍事政権、軍事政権から民政移管までの歴史的経緯および一九七二年から一九八五年の間の強制失踪、超法規的逮捕、拷問、国外追放など広範囲にわたる人権侵害に関する証言や記録を著した。二〇〇〇年になり、バッジェ（Jorge Batlle）大統領の主導により「平和のための委員会（La Commisión para la Paz）」が設置され、三八名の強制失踪者についての調査が行われ、二〇〇三年に報告書が公開された（内田 二〇〇二：四九―六三）。

パラグアイでは、一九五四年から一九八九年までストロエスネル（Alfredo Stroessner）大統領による独裁政権下で強制失踪や拷問などの人権侵害が行われていた。ストロエスネル失脚後、一九九二年になり、人権弁護士らによって、コンドル作戦に関する文書が首都アスンシオンの警察署に存在していることが明らかになった。しかし、コンドル作戦やその被害者についての調査は行われず、その後一一年を経た二〇〇三年、パラグアイの真実正義委員会（Comisión de Verdad y Justicia de Paraguay）が設置され、独裁政権下での人権侵害について調査が行われた。パラグアイでは、その活動は社会的に大きな注目を浴びるものではなかったが、人権侵害被害者グループ、ＮＧＯ、アルゼンチン考古人類学チーム（Equipo Argentino de Antropología Forense: EAAF）も調査活動に参加し、独裁政権下での強制失踪、拷問などの国家による組織的な人権侵害や収容所の特定、大統領の関与、遺体発掘とＤＮＡ鑑定による身元の特定などが行われた。調査報告書は、二〇〇八年に公刊された（Hayner 2011: 63-64）。

チリでは、一九八八年の国民投票、一九八九年の大統領選挙を経て一九九〇年に中道左派の文民政権が発足した。エイルウィン（Patricio Aylwin）大統領は、大統領就任直後、真実和解委員会（Comisión Nacional de Verdad y Reconciliación）を設置し、一九七三年軍事クーデターから民政移管までの期間における強制失踪者を対象とした調査が行われた。一九八八年のアスペン研究所会議に参加したチリの著名な人権弁護士のサラケテも委員会活動の運営に携わった。軍部や警察からの協力は得られなかったものの、委員会調査後、報告書を作成し、政府は、過去における国家による強制失踪を認め謝罪した。二〇〇三年になると、自身も政治的投獄を経験したラゴス（Ricardo Lagos Escobar）が大統領に就任し、「政治的投獄および拷問に関する委員会（Comisión de Prisión Política y Tortura）」が設置された。この委員会では、軍事政権下での人権侵害の調査範囲が拡大され、委員会による調査をもとに約三万五千人の人権侵害被害者が特定された。被害者らの証言をもとにした報告書が作成され、報告書公開前には、陸軍がはじめて過去の人権侵害への組織的な関与を認め反省の意を表明した（Hayner 2011: 60-62）。

ペルーでは、フジモリ政権崩壊後の二〇〇一年に真実和解委員会（Comisión de la Verdad y Reconciliación: CVR）が設置され、二年間にわたり一九八〇年五月から二〇〇〇年一一月までにおける武装集団「ペルー共産党―センデロ・ルミノソ」やトゥパク・アマル革命運動（Movimiento Revolucionario Túpac Amaru: MRTA）と軍部、警察、自警団の間の武力紛争と、フジモリ政権下での人権侵害について調査が進められた。公聴会では、大統領経験者が証言をし、当時服役中であったゲリラ関係者もビデオメッセージという形で証言をした。調査報告書には、人権侵害の被害がアヤクチョ県に集中しており、先住民の住む山岳部農村地域で大規模な虐殺が行われ、被害者の多くが先住民言語を母語とする人々であることが記され、ペルーの人権問題の偏りと複雑さが明らかになった（Hayner 2011: 35-39, 細谷二〇一三）。

中米のエルサルバドルやグアテマラでは、国連主導による和平交渉の枠組のなかで真実委員会が設置され、人権侵害の実態やその背景が調査された。前述のように一九九二年のエルサルバドルでは国連主導の真実委員会が設置され、報告書には、人権侵害行為者の氏名が記載された（Hayner 2011: 49-51）。グアテマラでは、一九六〇年代はじめに内戦が勃発し一九九六年まで続いたが、一九九〇年代に入り国連が関与する和平交渉のなかで真実委員会の設置が検討された。一九九七年に「グアテマラの人々を苦しめた過去の人権侵害行為および暴力行為を究明する委員会（the Commission to Clarify Past Human Rights Violations and Acts of Violence that Have Caused the Guatemalan People to Suffer：CEH）」が発足し、一九六二年から一九九六年に至る武力紛争の一環として行使された人権侵害と暴力行為について二年間にわたり調査が行われた。CEHの報告書には、マヤ民族に対するジェノサイド条約の違反があったことが明記され、国民和解と寛容な文化の育成にむけた勧告が盛り込まれた（Hayner 2011: 32-35）。国連主導の真実委員会とは別に、グアテマラのカトリック教会が中心となり「歴史的記憶の回復プロジェクト（Recuperación de la Memoria Histórica: REMIH）」が立ち上げられ、緻密な調査活動が進められた。このプロジェクトでは、女性や子どもに対する暴力、先住民文化の破壊についての調査が行われ、報告書においても特別に章が設けられ、残酷な実態が記

写真 2-2　真実と正義を求める日系社会失踪者家族会の活動（石田智恵氏提供）

された（歴史的記憶の回復プロジェクト編 二〇〇〇）。

5　おわりに

体制移行期や体制移行後、あるいは紛争終結後、多くのラテンアメリカ諸国において真実委員会が設置され、過去の人権侵害が明らかになっていった。ラテンアメリカ諸国に加え、アジア、アフリカの国々においても、過去の人権侵害を公に認知するという真実委員会が広がりつつあるという趨勢は肯定的に評価できる。とはいえ、真実委員会が設置され、調査をし、報告書という形で過去の人権侵害が認知されたとしても、強制失踪などの人権侵害に至るまでの過程がすべて語られたというわけではない。

たとえば、アルゼンチンの強制失踪者のなかには、日系二世もいたが、その事実は、アルゼンチン社会で必ずしも知られていたわけではなかった。日系失踪者家族による「日系社会失踪者家族会（Familiares de Desaparecidos de la Colectividad Japonesa）」のなかでは、政府に対しては従順であるべきと考える日系一世の世代にとって、家族のなかに、政治的、社会的な活動に参加し、失踪者がいることは身内の恥であると思う親もいたといわれている（石田 二〇一七：四六）。このような日系失踪者や日系失踪者家族については、近年になり、失踪者の兄弟の世代が真実と正義を求め続け、日系社会失踪者家族会の活動が可視化されていった。「破られた沈黙――一六人の日系（Silencio Roto: 16 Nikkeis）」と題するドキュメンタリー映画が製作、上映されたりもした。このような日系移民社会と強制失踪者、日系社会失踪者家族会の活動を研究テーマとする若手研究者による優れた研究も進められている。

また、真実と正義を求め続ける強制失踪者家族の活動も必ずしも順調であったわけではない。五月広場の母の会の代表は、体制移行後も軍事政権下での強制失踪に対し、真実と正義を求め強硬な態度をとり、強制失踪者調査委員会の活動やアルフォンシン政権に対し批判を繰り返した。このような非妥協的な態度に対し、五月広場の母の会の一部は賛同できず、別組織を結成し活動を続けることになった。

アルフォンシンやメネムによる真実と正義の追求が不十分であると強く批判を繰り返した五月広場の母の会は、キルチネルやフェルナンデスが、過去の人権侵害の責任追及について前向きな人権政策に着手すると、彼らの支援団体のような存在となった。五月広場の母の会の事務所のカフェの壁には、キルチネル夫妻の姿が大きく描かれ、大統領官邸のバルコニーでキルチネルと五月広場の母の会の代表が抱き合う写真が掲げられた。キルチネル政権、フェルナンデス政権の人権政策のもと、五月広場の母の会は、政府からの資金援助により活動範囲を広げ、低所得者のための住宅建設事業などにも従事した。しかし、実際には、政府からの資金は適切に使用されず、事業委託者による公金横領事件が発覚し、五月広場の母の会は、その活動やキルチネル政権、フェルナンデス政権との癒着関係について批判にさらされた（松下 二〇一五：二一〇）。

過去の人権侵害に対し、真実と正義を追求する当事者は、その被害者や被害者家族である。アルゼンチンでは、軍事政権下で活動を始めた強制失踪者家族の高齢化が進む一方、強制失踪者の兄弟や子ども世代による新たな活動も展開されている。アルゼンチンに限らず、世界各地における真実と正義の追求は決して容易ではないが、世代をこえて粘り強い活動が続けられている。

注

＊1　カーター大統領は、政権担当当初人権外交を強調していたが、一貫した人権外交を展開したかについては検討の余地がある。カーターは人道的立場からの外交を重視したが、ソ連とのデタントの終焉、イランのイスラーム革命やソ連のアフガニスタン侵攻などの国際状況の変化や政権内での強硬派と位置づけられる国家安全保障問題担当補佐官ブレジンスキー（Zbigniew Kazimierz Brzezinski）の影響力の高まりなどにより、人権外交は次第に強調されなくなっていったとの見方もある。

＊2　一九世紀からイギリスが実効支配している南大西洋上の諸島、イギリス領フォークランド諸島と呼ばれているが、アルゼンチンは、マルビナス諸島と呼び、領有権を主張している。

＊3　一九七四年にウガンダでは独裁者アミン大統領自らによって、真実委員会が設置され報告書も作成された。また、一九八二年、ボリビアでは、真実委員会や裁判を通し、過去の人権侵害に対する真実と正義を追求する動きが見られた。しかし、アルゼンチンの経験とは異なり、これらの国の経験は、国際的に活躍する人権弁護士や研究者、NGO関係者らがともに移行期正義の概念について検討する契機となるようなインパクトはなかった。一九八八年のアスペン研究所会議主催の契機は以下の通りである。法社会研究センターのメンバーが体制移行期のアルゼンチンの正義の追求とその限界をテーマとし、メンデスが設立した人権NGOのアメリカス・ウォッチ（Americas Watch, 後の Human Rights Watch）で講演を行った。アスペン研究所において正義と社会プログラムの責任者であったヘンキン（Alice Henkin）が、その講演後、アルゼンチンだけでなく、権威主義体制から体制移行期の正義の追求とその限界を全般のテーマとした会議主催を企画した。ヘンキン自身の人的ネットワークや、ヘンキンの夫であり、著名な国際法学者であるヘンキン（Louis Henkin）の人的ネットワークをもとに会議参加者が集まった。

追記

科学研究費助成事業による研究成果の一部である（課題番号一七K〇三六〇二）。

参考文献

石田智恵　二〇一七「可視性の転覆――アルゼンチンにおける出自と政治」『立命館言語文化研究』二九（二）、四三―五七頁。

内田みどり　二〇〇二「ウルグアイにおける軍部人権侵害をめぐる政治力学――『平和のための委員会』の意義と限界」『国際政治』一三一、四九―六三頁。
大串和雄　二〇一二「『犠牲者中心の』移行期正義と加害者処罰」『平和研究――体制移行期の人権回復と正義』三八、一―二二頁。
杉山知子　二〇〇七『国家テロリズムと市民――冷戦期のアルゼンチンの汚い戦争』北樹出版。
杉山知子　二〇一一『移行期の正義とラテンアメリカの教訓――真実と正義の政治学』北樹出版。
高坂正尭　一九六六『国際政治――恐怖と希望』中央公論社。
細谷広美　二〇一三「人権のグローバル化と先住民――ペルーにおける紛争、真実委員会、平和構築」『文化人類学』七七（四）、五六六―五八七頁。
松下洋　二〇一五「最終講義：二一世紀アルゼンチン外交に見るゲリラ思想の影――ゲリラ思想を復権させた母親たち」『現代社会研究』一八、五―二三頁。
吉川元　二〇一三「序論『正義と国際社会』」日本国際政治学会編『国際政治――正義と国際社会』一七一、一―一四頁。
歴史的記憶の回復プロジェクト編　二〇〇〇『グアテマラ　虐殺の記憶――真実と和解を求めて』飯島みどり・狐崎知己・新川志保子訳、岩波書店。
Arthur, Paige 2011. How "Transitions" Reshaped Human Rights: A Conceptual History of Transitional Justice. In Félix. Reátegu (ed.), *Transitional Justice: Handbook for Latin America*. New York: International Center for Transitional Justice, pp. 69-124.
Bankiner, Onur 2016. *Truth Commissions: Memory, Power, and Legitimacy*. Philadelphia: University of Pennsylvania Press.
Clark, Ann Marie 2001. *Diplomacy of Conscience: Amnesty International and Changing Human Rights Norms*. Princeton: Princeton University Press.
Crenzel, Emilito 2011. *Memory of the Argentina Disappearance: The Political History of Nunca Más*. New York: Routledge.
Dinges, John 2005. *The Condor Years: How Pinochet And His Allies Brought Terrorism To Three Continents*. New York: The New Press.
Guest, Iain 1990. *Behind the Disappearances: Argentina's Dirty War against Human Rights and the United Nations*. Philadelphia:

University of Pennsylvania Press.

Hayner, Priscilla B. 2011. *Unspeakable Truths: Transitional Justice and the Challenge of Truth Commissions Second Edition*. New York: Routledge.

Kritz, Neil J. (ed.) 1995. *Transitional Justice: How Emerging Democracies Reckon with Former Regimes Vol.1-3*. Washington, D. C.: United States Institute of Peace Press.

Olsen, Tricia D. & Leigh A. Payne, Andrew G. Reiter, Eric Wiebelhaus-Brahm 2010. When Truth Commissions Improve Human Rights. *The International Journal of Transitional Justice* 4: 457-476.

Sikkink, Kathryn 2004. *Mixed Signals: U. S. Human Rights Policy and Latin America*. Ithaca: Cornell University Press.

Sikkink, Kathryn 2011. *The Justice Cascade: How Human Rights Prosecutions Are Changing World Politics*. New York: W. W. Norton.

Teitel, Ruti G. 2000. *Transitional Justice*. Oxford: Oxford University Press.

Teitel, Ruti G. 2014. *Globalizing Transitional Justice: Contemporary Essays*. Oxford: Oxford University Press.

Theidon, Kimberly 2013. *Intimate Enemies: Violence and Reconciliation in Peru*. Philadelphia: University of Pennsylvania Press.

The Secretary-General, United Nations 2004. *Report of the Secretary-General, "The Rule of Law and Transitional Justice in Conflict and Post-conflict Societies."* United Nations Security Council, S/2004/616, August 23, 2004.

The Secretary-General, United Nations 2010. *Guidance Note of the Secretary: General United Nations Approach to Transitional Justice*.

第3章　和解と忘却
ソロモン諸島における真実和解委員会の活動が意味するもの

関根久雄

1　ソロモン諸島概観

「平和を続けることは勇気が必要である。あなた方がすることは古傷を開き、その傷を治すための新しい妙薬を塗ることである。（中略）聖パウロに委ねられた務めの一つは和解である。あなた方はあなた方の兄弟姉妹と和解するために、神の僕としてこれと同じ重要な務めの一端を担うことを求められている」[*1]。

一九八四年にノーベル平和賞を受賞した南アフリカ共和国のデズモンド・ツツ元大主教が、二〇〇九年四月二九日にソロモン諸島の首都ホニアラで行われた真実和解委員会（Truth and Reconciliation Committee：ＴＲＣ）の開始セレモニーにおいてこのように演説し、ＴＲＣの意義を強調した。

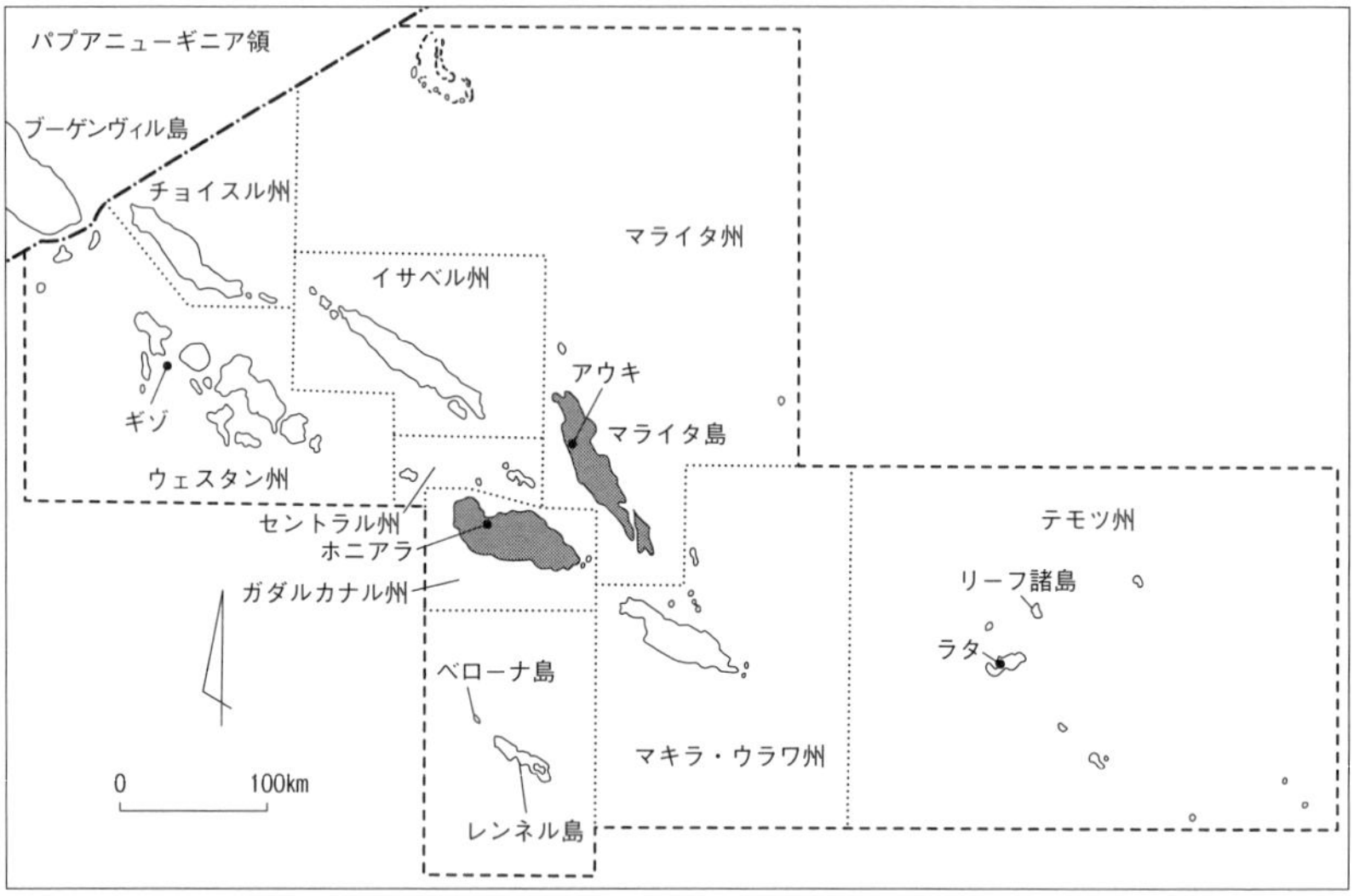

図3-1　ソロモン諸島全図

ソロモン諸島では、一九九八年から二〇〇三年までの間、首都のあるガダルカナル島の一部島民と、近隣のマライタ島出身者との間で武力行使を伴う激しい紛争に見舞われた。これに関連する一連の社会的混乱を現地では、「エスニック・テンション（ethnic tension）」と呼ぶ。それは、二〇〇三年七月に太平洋諸島フォーラム（Pacific Islands Forum）[*2]がソロモン諸島政府の要請に基づいて派遣したオーストラリア主導のソロモン地域支援ミッション（Regional Assistance Mission for Solomon Islands）の活動開始に伴い、一定の終息を見た。その後二〇〇九年に、南アフリカのＴＲＣを参考にしたソロモン版ＴＲＣが、エスニック・テンション後の「移行期」における国民的和解を実現するため、ソロモン諸島議会によって設置された。本章では、ソロモンにおける和解の模索過程の考察を通じて、同国におけるＴＲＣ活動の意味について明らかにする。

はじめに本章で取り上げるソロモン諸島について簡単に紹介しておこう（図3-1）。ソロモン諸島はガダルカナル島、マライタ島をはじめとする陸島、火山島、サンゴ礁島からなる群島で構成される。一九七八年に英国から独立した立憲君主制国家であり、英連邦の一員である。国内は九つの州に分かれる。全国人口五一万五八七〇人（二〇〇九年）のうち、マライタ州[*3]の人口が一三万七五九六人（約二六・六％）で最も多く、ガダルカナル州が九万三六一三人でそれに続く。国民の九七％がクリスチャンで、英国国教会系のメラネシア教会の信者数が最も多い。一九世紀末から二〇世紀初頭の時期にキリスト教の布教が開始されて以来、キリスト教は伝統的慣習と溶け合うようにソロモン人の生活や価値観に浸透している。人々は教会や聖職者に敬意を抱き、教会の指導者とチーフと呼ばれる伝統的指導者双方のバランスのとれたリーダーシップのもとで日々の生活を送っている。

ガダルカナル島の北岸にはソロモン諸島の首都ホニアラがあり、そこは同国でほぼ唯一の近代的都市空間である。国民の約八五％は主として比較的面積の広い陸島の沿岸部に五〇～一千人規模の村落を作り、近親者を中心とする血縁、地縁関係のもとにある人々と共同体を形成しており、一般に人々の絆は強い。彼らは焼畑による根菜類や緑黄色野菜などの栽培やリーフ周辺における小規模漁撈活動などを主たる生業としているが、子どもの学校教育費、日用品や食品、その他の商品を購入するために現金を必要とする場面も日常化している。彼らは祖先を共有する人々によって構成されるいずれかの親族集団に属する。土地権と連動する個人の集団成員権は島によって父系的あるいは母系的に継承される。ガダルカナル島の親族集団は母系、マライタ島の集団は父系出自である。太平洋戦争後、マライタ出身の男性が出稼ぎなどを目的にガダルカナル島に来島し、やがてガダルカナルの女性と結婚することによって、そのマライタの男性は妻が権利を有するガダルカナルの土地を使用するケースが多く見られるようになった。「ガダルカナルの土地を他島出身者が使っている」という事実は、エスニック・テンション発生の原因の一つにもなった。

2　エスニック・テンションの経緯

一九九八年一二月三〇日に、一部のガダルカナル島民が結成した武装集団イサタンブ解放運動（Isatabu Freedom Movement：ＩＦＭ）の五人のメンバーが警察との間で銃撃戦を起こした。一九九九年四月にはＩＦＭのメンバーがガダルカナル島南西部タンガラーレ地区に住む八三人のマライタ系住民を脅し、「島から出ていくか、その場で殺されるか」の選択を迫った。そのときIFMはタンガラーレにある州立中等学校の寄宿舎をも襲った。藤井はそのときの様子を、当時その学校の生徒であったガダルカナル島民から次のように聞き取りしている。

ある晩、学生たちが眠っていると、「ガダルカナル革命軍（Guadalcanal Revolutionary Army：GRA。IFMの旧称）」[*4]が銃を持ってやってきて、マライタ人学生にむかって「明日の朝までに出て行け！」と言った。もし彼らが出て行かなかったら、GRAはマライタ人学生たちを銃で撃っていただろうな。次の日の朝、マライタ人学生たちはみんなホニアラへ逃げていったよ。それからガダルカナル出身者を含むすべての学生たちが出て行った後、GRAは学校の備品を略奪した。

（藤井 二〇一七b：九）

IFMは、電子メールで独自に発信していたニューズレターのなかで、「マライタ人は略奪者であり、彼らは所有権をもたないものを不当に奪い返そうとしている。それは我々ガダルカナル島民が祖先から受け継いだ土地である。マライタ人は彼らの家、彼らの島へ帰り、彼ら自身の土地を使って現金収入を得るべきだ」（Laqonimomoru 2000: 2）と述べていた。彼らは、土地や自然資源との歴史的・文化的連続性を強調し、近代化の文脈における自らの正当性を主張したうえで、経済機会と土地を「奪ってきた」マライタ人を排斥したのである。

一方、IFMのメンバーに銃を突きつけられ、家や財産を奪われた上でガダルカナル島内の居住地を追われたマライタ系の人々は、ガダルカナル島からマライタ島へ逃げ帰った後、生活基盤の確立が急務であり、そのためにも奪われたり破壊されたりした財に対するコンペンセーション（補償・賠償）の獲得を当然の権利として要求した。しかしソロモン諸島政府は、そのときマライタ人の私有財産の被害状況を調査する委員会を設置したものの、最終的にはそのようなコンペンセーションの要求を拒絶した。その結果、マライタ人たちはマライタ・イーグル・フォース（Malaita

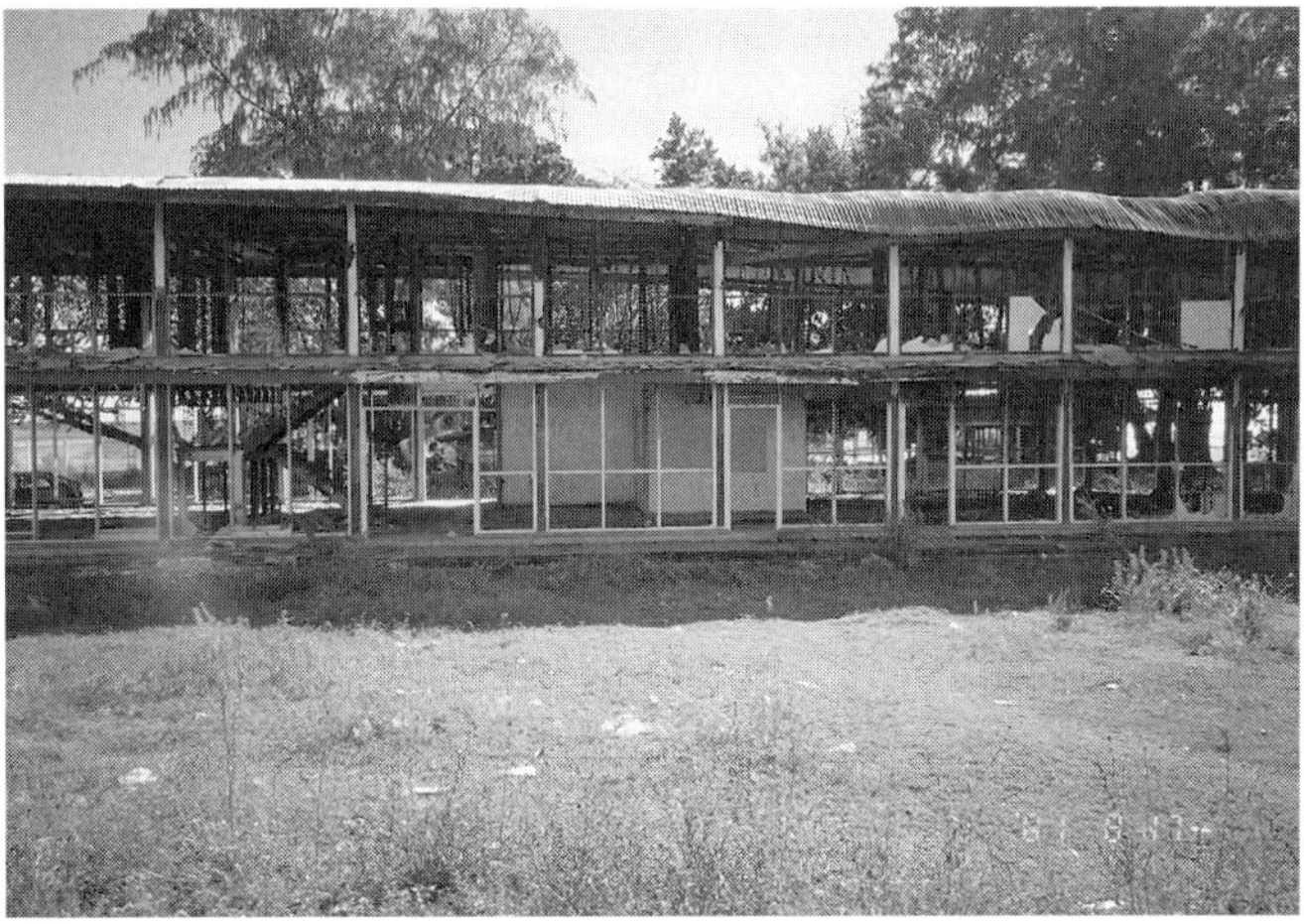

写真 3-1　首都にあった旧ガダルカナル州政府庁舎。マライタ系住民に焼き討ちされた（2001 年 8 月撮影）

Eagle Force：MEF）という武装集団を結成し、IFMに対する報復的武力活動を始めた。MEFは、二〇〇〇年一月にマライタ州都アウキにある警察署の武器保管庫から銃器類を奪い、コンペンセーションの要求を継続するとともに土地を含む喪失財を自力で奪還する報復行動を起こした。さらにMEFは、同年六月五日、ウルファアル首相（在任期間一九九七年八月～二〇〇〇年六月）の退陣とコンペンセーション問題の打開を目的に、一部のマライタ出身警察官とともに「クーデター」を実行するに至った（関根二〇〇二）。

その後、ソロモン諸島警察部隊とIFMとの銃撃戦やマライタ島出身者の拉致事件が発生したり、武装解除が進まない状況が続いたりしたが、最終的に二〇〇〇年一〇月、オーストラリアの調停によるタウンズビル和平合意（Townsville Peace Agreement）が締結されたことによって、和平への道筋が一応は作られた。しかしながら、その後もガダルカナル島やマライタ島、ウェスタン州のいくつかの島では、破壊や暴力的行為、性的暴行などが横行していた。また、首都ホニアラ近郊では、おもにエスニック・テンション時に武装集団に属していた一部の若者が銃器を所持し続け、強盗事件などの犯罪に加担する事態も続いていた。しかし、二〇〇三年七月に、本章の冒頭で触れたソロモン地域支援ミッションが派遣されたことによってエスニック・テンションは終息した。初動段階のソロモン地域支援ミッションは、オーストラリア、ニュージーランド、フィジーなど太平洋諸島フォーラム加盟国の警察官、兵士あわせて二千人規模の軍事介入部門と民生支援チームによって構成されていた。

3　移行期正義と真実和解委員会

紛争状態からその後の社会状態へむかう平和構築期において国家や社会集団が、和解や償い、人権侵害を精算するために行う司法的あるいは様々な非司法的手段のことを、移行期正義と呼ぶ（クロス 二〇一六：三）。それは、広義には「アカウンタビリティと厳正な正義を確保し、和解を実現するために、過去の大規模な悪弊に向き合おうとする社会の取り組みに関連する諸々の過程とメカニズムの全体」（パーメンティア 二〇一一：九五）を指す。クロスは、一九九六年に南アフリカに設置された真実和解委員会（以下、南アフリカＴＲＣ）の活動において、移行期正義にローカル化された和解概念や制度が明確に組み込まれ、現地紛争解決法に基づく制度が移行期正義に導入されるなど、特殊化、個別化の方向性も観察されるという（クロス 二〇一六：四三）。

南アフリカＴＲＣは、ツツ元大主教を委員長にして組織され、アパルトヘイト体制期に行われた人権侵害や性的暴行などについて公聴会などを通じた当事者の証言をもとに「真実」を公にし、加害者と被害者相互の理解を促して、国民の統一と和解を促進すること（パーメンティア 二〇一一：一〇六）を目的としていた。過去を記憶し、人権侵害の被害の実態を語ることで負の歴史が清算され、和解に至るという発想である（クロス 二〇一六：七八）。その和解プロセスには加害者に対する恩赦が重要な構成要素として含まれていた。また、南アフリカＴＲＣは、同国の文化や規範に沿うように和解を追求することを特徴としており、「ローカルで非公式に行われていたグラスルーツの紛争解決法や規範概念であるローカル正義を移行期正義に公式に導入するもの」（クロス 二〇一六：五五）であった。

南アフリカTRCでは、「国家を癒やす」「過去を癒やす」「我々の土地を癒やす」など、「癒やし（healing）」という文言を用いた言説が多用された。そのことは、ツツが「すべての人々にとって和解が必要である、というのもすべての人々が癒やされなければならないからである」（阿部 二〇〇七：一七八）という発言に象徴的に見られ、南アフリカTRCにおいて「癒やしと和解」は相互に不可分の関係におかれた。そして、そのことを下支えするキーワードとして、南アフリカTRCでは「ウブントゥ（*ubuntu*）」という、南アフリカのコーサ族とズールー族の伝統的価値観に基づく人間存在に関わる概念が援用された（坂本 二〇一一：八七）。これは一般的には「思いやり」や「共感」と訳され、「人は皆を通して皆のために人になる」という共同体主義的な価値観を表現している（阿部 二〇〇七：一八三）。具体的には、加害者を「赦し」、社会に再び受け入れる行為につながるものである。この概念を通じてツツは、人種や民族などの属性を超えた同じ共同体の成員として人間どうしの関係性を位置づけたうえで、国内の和解と統一を成し遂げようとしたのである。ツツを中心とする南アフリカTRCが和解を追求する過程でその概念に和解と、和解のための赦しを明確に含むものとして強調するようになった（坂本 二〇一一：八七）。阿部によると、一九九五年に施行された南アフリカの真実和解委員会法に「ウブントゥ」の語は見られないものの、ツツだけでなく同国のTRCを擁護するキリスト教関係者の発言、また被害者側の証言においてもたびたびそのレトリックは登場したという（阿部 二〇〇七：一八三）。

ソロモン諸島では、エスニック・テンション中の二〇〇〇年に、同国で活動するキリスト教諸派によって構成されるソロモン諸島キリスト者協会（Solomon Islands Christian Association）が中心になり、南アフリカTRCを参考にしたTRCをソロモンにも導入して紛争当事者間の和解と国民統合を促す動きが起こった。同協会が構想したTRCは、南アフリカTRCと同様に、真実を語ること、和解と正義の追求、恩赦の実施を通じて国民統合を打ち立てることを目的としていた（Vella 2014a: 7）。

次節では、ソロモンのTRCの概要を述べるとともに、その活動のなかで得られた証言について述べる。

4　ソロモン諸島の真実和解委員会

「語る」

エスニック・テンションの期間中あるいはその後において、キリスト教会は和解を進めるうえで強い役割をもっていた（Guthrey 2015: 112）。村落コミュニティにおいて教会が和解のために仲介の労をとることもあったという（Braithwaite et al. 2010）。しかし、二〇〇三年七月にソロモン地域支援ミッションがソロモンで活動を開始すると、移行期正義の実践として、彼らは和解よりもまず法と秩序の回復を最重要課題と認識し、犯罪者の訴追を徹底的に進めた。ソロモン地域支援ミッションの活動開始からわずか五ヶ月間に一三四〇名の元武装集団戦闘員などが逮捕され、収監された。同ミッションの法の支配アプローチによって、TRCを使った和解アプローチは事態収拾の潮流からははずされることとなったのである（Braithwaite et al. 2010: 81, Vella 2014a: 8）。

ソロモン諸島キリスト者協会はそのような状況においても、オックスファム（Oxfam）のような国際NGOの支援を受けながら、ソロモンにおけるTRCの実現にむけて地道にロビー活動を行っていた。しかし、二〇〇一年から二〇〇六年まで政権を担っていたケマケザ首相などの政治家たちは、ソロモンが互いに知人、友人関係あるいは彼らにつながる人々が多くいるような小国であるがゆえに、TRCの活動が新たな火種になる恐れがあると感じていたこと、真実を語ることから和解を得るという活動自体は意義深くても、ソロモン社会には時期尚早であり、過去から学び、謝罪や赦しの心をもつようになるほど国民は成熟していない、という思いを抱いていたという（Braithwaite et al. 2010: 86）。しかし二〇〇六年、第二次ソガヴァレ政権（在任期間二〇〇六年五月〜二〇〇七年一二月）時に、紛争後の平和と社会的正義の再構築におけるTRCの重要性、国民的和解が再認識された結果、二〇〇八年に真実和解委員会法案がソロモン諸島議会を通過し、二〇〇九年にTRCが正式に発足することとなった。TRC委員[*5]には、真実和解委員会法の規程に則り、ソロモン人三名（紛争当事州であるガダルカナル州、マライタ州、そしてウェスタン州から一名ずつ選出）、外国人二名（著名なフィジー人政治家とペルー人の人権活動家）がソロモン高等裁判所長官を議長とする国家選考委員会によって選ばれた。その他に、国内に九つある州のうち六州において被害者や加害者などから証言を聴取する者、紛争中の死に際し本来埋葬されるべき場所とは異なる地に埋められた亡骸を調査し発掘する者、証言を英語に翻訳する者のほか、人事、会計監査などの実務者を含め総勢一三九名で構成された（藤井二〇一二：一六）。TRCに付託された内容は、一九九八年一月から二〇〇三年七月までの間に生じた人権侵害や暴挙の性質、先行する事柄、根本原因、説明責任あるいは人権侵害の責任を検証することを通じて、国家統合と和解を促すとともに、将来における同様の事態を予防するための政策選択を考案することであり、刑事訴追とは無縁であった（TRC 2012: 8-9）。その数は約実際に被害者などが語る「真実」の話（証言）を収集したのは、二〇一〇年から二〇一一年の間である。その数は約四千件に及んだという（Guthrey 2015: 115）。公聴会の模様はラジオの全国放送で流されることもあった。

ヘイナーは、被害者や目撃者が公的な委員会などに「真実」を語ることは精神科治療の西洋的モデルに基づいたカタルシス的行為であり、彼らの尊厳を回復させることにつながるという発想のもとにあると指摘する（Hayner 2011: 146）。そのことは、本章の冒頭で引用したツツによる「傷の治療」メタファーによっても表現されたことである。TRCによる移行期正義の具体化は、国連開発計画のような国際機関や、EU、オーストラリア政府、ニュージーランド政府などのODA資金が使われ、TRCの組織構造などについても西洋の統治システムに倣っていたという（Vella 2014b: 97）。また、TRCは証言した人にカウンセリングの機会を提供し、サポート体制を整えたりもしていた。しかしヘイナーは、そもそもソロモンの村落社会において必要なサポートの担い手とはコミュニティであり、キリスト教会であり、家族や親族、友人たちであって、必ずしも専門的な心理学的カウンセラーではなかったことを指摘する（Hayner 2011: 157）。このように、TRCは基本的に西洋的諸前提に基づいて一連のプロセスを判断し、活動を選択していたことが窺われる。

しかしガスリーは、ソロモンあるいは東チモールにおける公聴会で実際に証言を行った人々にインタビューを行い、証言者が「語る」ことの心理的効果について次のように指摘している（Guthrey 2015）。

ある女性は、ＴＲＣの公聴会において、自分の過去のトラウマ経験を他者と共有することで自分の気持ちを修復することができた、と肯定的に捉えていた。また別のある女性は、ＴＲＣメンバーのインタビューを通じて他国の人々に自分たちの過去に起こった暴力の話を聞いてもらえることがうれしかったとも述べている（Guthrey 2015: 117-119）。それはエスニック・テンション中に経験した暴力によって傷つき、塞がれた心に再び活力を与え、回復させることを意味する。そのことは、ガスリーがソロモンで直接インタビューした人々が、「自分に危害を加えた人に仕返しするということではなく、いい意味で気持ちの入れ替えができた」（Guthrey 2015: 118）、「ＴＲＣに証言することは必ずしもみんなの利益にならないことは認めるけれども、ＴＲＣに証言したとき、私は幸せな気持ちになった。過去の嫌なことから私のすべてが解放された」（*ibid.*, 122-123）、「心配や恐れといった感情がなくなった」（*ibid.*, 125）、などと語っていたことからも分かる。さらにガスリーは、過去の出来事（「真実」）を語ることが解放に結びつく一連の流れを、キリスト教における告解（懺悔）の行為と重ね合わせて捉えている（*ibid.*, 122）。

そのことに関連して、ＴＲＣの最終報告書には、被害を受けた人々による次のような証言が載せられている。

二〇〇〇年一一月二六日に一〇人かそれ以上のＧＲＡ（ＩＦＭ）戦闘員が何の前触れもなく私たちを襲ってきた。彼らは私に殴る蹴るの暴行を加え、ここから出て行けと言った。私は何か硬いもので頭を殴られ、意識を失った。その少し後に戦闘員のリーダーが出て行くよう私に言った。私は顔と首の後ろに傷を負っていた。その後彼らは私たちが必ず立ち去るよう言い残して戻って行った。血まみれになっていたので、彼らは私たちがまもなく死ぬと思い帰って行ったのだろう。

（TRC 2012: 816）

この証言を行った男性は、自分たちを襲撃したＩＦＭ元戦闘員たちにむかって、「私たちに暴行を加えた友人たち」と呼びかけたうえで、「私はこの国が平和になることを望むので、心の底からあなたたちを赦すと言いたい」と述べて証言を終えている（TRC 2012: 816）。

また、ソロモン諸島西部にあるチョイスル島に住む男性は、村にやってきた武装集団の戦闘員から、撃ち殺されたくなければ金を差し出すよう脅された経験について証言した。その証言の最後に、彼は次のように述べている。

このことに関与した人々に対して、あなたがどこにいようと、私はあなたを赦すと言いたい。「赦そう。そして過去を忘れよう。」どうか姿を見せてほしい。あなたが私や私の家族と私の村の人々にしたすべてのことについて、私は赦す。

（TRC 2012: 844）

さらに、武装集団の元戦闘員たちもＴＲＣ公聴会で証言しているが、彼らの多くも赦しに言及していた。ＩＦＭのある元戦闘員は公聴会において、次のように語っている。

私はエスニック・テンションの原因のいくつかはマライタの人々にあるのではなく、私たちガダルカナル人自身にあることをここで強調したい。私は国民に謝罪したいし、とくにマライタの人々に赦しを請いたい。私は、テンション期間中に被害を受けたガダルカナルに住むマライタ系の仲間たちにお詫びしたい。そしてあなた方に赦してもらいたい。

（TRC 2012: 1074-1075）

ジェフリーによると、ＴＲＣに証言を行った三四人の元武装集団戦闘員のうち、二二人が明確に赦しを求めていたという（Jeffrey 2017: 127）。

「忘れる」そして「沈黙する」

ソロモン地域支援ミッションは、治安の回復に伴い軍事・警察部門の大幅削減と行政改革の強化を図り、警察を含む政府機構の再建、汚職防止、経済改革などの長期的な改革の支援に活動の重点を移した。二〇〇五年には逮捕されていた元戦闘員に対する裁判が開始され（Kabutaulaka 2005: 52）、TRCが証言の聴取作業を開始したときには、ソロモン地域支援ミッションがそのような活動に着手してからすでに七年が経過し、裁判もほとんどが結審していた。すなわち、「限定的な意味において、平和は修復された」（Vella 2014a: 8）ともいえる時期であった。村落レベルでも、各地で伝統的なスタイルによる和解儀礼が行われ、伝統的な交換財や現金を用いたコンペンセーションの授受も行われていた。TRCの公聴会において証言を行うことが癒やしにつながるという肯定的な見方をする人々がいる一方で、証言聴取を過去の否定的な出来事の「蒸し返し」と捉え、TRCの活動を非難する声も根強かった。

一般にメラネシア社会では、傷害や殺人、性的暴行、性的タブーの侵犯、ブタをはじめとする財の窃盗や破壊といった事件が発生すると、破壊や殺人などの憎悪の連鎖に至る場合が稀ではない。伝統的な和解儀礼におけるコンペンセーションは、その連鎖を断ち切り、傷ついた関係性を修復するための、あるいは連鎖の発生を防ぐための、主として親族集団レベルの和解行為である（関根 二〇〇三：一九三―一九四）。コンペンセーションによる和解という伝統的行為は、現在においてもソロモンの一般的な社会生活において非常に重要な要素としてある。和解とコンペンセーションは平和的状態をもたらす際に切り離せないものであり、紛争の終結はコンペンセーションの支払いによって相互確認される。

パプア・ニューギニアの伝統的和解儀礼を論じたストラザーンとスチュワートは、コンペンセーションがつねに支払う側が自らの罪（社会的規範からの逸脱）を言語的に自認することから始まり、それを行動において（非言語的に）表す行為がコンペンセーションであると述べる（Strathern and Stewart 1998: 43, 54）。そこでは、一定の手続に基づき紛争当事者間の対話、交渉、饗宴が行われ、コンペンセーションが儀礼において支払われ、相手方がそれを受理することによってそれまでの憎悪は社会的に解消され、和解が実現する（関根 二〇〇三）。これが「真の」コンペンセーションによる和解の一般的な流れである。

TRCによる証言聴取では、国際法において定義された人権に対する侵害行為、すなわち虐殺、暴行、拷問、虐待、性的暴力、財産侵害などに対象が絞られた。ソロモン諸島社会、とりわけ村落社会において匿名性は存在しない。人によっては、都市や開発地などを経由して村落や島を越えた広い人的ネットワークも存在する。しかしヴェラによると、TRCには証言者を保護する環境がほとんど用意されていなかったという。したがって女性たちは、エスニック・テンションによって自分たちの畑を失ったこと、ブタや畑作物を奪われたこと、キッチンが荒らされたことについては詳しく語るものの、個人的な事柄や性的暴力の被害については簡単に話せるトピックではなかった（Vella 2014a: 11）。女性の立場からエスニック・テンションを総括し、ソロモン社会の将来への提言をまとめたファンガラスウらは、「話すことのリスクを考えると、女性にとって沈黙は声に出して叫ぶよりも声高で、強く、そしてより安全なのである」（Fangalasuu et al. 2011: 13）と述べていた。

さらにガスリーは、TRCの証言聴取において女性に対するインタビューは女性スタッフが行う原則（TRC 2012: 23）になっていたにもかかわらず、実際には性別が一致していないこともあったという（Guthrey 2016: 14）。そのことについて現地の人々からも不満の声が出ていた。彼が調査した村のある男性は、次のように述べている。

文化的に見て、TRCは過去のトラウマについて尋ねるべきではない。女性に関わる問題は女性に帰属する。もし女性が、女性に関わる事柄について男性から質問されたことを自分の兄弟や別の男性に伝えたりしたら、報復的な紛争に発展する恐れがある。この考えは、今でもここの人々のなかにある。だから、TRCの行為はズレているのである。（中略）私たちは、伝統的慣習に則って忘れたいくつかの話を掘り出した。そしてそれらを公衆にさらした。それは、私たちにとって語ってはいけない秘密の事柄であった。私たちがそれを語るとき、おそらく他の人たちはそれを聞いてよくない感情を抱く。それが私の恐れていることである。（Guthrey 2015: 121, 131）

性的暴力という人権侵害に関する被害者側の話を異性に語るだけでなく一般に共有する行為は、ソロモンの文化的価値観に適うことではない。実際に、ＴＲＣの最終報告書においても、女性に対する性暴行に関する証言は少ない。藤井によると、エスニック・テンション中の人権侵害として記録された五七二一件の証言のうち、強姦、性奴隷、脱衣強要、性的部位への暴力を含む性暴力に関するものは六三件だけであったという（藤井 二〇一七ａ：六—七）。証言聴取は原則的に公開形式で行われたが、ＴＲＣスタッフは業務の一環として非公開形式の個人的インタビューも行っている。公開インタビューに応じた人たちのなかには、非公開の個人的インタビューをオプションとしてもっと効果的に提示していれば、表に現れないより多くの人々の証言が集まったはずだと述べる（Guthrey 2015: 119-120）。さらに、ガスリーがインタビューした女性は、ＴＲＣの活動自体がソロモンの紛争解決の文脈に照らして無意味であると主張した。

ＴＲＣは活動をおしまいにして、引き上げた方がよい。ＴＲＣは白人のためのプログラムだ。この問題は南アフリカのものではないし、フィジーのものでもない。ソロモン人の問題である。これはソロモン諸島に属していることなのである。（中略）なぜ蒸し返すのか。もう忘れていることなのである。それらは忘れられるべきことである。ＴＲＣは、我々が忘れていることを思い出させるために来ている。（Guthrey 2016: 14）

別の女性は、証言による心の救済という効果を認めつつも、次のように述べていた。

古傷を再び開くのではなく、すべてを忘れるべきである。（中略）何が起きたのかを聞きたくはない。話をした後にその人たちがよい感情を抱くことになるのかどうか、私には分からない。しかし、私はすべてを忘れるべきだと思う。私たちの文化がコンペンセーションを求めているなら、そのようにして相手を赦す。それで終わりである。私たちは祈りをもってそれを閉じるべきである。すべてを覆い隠して。

（Guthrey 2015: 130）

5 「赦す」——ナショナルとローカル、二つの正義

ナショナルな修復的正義

二〇〇〇年一〇月にオーストラリアやニュージーランドなど近隣国の仲介によって、ガダルカナル側、マライタ側両武装集団間で締結されたタウンズビル和平合意には、エスニック・テンションを終結させるための方策として、何らかの被害を受けた人々に対するコンペンセーションの支払いに関する事項と、両武装集団の戦闘員などに対する恩赦に関する事項が規定されていた。

ソロモン諸島政府は、（a）ガダルカナル危機の直接の影響として職を失った者、（b）ビジネスあるいは投資の機会を失った者、（c）個人の財産を失った者を含め、何らかの財を失ったり被害を受けた人々を支援するために、開発パートナーからの援助を得るためのあらゆる努力を行う。

（タウンズビル和平合意法第三部）

この規定は、政府が、紛争によって受けた被害者に対して金銭的補償を行うことを公式に約束したことを意味する。これによって、ＭＥＦやＩＦＭの戦闘員、これらの武装集団に加担した人々以外にも、右記の条件に含まれる多数の

一般の人々がコンペンセーション要求を行うようになった（関根 二〇〇三：二〇一—二〇四）。
さらに恩赦に関しては、同年にタウンズビル和平合意に基づき恩赦法が制定されている。

三（一）刑法および他のいかなる法の規定にかかわらず、次に該当する者は恩赦あるいは刑事訴追を免責される。（a）マライタ・イーグル・フォース（ＭＥＦ）に関係するリーダー、メンバー、他のアドバイザー。（b）ソロモン諸島警察部隊のメンバー。（c）イサタンブ・フリーダム・ムーブメント（ＩＦＭ）に関係するリーダー、メンバー、他の民間アドバイザー。（d）ソロモン諸島刑務所担当官。

（恩赦法第三条）

恩赦法は国際人権法に違反する非人道的犯罪行為に対しては恩赦を適用しないことになっていたが、殺人の罪は恩赦の対象とされた。この恩赦条項はエスニック・テンション終結に大きな役割を果たしており、武装集団の戦闘員らにとって、恩赦を与えられることがタウンズビル和平合意成立の条件であった。すなわち、両武装集団の関係者にとって、恩赦、すなわち国家レベルの（ナショナルな）「赦し」が和解の前提であった（Jeffrey 2017: 129）。

しかし、多くの被告は恩赦法の適用を求めたものの、そのほとんどが却下された。南アフリカＴＲＣと違いソロモンのＴＲＣは、基本的に「真実の語り（証言）」と恩赦を結びつけていない（Jeffrey 2013: 169）。ＴＲＣ最終報告書の結論部分には、赦しは被害者の独占的な権利であり、被害者に対する正義を認めることのない免責は（個人的・集団的レベルの）和解のためにはならないと述べられている（TRC 2012: 746.（ ）内筆者補足）。ＩＦＭ最高指導者の一人であったジョセフ・サングが収監中の二〇一一年にＴＲＣの聴取を受け、「ソロモン政府はＴＲＣのために恩赦法を早期に施行するべきである。これは人々を前へむかせ、平和と和解と癒やしのプロセスを支えることになる。加害者あるいは元戦闘員は前へ進みたがっている。しかし、恩赦法が施行されるまでそれはない」（TRC 2012: 1097）と述べるなど、ナショナル・レベルにおける「恩赦なき」和解の非現実性を主張していた。

他方、逮捕され収監された元戦闘員らは、服役中に刑務所内で、アメリカに本拠をおくキリスト教会系団体による和解プログラムに参加した[*6]。これは、新約聖書のルカの福音書第一九章に登場する税の取り立て人ザアカイとイエス・キリストとの物語をベースに、犯罪と正義の文脈における責任、罪の告白、赦し、償い、和解の概念について深く考えることを通じて犠牲者と加害者との間の和解を促す五〜八週間のプログラムであった。実際にこのプログラムは、服役者間の数多くの個人的あるいは親族集団的和解を進めることに大きく寄与したという（Braithwaite et al. 2010: 84）。たとえば、ガダルカナル州知事のアレブアはエスニック・テンション期間中に収賄容疑で逮捕され、収監されていた。彼はエスニック・テンション時にＩＦＭ最高指導者の側近に撃たれ、腕を負傷し、片眼を失う重傷を負った。銃撃した人物もソロモン地域支援ミッションに逮捕され、同じ刑務所に収監されていた。やがて彼らは右記のプログラムに参加し、最終的にアレブアは、彼に危害を加えたすべての人々を赦すと述べ、個人的に和解した。しかし、その和解のための伝統様式の儀礼が刑務所内で行われたため、それに参加できる親族の数には限りがあった。本人や一部の親族が和解に納得しても、彼の親族集団全体にそれが波及するには時間が必要であった。そのことについてアレブアは、「和解によって私の心は平穏であるが、私の親族の心はそうではない」（Braithwaite et al. 2010: 84-85）と述べていた。

さらに、個人間・親族集団間の和解は女性グループによっても積極的に試みられた。たとえば、「平和のための女性グループ」は武装集団に平和のために武器をおくよう説得することや、法と秩序の回復、ソロモンに良い統治と民主主義を回復させることを、武装集団の戦闘員やそのリーダーたち、警察官、ガダルカナル島を追放されたマライタ出身者とのミーティングを通して実現するための活動を行っていた（Liloguta and Pollard 2000: 10-12）。ソロモン諸島では、深刻な対立が生じ、容易に解決が図られないとき、女性たちが当事者双方の間に言葉や身体を用いて割って入り、争いをやめさせるという伝統的慣習がある。女性による個人的・集団的和解のための諸活動もソロモン諸島に特徴的な移行期正義の一面を示すものといえる。

このような刑務所内での和解や女性による和解促進のための諸活動は、いずれもキリスト教会ないしはその関連団体によって主導されたものである。ソロモン人はクリスチャンとして、懺悔あるいは告解、罪を赦すといったキリスト教の概念を共有している。赦しは、伝統的和解儀礼を通じて個人や親族集団間の対立関係を解消する慣習とも共鳴しうる。しかし、右記の活動はあくまでも個人あるいはその個人が帰属する集団の一部による赦しに過ぎず、必ずしも当該集団の全体を包摂する社会的な赦しというわけではなかった。そのことは、自らを撃った相手と刑務所内で和解したアレブアの発言からも読み取れる。確かに赦しは、ポラードが述べるように犠牲者によってのみ加害者に与えられうるものであるかもしれないが（Jeffrey 2017: 130）、ソロモン諸島の和解の文脈におけるローカルな正義において、「被害者」とは当事者個人であると同時に、共同体あるいは親族集団レベルをも含むものである。したがって、タウンズビル和平合意による恩赦や国家の法に基づく訴追などのナショナルな正義は、ローカルな正義、すなわち対話と交渉、饗宴、儀礼を伴う「真の」コンペンセーションに支えられなければならないのである。

ローカルの修復的正義――コンペンセーション

厳密にいえば、ＴＲＣは立法化された制度の下で、政府から独立して証言聴取などの活動を行っていた。しかし、ガスリーによると、ＴＲＣの業務の目的と目標はＴＲＣで証言を行った現地の人々に明確に伝えられていなかったという（Guthrey 2015: 147）。それに関連してヴェラは、多くのソロモン人はＴＲＣを政府機関と誤解していたと述べる。人々は、エスニック・テンションに関係する過去の話を語るにあたり、国家からコンペンセーションを受け取る権利があると考えていたという（Vella 2014b: 97）。ＴＲＣは人々の過去のつらい話を収集する。そして、ＴＲＣはそれに対してコンペンセーションを支払う。これを当然のことと感じていたが、いつまで待っても支払いはない。ある村のチーフがＴＲＣの証言聴取人に、「政府はあなたに賃金を支払う。しかし政府は私たちに払わない」（Vella 2014b: 97）と怒りを込めて語ったという。現地の人々は、ＴＲＣに参加したことに対する実質的な成果を受け取っていないことに失望し、いらだち、傷ついた。彼らは、証言の見返りとして、物質的あるいは金銭的な支援、紛争相手の親族集団との和解を望んでいたが、それらに関する具体的な動きを欠いていたのである（Guthrey 2015: 147, Vella 2014b: 100）。

エスニック・テンションの初期の頃に、混乱状態を早急に解決したかったソロモン政府は、当時のソガヴァレ首相（第一次政権時の在任期間二〇〇〇年六月〜二〇〇一年一二月）が、「現在の紛争を解決するためには、まずコンペンセーション（賠償金）を支払う必要があり、それがMEFとIFM間の戦闘に終止符を打つ唯一の道である」[*7]と述べ、紛争によって様々な損害を被った個人や集団に対するコンペンセーションの支払いを最優先の政治課題として位置づけたことがあった（関根 二〇〇三：一九三―一九四）。このことは、揉め事を収束させるために当事者間で合意した財を贈与するという意味におけるコンペンセーションがソロモン固有のローカルな正義の中核にあることを示すともいえる。ソロモンの多くの政治家だけでなくソロモン地域支援ミッションのメンバーであったオーストラリア人も、コンペンセーションや応報的正義が和解の前に行われるべきであると考えていた。そして、多くの集団や個人は紛争に伴う財産の喪失や暴力的被害に関連してコンペンセーションを受け取る権利を自認していた（Guthrey 2015: 113）。

しかし実際には、事実とは異なる「不適切な」コンペンセーションの申請が行われ、現金の詐取を図る事案が横行することとなった。フランケルによると、個人に対し合計で二六九件、総額一八八〇万ソロモン・ドルのコンペンセーションが政府から支払われ、少なくとも約半数は虚偽申請によるものであったという（Fraenkel 2004: 122）。その請求には交渉や儀礼、饗宴を含む本来の姿はなく、ただ単に政府に現金を請求するためだけの行為になっていた。このときのコンペンセーションが金銭的欲求を充足させるためだけの手段として用いられたという認識は多くのソロモン人に共有されていた。たとえば、ソロモン諸島国立博物館長のフォアナオタは、「何も財など失っていない（失う財すらない）者でも、適当に申請書を書いて政府に提出するだけで（「コンペンセーション」と唱えるだけで）千ドルや二千ドルといった見たこともない大金を手にした。（中略）政府がガダルカナル側と追放されたマライタ側との間でコンペンセーションに関わる交渉や支払いの仲介をするというのであれば理解できるが、実際には政府が支払ってしまった」（関根 二〇〇三：二〇四）と筆者に述べ、その言葉の誤用を指摘していた。こうした状況は、伝統的事柄、およびそれを本来あるべき手続によって運用しない政府に対する人々の信頼を失わせることにもつながった（Quinn 2017: 79-80）。

ＴＲＣの活動や、政府によるコンペンセーションの支払いを通じた紛争終結の試みは、いずれもそれらに含まれるローカル正義の要素をナショナルな正義に置き換えて実践しようとしたことである。しかし、ローカルの正義が政府を含むナショナルなレベルに広がると、金銭や近代的な物欲と結びつき、詐取にまで発展してしまう。しかし、ヴェラが述べるように、ソロモンにおいて最も重要な和解の文脈は個人であると同時に、家族であり、親族のコミュニティである（Vella 2014b: 100）。政府やＴＲＣなどのナショナルなレベルが主導する和解努力は、そこに親族を交えた儀礼や交渉を伴う「真の」コンペンセーションというローカル正義の本質が伴わない限り、それだけで、傷つけ、傷つけられた個人間あるいは集団間の関係を常に修復できるとは限らないのである。

6　おわりに

ソロモンＴＲＣはエスニック・テンションで傷ついた者どうしの和解を実現させるためのプログラムである。その主要な規範的言説は、被害者や加害者自身による「真実」の語りであった。真実を公に語ることによって、癒やしの状態が生まれ、他者への赦しが成立するということである。本章第3節で述べたように、和解の意味やその達成方法が現地の伝統的紛争解決法に基づく制度との関係において再定義されるようになった端緒が、南アフリカＴＲＣであった。つまり、それはローカル化、あるいはナショナル化された移行期正義の実践例であった。ソロモンのＴＲＣは、もともとエスニック・テンション期間中の二〇〇〇年頃にソロモン諸島キリスト者協会によって企図されたものである。また、ツツ元大主教によってソロモンＴＲＣの開始イベントが行われ、ソロモンで高名なキリスト教聖職者

写真 3-2　キリスト教会系グループが国民融和を訴え首都中心部で伝統音楽を演奏（2001 年 8 月撮影）

がＴＲＣ議長に就任したこと、相手を「赦す」ことをもって和解を成立させるという基本的方向性は、クリスチャンを自認するほとんどのソロモン人にも比較的受け入れやすい動きであったといえる。しかし、ソロモン人のなかには、ツツの言う「傷口を広げ、新たな薬を塗る」行為を、グローバル・レベルで標準化された「外」の正義・手段として捉え、ソロモンにおける和解に関する観念との齟齬を口にする者も少なくなかった。そのことは、ＴＲＣがＥＵや国連開発計画、オーストラリア政府やニュージーランド政府の資金を活用し、ＴＲＣ委員に外国人が含まれ、さらに公聴会などを通じて関係者の証言を聴取するスタッフのなかにも外国人が含まれていたことなども関係していたと考えられる。さらにヴェラによれば、「真実」の語りによって導かれる癒やしが和解や正義、平和につながるというソロモンＴＲＣにおいて、「真実」や「和解」の価値や意味がソロモンの文脈に沿って定義されることはなかったという（Vella 2014a: 9-11, 15）。ゆえに人々は、自分たちで理解可能な範囲でのみ「和解」を捉え、それを実践し続けていた。つまり、彼らにとって、「古傷を開き、別の薬を塗る」行為を和解とは認識しえなかったのである。ソロモンにおいて、過去の「真実を語る」ことと「赦し和解する」ことは、その手続き次第ではローカルな正義と必ずしも矛盾するわけではない。ただし、服役中のアレブアが加害者を赦したときに述べた内容からも分かるように、「真実」を語ることで精神的に癒やされ、あるいは加害者への赦しを公衆の面前で語ることで癒やされたとしても、個人が帰属する集団レベルでの赦しにそのまま至るわけではない。そのことはローカルな正義は集団単位での交渉（真実を語ること）や儀礼を伴う「真の」コンペンセーションを行ったうえで赦し、不可逆的に「忘れ沈黙する」ことによって表現されるものである。

ＴＲＣは二〇一二年二月に、一二〇〇頁に及ぶ最終報告書を当時のリロ首相（在任期間二〇一一年一一月〜二〇一四年一二月）に提出した。報告書は、ＴＲＣへの付託内容に始まり、一九九八年から二〇〇三年までのエスニック・テンションに関する詳細な記述、人権侵害（殺人、誘拐、拷問、性的暴行、財産破壊、強制退去）の事実に関する証言、女性や子どもに対するエスニック・テンションのインパクト、国家統合および和解への提言で構成されていた（TRC 2012: 1251）。しかし、リロ首相はそれを実行しなかった。[*8] 報告書に記載された証言内容が問題をはらみ、再び国内紛争あるいは第二のエスニック・テンションを誘発しかねないという懸念が公開をためらわせた理由であった。政府は過去を蒸し返すことを避け、集積された人々の語りを公的に封印して沈黙したのである。その行為選択は、本章第4節で引用したソロモンの文化的背景に基づくＴＲＣ批判の語りと、基本的に大差ない。伝統的儀礼を通じた紛争解決と同様に、不可逆的に「沈黙し忘れる」ことが「赦し和解する」ことであると、ＴＲＣの法制化を主導した政府自身が認めた格好である。ＴＲＣはナショナルな正義になりえなかったのである。

当初ソロモンの政治家が懸念したように、ソロモン諸島国民は閉じた傷口を開いていられるほどには「成熟」していないのかもしれない。マックアダムズは、各国のＴＲＣと移行期正義は「結果が不明確であるが実施すること自体に意義のあるプロセス」（McAdams 2011: 312, 傍点筆者）と述べている。ＴＲＣが結果よりも実施過程に意義があるとすれば、それが真実の表明、和解にどれだけ貢献したかどうかではなく、伝統的慣習とキリスト教的価値観が融合した文化的文脈をもつ現代太平洋島嶼社会において、今後再び起こるかもしれない国内紛争というナショナルな出来事を解決するための場のオプションとしての有効性を検証する機会としては意味のある過程であったといえる。しかしそれは、現代ソロモン社会の和解の文脈において重要視される社会的・親族集団レベルの和解に有効なオプションとしては、寄与しえなかったのである。

注

＊1　'Archbishop Tutu Launches Solomon Truth Commission,' *Pacific Islands Report* 30/4/2009（http://www.pireport.org/articles/2009/04/30/archbishop-tutu-launches-solomons-truth-commission 二〇一七年四月三〇日閲覧）

＊2　太平洋島嶼地域の独立国および自治政府、ならびに域内先進国であるオーストラリアとニュージーランドによって構成される地域経済協力機構。一六ヶ国・自治政府が加盟している。日本は太平洋諸島フォーラムにパートナーとして参画している。

＊3　マライタ州には、マライタ島、マラマシケ島、オントン・ジャヴァ環礁、シカイアナ環礁、およびそれらに隣接する無数の小島が含まれる。

＊4　エスニック・テンション発生当初、ソロモン国内においてガダルカナル島民による武装組織はＧＲＡと呼ばれ、報道などでもその名称が使用されていた。これは、一九九〇年代に隣国のパプア・ニューギニアで発生したブーゲンヴィル島における紛争において、同島出身者が自らの武装組織をＢＲＡ（ブーゲンヴィル革命軍 Bougainville Revolutionary Army）と呼んでいたことから、ＢＲＡに倣ったそのような呼称が国内に流布された。しかしその後、ガダルカナル側武装組織がＩＦＭを自称し始めたため、この名称が定着した。

＊5　ＴＲＣ委員長はマライタ州出身のキリスト教聖職者サミュエル・アタ師、副委員長はペルー人の人権活動家で、ペルーＴＲＣの委員を務めたソフィア・マチェル、委員にガダルカナル州出身のジョージ・ケジョア元財務大臣、ウェスタン州出身のカロリン・ラオレ、フィジー人のラトゥ・ジョニ・マドライウィウィ元副大統領の五人。

＊6　プリズン・フェローシップ・インターナショナルのシカモア・トゥリー・プログラム（https://pfi.org/how-we-make-a-difference/restoring-justice/ 二〇一七年七月一八日閲覧）。

＊7　http://www.commerce.gov.sb/Others/sibc_news_headlines.htm（二〇〇〇年七月一〇日閲覧）

＊8　二〇一三年四月、最終報告はその編者の一人であるテリー・ブラウン主教によって非公式にネット上に公開された。彼は政府

が最終報告を公開せずにいることを批判していた。

参考文献

阿部利洋　二〇〇七『紛争後社会と向き合う――南アフリカ真実和解委員会』京都大学学術出版会。

クロス京子　二〇一六『移行期正義と和解――規範の多系的伝播・受容過程』有信堂。

坂本利子　二〇一一「南アフリカの真実和解委員会と女性たちの証言」『立命館言語文化研究』二三（二）、八三―九二頁。

関根久雄　二〇〇二「『辺境』の抵抗――ソロモン諸島ガダルカナル島における『民族紛争』が意味するもの」『地域研究論集』四（一）、六三―八六頁。

関根久雄　二〇〇三「紛争と『コンペンセーション』――なぜソロモン諸島政府は支払うのか？」山本真鳥・須藤健一・吉田集而編『オセアニアの国家統合と地域主義』国立民族学博物館地域研究企画交流センター、一八九―二〇八頁。

パーメンティア、ステファン　二〇一一「政治犯罪に修復的司法は可能か――南アフリカの教訓」石田慎一郎・川村有教訳、石田慎一郎編『オルタナティブ・ジャスティス――新しい〈法と社会〉への批判的考察』大阪大学出版会、九三―一二六頁。

藤井真一　二〇一二「ソロモン諸島真実和解委員会の『仕事』――紛争後社会の再構築における一断面」『日本オセアニア学会ニューズレター』一〇四、一二―二三頁。

藤井真一　二〇一七a「ソロモン諸島真実和解委員会の特質――人権のグローバル化と地域紛争の特殊性」『天理大学人権問題研究室紀要』二〇、一―一六頁。

藤井真一　二〇一七b「平和実践としての逃げること――ソロモン諸島ガダルカナル島北東部の人びとによる二つの戦いへの対応」『南方文化』四三、一―一九頁。

Braithwaite, John, Sinclair Dinnen, Matthew Allen, Valerie Braithwaite and Hilary Charlesworth 2010. *Pillars and Shadows: Statebuilding as Peacebuilding in Solomon Islands*. Canberra: Australian National University E Press.

Fangalasuu, Judith et al. 2011. *Herem Kam: Stori Blong Mifala Olketa Mere: Women's Submission to the Solomon Islands Truth and Reconciliation Commission*. On behalf of the Stori Blong Mere Workshops. Honiara.

Fraenkel, Jon 2004. *The Manipulation of Custom: From Uprising to Intervention in the Solomon Islands*. Wellington: Victoria University Press.

Guthrey, Holly L. 2015. *Victim Helaing and Truth Commissions: Transforming Pain Through Voice in Solomon Islands and Timor-Leste*. Cham: Springer International Publishing.

Guthrey, Holly L. 2016. Local Norms and Truth Telling: Examining Experienced Incompatibilities within Truth Commissions of Solomon Islands and Timor-Leste. *The Contemporary Pacific* 2(1): 1-29.

Hayner, Priscilla B. 2011. *Unspeakable Truths: Confronting State Terror and Atrocity*. 2nd ed. New York: Routledge.

Jeffrey, Renée 2013. Enduring Tensions: Transitional Justice in the Solomon Islands. *The Pacific Review* 26(2): 153-175.

Jeffrey, Renée 2017. The Solomon Islands Truth and Reconciliation Report: Forgiving the Perpetrators, Gorgetting the Victims? In R. Jeffery (ed.), *Transtional Justice in Practice*. London: Palgrave Macmillan, pp. 113-139.

Kabutaulaka, Tarcisius 2005. Australian Foreign Policy and the RAMSI Intervention in Solomon Islands. *The Contemporary Pacific* 17(2): 283-308.

Laqonimomoru, P. 2000. IFM Refutes Eagle Force Claim. *Isatabu Tavuli: The Isatabu Freedom Movement Newsletter* 1(3): 1-2.

Lilogula, Ruth and Alice A. Pollard 2000. Understanding Conflict in Solomon Islands: A Practical Means to Peacemaking. *State, Society and Governance in Melanesia Discussion Paper 2000/7* Australian National University, Research School of Pacific and Asian Studies.

McAdams, A. James 2011. Transitional Justice: The Issue that Won't Go Away. *International Journal of Transitional Justice* 5(2): 304-312.

Quinn, Joanna R. 2017. Kastom in Dispute Resolution: Transitional Justice and Customary Law in the Solomon Islasnds. In R. Jeffery (ed.), *Transtional Justice in Practice*. London: Palgrave Macmillan, pp. 63-84.

Strathern, Andrew and Pamela J. Stewart 1998. Embodiment of Responcibility: "Confession" and "Compensation" in Mount Hagen, Papua New Guinea. *Pacific Studies* 21(1/2) : 43-64.

TRC (Truth and Reconciliation Commission) 2012. *Solomon Islands Truth and Reconciliation Commission: Confronting the Truth for a better Solomon Islands, Final Report.* Honiara: Solomon Islands Truth and Reconciliation Commission.

Vella, Louise 2014a. Translating Transitional Justice: The Solomon Islands Truth and Reconcliation Commission. *ANU Discussion Paper* 2014/2.

Vella, Louise 2014b. "What will you do with our stories?": Truth and Reconciliation in the Solomon Islands. *International Journal of Conflict and Violence* 8(1) : 91-103.

第4章　アムネスティの国際法上の意義と限界

洪　恵子

1　はじめに――問題の所在

本書はグローバル・ジャスティスを探求することを目的としており、本章はグローバル・ジャスティスを考えるために、国際法の立場から、アムネスティに関する近年の議論を紹介する。アムネスティ（amnesty）とは、一般に、犯罪的行為の責任を追及しないということを意味し、国連人権高等弁務官事務所（Office of High Commissioner for Human Rights：OHCHR）の定義によれば、「(a) アムネスティが採択される前に行われた特定された犯罪的行為について、個人や一定のカテゴリーの個人に対する刑事的訴追、場合によっては民事的行為を、将来にむけて禁止すること、(b) 過去に遡って、それまでに確定した法的責任を無効とすること」と理解される（Rule of Law Tools 2009: 5）。アムネスティは歴史的には古代ギリシャの時代から行われてきたとされるが、近年は国際刑事法や移行期正義の議論の興隆によって、いっそう注目されるようになった（Seibert-Fohr 2012: 358-359）。

国際刑事法とは、国際法上の犯罪や国際法上の犯罪に関する管轄権（Jurisdiction）や裁判手続などに関する規範であり、現在では常設的な国際刑事裁判所（ＩＣＣ）も設立され、集団殺害犯罪（genocide）、人道に対する犯罪（crimes against humanity）、戦争犯罪（war crimes）、侵略犯罪（crime of aggression）が国際社会の最も重大な犯罪として規定されている（ＩＣＣ規程第五条）（コア・クライム〔core crimes〕と呼ばれる）。本章で検討していく通り、近年、国際社会では、こうした重大な国際法上の犯罪に関しては、アムネスティを与えられてはならないということが主張されているのである。また移行期正義（transitional justice）とは武力紛争（とりわけ内戦）や独裁下で重大な人権侵害が行われた社会が、そうした悲劇が繰り返されない社会へと変化する際の様々なプロセスやメカニズムを示す概念である。つまり法の支配を確立し、人権が尊重される社会を作るための様々なメカニズムや道具や、それらに関する議論枠組を示す言葉である（洪 二〇一二）。移行期正義を達成するものとしてアムネスティが行われることがあるが、こうしたアムネスティには批判もある。移行期正義に関する議論ではしばしば「平和」と「正義」の関係（peace vs justice）が問題にされる。つまり「平和が達成されなければ正義はない（no justice without peace）」（したがって平和〔和平〕の達成を最優先すべきだ）、また逆に「正義が行われなければ、平和は確保できない（no peace without justice）」（刑事裁判で真実を明らかにしなければその後の社会の安定につながらない）といった原理的な議論が今日でも続いている。刑事裁判を免除する効果をもつアムネスティもこうした議論においてその意義が問われているのである。

さらに、近年、とくにＯＨＣＨＲはアムネスティに対する批判を強めている。また地域的人権裁判所や人権条約に関する委員会の意見などでもアムネスティに対する否定的な考えが表明されている。では果たして国際法上、今日ではアムネスティを与えることは禁止されている、違法と見るべきだろうか。アムネスティが国際法に反するものと考えるならば、たとえ特定の社会や国にとってアムネスティが必要であっても、国際的な観点から禁止される、つまりグローバル・ジャスティスの一つの具体化ともいえるだろう。このような問題意識から、本章では以下、まずアムネスティの概念について説明し（第2節）、その後、国際法から見たアムネスティの展開をたどる（第3節）。そのうえで、今日ではとくに国際法上の犯罪に関するアムネスティが否定される主張が見られるようになっているので、こうした主張がどの程度、国際法上根拠があるものなのかを検討する（第4節）。最後にまとめを述べる（第5節）。

2　アムネスティの概念

アムネスティとは一定の犯罪的行為に関して訴追を行わないということを一般に意味するが、その国際法上の位置づけを明らかにするためには、より正確に理解する必要がある。そこで、まずアムネスティと考えられる行為とその他の類似の行為を区別しておこう。なお、アムネスティは刑事的以外の措置、たとえば民事裁判を提起しないということも含む場合があるが、本章では刑事的な側面に絞って考察する。

さて、「人がほかの人によって殺された」というような事実が生じた場合、通常の国家であれば、その法に定められた手続に従って捜査機関が捜査をし、実行者と証拠が発見されれば、公訴が提起され、被告人に対して刑事裁判が行われ、有罪無罪が決定されたのち、有罪であれば刑罰が執行される。しかし同じ事実（「人がほかの人によって殺された」）が発生しても、（犯行地において）刑事手続が行われない場合がある。第一が、その行為が武力紛争において行われた場合である。伝統的に国際法では、国家間の武力紛争（かつては「戦争〔war〕」と呼んだが、今日では「武力紛争〔armed conflict〕」という用語が用いられる）が発生すると、国際人道法（International Humanitarian Law）（武力紛争法 Law of Armed Conflict とも呼ばれる）の適用が開始する（なお、国際法では、いったん開始された武力紛争において適用されるルールを *jus in bello* と呼び、〔後述する〕武力紛争自体の合法性を問題とするルールである *jus ad bellum* と区別する）。国際人道法においては、戦闘員資格をもつ者については、戦闘行為として行った行為について刑事責任を問うことはできないという原則がある。つまり、たとえば兵士が上官の命令で敵方の兵士を殺傷しても、殺人罪として個人が処罰されることはないのである（Dörman 2009: 269）。ただし武力紛争において行われるあらゆる行為が刑事的免除の対象となるのではなくて、のちに検討する通り、戦争犯罪、集団殺害犯罪、人道に対する犯罪については、国際法上の刑事責任が発生する。

第二が、犯罪的事実の実行者に国際法上の免除が存在する場合である。その典型的な例が外交官・外交使節団に対する免除（diplomatic immunity）であり、この系譜に属する免除としてさらに国際機関および国際機関の職員に与えられる免除がある。すなわち外交官は接受国の法令を尊重する義務を負うが、その違反について接受国の裁判権と執行による強制を受けない（ただしあくまで接受国の刑事管轄権から免れるに過ぎず、場合によって本国や他国、国際的刑事裁判所での訴追は可能である）。この種の免除は国際慣習法として発展してきたが、戦後、条約として明文化されている（一九六一年外交関係に関するウィーン条約や一九六三年領事関係に関するウィーン条約）。また国家の高位にある者（国家元首、首相や外務大臣）についても免除が認められると考えられている。国際法上の免除には、このほか、「国家は外国の裁判において自らが望まない限り、被告とならない」という国家（主権）免除があり、さらに今日では公務員（state official）の外国の刑事管轄権からの免除について国際法上のルールの有無が検討されている（洪二〇一七）。

第三が、本章が検討するアムネスティが与えられる場合である。またアムネスティに近い実行として、恩赦（pardon, clemency）がある。前述のＯＨＣＨＲの文書では、恩赦（pardon）はいったん確定した刑罰の一部またはすべてを免除するが、前提となる有罪の決定は取り消さない概念としてアムネスティと区別している。ただしこの区別が普遍的に受け入れられているのではなく、条約（ジュネーヴ条約第二追加議定書第六条）の日本語の公定訳では amnesty を恩赦と訳している。

またアムネスティは国際法に基づく場合と国内法（国内的政治的決定）に基づく場合がある。前者については、第二次世界大戦後、国家間の武力行使が禁止され（国連憲章二条四項）、「戦争」が違法化された現代では、国家間の武力紛争がそもそも平和条約で終結することは稀であるので、後に検討する一部の例外を除いて、アムネスティが条約で規定されるということはほとんどない。しかし国際法ではなくて国内法に基づくアムネスティは今日でも行われる。アムネスティは憲法や法律といった法的規範や内戦後の和平協定（和平合意 peace agreement）の規定に基づいて与えられる（こうした内戦を終結させる和平協定は国際条約に準じて扱われる場合もある）。

第二次世界大戦後、国家の判断で行われたアムネスティにも様々なものがあり、たとえば犯罪的事実の告白や被害者への謝罪と引き換えにアムネスティが与えられた南アフリカの真実和解委員会は広く知られている。このほかアムネスティの役割としては、戦闘員が武装解除することを奨励する、独裁的な支配者が政権を手放すように説得する、紛争当事者間に信頼を構築する、和平協定の締結を促進する、政治犯を解放する、外国に逃れていた者たちの帰国を奨励するといったことがあげられる（後述の Belfast Guidelines 2013: 9）。他方で独裁政権下で政権側の指導者や公務員を守るために行われるものは「自らに与えるアムネスティ（self-amnesty）」といわれ、しばしば批判の的となっている。

ただし現在、アムネスティが否定される傾向にあるといわれる南アメリカ（ラテン・アメリカ）についても、アムネスティに対する評価が常に一様だったのではないことが重要である。マリンダー（Mallinder 2016）は、南アメリカにおけるアムネスティに対する評価を次の四つの時期に区分している。第一段階は一九七〇年代であり、ローカルの活動家たちが政治犯や政治的理由で逃亡している者たちに対するアムネスティを要求した、いわばアムネスティがむしろ提唱された（一九八三年には国連差別小委員会によるアムネスティ法の人権や基本的自由に対する役割に関する調査も行われた）。このキャンペーンによって政治犯の解放なども行われたが、同時に公務員に対するアムネスティも拡大された。そのことが第二段階をもたらした。つまり、独裁政権下の人権侵害を免責するアムネスティ法が制定され（例、チリ（一九七八年）、左翼ゲリラのメンバーなどに対して適用されたが、政権の公務員にも適用され、これがいわゆる「自らに与えるアムネスティ」法（self-amnesty）といわれるものである。また軍部からの強い圧力に対して新しく誕生した政権によって政治的移行の過程でアムネスティ法が制定されたのもこの時期である（例、アルゼンチン（一九八六、一九八七年）、ウルグアイ（一九八六年））。こうした法の制定はその提唱者からはしばしば国内的安定と和解のために必要であると主張された。第三段階は、被害者や市民社会から、人権侵害に対して与えられた幅広い免責への初期の反応の時代に相当する。アムネスティに対する公式な正当化がどうであれ、被害者や生存者は真実と正義を求め、アムネスティを不処罰（impunity）だとして非難した。国内的司法手続に訴えることはアムネスティ法によってほぼ閉ざされていたので、被害者や人権活動家は米州人権保障システムや国連の人権委員会に付託した。人権条約の締約国となった国は、条約に規定される人権を保障する国際法上の義務を負う。もし国内で人権条約に違反する行為が行われたならば、それを是正しなければならず、また人権条約違反を許容するような措置をとった場合も人権条約上の違反となる。人権条約のなかには違反の認定を行う権限を持つ裁判所を持つ場合もあり（例、米州人権裁判所）、また拘束力はなくても人権条約に付随する委員会がその意見のなかで、人権条約の違反が行われたと認定する場合もある。こうした国際的な人権保障のメカニズムを通じて、アムネスティが人権条約違反だと示される判断（jurisprudence）が見られるようになったのである（なかでも有名な事例として米州人権裁判所のバリオス・アルトス事件対ペルー（Inter-American Court of Human Rights, Case of Barrios Altos v. Peru, Judgment of March 14, 2002, paras.41-44.）がある（細谷二〇一三：五七九））。またこうした国際的な次元での発展が翻って南アメリカにおけるアムネスティに対する（否定的な）評価に影響を与えて、さらに現在は新たな（第四の）段階に入っているという（Mallinder 2016: 647-649）。

この新たな時代の特徴の一つが、コア・クライムに対するアムネスティへの強い批判であり、本章が検討の対象としていることである。

3　国際法から見たアムネスティの展開

この節では国際法の立場からアムネスティの展開を振り返る。

はじめに述べた通り、アムネスティは歴史的にも古くから行われてきた。国際法上のアムネスティについては、一七世紀以降多くの平和条約に規定され、たとえば、一六四八年ウェストファリア条約第二条では、戦闘行為に関する恩赦（oblivion, amnesty, pardon）が規定されている「このたびの動乱の始まりから、いかなる場所においてであれ、いかなる方法によってであれ、一方又は他方の当事者により、この地及び彼の地で敵対的に行われた全てのことについて、両当事者に永遠の忘却と恩赦のあらんことを。それゆえ、反対の趣旨を示すいかなる従前の合意にもかかわらず、今後は一方が他方に対し、これらのこと又は他のことを理由や口実として、身体、地位、財産又は安全に関して、自ら又は他の者によって、秘密裡にであれ公然とであれ、直接にであれ間接にであれ、法・権利を口実としてであれ事実上の力によってであれ、帝国内の領域の内であれ外であれ、いかなる敵対行為も、またいかなる不快や妨害となることも行わず、あるいは行わせず、またそれらを許してはならない。また、戦争前及び戦争中において、両者の側から、口頭、書面、行為により加えられた侮辱、暴力、敵対行為、損害、出費の全て及び各々は、それがいかなる人、いかなるものに関わるものかを問わず、完全に廃棄される。それゆえ、それらのことを理由として、一方が他方に要求することができる全てのことは、永遠の忘却のなかに葬り去られる」(訳は『国際条約集』二〇一八年版による)。このように戦争が終了した後は、その実行者に刑事的責任を追及しないというルールが成立し、これがのちに前節で述べた戦闘員資格をもつ者の刑事免責という *jus in bello*, 国際人道法(武力紛争法)の原則として整備され、今日に至っている。

他方で、こうした国際人道法の問題ではなくて、戦争を開始したこと自体に関する責任が第一次世界大戦から問われるようになった(*jus ad bellum*)。すなわち第一次世界大戦終了の際に締結されたヴェルサイユ平和条約においては、ドイツ皇帝ウイルヘルム二世を「国際道義と条約の神聖性を害する最高の犯罪」について特別裁判所で処罰することを定めた(一九一九年ヴェルサイユ平和条約第二二七条)。この特別裁判所は実際には設立されなかったが、第二次世界大戦後は、ドイツおよび日本の指導者に対して、国際軍事裁判の実施が決定され、平和に対する罪、戦争犯罪、人道に対する罪が訴因として掲げられ、実際に裁判手続が行われたのである(国際軍事裁判所〔International Military Tribunals〕いわゆるニュルンベルク裁判〔一九四五～四六年〕、東京裁判[*1]〔一九四六～四八年〕)。

第二次世界大戦後は *jus in bello* の分野でも変化が見られた。前述の戦争指導者だけでなく、その他の軍人に対しても広範な軍事裁判が行われた。先に武力紛争における戦闘員の行為には刑事責任が問われないのが原則と述べたが、その例外として国際慣習法上認められてきたのが後述する戦争犯罪である。しかし戦争犯罪の処罰はそれまでは戦争が継続中に行われ、戦闘が終了した後は行われないのが原則だったところ、第二次世界大戦後は、戦闘が終了した後にも数多く行われたことが特徴的だった。

さて、前述の国際軍事裁判所の事項的管轄権の対象とされた平和に対する罪や人道に対する罪は、国際慣習法上の根拠が乏しく、罪刑法定主義の観点からは批判が強いが、しかし、国際軍事裁判は従来は国内法では処罰することが困難であった一国の指導者たちの責任を問うことができる、つまり「国際社会の名のもとに個人を処罰する」はじめての試みとして評価され、第二次世界大戦後は国連を中心として、個人が直接国際法に基づいて刑事責任を負うのだという規範を発展させた（洪 二〇一四）。

次に、国際法上の犯罪という概念について説明しておこう。国際法上の犯罪（国際法準拠の犯罪〔crime under international law〕）とは犯罪の構成要件決定の枠組と訴追・処罰の手続への付託が、国際慣習法または条約に基づいて定められているものを示す（山本 一九九一：七）。伝統的には国際慣習法上の海賊（piracy *jure gentium*）がその例である。国際慣習法上の海賊は人類共通の敵とされ、その身柄を確保した国の刑事管轄権行使が認められた（普遍的管轄権）。この例からも分かる通り、国際法上の犯罪といっても、超国家機関である国際（刑事）裁判所において審理されるとは限らない。むしろ国際機関である国際的刑事裁判所での審理は第二次世界大戦後の国際軍事裁判所を除けば、冷戦終結後の一九九〇年代になるまで現実には困難であった。そこで、国際法上の犯罪は国際法の内容を受容した国内法に基づいて、国家の司法機関である（国内）裁判所で審理・処罰されてきた。つまり国際法上の犯罪は具体的には多数国間条約を通じて規制されているのである（なお、第二次世界大戦後、欧州人権裁判所や米州人権裁判所といった人権条約の違反に関して管轄権をもつ国際裁判所が設立されているが、これらは個人の刑事責任を追及する制度ではない）。そうした多数国間条約は、犯罪とすべき行為について一定の定義を示し、規制の対象とする国際法上の犯罪を各締約国の国内法で処罰できるように国内法の立法を行う義務を負わせ、容疑者を自国で発見した場合は、権限のある当局に付託するか、他国に引き渡すかを選択する義務（*aut dedere aut judicare*）を課し、容疑者が野放しになることを防いでいる。こうした条約に基づく「国際法上の犯罪」の例としては、航空機不法奪取（ハイジャック）などのいわゆる国際テロ行為があり、またこの方式は拷問禁止条約といった重大な人権侵害を防止する条約でも採用されている。国際法上の犯罪は国際テロ行為のほか、前述の海賊や、また国際軍事裁判所の訴因となった戦争犯罪、人道に対する犯罪、平和に対する罪（侵略犯罪）、さらに人道に対する罪から派生した集団殺害犯罪があり、海賊以外は現在ＩＣＣの管轄権の対象、すなわちコア・クライムである。

ところで、すでに述べた通り、コア・クライムに対してアムネスティが認められてはならないということを近年、国連が強調するようになっている。前述のアムネスティに関する国連ＯＨＣＨＲの文書では次のように述べる。「国際法の様々な法源と国連の政策の下で、アムネスティは次の場合に許容できない（impermissible）。すなわち（a）戦争犯罪、集団殺害犯罪、人道に対する犯罪またはジェンダーに特有の違反を含む人権の重大な違反に刑事的に責任がある個人の訴追を妨げる場合、（b）被害者の賠償を含む効果的な救済の権利を阻害する場合、（c）人権と人道法の違反に関する真実を知るための被害者と社会の権利を制限する場合。さらに人権を回復することを目指すアムネスティは回復された権利を制限したり、またはいくらかの点でもとの違反を継続させることにならないように、構想されなければならない」（Rule of Law Tools 2009: 11）。戦争犯罪、集団殺害犯罪、人道に対する犯罪はＩＣＣのコア・クライムであるが、これらの犯罪はＩＣＣによって審理の対象になるだけでなく、前述の通り、国際法上の犯罪も各国が国際法を国内法に受容することから、各国の国内刑事裁判でも審理の対象となりうる。つまり政府が自国の法制度に基づいて行うアムネスティであっても、これらのコア・クライムに関するものなら、国際的に禁止しようとしているのである。次に節をあらためてこの問題を検討する。

4　アムネスティとコア・クライム

現在効力のある国際条約の規定の明文でアムネスティの禁止を一般的に定めたものはない。しかしだからといって国際法上アムネスティに関する禁止は存在しないともいえない。関連する条約の解釈から違法性を導くこともできるからである。また禁止する規範があるとまではいえなくても、アムネスティが既存の国際法上の義務と抵触することもある。国際法上の違法性は、条約の明文の規定、条約の解釈のほか、国家実行や国際判例、国内判例から、国際慣習法の存在を示すことで導くこともできる。なお国際慣習法が成立するためには一般慣行（*consuetudo*）（同様の実行が反覆、継続されて当該の紛争当事国だけではなく、ひろく一般に受け入れられるに至ったもの）と法的確信（*opinio juris sive necessitatis*）（国家その他の国際法主体が当該の実行〔作為・不作為〕を国際法上必要〔義務〕または適合するもの〔権能〕と認識し確信して行うこと）が必要である（山本 一九九四：五二―五七）。

さて、先のＯＨＣＨＲの文書はとくに条約の解釈、つまりアムネスティに反する条約上の義務の存在や国際慣習法の存在を主張している。「広範に批准を得ている多くの国際人権法や国際人道法の条約では、明文で締約国に対して、自国の裁判所で被疑者に関する刑事裁判を行うことや訴追のためにほかの適切な裁判権をもつ国に送還するなどして特定の犯罪を処罰することを確保するように求めている。この種の義務の対象となっている犯罪の訴追を妨げるアムネスティは当該条約の違反となると一般に理解されている。（中略）明文では訴追を求めていない人権条約であっても、重大な違反が起こった場合は刑事手続を開始することを締約国に求めていると一貫して解釈されるような場合は、アムネスティは条約と両立しないと認定されている。重大な人権違反と重大な人道法の違反に対するアムネスティは国際慣習法にも違反しうる」（Rule of Law Tools 2009: 11）。

ただし、ＯＨＣＨＲもあらゆるアムネスティが許されないと主張しているのではないことには注意すべきである。

一定の国際法上の犯罪（戦争犯罪、集団殺害犯罪、人道に対する犯罪）および人権法の重大な違反については許されないとしているのである。

コア・クライム

そこで次に戦争犯罪、集団殺害犯罪、人道に対する犯罪について検討していこう。まず、それぞれの概念を確認する。戦争犯罪とは武力紛争法（国際人道法）の重大な違反であって、実行者個人に対して刑事責任を追及することが条約または国際慣習法上求められているものをいう。武力紛争法の違反のすべてが刑事責任を伴うのではなく、深刻な違反だけが戦争犯罪を構成する。すなわち一九四九年戦争犠牲者の保護に関するジュネーヴ四条約の重大な違反（grave breaches）が戦争犯罪の典型的な例である。国際人道法は国際慣習法を起源とし、とくに一九世紀からはいくつもの条約が締結されているが、戦争犠牲者の保護に関するルール（いわゆるジュネーヴ法）については、条約の履行確保のためには実行者に刑事的制裁を与えることが有効であると考えられてきた。戦争犯罪は伝統的に国際的武力紛争において生じるものと考えられてきたが、旧ユーゴスラビア国際刑事裁判所（ＩＣＴＹ）の上訴裁判部は、戦争犯罪は国際的武力紛争のみならず、内戦（非国際的武力紛争）においても認められると判示したし、ルワンダ国際刑事裁判所（ＩＣＴＲ）はその裁判所規程でジュネーヴ条約の（非国際的武力紛争に適用される）共通三条の違反と第二追加議定書の深刻な違反（serious violations）を事項的管轄権の対象とした。なお戦争犯罪の成立には武力紛争の存在が必要である。

次に集団殺害犯罪（ジェノサイド、genocide）とは、ナチス・ドイツにおけるユダヤ人の大量殺害（Shoah, Holocaust）に関連して実定法上の概念となった。ただしニュルンベルク国際軍事裁判では集団殺害犯罪は事項的管轄権のカテゴリーにはなく、民族、人種、宗教上の集団に対する殺戮は人道に対する罪の定義に含められた。その後、戦後の一九四八年になって、国連で集団殺害犯罪の防止および処罰に関する条約が採択された（ジェノサイド条約）。

同条約は集団殺害を、「国民的、民族的、人種的又は宗教的な集団の全部または一部を集団それ自体として破壊する意図をもって行われる次のいずれかの行為をいう、（a）集団の構成員を殺すこと、（b）集団の構成員に重大な肉体的または精神的な危害を加えること、（c）全部または一部の身体的破壊をもたらすよう企てられた生活条件を故意に集団に課すこと、（d）集団内の出生を妨げることを意図する措置を課すこと、（e）集団のこどもを他の集団に強制的に移すこと」と定義した（第二条）。この定義に示されている通り、集団殺害犯罪の特徴は一定のグループの全部または一部を破壊するという特別の意図（*dolus specialis*）であり、国際法上の犯罪のなかでもとくに重大な犯罪であると捉えられることが多い。

人道に対する犯罪が実定国際法上の概念として登場したのは、国際軍事裁判所の裁判所条例・憲章である。ニュルンベルク国際軍事裁判所の憲章では人道に対する犯罪とは「犯行地の国内法違反であるかにかかわりなく、戦前若しくは戦時中になされた殺戮、殲滅、奴隷的虐使、追放、文民に対して行われたその他の非人道的行為、または裁判所の管轄に属する犯罪の遂行として若しくはそれに関連して行われた政治的、人種的もしくは宗教上の理由に基づく迫害」（国際軍事裁判所憲章第六条（c））と定義された。その後、大規模で組織的に民間人を攻撃する行為を犯罪として非難する概念として、各国の国内法にも受容されていった（フランスの一九六四年一二月二六日法律六四―一三二六号など）。一九九〇年代以降、多くの国際刑事裁判が行われたが、人道に対する犯罪はほぼすべての国際的裁判所において事項的管轄権の対象となっている（ICTY規程第五条、ICTR規程第三条、シエラ・レオネ特別裁判所規程第二条など）。人道に対する犯罪の概念は、殺人や拷問といった犯罪が「広範にまたは組織的に」「民間人に対して」行われる場合に、（より重大な）人道に対する犯罪であると捉えられることになる点に特徴がある。当初、この概念は武力紛争と結びつけられていたが、今日では武力紛争とは関わりがなくても、それが民間人に対する広範または組織的な攻撃の一部であれば、犯罪の成立が認められるという考え方が有力である。つまり一国内の重大な人権侵害を国際法上の犯罪として処罰する根拠を提供している。

コア・クライムに関する刑事訴追・処罰の義務

次に、それぞれのコア・クライムに関して国際法上、国家はどのような義務を負っているのかを条文に即して確認する。

まず戦争犯罪について、ジュネーヴ第一条約（傷病者保護条約）は締約国の義務を次のように規定する。「第四九条〔罰則〕締約国は、次条に定義するこの条約に対する重大な違反行為の一を行い、又は行うことを命じた者に対する有効な刑罰を定めるため必要な立法を行うことを約束する。各締約国は、前記の重大な違反行為を行い、又は行うことを命じた疑のある者を捜査する義務を負うものとし、また、その者の国籍のいかんを問わず、自国の裁判所に対して公訴を提起しなければならない。各締約国は、また、希望する場合には、自国の法令の規定に従って、その者を他の関係締約国の裁判のため引き渡すことができる。但し、前記の関係締約国が事件について一応充分な証拠を示した場合に限る。各締約国は、この条約の規定に違反する行為で次条に定義する重大な違反行為以外のものを防止するため必要な措置を執らなければならない。被告人は、すべての場合において、捕虜の待遇に関する一九四九年八月一二日のジュネーヴ条約第一〇五条以下に定めるところよりも不利でない正当な裁判および防ぎょの保障を享有する。」なお、この条約の重大な違反とは「第五〇条〔重大な違反行為〕前条にいう重大な違反行為とは、この条約が保護する人又は物に対して行われる次の行為、すなわち、殺人、拷問若しくは非人道的待遇（生物学的実験を含む。）、身体若しくは健康に対して故意に重い苦痛を与え、若しくは重大な傷害を加えること又は軍事上の必要によって正当化されない不法且つし意的な財産の広はんな破壊若しくは徴発を行うことをいう。」さらに締約国は次のような義務を負っている「第五一条〔締約国の責任〕締約国は、前条に掲げる違反行為に関し、自国が負うべき責任を免かれ、又は他の締約国をしてその国が負うべき責任から免かれさせてはならない。」

次にジェノサイド条約では、すでに紹介した通り、条約で集団殺害犯罪を定義しているが、それらの行為を国内法上の犯罪とするべき義務を課している。すなわち「第五条〔国内立法の約束〕締約国は、それぞれ自国の憲法に従って、この条約の規定を実施するために、とくに集団殺害犯罪又は第三条に掲げる他のいずれかの行為を犯した者に対する効果的な刑罰を定めるために、必要な立法を行うことを約束する。」さらに集団殺害犯罪は、その行為が行われた領域の国の権限ある裁判所または国際刑事裁判所の管轄権を受諾している締約国については管轄権を有する国際刑事裁判所によって裁判を受けると定めている（第六条）。

最後に人道に対する犯罪であるが、これについてはいまだ多数国間条約は成立していないが、国際法の法典化に重要な役目を負っている国連国際法委員会（International Law Commission：ＩＬＣ）は二〇一四年に人道に対する犯罪の条約化を作業の一つとすることを決定して以来、特別報告者（Sean D. Murphy）の案をもとに議論が進められており、二〇一七年五月には第一読了を経て（A/72/10）、秋には国連総会（第六委員会）で各国政府の意見が表明され、条約化にむけて着実に作業を続けている。現在の草案（A/72/10）では、人道に対する犯罪の定義についてはＩＣＣ規程における定義を踏襲し（第五条）、人道に対する犯罪を国内法化するように義務づけ（第六条）、自国で容疑者が発見された場合は捜査を開始しなければならないこと（第七条）、訴追のために権限のある当局に付託するか、他国か権限のある国際的刑事裁判所に引き渡すか選択しなければならない（*aut dedere aut judicare*）（第九条）を規定しており、国際テロ行為規制の条約の方式にきわめて近くなっている。

国際法の状況

まず前節で確認した国際法上の犯罪を規制する諸条約の諸規定が示しているのは、重大な違反について刑事管轄権を行使しなければならないという義務を締約国に対して負わせているということである。アムネスティは刑事手続を取らないという決定を中核的内容とすることから、戦争犯罪（ジュネーヴ条約の重大な違反）、集団殺害犯罪、さらに現在の条文案を前提とすれば人道に対する犯罪についても、一見したところ、当該条約の義務と両立しない。

しかし他方で、こうした条約義務の不履行があるとしても、だからといって「アムネスティを与える」ということ自体が、国際慣習法上禁止されているとまではいえないという立場もある。とくに、重大な国際法上の犯罪の禁止が、国際法上の強行規範（*jus cogens*）になったことを根拠としてこう主張されることについて、オキーフ（O'Keefe）は次のように反論する。すなわち、仮に国際法上、そうした犯罪を禁止することが強行規範的な性質をもつにしても、当該犯罪に関するアムネスティが国際法上合法かどうかの問題とは関係がないという。つまり国際法上の禁止は、これから（将来にむかって）一定の行為をしてはならないと命じているのであり、そうした規範の違反に対して、国家はどんな状況においてもその犯罪を訴追しなければならないということを意味するのではない（O'Keefe 2015: 476-477）。

つまり、関係条約や国際慣習法上、コア・クライムについて、たとえば集団殺害犯罪について国家は処罰する義務を負っているので、それをしなければ当該国家について国際法上の当該の義務違反が生じるといえるが、その違反に対する責任の解除の方法が、必ず当該国家における容疑者の訴追でなければならないとまではいえない。実際に、常設のＩＣＣが設立されている今日では（また今後も特設〔ad hoc〕の国際的刑事裁判所が設立される可能性もある）、犯行地の国家しか処罰ができないというわけではなく、管轄権が当該事件について成立すれば、国際的刑事裁判所における裁判が可能である。またそもそも犯行地でなくても、属人主義や普遍主義などを根拠に管轄権をもつ国家がほかにあり、容疑者の身柄を確保することができれば、そうした外国の裁判所での処罰が可能であることも考慮に入れる必要がある。

さらに積極的にアムネスティを認める条文が存在する。つまり一九七七年に締結された非国際的武力紛争（内戦）に関する第二追加議定書ではアムネスティを許容する条文がおかれている。すなわち「第六条〔刑事訴追〕⑤ 敵対行為の終了の際に、権限のある当局は、武力紛争に参加した者又は武力紛争に関連する理由で自由を奪われた者（収容されているか抑留されているかを問わない。）に対して、できる限り広範な恩赦（原文は amnesty）を与えるよう努力する。」

また近年でも実際に内戦を終結するために結ばれた一九九九年シエラ・レオネ政府と革命統一戦線（Revolutionary United Front of Sierra Leone）との合意（ロメ協定）においては、包括的なアムネスティを規定した（第九条）（ただし後に国連とシエラ・レオネ政府との合意で設立されたシエラ・レオネ特別法廷においては、このアムネスティは訴追を妨げないとされた（シエラ・レオネ特別裁判所規程第一〇条））。

このほかの国家実行も、アムネスティの違法性を支持するものもあれば、そうでないものもある。もとよりアムネスティを与えるというのは国家（政府）の権限であるので、自分の権限を制限する規範に国家がそうたやすく合意することはない。ＩＣＣを設立する際や強制失踪条約（強制失踪からのすべての者の保護に関する国際条約、二〇〇六年採択）の起草過程でもアムネスティの問題が議論されたが、結局、アムネスティに関する規定の挿入は見送られたのである。そこでこの問題については、明文の条約の規定による禁止がないということだけに注目するのではなく、むしろ（国際慣習法を成立させる）国家実行にどのような規範が示されているのかを理解することが重要となる。すでに専門家によってアムネスティに関する国家実行の検討が行われており、なかでもベルファースト・ガイドラインは広く知られている（Belfast Guidelines 2013）。ベルファースト・ガイドラインによれば、人道に対する犯罪や非国際的武力紛争において行われる戦争犯罪がＩＣＣ規程で定義されたこと、国際裁判所の判例や権威をもつ機関の意見から国際法に関するアムネスティの禁止が慣習法化を支えているが、しかし、国内および混合裁判所や国家実行といったその他の法的確信の源に照らすと、国際犯罪に関するアムネスティについて、明確で、確立した、絶対的禁止が存在するとはいえないと結論している（Belfast Guidelines, Guideline 6（d））。

ＩＬＣの「人道に対する犯罪の条約化」作業においても、この分析が大きく影響を与えた。この問題を扱った第三報告書において特別報告者は次のように結論している。「これまでの犯罪に関する諸条約が採用したアプローチに適合して、この条文草案でも、国内法上のアムネスティに関する条文は扱わないという見解をとる。なお、国内法上のアムネスティは権限のある国際的刑事裁判所（international criminal tribunal）や他国の裁判所においての訴追を妨げることはないことは再び想起すべきだろう」（A/CN.4/704, para.297）。ＩＬＣが二〇一七年に国連総会に提出した報告書でもこの考えが維持され、アムネスティ自体の規定はおかれなかった。一国のアムネスティは他国での訴追の妨げにならないこと、アムネスティを採択した国においては、その許容性はその国家の条約上の義務、引き渡すか訴追するかを選択する義務、被害者などに対する義務に照らして判断されるべきだと示すにとどまった。このＩＬＣの報告書に対して今後、国家がどう反応し、また実際の条約の締結交渉でどのような展開があるか注視すべきであろう。

5　おわりに

本章は国際法の立場からアムネスティについて検討してきた。国内社会における議会のような立法機関を欠く国際社会においては、法の成立には国家の合意と国家の行動（国家実行）が重要な役割を果たしている。第二次世界大戦後、国際法は大きく発展、変化し、とくに国家だけでなく、個人に対しても国際法の規範が及ぶようになり、またとりわけ非人道的な行為を許してはならないというヒューマニゼーションと呼ぶべき現象も起きている（小和田 二〇一三）。

こうした動きはグローバル・ジャスティスへの関心の高まりと軌を一にする。そうだとすれば、国際法上の犯罪に対して処罰を免れさせることになるアムネスティに批判が高まっているのも当然といえよう。しかしアムネスティのまったくの否定ということにも国際社会では合意がない。少なくとも国際法上のコア・クライムに関するアムネスティについては違法というべきと主張されているが、実際の条約締結作業において、そうした規定が諸国家（政府）によって合意されたことはないので、コア・クライムに関して政府が刑事管轄権を行使しない場合に、処罰義務の不履行が生じるということをいえるにとどまる。またこの主張は、戦争犯罪や集団殺害犯罪といった「犯罪類型でアムネスティを制限しようとする」方法であるが、同じ事実を別の犯罪類型で訴追し、それに対してアムネスティを与えるという逃げ道があるのだから、そもそもその有効性は疑問である。こうしたアムネスティの否定は、コア・クライムへの法的非難（グローバル・ジャスティス）を別の形で表現しているに過ぎないというべきである。ただしアムネスティを規定した国内法が、人権裁判所などで条約違反であると認定されるといったグローバル・ジャスティスがローカル・ジャスティスを否定したかのように見える事例があっても、もともとその国が拘束されることに合意した規範（人権条約など）に基づく認定が行われた結果であり、その意味で、国際社会では依然として国家の同意の重要性が維持されており、ローカル・ジャスティスは（密やかであっても）しっかりと生き続けている。また冒頭で取り上げた「平和」と「正義」の関係（peace vs. justice の論争）も、ジャスティスが優勢と思われる国際刑事法の分野においても、特に長期的な視野から見ると、どちらかの単純な勝利はなく、二者択一のように提示されるこの枠組みの有用性自体が問われているといえよう。

注

＊1　東京裁判とは極東国際軍事裁判ともいわれ、一九四六年連合国最高司令官による極東国際軍事裁判所条例および憲章に基づいて設置された裁判所で行われた裁判を示す。国際軍事裁判所（ニュルンベルク裁判）にならって創設され、事項的管轄権も、（a）平和に対する罪、（b）人道に対する犯罪、（c）戦争犯罪と同様であった。被告人は二八名（ただし裁判中に一名は除外、二名は病死）、全員が一九二八年から一九四五年の日本の東アジアおよび太平洋地域の支配を目的とする全般的共同謀議（訴因一）について起訴された。裁判は一九四六年五月三日から開始され一九四八年一一月一二日に終了、二五名全員が有罪とされた（死刑七名、終身禁固刑一六名、禁固二〇年一名、禁固七年一名）。検察官と裁判官は極東委員会に属する一一の連合国から任命された（豪、カナダ、フランス、インド、ニュージーランド、中華民国、オランダ、フィリピン、英国、米国、ソビエト連邦）。なお死刑は一九四六年一二月二三日に執行された。本章のテーマの観点から興味深いことに、一九五一年に署名されたサンフランシスコ（対日）平和条約はその第一一条でいわば恩赦について規定した（「日本国は、極東国際軍事裁判所並びに日本国内および国外の他の連合国戦争犯罪法廷の裁判を受諾し、且つ、日本国で拘禁されている日本国民にこれらの法廷が課した刑を執行するものとする。これらの拘禁されている者を赦免し、減刑し、および仮出獄させる権限は、各事件について刑を課した一又は

二以上の政府の決定および日本国の勧告に基く場合の外、行使することができない。極東国際軍事裁判所が刑を宣告した者については、この権限は、裁判所に代表者を出した政府の過半数の決定および日本国の勧告に基く場合の外、行使することができない。」）実際に、残りの被告人たち一三名は一九五六年までに全員仮釈放されたのである（日暮 二〇〇八：三一六―三九〇）。

参考文献

岩沢雄司編集代表 二〇一八『国際条約集』二〇一八年版、有斐閣。

小和田恒 二〇一三「国際法の課題（上） 国家主権との調和探る」日本経済新聞二〇一三年九月五日朝刊。

洪恵子 二〇一二「移行期の正義（Transitional Justice）と国際刑事裁判――国際刑事裁判の機能変化と課題」『国際法外交雑誌』一一一（二）、二九―五四頁。

洪恵子 二〇一四「国際社会の処罰権と主権国家の役割」『法律時報』八六（一二）、六―一〇頁。

洪恵子 二〇一七「クルツ・バット引渡請求事件（英国）の国際法上の意義について」矢島基美・小林真紀編集代表『滝沢正先生古稀記念論文集 いのち、裁判と法――比較法の新たな潮流』三省堂、二六七―二八四頁。

日暮吉延 二〇〇八『東京裁判』講談社。

細谷広美 二〇一三「人権のグローバル化と先住民――ペルーにおける紛争、真実委員会、平和構築」『文化人類学』七七（四）、五六六―五八七頁。

山本草二 一九九一『国際刑事法』三省堂。

山本草二 一九九四『国際法』新版、有斐閣。

Belfast Guidelines 2013. *The Belfast Guidelines on Amnesty and Accountability with Explanatory Guididance*. Transitional Justice Institute, University of Ulster.

Dörman, Knut 2009. Combatants. In Antonio Cassese (ed.), *The Oxford Companion to International Criminal Justice*. Oxford University Press, pp. 268-270.

Mallinder, Louise 2016. The End of Amnesty or Regional Overreach? Interpreting the Erosion of South America's Amnesty Laws.

International and Comparative Law Quarterly 65: 645-680.

Murphy, Sean D. 2017. Special Rapporteur, Third report on crimes against humanity, 23 January 2017, A/CN.4/704, Report of the International Law Commission, Sixty-ninth session (1 May-2 June and 3 July-4 August, 2017), A/72/10.

O'Keefe, Roger 2015. *International Criminal Law*. Oxford: Oxford University Press.

Rule of Law Tools 2009. *Rule of Law Tools for Post-Conflict States: Amnesties*. United Nations Office of High Commissioner of Human Rights, HR/PUB/09/1.

Seibert-Fohr, Anja 2012. Amnesties. In Rüdiger Wolfrum (ed.), *The Maxplanck Encyclopedia of Public International Law, Volume I*. Oxford: Oxford University Press, pp. 358-365.

第Ⅱ部　正義と法のインターフェイス

第5章　国家の開発促進と先住民の権利

マプチェの自決権要求とチリ政府の緊張関係

ジャンヌ・W・シモン&クラウディオ・ゴンサレス‐パラ
（細谷広美訳）

1　はじめに

一九五〇年代以来、「開発」は国際機関によって強力に推進されてきており、高い影響力をもつ考えとして、現在、事実上ほとんどの国で、経済、政治、および社会関係を構成してきている。しかし、議論の余地があると同時に批判も多い。一九五〇年代から一九六〇年代にかけて、従属理論家たちは、先進国がラテンアメリカの低開発を余儀なくしたと主張した（Gunder-Frank 1966）。開発の定義は、従属理論やその他の批判に応えつつ過去五〇年以上にわたり議論され改変されてきているとはいえ、とくに国家の経済政策においてその基本方針は維持されてきた。

同時に、ラテンアメリカの先住民※1の大半は、開発を依然として環境の悪化、領土の自治の喪失、および貧困と関連づけている。実際、ボリビアとエクアドルでは、政府は、開発という用語を *Sumak kasway*※2（「良き生」）のような先住民の概念と置き換えている。先住民領域のグローバル経済への編入が進むにつれ、先住民が先住民の権利を意識するようになり、グローバルなガバナンスへの参加が進展し、同時に国際連合（以下、国連）や世界銀行などによる開

写真 5-1　マプチェ民族博物館（細谷広美撮影）

発も促進されている。このようなことから、とくに二〇世紀後半より、政府および非政府組織は、先住民の権利に基づく開発および公共政策をめぐる議論を始めた（Crawford & Andreassen 2015）。多くの先住民組織が、開発政策やプロジェクトに先住民権が組み込まれることを要求し承認、解釈し始めるようになったのは、この枠組においてであったが、争いも起こっている。

ラテンアメリカには六〇〇以上の先住民集団（四千万人以上の先住民人口）がおり、このうち大規模な先住民人口を抱えているのは、メキシコ、グアテマラ、ボリビア、ペルー、エクアドルである。一方、コロンビアには七〇の異なる先住民集団が存在するが、全人口の四%を占めるに過ぎない（IWGIA 2015）。本章で扱うチリ政府は九つの先住民集団を認定しており、その人口は全人口の九%を占める。なかでもマプチェの祖先の地は、現在の南チリとアルゼンチンに相当しており、その人口はチリの先住民人口の八三・八%を占めている（Ministerio de Desarrollo Social 2017）。このためチリの先住民政策は、主としてマプチェの要求に応えるかたちで策定されてきている（Figueroa 2014）。

この章では軍事独裁政権が終わりを告げた[※3]一九九〇年以後の

開発の推進と先住民の権利擁護をめぐって、マプチェを中心にチリ政治において生じた緊張を考察する。本章では、規範普及（norm diffusion）モデルの枠内で、国連の「先住民問題に関する常設フォーラム（Permanent Forum on Indigenous Issues: UNPFII）」に存在する「先住民の開発」という概念と、それが二〇〇八年から二〇一一年にかけてチリの政策に組み込まれた様相を、チリの政治的文脈と関連づけながら分析する。[*1] 本章の構成は以下の通りである。第2節では、先住民に対する国連の立場の変容を分析する。第3節および第4節ではそれぞれ、先住民の開発という観念および規範普及モデルを特徴づける。第5節では、国連の各国に関する普遍的・定期的レビュー（Universal Periodic Review）、国際労働機関（International Labor Organization：ＩＬＯ）、および「先住民問題に関する常設フォーラム」との関係を中心に、チリの二つの政権による先住民開発への対応のあり方を分析する。第6節では、チリに存在する緊張状態について論じる。

2　国際連合と先住民

世界各地で、先住民は過去五〇年以上にわたって開発のあり方に抵抗してきており、現在も多くが抵抗を続けている。それは、天然資源の採取、資本主義的生産の強制、改宗の強制、および善意の「開発」プログラムなどに対してである。歴史的に先住民の抵抗は進歩への主要な障害と見なされてきた。しかし今日、先住民文化は次第にグローバル化の進展、なかでも環境破壊によってもたらされる問題に対する革新的な応答と見なされるようになってきている。

第二次世界大戦後の国連における世界人権宣言および非植民地化の過程でも、先住民がおかれている状況は変わらなかった。なぜなら先住民は自決権をもつ人々とは見なされていなかったからである。その結果、多くの政府が、先住民の伝統的な文化実践および言語を前近代的と見なし、同化政策をとり、先住民を国民社会へ統合しようとした。実際、国連は先住民をマイノリティと見なし、国際労働条約一〇七号の第六条（ILO 1957）に例示されている通り、平等な市民かつ労働者という認識の下、非差別を促進し、先住民地域における開発を奨励した。

関係住民の生活条件および労働条件の改善並びにその教育水準の向上には、同住民が居住する地域の全面的経済開発計画において、高い優先順位を与えなければならない。また、その地域の経済開発のための特別の計画も、前記の改善および向上を促進するように立案しなければならない。[※4]

（国際労働条約一〇七号第六条）

このように、国連は先住民への国家の介入とパターナリズムを推奨した。しかし、ホールとフェネロンは隠された動機を問題にし、先住民領土における国家の介入は暴力的であり、天然資源の必要性および有用性によって動機づけられてきたと指摘している（Hall & Fenelon 2008）。つまり、国家は先住民の文化的実践を保護することなく、むしろ開発という名のもとに介入を進めているとする。実際、ラテンアメリカでは、多くの政府が祖先の文化を理想化する一方、同化政策を推進し、開発プロジェクトは、西洋の生活様式の受容を進めるよう意図的に設計されてきた。その結果、一九六〇年代から一九七〇年代には、先住民たちは政府から彼らの領土に対する承認を獲得するために、往々にして彼ら自身を農民とする認識を受け入れることになった。

続く一九七〇年代から一九八〇年代にかけて、チリを含む多くのラテンアメリカ諸国で、ネオリベラリズム（新自由主義）の経済政策が導入され、国営企業が民営化されるとともに、社会的連帯より個人の努力を強調し、個人を経済主体とする経済論理が基盤となった。この見地から、チリ政府は一九七九年に共同体の共有地を個別の土地所有権へ分割することを法制化し、非先住民所有地と法的に同等とすることで、共同体の分割を推進した（Bengoa 1999）。さらに、チリ政府は土地所有権とは別に、水利権を個別に売買できるよう法制化した。[※5]

ネオリベラリズムの経済政策、なかでも緊縮政策および先住民居住地にある天然資源への需要の高まりは、国家と民間による先住民共同体およびその周辺での開発プロジェクトを増やすことになった。マプチェを含む先住民の主要な要求は、彼らの土地および環境を管理する権利であり、それは彼ら自身の文化および物理的生存にとって死活問題である。先住民共同体は、ネオリベラリズムの経済政策による外部介入、なかでも強制移住に対し積極的ないし消極的に抵抗し続けてきた（World Commission on Dams 2000, Brysk 2000, Hall & Fenelon 2004）。

同時期、国境を越えた先住民運動（transnational indigenous movement）が、先住民の独自性に対する国際的な認識を勝ち取った。国際労働条約一〇七号への疑問は、先住民の意見を聞く専門家グループによる組織（先住民代表者を含まない）の設立を促し、国際労働条約一六九号（ILO 1989）への改正の提案がなされた。そして、二〇〇七年の国連の「先住民族の権利に関する宣言（Declaration of Indigenous Peoples）」（United Nations 2007）で達成された民族自決の承認にむけて、交渉の材料となる部分的な改善が行われた（Larsen 2016）。

とくに、国境を越えた先住民運動は、国際労働機関にロビー活動を行い、開発の促進が、植民地化の継続的プロセスの一環である活動を、発展のためとして正当化していると訴えた。結果として、国際労働条約一六九号（一九八九年）では、「以前の基準の同化主義的方向性」の削除の必要性が明示され、「先住民が居住する国家の枠組において、先住民自らが独自の制度、生活様式、経済開発、彼らのアイデンティティ、言語、宗教を維持、発展させることをコントロールする」という強い希望が承認された。この新たな見解は、条約の第七条に記載され、先住民の権利が具体的に承認されている。

一、関係人民は、その生活、信条、制度、精神的幸福及び自己が占有し又は使用する土地に影響を及ぼす開発過程に対し、その優先順位を決定する権利及び可能な範囲内でその経済的、社会的及び文化的発展を管理する権利を有する。更に、関係人民は、自己に直接影響するおそれのある国及び地域の発展のための計画及びプログラムの作成、実施及び評価に参加する。

二、関係人民の生活及び労働条件並びに健康及び教育水準の向上は、その参加及び協力を得て、これらの人民が居住する地域の総合的経済開発計画において優先させる。その地域の開発のための特別計画も、このような向上を促進するように立案される。

三、政府は、適当な場合にはいつでも、計画された開発事業が関係人民に与える社会的、精神的、文化的及び環境的影響を評価するため、これらの人民と協力して、調査が行われることを確保する。調査の結果は、これらの事業の実施のための基本的な基準と見なされる。

四、政府は、関係人民と協力して、これらの人民が居住する地域の環境を保護し及び維持する措置をとる。

（国際労働条約一六九号第七条、一九八九年[※6]）

また、先住民は国連に働きかけ、一九八三年に多数の先住民代表者で構成される「先住民作業部会（Working Group on Indigenous Populations: WGIP）」を設立した。「先住民作業部会」は「先住民問題に関する常設フォーラム[※7]」に代替された。このフォーラムは、先住民に対する経済、政治、環境、および文化的圧制の歴史を明確にし、現在のリベラルな人権レジームへの不服を表明し、経済開発の国家モデルに対抗するものとして先住民の自決権を位置づける重要なフォーラムとして発足した。国境を越える先住民運動は、比較的短期間に国際的レベルで先住民（indigenous peoples/persons）をめぐる法的言語と権利を著しく変化させ、先住民を少数民族（ethnic minorities）と区別し、国際労働条約一六九号および「先住民族の権利に関する宣言（UN-DRIP）」を通じて先住民の見解のなかで最も重要な要素を制度化した[※2]。

「先住民問題に関する常設フォーラム」に加えて、国連は「先住民族の権利に関する特別報告者（Special Rapporteur on Indigenous Issues）」の任命、および「先住民族の権利に関する専門家機構（Expert Mechanism on the Rights of Indigenous Peoples）」の設立をした。米州人権裁判所（The Inter-American Court of Human Rights）も、とくに先住民居住領域における国家の開発プロジェクトとの関係で、国家政府が先住民の権利をいかに尊重するかということをめぐる解釈において重要な役割を果たしてきている。同時期、エクアドルおよびボリビアにおける先住民運動は、彼らの要求を政府のアジェンダにのせることに成功し、一九九〇年代の民主化プロセスを含む重要な政治的変革を達成した（Yashar 2005）。

二〇〇二年以降、「先住民問題に関する常設フォーラム」はニューヨークの国連本部で年次会議を開催しており、先住民の重要な空間が生まれ、①大陸間の連携、②先住民に対して歴史的に行われてきた経済、政治、環境、文化的抑圧の可視化、③国家政策および現行の人権レジームに対する批判的分析を促進している。国連の国家中心の特性と異なり、「先住民問題に関する常設フォーラム」は非国家主体である先住民文化の代表者たちが一堂に会して問題を話し合い、先住民の自決権に関する国家的活動の方向性を入念に検討する場を提供している。

「先住民族の権利に関する宣言」および国際労働条約一六九号は、生まれつつある先住民権レジームの基礎であり、開発過程への先住民の参加を促進している。しかし、その重要性は主としてラテンアメリカに限定されている。国際労働条約一六九号は、批准した二二ヶ国に対して法的拘束力があり、米州人権裁判所は一六九号を祖先の土地に対する共有権をめぐる訴訟における解釈規範として用いている。一方、「先住民族の権利に関する宣言」は、既存の国家の統合性の枠組内において、より明確に先住民の自決権を表明しているが法的拘束力をもたない。「先住民問題に関する常設フォーラム」「先住民問題に関する機関間支援グループ」「先住民族の権利に関する専門家機構」などの異なる機構は、世界規模での認識の拡大、先住民の文化的実践の尊重と保護、開発プログラムの経費を削減し被害を受けた家族や共同体の生活の質の向上へとむける国際基準、国家法令の作成などに貢献してきた。

二〇一〇年以降、「先住民問題に関する常設フォーラム」は「文化とアイデンティティを考慮した開発（Development with Culture and Identity）」という先住民が導入した政府が実現しなければならない新たな規範を、国連の監視下で推進するよう国家に働きかけている。しかし、先住民権の実質的承認は国家のコンテクストでは反対に直面している。なぜなら、「先住民族の権利に関する宣言」は祖先の土地の喪失を文化的権利の喪失と関連づけているためである。

ネオリベラリズム（市場と所有権）と人権レジームは、人間開発と開発の権利に共通基盤を見出したが、クラウフォード&アンドレアセンが指摘するように、すべての社会に開発への権利によるアプローチの障壁となる強力なアクターが存在する（Crawford & Andreassen 2015）。

3　国際連合の持続的開発目標と「先住民の開発」

国連システムは、二〇世紀の開発に関する議論や討論において重要な役割を果たしてきた。国連の傘下、経済学者マブーブル・ハック（Mahbubul Haq）とアマルティア・セン（Amartya Sen）は、人間を国家の真の富とし、開発の中心に位置づけた人間開発の指針を構築した（HDR 1990）。彼らは、二〇〇〇年に「ミレニアム開発目標（Millennium Development Goals: MDGs）」を、そして「持続可能な開発目標（Sustainable Development Goals: SDGs）」（二〇一五年）を構築し、開発目標の方向性を示し、様々な国における開発の進捗状況を測った。一九六五年に作成された「国際連合開発計画（The United Nations Development Program: UNDP）」は、開発分野における国連の活動にとって重要な調整の役割を果たしている。

前述のように、「先住民問題に関する常設フォーラム」は二〇〇二年以来年次会議を開いている。二〇〇五年から二〇〇八年の間に開催された会議では、国連の開発目標に関連する数多くの問題を分析した。二〇一〇年、「先住民問題に関する常設フォーラム」の事務局は、「先住民族の権利に関する宣言」第三条と第三二条の内容に定義を加え「文化およびアイデンティティを考慮した開発（Development with Culture and Identity）」（UNPFII 2010）という概念を盛り込む文書の準備に着手した。この文書の先住民の開発概念は、先住民の願望、多様性や固有性に対する尊重と保護を含む総合的なアプローチを包含している。そして「先住民が自ら開発のエージェントとなり、自決による開発パラダイムを促進し、将来的展望を求め（中略）経済成長、環境の持続的開発、先住民の社会的、経済的、文化的権利の肯定を含む、包括的な見解」とする自決権を強調している（UNPFII 2010: 2）。

この概念文書は、先住民の開発の定義だけでなく、先住民に対する国連および政府による開発の促進に向けた様々な取り組みに対する批判となっている。第一に、人権を基盤とする開発への取り組みを、二〇一五年までの開発の主要な方向性を示した「ミレニアム開発目標」に組み込む必要性を論じている。つまり、先住民は開発を過程と見なし、結果のみを数量指針で測定すべきではないと指摘しているのである。さらに政府は、二〇三〇年までの開発の主要な方向性を示し（IWGIA 2015）、「持続可能な開発目標」においては達成されていなかったが、先住民と非先住民を比較するだけでなく、先住民の開発を理解する（新たな）指標を構築する必要があると論じている。

第二に、概念文書は、国家開発の主流となっている見解では、土地と自然の経済的価値のみを考慮しており、土地や自然が「先住民の社会的および文化的統合の重要な基礎となっている」ことを無視していると批判している（IWGIA 2015: 4）。なかでも先住民たちは「文化的開発、社会正義、および環境持続性との統合抜きの、経済成長へのとどまるところを知らない追求」を問題にしている（IWGIA 2015: 4）。同時に、開発は「民間セクターの建設的な関与」を含んでいることを十分認識しており、基準設定を進めることが必要であり、開発過程において国際機関やＮＧＯの監視を受け入れる準備があることを示唆している。

第三にこの概念文書では、先住民が国家政策に関する対話に参加し、先住民の土地への不要で破壊的な介入を防止する必要性を認識し、人権と文化的課題がこれらの国家開発についての対話に含まれるべきであるとしている。なぜなら現在の経済開発モデルは、先住民の経済戦略の持続性をほとんど認識していないため、その脅威となりうるからである。この文書は、対話の目標は、それぞれの国に存在する多様な開発モデルの統合（または相補的関係性）であり、個別の先住民開発政策ではないという立場を暗に示している。また、政府の活動が往々にして先住民の権限構造と実践を脅かしていることを批判し、先住民による国家政策および対話への参加が、先住民の権限構造と実践を強化することになると論じている。同時に、集団的権利の認識および先住民によるローカルレベルでの開発過程のコントロールを通じて、国家は先住民の多様性と回復力を促進する必要があると論じている。

先住民開発の概念には中心的要素として、国連による権利へのアプローチを基盤とし、開発における差別的構造と実践の削減／廃止が明白に含まれている。それは同時に、開発への取り組みに新たな要素を付け加えるものであった。すなわち、土地および自然に対する先住民のヴィジョンの尊重、新たな開発と関連する国家政策をめぐる対話への先住民の参加、国家開発モデルと先住民開発モデルの比較などである。さらに、同化や周縁化というこれまでの過程の補償をする必要があり、先住民の権限構造および開発過程のローカルな主導権を強化する政策を提案している。加えて、先住民開発のために二つの手続を提案している。自由かつ事前に情報を提供したうえでの合意と先住民の開発を測定する客観的な指針の構築と使用。「先住民問題に関する常設フォーラム」は年次会議において、先住民の自決権を尊重し、先住民の開発の権利の基礎となるアプローチを政府が進めるよう、継続的かつ戦略的に取り組んでいる。たとえばジェームズ・アナヤは、「先住民族の権利に関する国連の特別報告者」としての最近の報告において、先住民に関する人権は採取産業と関わるという合意を打ち立て、人権のスタンダードとの関係を見出している（Anaya 2013）。

4　先住民の権利の枠組および先住民開発の政府による実施

前節で検証したように、今日の先住民運動は、おもに国連フォーラムを通じて発展した先住民権の国際的レジームに参画している。マーガレット・ケックとキャスリン・シッキンクは、環境保護および女性の権利に関する国境を越えたネットワーク（トランスナショナル・アドボカシー・ネットワーク）を分析し、共有価値と規範の形成におけるその重要性を主張した（Keck & Sikkink 1998）。このアプローチに暗示され、世界の社会的取り組みにおいて明示されているのは、これらの規範が「世界の文化およびそれらが関連する過程を通じて構成され、広がった世界規模のモデル」（Meyer et al. 1997: 144）から派生しているという考えである。これは、基本的には普遍的な基準として促進される西洋社会の実践に関係している。本節では、国境を越えた先住民運動が国際社会、国家、ローカルレベルにおいて開発の主流となっている規範にどのように異議を申し立て、改革してきたのかを概観する。

国際レベルでは、世界銀行が国家レベルでの開発を促進する主要国際機関の一つである。国際的および国内の先住民運動のロビー活動に応える形で、世界銀行は国家開発の理解を修正した。世界銀行は二〇世紀末に、社会、機構、人間、経済、環境、および財政的要素の相互依存を強調する「包括的援助フレームワーク（Comprehensive Development Framework：CDF）」を発表した。CDFはさらに、貧困削減戦略および市民社会と先住民の参加を組み込んだ。これにより、世界銀行は新たなガバナンス構造を導入し、先住民のアクターが国家レベルの公共政策の設計および実施に参与することを奨励し始めた。

しかし他方で、世界銀行は、国家政府に焦点をあてており、開発政策をめぐって非政府主体の必要性／利害に関連して発生する紛争を考慮することは明示していない。さらに、異なる公的組織間の調整力を欠いていることや、先住民文化に関する理解が限定的であることは意思決定、とりわけ先住民地域における開発モデルおよびプロジェクトに関する決定を難しくしている。また、開発を推進する多くの非政府組織は、抵抗への国際的プラットホームを提供する一方で、開発によって被害を受けた先住民組織との関係を資金獲得のために否定的に用いている（Brysk 2000）。

政府への働きかけが限定されていたとはいえ、世界銀行が先住民を独自の集合体とし、その存続、開発、およびwell-beingを保障し、国家法規と同様に先住民の権利を承認したことは、ある種の場を生み出した。実際、新しいメカニズムと手続により、先住民組織は、抵抗の手段として人権運動や環境保護運動と連携して取り組むことで、制度的手段を通じて開発プロジェクトに対抗できるようになった。しかし未だに、先住民の抵抗が非制度的にプロジェクトに挑戦したり、自決権を守ろうとしたりする場合、ラテンアメリカの各国政府はこれらの活動を違法とし、抑圧および暴力で対抗している（Seider & Barrera 2017）。同時に、ラーセンによると、継続する紛争はガバナンスと国家開発にとっては支持できるものではなく、民間部門は事業上の現実および国家開発の優先順位と関連づけて国際労働条約一六九号の解釈を始めた（Larsen 2016）。これにより、先住民の権利に対する議論および基礎知識は、チリをはじめとする国家での開発に関して将来的に論争をもたらすことになるだろう。

さらに、国家の活動が先住民の文化、アイデンティティ、習慣、伝統、および制度に対する保護や維持そして開発に関わる願望を反映すべきであるにもかかわらず、その達成には緊張状態が存在する。重要な緊張状態の一つは、女性の権利やLGBT[※8]など、個人の権利が優先されるべき局面において、伝統的な文化実践行動や姿勢（集団権）が、個人の権利を尊重しない場合に生まれる争いにある。実際、国連は「先住民族の文化的実践、伝統、および価値が人権の原則と一致する」場合には、それを取り入れることを奨励している（Barelli 2010）。

このように、先住民は国際法、国内法、先住民自身の法システムといった複数の法制度の対象となっている。国際人権法によると、先住民は自らの独自のアイデンティティ、文化、言語、生活習慣を維持する権利をもち、集団的な土地所有権は彼らの自決権および開発権と直接関わる。これは、先住民の土地や領域における開発のあり方を、彼らの優先順位と文化に従って決定する権利と理解される。多民族からなる国家の特質を考慮すれば、先住民はあらゆる差別の対象であってはならず、国家の価値を完全に共有しない場合でさえも国家の文脈で平等に取り扱われ、公的生活へ完全に参加することが可能であるべきとする。

マーサ・フィネモアとキャスリン・シッキンクによると、人権レジームの確立により、先住民権や開発などの新しい規範の政府による施行を、国際組織が促進することができる一連の手続が設定された（Finnemore & Sikkink 1998）。たとえば、国家が国際労働条約一六九号または「先住民族の権利に関する宣言」に調印した場合、監督責任のある国際組織は実施の進捗状況について政府の定期報告書を要求する。二〇〇八年四月に発足した国連機能の一つである「普遍的・定期的レビュー」[※9]は、国連によって専門家が任命され、政府および市民の報告書を分析し、人権の尊重（先住民権を含む）を、五四ヶ月ごとに評価をしている。このように、国際的方針は国家システムが国際社会の規範に容易に組み込まれるよう促進している。

5　独裁政権後のチリにおける先住民開発の促進と尊重

チリは、中程度の所得水準の国であり、ネオリベラリズム政策の正統[※10]を実行した軍事独裁政権によって統治されていた。一九八九年に民主化[※11]して以来、国際金融機関は、チリを民主主義の文脈での持続的経済成長を達成したラテンアメリカのモデル国と考えており、外国からの直接融資に必要な政治的、経済的安定性をもつ国であるとしている。実際チリ政府は、チリが環境や人権を保護しつつ引き続き成長することが可能であると論じている。国際的な民間企業においても、同様の変化によりチリで経済活動を行う多国籍企業や国内企業を奨励し、企業の社会責任を戦略計画に組み入れようとしている（Carrasco 2012）。

独裁政治の終わりとともに、チリ政府は国家および国際レベルで人権の尊重を多方面に奨励しようとした。そして国家は、先住民の権利を含む人権を尊重しているということを報告書で証明しようと試みた[*3]。実際、民主主義政権はすべてチリの「国際的なコミットメントへの対応の真剣さ」を確認している。「ミレニアム開発目標」はチリの開発戦略を部分的に採用しており、チリはラテンアメリカにおける最良の結果を達成したことを誇っている（Government of Chile-United Nations 2014）。

しかし、「ミレニアム開発目標」の指針は常に改善がされてきたにもかかわらず、チリが先住民と非先住民の間の重要な差異を可視化し四九項目の指標のうち二三項目に関して先住民と非先住民を区別したのは二〇一二年以降のことである（Goverment of Chile-United Nations 2012）。そしてチリ政府はこれらの課題に取り組むため、異文化間（intercultural）の二言語教育、差別および教育結果の改善のための奨学金制度、目標となる社会政策、インフラ整備への投資、および農村部の先住民共同体を対象とする基本サービスへのアクセスを導入している。

当時の先住民委員会の長官ロドリゴ・エガニャ（Rodrigo Egaña）（在任期間二〇〇八〜〇九年）は、新しい取り組みおよび国際労働条約一六九号を批准し、国連の取り組みを用いた公的活動や開発プログラムを定義する一連の動きが始まった時期として二〇〇八年を転換点と見なしている（Egaña 2011）。この時期以前、チリ政府は先住民が直面している唯一の問題は貧困だと考えていた。二〇〇八年以降、政府は問題に対応するためには先住民の権利を認識することと、政府機関の変革が必要であることを理解するようになった。結果として、「開発のための国家協力（National Corporation for Development: CONADI）」を通じてのみではなく、先住民をめぐる課題を各省庁に組み入れようとする試みがなされている。さらに政府は問題の核心は（以前は対応していなかったが）、非先住民のチリ人と先住民の間にある偏見や差別にあると認識したが（Egaña 2011）、〇〇人（peoples）や民族（natios）として法的に認知することは引き続き抵抗している。今もなお、以下の三分野において緊張状態が継続している。

先住民の開発と矛盾する国家開発政策

一七年にわたる軍事独裁政権が終結しても、開発枠組の主流はネオリベラリズムによる経済成長にある。しかし、これまで論じたように、民主主義政府と多文化政策により若干変化はしている。実際、国家の役割は限られ（市場を補完し）てはいるが、社会政策および経済政策における社会支出は徐々に増しており（Simon 1999）、民間企業が経済活動を実行するための自由を相対的に認める一方で、貧困層の収入および生活水準を改善している。*4

独裁政権が市場を最優先し社会支出を削減したことと異なり、新たな民主化した政府は、社会支出と経済成長は両立すると主張した。*5 複数の民主主義政権が、持続的でより平等な成長の可能性を高めるためには社会支出への投資が必要であることを概念化した。その結果、社会的プログラム、とくに人口の二〇％を占める最下層への国の財政支援を増額した。この二〇％には先住民共同体に居住する先住民の大半が含まれている。チリ政府は教育および技術の使用を促進する政策を積極的に実施し、グローバル化した世界への社会参加を促した。さらに、先住民法（D. L. 19. 253）を制定し、財源を追加し、先住民が「アイデンティティを考慮した開発」を促進することを目指すための新しい組織が設立された。この開発の公式目標は、先住民の文化的アイデンティティを尊重しつつ、経済的、社会的発展を進めることにある。

先住民権を啓発するこのような言説にもかかわらず、先住民を対象としたものを含む政府の開発プログラムは、全国民により多くの（経済的）機会を提供する約束に基づいている。そして、かわりに市民は最大限に生産的で自らを管理する責任があるとした。二〇〇九年の「先住民問題に関する常設フォーラム」の議論で示されたように、チリ政府の取り組みは、「すべての権利が効果的に行使される経済的および社会的状況を作り上げる」ものであった（Mariñ 2009）。

また、二〇一四年の「普遍的・定期的レビュー」へのチリ政府の報告書では、先住民が依存しないようにする包括的な先住民政策をとっており、「参加、権限付与、および起業家精神」を促進しようとしていると表明している。同様に、政府は先住民たちが「自らの権利、伝統、アイデンティティ、および文化を尊重しつつ、開発を実行できる機会へのアクセス」を確実に手に入れられるように努めており、関係する先住民のサブ・ナショナル（sub-national）な行政単位が先住民の開発を促進するが、先住民の見解を国家の開発計画に統合するとしている（Government of Chile 2014: 14）。しかし、「普遍的・定期的レビュー」へのチリ政府の報告書が、政府プログラムが先住民地域を対象としていると記しているにもかかわらず、先住民の視点を国家レベルの開発計画のなかに組み込むメカニズムをもとうとはしていない。

さらに、政府の見方は将来を見すえており、過去の行為によってもたらされた問題を無視する傾向にある。多くの先住民組織が、政府の立場の受け入れを決定したが、拒否した組織もあり、先住民地域の組織にとどまらない新たな視点の抵抗が生まれた。政府の与党連合が変わっても、これらの要素はそのままであった。

チリ政府の「普遍的・定期的レビュー」への二回にわたる報告書（二〇〇九、一四年）は、人権の保護は国家および社会の責任であり、国際労働条約一六九号が持続可能な開発を促す文書であることを認めている。同時に、チリ政府は、チリの開発モデルは経済成長と社会的平等の融合を求め、民族、性別、その他のカテゴリーにおける差別なしに、高い生活水準をもたらしてきた、という議論を主調としてきている。報告書はさらに、社会政策が国家のマクロ経済の優先順位の道具となり国家のマクロ経済とシンクロした際は、経済成長の成果を十分享受したり、通常の市場で自己のニーズを満たす十分な自治権を行使する機会をもたない集団の多くが、非常にセンシティヴな現実と直面することになることを指摘している。

政府は先住民法（D. L. 19. 253）に記載されている先住民と土地との特別な関係を認識しているにもかかわらず、二〇一四年の「普遍的・定期的レビュー」への報告書では、政府の役割は技術的な支援を通じて、土地の「生産的な利用」を促進することにあると明示している。加えてチリ政府は、先住民人口の七〇％以上が都市部に居住していることを認識し、政策において、反差別対策を通じて彼らの権利を保障する必要があるとしている。最後に、二〇〇九年、一四年のいずれの報告書にも、開発に対する人権の見地からの法的手段に関する記述はない。チリの先住民法は、先住民の土地との特別な結びつきを認識しているが、次の項で示すように、実施においては実現されていない。

先住民領域での開発プロジェクトと土地所有権および先住民権をめぐる争い

先住民と水力発電ダム建設や林業会社などの民間企業との利害衝突では、これまでの連合政権は、警察の強権の存在は民間企業の土地所有権を保護し、チリの経済発展を確実なものにするために必要であると主張してきた。[*6] チリ経済を牽引する主要産業の一つである木材およびその関連製品の生産と衝突するとき、先住民の権利は往々にして無視されている。[*7] チリは、国際経済交渉で木材産業の将来的成長を確実にするために、マプチェの祖先からの土地であるにもかかわらず、植林の拡大を優先してきた。さらに、チリ政府はこの分野の効率改善のための研究に対する財政支援を継続的に行っている。[*8]

先住民の権利を認めることに対して抵抗することにはいくつかの説明がある。第一点として、土地の喪失に対する恐れがある。これは一九六〇年代の農地改革の際に大規模土地所有者の土地の大部分の収用が義務づけられたことによる。第二点として、政府はマプチェの土地利用は「非生産的」であり、国民総生産（GNP）に貢献しないと考え、マプチェの生活様式を保護することより、林業に必要な状況を保障することを優先している。つまり、民主的ネオリベラリズムモデルにおいては、生産性の高い人間や会社に権利があり、生産性の低い人間は開発への障害と見なされるのである。多くの著者（たとえば Richards 2010）が、社会政策の組み合わせが経済成長の優先順位によって制限される場合（往々にして脆弱な人々は政府の立場を受け入れることを求められる）、ネオリベラリズムの多文化主義においては、ネオリベラリズムの価値が先住民権に優先されるとしている。

先述の先住民委員会の元長官エガニャは、在職期間中の先住民の三つの主要な要求をあげている。すなわち、政治的権利、祖先の土地の回復、先住民領域における投資プロジェクトからの保護である（Egaña 2011）。この最後の要求に取り組むために、チリ政府は二〇〇九年に民間企業が拒否してきた規制枠組案にとりかかった。しかしグローバルな規模で起こった経済危機のため、政府はこの問題を突き詰めないことにした。続けて、チリ政府が生産的開発および住宅供給のために、先住民の土地への民間投資を促進する新たな手段をつくりだしたことを「先住民問題に関する常設フォーラム」の第一〇回会議報告書（二〇一一年）は指摘している。

マプチェの指導者が次第に、チリの経済成長は彼らにとって有益ではなく、（「先住民問題に関する常設フォーラム」で概念化されている）彼らの生活様式および文化的実践と矛盾すると考えるようになり、その結果、この時期異議申し立てや抵抗活動が増えたのは驚くに値しない。実際、先住民の子孫の多くは政府の約束を信じていないし、「係争中の共同体」[*9]においては国家は敵対的イメージとなっており、政府の善意などなおさら信じてはいない。[*10]これまでの政府はすべて、衝突が先住民地域を含む国内開発における主要な障害であるという議論を続けてきている。

一九九〇年代末に採取産業への大規模な（しばしば暴力を伴う）抵抗運動が起こった際、メディアはマプチェの声を周縁化し、マプチェの抵抗運動に否定的な世論を作り上げるうえで重要な役割を果たした。マプチェの抵抗が体系的変化ではなく漸進的変化を望んだため、政治的合理性、すなわち公的抵抗運動よりも制度的手段に価値を見出し、闘争は制度的メカニズムを通じて行なわれるべきだという考えと対立したためである（Simon 1999, Inter-american Development Bank 2006）。

政府は関連ある民間部門と協力し、二方面からの戦略を実施した。一方では、以前の抗議に対応し、開発プロジェクトに関連する問題を緩和するために、先住民を対象としたプログラムへの資金の割り当てを増やした。チリ政府によって提出された国連の第一〇回「先住民問題に関する常設フォーラム」会議への報告書には、住民への財源および利益の割り当てを「分かりやすく客観的に」強化し、とくに先住民共同体の土地購入に関し、政府の以前の配分が不十分であったという批判を記している（Government of Chile 2011: 2）。さらに、先住民をより考慮し、国益実現に必要な時間を削減するよう行政手続を改革した。

他方で、暴力的な抵抗運動を制御、制限するため、チリ政府は、米州人権裁判所が差別的だと見なした（Corte IDH 2014）「テロ対策法案」（Law 18. 314）（軍事独裁政権中に立案され、その後の民主主義政権で二回修正された）を、マプチェの権利擁護者にのみ適用した。この法により、起訴されていなくても予防の名目で擁護者を通常より長期間拘束することができる。加えて、証人は匿名のままとされ、有罪と見なされれば懲役期間は通常よりも長期にわたる。米州人権裁判所は、判決は非差別の原則に反したステレオタイプに基づいているとし、七つの裁判を無効とした（JACHR 2014）。「テロ対策法案」に対する疑義にもかかわらず、チリはこの法を数名のマチ（*machi*）（後述。マプチェの宗教的職能者）を含むマプチェに対して適用し続けている。

国家政策をめぐる対話からの排除

過去一〇年にわたってチリ政府が国連に提出した報告書すべてにおいて（Government of Chile 2009, 2010, 2011, 2014）、参加や対話の過程へのサポート活動に関する夥しい数の記述が見られる。これらには「信頼関係を再構築し、

写真 5-2　マチ（細谷広美撮影）

重要な課題を判別する」ため先住民組織と対話する目的で、国家予算に割り当てられた政府の新たな財源や、二〇一四年の世界会議などの国連のイベントへの先住民参加への財政支援が含まれる。ただし、意見をきくこれらの過程は、国家の開発過程とは別物であると見なされている。さらに、政策設計とその実現は先住民代議制度とは切り離され、自決権に基づく先住民開発は考慮していない。実際、政府は総体的には先住民参加を先住民が直面する貧困、社会的周縁化、非生産的な経済活動といった「問題」を解決する方法として用いている。そして、先住民のビジネス組織やビジネスセンターを支援するのと並んで、先住民個人の企業家精神を促進するために予算が割り当てられている。

加えて、政府による先住民権威者の承認をめぐる課題がある。先住民法（D. L. 19. 253）は、新たな共同体のリーダーを生み出し、ロンコ（*longko*）やマチなどのマプチェの伝統的な政治的権威者を法的に認めないことで、伝統的な政治構造を弱体化してきている。伝統的にロンコは拡大家族集団の領域空間であるロフ（*lof*）の社会政治的権威者である。一方マチは精神的（spiritual）指導者であるとともに治療師であり、物理的世界と精神的世界のバランスを維持する。マチの自然環境との精神的関係から、マプチェ領域への植林への抵抗運動においてマチは重要な役割を担うようになった（Bacigalupoi 2010）。ロンコもマチも民主的手続によって選出されるのではなく、伝統的知識や叡智によって選ばれる。それに対し、先住民法は先住民共同体のリーダーを多数決によって選出するものとしている。最近は法的には承認されていないとはいえ、伝統的な先住民の権威者たちが政治的権威者として政府の儀式に招待されることがあるが、国家レベルではない。

先住民領域における先住民による開発過程のコントロール

チリ政府は先住民領域における先住民の参加を保護する目的の異なるメカニズムを提案、構築した。二〇〇八年にラフケンチェ（Lafkenche）法（20.249）によって「先住民沿岸地域」を設け、これを小領土として先住民のコンロトール下においた。さらに、ピニェラ政権下の二〇一三年、既存の先住民開発地域の形態に対して領域管理プログラムを設けることを提案した。これらの先住民領域開発プログラムは、政府と先住民が協力してデザインすることを意図しているが、実施面においてはほとんど進展していない。

二〇〇八年の国際労働条約一六九号の批准により、チリ国家はゆっくりではあるが先住民のコンサルタントを受けるプロセスを導入することを進めた。第六六条法令（二〇一三年）は、開発プロジェクトによって被害を被った先住民共同体による独立したコンサルタント過程を設置した。しかし、先住民組織はその法令は限定的であり、先住民の土地やその周辺でのプロジェクトを拒否する権限を認める権利の要求には応えていないとしている。チリ政府の立場は変わらず、先住民の自決権の促進は、チリ社会へのより大きな規模の統合として理解されている。これには、先住民の国家に対する貢献の価値づけ、国家政治過程への先住民の参加（ただし国家の開発政策の策定には参加させない）、先住民との対話の強化、および差別的実践をなくすことが含まれる。

6　おわりに

経済開発の追求、殊にネオリベラリズムの経済政策は、ラテンアメリカにおける国家の行動を支配しており、先住民の権利に優先されているように見える。実際、事実上すべての国家（エクアドルおよびボリビアを含む）は、先住民領土における資本主義的経済活動（鉱業、製材用植林など）のために地方の先住民集団の抵抗を暴力的に抑圧し続けてきている。その結果、チャールズ・ハーレ（Hale 2002）やパトリシア・リチャーズ（Richards 2013）は、先住民の領域の所有権は、エネルギー開発のような経済優先と背反しない限り尊重されるということを強調して「ネオリベラル多文化主義（Neoliberal Multiculturalism）」という用語を用いている。とりわけ、民主主義体制と文化が関係する社会政策に対して、「国民」国家を変革し、「国連の先住民族の権利に関する宣言」で認められた先住民の自決権を尊重させるようになることに疑問を呈している。そして、もしそうでないならば、ラテンアメリカの先住民は、彼らの自決権を損なうすべての「開発」計画に抵抗し続けるであろうとしている。

しかし、これまで見てきたように、「先住民問題に関する常設フォーラム」は、進捗状況を引き続き評価し、政府に対する勧告と戦略提案をしている。チリのマプチェの指導者たちの間では、マプチェは経済的アクターに対して脆弱であり、政府は彼らの権利を保護するべきであるという強い合意が存在する。これは、国連が推奨する権利に基づく開発への取り組みの機会を増やすことである。実際、マプチェの経済指導者たちとのインタビューで、彼らは先住民と資本主義者たちの価値観はお互いを補完することができると考えており、彼らの六七％が主要な問題は国家が先住民の領域権と天然資源に対する権利を否定し、彼らの自治権を制限したことであると考えている（Simon & González 2017）。

ウィル・キムリッカは、様々な国家における多文化政策とネオリベラリズム政策を分析し、社会と経済は互いに関係を決定づけていることを強調し、「ネオリベラリズムが社会関係を形成してきたのであれば、同様にそれらの社会関係がネオリベラリズムを形づくってきたというのも事実である」（Kymlicka 2013: 99）と述べる。さらに、ネオリベラリズム政策がいかに多文化政策を強化すらしうるかを示し、公的機関や言説における民族アイデンティティの「埋め込み」が、相補性に至るカギとなっていることを示唆している。また、リチャーズは、チリのケースは人種差別の横行が先住民の権利の承認への主要な障害となっていると述べている（Richards 2013)。結果、チリにおける開発促進を追求する多文化政策は成功してきておらず、ネオリベラル政策はそれらを弱体化しているとする。

我々は、先住民は自決権を承認しない開発プロジェクトには今後ますます抵抗するであろうと結論づける。国際的な法および規制を通じて、先住民の権利に基づく開発へのアプローチが促進されれば、先住民領域で進められている開発に広くみられる緊張は軽減されるだろう。しかし、今日の国家や社会が人々や民族の間、もしくは内部にある文化的アイデンティティの多様性を認めようとし始めなければ、これらの緊張状態は続くであろう。

謝辞

先住民族の権利枠組に関する我々の研究の財政支援を与えてくれたChilean Science & Technology Council〔CONICTY〕Fondecyt Grant No. 1151158とJSPS科研費課題番号二二四〇一〇四三（代表・細谷広美）に感謝の意を表する。

注

＊1　この期間は、中道左派「コンセルタシオン（Concertación de Partidos por la Democracia)」のミシェル・バチェル（Michelle Bachelet）大統領（二〇〇八〜一〇年）、および中道右派の「変革のための同盟（Coalición por el Cambio)」のセバスティアン・ピニェラ（Sebastián Piñera）大統領（二〇一〇〜一四年）の二つの政権が相当する。

＊2　過程の詳細な説明についてはトラモンタナ（Tramontana 2012）を参照。

＊3　同時に、同じ評価過程において、意見の均衡を図るため市民社会の参加が考慮されている。

＊4　チリのネオリベラル経済政策の批判者（たとえば Tosa 2009）は、民主主義的ネオリベラリズムという用語をしばしば使用し、独裁政権との継続要素を強調しているが、コンセルタシオンの支持者（たとえば Alejandro Foxley）は使用していない。

＊5　この立場は、リカルド・ラゴス（Ricardo Lagos）の大統領選挙運動中のスローガンである「公正な成長（Crecer con Equidad）」による説明が最も優れている。

＊6　シモン&ゴンサレス（Simon & González 2010）の検討を参照。

＊7　チリの主要輸出項目は、鉱石（六〇%）、木材製品（六%）および海産物（五%）である（www.bccentral.cl）。

＊8　ＩＮＦＯＲ（www.infor.cl）などの研究機関やコンセプシオン大学（University of Concepcion）等大学研究センターで財政支援された研究例を参照。

＊9　多くの人たちは、世界銀行の包括的開発枠組はただの議論であると見なしている。たとえばグルラジャニ（Gulrajani 2006）を参照。

＊10　紛争の歴史の優れた議論については、ベンゴア（Bengoa 1999）を参照。

訳注

※1　本章では indigenous people を先住民と訳したが、国連の「先住民族の権利に関する宣言」（二〇〇七）等、定訳がある場合は「先住民族」という訳語をあてている。

※2　国連で用いる「well-being」のケチュア語訳。インカ帝国の公用語であったケチュア語は先住民言語で、現在もアンデス地域で広く使用されている。

※3　チリでは一九九〇年にピノチェト将軍による軍事独裁政権から文民政権への移行が行われた。

※4　独立国における土民並びに他の種族民および半種族民の保護および同化に関する条約（第一〇七号）。仮訳がＩＬＯ駐日事務所ＨＰで見られる（http://www.ilo.org/tokyo/standards/list-of-conventions/WCMS_238129/lang-ja/index.htm 二〇一八年五月一三日閲覧）。

※5　先住民の多くは共同体を構成し、共同体として土地所有をしてきた。このため、土地所有権が個人の所有権に移ると、共同体

の土地が個別に売買されることになり、共同体の解体を招くことになる。加えて、水利権が土地所有権と別に売買されることになると、土地所有権があっても、水（水利権）がないことにより、生業活動や居住を続けることができなくなり、結果として土地を手放さざるをえなくなる。このため、これらの法の制定は、「合法的な」先住民共同体の解体と土地の収奪を意味していた。

※6　独立国における原住民および種族民に関する条約（第一六九号）。仮訳はＩＬＯ駐日事務所ＨＰ（http://www.ilo.org/tokyo/standards/list-of-conventions/WCMS_238067/lang-ja/index.htm 二〇一八年五月一三日閲覧）。

※7　二〇〇七年に経済社会理事会によって設置。

※8　レズビアン、ゲイ、バイセクシュアル、トランスジェンダーなどの、性的少数者。

※9　国連人権理事会のもと、国連加盟国すべての国の人権状況を定期的に審査する制度。

※10　ピノチェト軍事独裁政権は、シカゴ学派の経済学者ミルトン・フリードマン（一九七六年ノーベル経済学賞受賞）とその弟子である「シカゴ・ボーイズ」の影響の下、ネオリベラリズム政策を行った。

※11　チリでは、一九七〇年に世界史上はじめて、自由選挙による社会主義政権が誕生した。しかし、アジェンデ政権はピノチェト将軍による軍事クーデターによって崩壊する。以後一九九〇年までピノチェト大統領による軍事独裁政権が続いた。このため、チリの民主化は民主主義の回復を意味している。一九八九年一二月に選挙が行われ、コンセルタシオン・デモクラシア（中道政党連合）から出馬したパトリシオ・エイルウィンが勝利、一九九〇年三月大統領就任。

参考文献

Anaya, James 2013. Extractive Industries and Indigenous Peoples. Report of the Special Rapporteur of the Rights of Indigenous Peoples, James Anaya, Reports to the Human Rights Council A/HRC/24/41.

Bacigalupoi, Ana Mariella 2010. Las prácticas de poder de los machi y su relación con la resistencia Mapuche y el Estado Chileno. *Revista de Antropología* 21: 9-38.

Barelli, Mauro 2010. The Interplay between Global and Regional Human Rights Systems in the Construction of the Indigenous Rights Regime. *Human Rights Quarterly* 32(4): 951-979.

Bello, Alvaro 2004. Etnicidad y ciudadanía en América Latina: la acción colectiva de los pueblos indígenas, Serie Políticas Sociales N° 79, CEPAL: Santiago.

Bengoa, Jose 1999. *Historia de un conflicto: El estado y los mapuches en el siglo XX*. Santiago: Planeta.

Brysk, Alison 2000. *From Tribal Village to Global Village: Indian Rights and International Relations in Latin America*. Stanford, CA: Stanford University Press.

Carrasco H, Noelia 2012. Trayectoria de las relaciones entre empresas forestales y comunidades mapuche en Chile.: Aportes para la reconstrucción etnográfica del desarrollo económico en contextos interétnicos. *Polis* (*Santiago*) 11(31) : 355-371 (https: //dx.doi.org/10.4067/S0718-65682012000100019)

Corte IDH 2014. Caso Norín Catrimán y otros (Dirigentes, miembros y activista del Pueblo Indígena Mapuche) Vs. Chile. Fondo, Reparaciones y Costas. Sentencia de 29 de mayo de 2014. Serie C No. 279.

Crawford, Gordon & Bård Anders Andreassen 2015. Human Rights and Development: Putting Power and Politics at the Center. *Human Rights Quarterly* 37(3) : 662-690.

Dannenmaier, Eric 2008. Beyond Indigenous Property Rights: Exploring the Emergence of a Distinctive Connection Doctrine. *Washington University Law Review* 86(1) : 53-110 (http://lawreview.wustl.edu/inprint/86/1/Dannenmaier.pdf.)

Egaña, Rodrigo 2008. Desafios y oportunidades de la Nueva Política Indígena. Retrieved May 2009, from Corporacion Nacional de Desarrollo Indígena (www.conadi.cl.)

Egaña, Rodrigo 2011. La construcción de políticas públicas en tiempos de crisis. *Reforma y Democracia*, N° 49 (Feb) : 1-20.

Figueroa, Verónica 2014. *Formulación de politicas públicas indígenas en Chile*. Santiago: Editorial Universitaria.

Finnemore, Martha & Kathyrn Sikkink 1998. International norm dynamics and political change. *International Organization* 52 (autumn) : 887-917.

Government of Chile 2009. National Report Submitted In Accordance With Paragraph 15 (A) Of The Annex To Human Rights Council Resolution 5/1. A/HRC/WG.6/5/CHL/1.

Government of Chile 2010. Respuesta a Cuestionario de Gobiernos. 9a Sesión del Foro Permanente de Cuestiones Indigenas, Naciones Unidas.

Government of Chile 2011. Respuesta a Cuestionario de Gobiernos. 10a Sesión del Foro Permanente de Cuestiones Indigenas, Naciones Unidas.

Government of Chile 2014. National Report Submitted In Accordance With Paragraph 15 (A) Of The Annex To Human Rights Council Resolution 16/21. A/HRC/WG.6/18/CHL/1.

Government of Chile - United Nations 2014. Objetivos del Milenio: Cuarto Informe del Gobierno de Chile. Santiago: Gobierno de Chile (http://www.ministeriodesarrollosocial.gob.cl/pdf/upload/Cuarto_Informe_ODM.pdf.)

Government of Chile - United Nations 2012. *Medición del Estado de los Objetivos de Desarrollo del Milenio en la Población Indígena de Chile*. Santiago: Gobierno de Chile.

Gunder-Frank, Andrés 1966. The Development of Underdevelopment. *Monthly Review* 18(4) : 17-31.

Gulrajani, Nilima 2006. The art of fine balances: The challenge of institutionalizing the Comprehensive Development Framework inside the World Bank. In Diane Stone & Christopher Wright (eds.), *The World Bank and Governance: A Decade of Reform and Reaction*. London: Routledge, pp. 48-66.

Hale, Charles 2002. Does Multiculturalism Menace? Governance, Culturai Rights and the Politics of identity in Guatemala. *Journal of Latin American Studies* 34(3) : 485-524.

Hall, Thomas & James Fenelon 2004. The Future of Indigenous Peoples: 9-11 and the Trajectory of Indigenous Survival and Resistance. *Journal of World-Systems Research* 10(1) : 153-197.

Hall, Thomas & James Fenelon 2008. Indigenous Movements and Globalization: What is Different? What is the Same? *Globalizations* 5(1) : 1-11 (February).

Inter-american Development Bank 2006. *La política de las políticas públicas*. Washington, DC: IADB.

International Labor Organization 1957. Convention No. 107 concerning the Protection and Integration of Indigenous and Other

Tribal and Semi-Tribal Populations in Independent Countries.

International Labor Organization 1989. Convention No. 169 Convention concerning Indigenous and Tribal Peoples in Independent Countries.

International Working Group on Indigenous Affairs 2015. Summary - Roundtable conference on Indigenous Peoples and the new Post 2015 Development agenda（http://www.iwgia.org/environment-and-development/sustainable-development-goals-and-post-2015/roundtable-on-indigenous-peoples-and-the-sdgs-copenhagen-8-9-oct-2015.）

Keck, Margaret E. & Kathryn Sikkink 1998. *Activists beyond Borders: Advocacy Networks in International Politics*. Ithaca: Cornell University Press.

Kymlicka, Will 2013. Neo-liberal Multiculturalism? In P. Hall and M. Lamont（eds.）, *Social Resilience in the Neoliberal Era*. Cambridge: Cambridge University Press.

Larsen, Peter B. 2016. The 'New Jungle Law': Development, Indigenous Rights and ILO Convention 169 in Latin America International Development Policy/Revue internationale de politique de développement［Online］, 7.2

Marifin, Alvaro 2009. Intervention in United Nations Permanent Forum on Indigenous Issues 8th Session New York, May 18-29. Available.

Meyer, John W. & Jhon Boli, George M. Thomas, Francisco O. Ramirez 1997. World Society and the Nation-state. *American Journal of Sociology* 103(1) : 144-181.

Richards, Patricia 2010. Of Indians and Terrorists: How the State and Local Elites Construct the Mapuche in Neoliberal Multicultural Chile. *Journal of Latin American Studies* 42(1) : 59-90.

Richards, Patricia 2013. *Race and the Chilean Miracle: Neoliberalism, Democracy, and Indigenous Rights*. Pittsburgh: University of Pittsburgh Press.

Sieder, Rachel and Barrera Vivero, Anna 2017. Legalizing Indigeneous Self-Determination: Autonomy and Buen Vivir in Latin America. *The Journal of Latin American and Caribbean Anthropology* DOI: 10. 1111/jlca. 12233.

Simon, Jeanne 1999. *The Chilean Center-left and the welfare state: A structuration analysis*. Ph. D. Dissertation, Graduate School of International Studies, University of Denver.

Simon, Jeanne & Claudio González-Parra 2010. Contradictions in Multicultural Indigenous Policies: A Systemic Analysis of the Chilean State's Response to Mapuche Demands. *Przeglad Socjologiczny* 59(1) : 29-53.

Simon, Jeanne & Claudio González-Parra 2017. The Tensions of Multicultural Neoliberalism in Southern Chile: State Policies and Subjectivities of Mapuche Economic Leaders. International Studies Association Annual Meeting 22-26 Feb. Baltimore USA.

Tosa, Hiroyuki 2009. Anarchical Governance: Neoliberal Governmentality in Resonance with the State of Exception. International Political Sociology, 3: 414-430. doi: 10.1111/j.1749-5687.2009.00084.x

Tramontana, Enzamaria 2012. Civil Society Participation in International Decision Making: Recent Developments and Future Perspectives in the Indigenous Rights Arena. *The International Journal of Human Rights* 16(1) : 173-192, DOI: 10.1080/13642987.2012.622459.

United Nations 2007. Declaration on the Rights of Indigenous Peoples (A/RES/61/295).

United Nations Permanent Forum on Indigenous Issues 2010. Development with Culture and Identity: Articles 3 and 32 of the United Nations Declaration on the Rights of Indigenous Peoples. Presented at the International Expert Group Meeting on Indigenous Peoples (PFII/2010/EGM).

World Commission on Dams 2000. *Dams and Development: A New Framework for Decision-making*. London : Earthscan.

Yashar, Deborah 2005. *Contesting Citizenship in Latin America*. New York: Cambridge University Press.

第6章　ジャスティスの追求とヒュブリス
コソボの「独立」は正義を実現したか？

佐藤義明

「不正義が結局は独立を作り出す」（ヴォルテール）

1　はじめに

グローバル・ジャスティスとは何か。その答えは抽象的に追究されるべきものではなく、様々な現場において、グローバル・ジャスティスという理念の下でどのような活動が正当化されているかを具体的に検証することによって、浮かび上がってくるものであろう。もっとも、この理念を理解するために、その概念と混同されがちな幾つかの概念との区別を確認しておくことは有益であると思われる。たとえば、法の支配という概念が問題となるであろう。欧州安全保障協力機構（Organization for Security and Co-operation in Europe：ＯＳＣＥ）によれば、法の支配とは形式的な合法性の問題であるだけではなく、「人格の至高の価値の承認とその完全な受容に基礎づけられる正義」の問題である（Organization for Security and Co-operation in Europe 1990: 3）。この定義は、法の支配と正義とが密接な関係にあることを示している。ここでいう「正義」については、二つの理解がありうる。一方で、ＯＳＣＥ加盟国が条約や慣習法の形式で受け入れている原則、すなわち、実定法の形式で存在するが、具体的な規則に対して優越する価値を定式化した原則――実定的であるという意味で括弧の付いた「自然法」と呼ぶことができる――を意味すると考えられる。他方で、実定法が不正なものであると見える場合に、それに反する行為を正当化するために依拠される主観的な価値――それに依拠する者の「理性」のみに基づく文字通りの自然法――を意味すると考えることもできる。

国内社会で問題とされる「法の支配」は、前者によるものである。すなわち、法典または慣習法の形式で存在する憲法として受け入れられている「自然法」を実現するという目的で、それと抵触する法律や政令などを無効なものとするために依拠しうる理念であるとされる。このような理解の前提は、当該社会において「自然法」の存在が認められていること、「自然法」を認定する権威をもつものとして特定の裁判所などが受け入れられていること、および、当該裁判所の認定したものがあるべき「自然法」と異なると社会の構成員が考える場合に、「自然法」を再確定する手続、すなわち、国民が憲法制定権力を行使する――国際法の用語では、「人民が自決権を行使する」といわれる――ための手続が存在することである。

国際社会には、国内社会に存在するこれら三つの前提が存在しない。第一に、「自然法」は存在しないか、「自然法」という類型が存在するとしてもどの規範がそれにあたるかが明らかではない。たしかに、一九六九年に採択されたウィーン条約法条約（条約法に関するウィーン条約）は、国際法のうち強行規範であるものが存在するとして、強行規範と抵触する条約は無効であると規定している（第五三条）。しかし、「国家により構成される国際共同体」が強行規範であると認めていることが一般的に受け入れられている規範はほとんど存在せず、たとえそのような規範が存在するように見えるとしても、それらの規範の内容やそれら同士の優劣については争いがあることが常である。たとえば、

写真 6-1　国際司法裁判所（安部圭介氏撮影）

国家の領土保全の権利と人民の外的自決権――分離独立する権利――とは、それらの保障がともに強行規範であると主張されうるものであるが、前者に対して後者が優越する場合があるか、仮にあるとすれば、どのような場合に、どのような集団が外的自決権を行使して国家の領土保全を犯しうるのか、これらの問題については争いがあるのである。

第二に、普遍的な裁判権をもち、強行規範を有権的に認定する機関として受け入れられている国際裁判所は存在しない。[*1] 国連憲章が国連の「主要な司法機関」（第九二条）であると位置づける国際司法裁判所（International Court of Justice：ＩＣＪ）も、強制的な裁判権はもたず、紛争当事国が同意してはじめて裁判権を与えられる（ＩＣＪ規程第三六条一項）。そして、その判決は「国際共同体」全体に拘束力をもつことも、先例として拘束力をもつこともなく、「当事者間においてかつその特定の事件に関してのみ拘束力を有する」とされるのである（同第五九条）。

第三に、強行規範は慣習国際法と同じ機序《メカニズム》で変更されるところ、国連国際法委員会が起草し、二〇〇一年に国連総会がその決議の添付文書とした「国際違法行為に対する国の責任に関する条文」の第四一条二項に規定されているように、既存の強行規範の違反の結果は、すべての国がそれを承認してはならない義務を負うことから、強行規範の違反を他の国々が黙認することによって新たな強行規範が成立することは論理的に不可能である。たしかに、国際共同体を構成するすべての国家が条約を締結し、立法的に強行規範を変更することは論理的に不可能なわけではない。しかし、現実的には、当事国の数が最も多い「児童の権利条約」――国連憲章の一九三に対して、一九六――ですら合衆国は批准していないように、すべての国家が締結した条約はこれまでのところ知られていない。いずれにしろ、何が強行規範であるか自体が明確になっていないことから、その再確定手続がどのようなものであるかという問題は潜在的なものにとどまっている。

　そこで、国際社会においては、自然法を認定しうると自称する国が実定法を乗り越えようとする場合に法の支配という理念が援用されがちとなる。もちろん、もっぱら外交官の間だけで遂行されえた古典的外交の時代にも、そのような例は少なくなかった。しかし、外交官が自国の世論（public opinion）――正確にいえば、ベンサムのいうように、「公の意見」というよりも「大衆の（示威や投票などの行動による）是認（popular sanction）」――を確認しながら遂行しなければならない大衆外交の時代となり、報道などによって扇動される国民が実定法に違反してでも自然法を実現するべきであるとすることによって、外交官が実定法の許容する措置にとどまることが困難になり、実定法に違反する措置が法の支配の名の下に正当化される場合が増えているのである。

　これに対して、「法の支配」という概念を自然法の支配と理解することはその濫用であり、それを「自然法」の支配に限定するべきであると考えるならば、実定法に違反する措置をとる場合には、「法の支配」ではなく正義が指導理念とされることになる。国連憲章第一条一項は、国連の目的として「正義および国際法の原則に従って」国際平和を実現することを掲げている。正義と国際法とが並記されていることに鑑みて、国際社会においては「法の支配」の領域と並んで正義を規準とするべき政治的領域が存在すると考えることが不可能ではないのである。もっとも、「法の支配」が及ばない領域を認めることが、国際法の限界の反映であるか、法の解釈によって「法の支配」を維持するべき法律家の能力の限界の反映であるかは一つの問題である。実定法に違反しつつ行われる「正義」の追求は、その「正義」を真の正義として共有しない者にとっては不正に他ならない。実定法こそが共有される正義の最大公約数である——実定法は、自己の信ずる「正義」と他者のそれとが一致しない場合がありうることを受け入れる諦念と、それらが一致しない場合には、前者が後者に必ずしも優越するわけではないことを認める謙譲とに基づいている——とすれば、法律家が実定法に基づいて妥当な結論を導きえない場合には、それを実定法の限界と法律家の能力の限界とのいずれによると考えるとしても、法というシステムに対する不信を生み、平和の前提として法を当然に遵守するべきであるとする遵法文化を掘り崩すことにもなりかねない。

国際社会の三分の二近くの国々はコソボを国家承認したが、三分の一以上の国々はそれを差し控えており、国連安保理の常任理事国五ヶ国のうち二国もその独立を認めていないことから、国連に加盟できる見込みは当面ない。コソボの「独立」の過程では、武力行使の禁止という国際法の強行規範ともいわれる規則の違反が行われ、現地に多大な被害を及ぼしながら、それが正義の追求として正当化された。この意味で、コソボの「独立」はグローバル・ジャスティスとローカリティの問題を考えるうえで、一つの典型的事例であると思われる。そこに立ち現れるのが正義の実現にむけた人間的な試みであるか、正義を追求しつつ現地の（少なくとも一部の）人々に十分配慮することのない者のヒュブリス——みずからが正義を行っているという信念ゆえに自身を省みることなく、人間の分限を超え、神々の怒りを招くような思い上がり——であるか、それが問題である。

2 「悪」の創造——前史から一九九九年まで

ユーゴスラビア社会主義連邦共和国（旧ユーゴ）憲法は、一九七四年の改正に際して、コソボに二重の性質を与えた。[*2]連邦構成国であるセルビアの主権の下にある一地域であるとしつつ、同憲法によって自治権が保障される自治州であるとしたのである。セルビア正教徒のセルビア人にとって、コソボは一三八九年にイスラーム教徒のオスマン帝国と戦った象徴的な場所であり、その民族的アイデンティティと深く結び付く土地であった。しかし、コソボの住民構成は、二〇世紀後半に、セルビア系が減少し、アルバニア系が増加していた。アルバニア系住民の出生率の高さと、アルバニア人移民の受入れによって、アルバニア系は六割強から九割弱へと増加し、コソボの「アルバニア化」が進んだのである。セルビア人は、イスラーム教徒に苦しめられる受難の民族であるという意識を掻き立てられるコソボという場所で少数民族化し、イスラーム教徒の多いアルバニア系住民が増加している事態を民族的な脅威であると認識し、セルビア人政治家もそのような感情を煽り立てたのである（イグナティエフ 一九九九：五七—五八）。

一九八〇年に旧ユーゴのチトー大統領が死去した後、アルバニア系住民による独立運動が顕在化した。それに対して、一九八六年にセルビア大統領に就任したミロシェビッチは、一九八九年にコソボの自治権を放棄するようコソボ議会に強制し、翌年には同議会を停止するとともに、コソボ憲法裁判所を廃止した。これに対して、アルバニア系住民の一部はコソボ解放軍（Kosovo Liberation Army：KLA）を組織し、アルバニアにおいて軍事訓練を受け、コソボで殺人などの行為を繰り返すようになった。[*3] 安保理はその行為をテロとして非難する決議を採択し、合衆国もKLAをテロリスト集団のリストに掲載した——もっとも、合衆国は後にKLAをそのリストから削除し、解放運動集団と呼ぶようになった。

KLAの活動を背景としつつ平和的手段で独立を模索していたコソボの運動家たちは、一九九一年九月二一日に独立宣言を発表した。しかし、コソボを国家承認した国はアルバニア以外に現れなかった。独立運動家たちは、旧ユーゴ和平会議の議長キャリントン男爵にコソボを国家承認するよう要請したが、それも拒否された。同会議の仲裁委員会（バダンテール委員会）は、コソボ住民が独立する権利をもつ人民にあたらないと認定したのである。また、一九九五年一二月一四日にセルビア、クロアチアおよびボスニア＝ヘルツェゴビナが締結したデイトン合意も、コソボの問題を取り上げなかった。これに対して、二〇〇八年二月一七日になって再び独立宣言が発表されると（本章で独立宣言というときには二〇〇八年の独立宣言を指す）、コソボを国家承認する国がアルバニア以外にも現れ、日本も含め、その数は二〇一八年三月までに一一六に達した。問題はこの状況の変化がなぜ起こったのかである。その答えは、以下で明らかにする通り、セルビアを「民族浄化」を実行した「悪」とし、アルバニア系住民をその被害者である「善」とする二項対立的な状況認識（perception）の創造と、被害者の救済という正義を実現するためとして正当化される違法行為の積み重ねにあった。

　セルビアを「悪」とするために、コソボの独立運動家たちはみずからが被害者となるようにセルビアを挑発した。すなわち、国際社会は暴力を伴わない状況ではコソボの問題を無視し続けるであろうことから、みずからへの抑圧を悪化させるためにテロ行為を繰り返したのである。このような判断は旧ユーゴ内戦からの教訓を踏まえたものであったと考えられる。ボスニアで国連事務総長特別代表を務めた明石によれば、欧米の記者には、セルビア人に対する憎悪という「異常な心理」をもつ者が少なくなかった*4（明石 二〇〇一：一三九）。そこで、欧米諸国では、セルビアが一方的に非難され、クロアチアによる虐殺や停戦合意の違反などが意図的に看過された。とりわけ、ドイツは戦闘が続けばクロアチアを国家承認すると声明し、戦闘を続けることを目的としてクロアチアが停戦違反を繰り返す原因を作った（千田 一九九九：三六―三七）。旧ユーゴ内戦の際のこのような構造をコソボについても確立できれば、コソボの独立運動家たちがどれほどテロ行為を行い、セルビア系住民を殺害しても、非難されるのはその行為ではなく、セルビアによる治安維持活動だけであると考えられたのである。この戦術は成功した。欧米諸国は、ボスニアのスレブレニツァにおけるセルビア系住民の勢力によるイスラーム教徒の虐殺を座視したことが批判されていたこともあり、その批判を緩和するためにも、セルビアこそがそもそも「悪」であるという認識を強化しようとしたと考えられる。その結果、コソボにおいても、後に述べる北大西洋条約機構（North Atlantic Treaty Organization：NATO）による武力行使を受けて一九九九年六月九日にNATOとセルビアが締結した軍事技術協定に基づいて設定された安全地帯について、NATOは、アルバニア系住民の勢力がそこを拠点としてテロ行為を行うことを黙認し、それを抑止するためのセルビアによる措置のみを問題視したのである。

ひとたび創造された状況認識は、容易に変更されえないだけではなく、自己言及的に強化される。たとえば、KLAのテロ行為とセルビアの治安維持活動とが相乗的に激化していたなかで、一九九九年一月にラチャクでアルバニア系住民の死体が発見されたとき、OSCEの国際停戦監視団長は、数ある事件のうちこの事件のみを選択的に取り上げ、KLAの自作自演かもしれないとも指摘されていたにもかかわらず、事実調査を行うことなくただちに、セルビア治安部隊の行為であると決めつけたうえで、それを「人道に対する罪」にあたるとする声明を公表した。捜査し、容疑者を特定し、証拠を収集するという手続を踏むことなく、停戦の一方当事者を「有罪」であると言い渡したことは、監視団の中立性の放棄、任務に含まれていない国際刑事法の解釈と適用を行ったという意味で権限の踰越、そして、セルビアに保障されるべき「法の適正な手続」の侵害にあたる行為であった。セルビアは、同団長の国外退去を命じたものの、同団長が作り出した状況認識は十分検証されることなく拡散することになった。

3 暴力による「正義」の追求——一九九九年のNATOによる武力攻撃

「悪」が創造されると、「悪」に対する暴力は「正義」の追求の正当な手段であると見なされる。一九九九年三月二四日から六月二〇日まで、NATOはセルビアに対して武力攻撃を行ったのである。一九九一年にクウェートを侵略したイラクに対して安保理決議の下で遂行された「砂漠の嵐」作戦が四二日間であったことと比べても、この作戦は七八日間という長期に及ぶものであった。この作戦のなかで、NATOは、中華人民共和国の大使館や旅客列車を攻撃するなど、武力紛争法の違反を繰り返した。

この武力攻撃を違法であるとする文献は枚挙にいとまがない（Ingravallo 2012: 221 n.9）。国連憲章第二条四項は、武力行使を原則として禁止し、例外的にそれが許容されるのは、自衛権行使の場合（第五一条）と安保理による授権がある場合（第四二条）に限定している。本件で、セルビアはＮＡＴＯ加盟国いずれに対しても自衛権行使の前提となる「武力攻撃」を行っていないことから、ＮＡＴＯは個別的自衛権と集団的自衛権いずれの行使としてもこの武力攻撃を正当化することができない。また、安保理はこの武力攻撃を授権していない。ＮＡＴＯは、旧ユーゴ内戦の際にも、安保理の授権なく一九九五年八月三〇日からセルビアを空爆していたことから、今回も同じように行動したと考えられる。しかし、今回、安保理は、一九九八年九月二三日の決議第一一九九号において、同決議が履行されない場合には追加措置をとるとして、どのような追加措置をとるかをあらためて決定するものとしていた。たしかに、安保理決議が得られなくても、そこで合意を得るように努力しさえすれば、人権侵害を阻止するために武力行使が認められるとする見解がないわけではない（イグナティエフ 二〇〇八：七六―七七）。しかし、ＩＣＪのフィッツモーリス裁判官がかつて述べたように、決議案が採択されなかったときに、「『現実には』当該提案は受諾された、または、少なくともそれは『真に』拒否されたわけではないと後から主張することは、法的には不可能である。そのような主張はまさに主観的な性質のものである――心理状態は法ではない」（International Court of Justice 1971: 250）。なお、国連憲章は、武力行使の禁止の例外として自決権の行使を掲げていない。このことは、国連憲章が国際平和の維持を自決権の保障よりも優先させており、前者の脅威となる態様で自決権を行使することを認めていないことを意味すると考えられている（Kaikobad 2011: 60-64）。

安保理は、一九九九年三月二六日に、この武力攻撃を国連憲章の違反であるとする決議案を賛成三、反対一二で否決した。そこで、この武力攻撃の違法性が広く認められたわけではないといわれることもある（Weller 2015: 213）。しかし、安保理がそれを合法化する決議を採択しなかったことも事実である。結局、「ＮＡＴＯによる国連の無視は、国際問題を支配するのは法ではなく武力なのだという露骨なメッセージをすべての国に送りつけた」というべきであると考えられる（イグナティエフ 二〇〇三b：八八）。それのみならず、ＮＡＴＯは地上部隊を投入しなかったことから、武力攻撃の期間にセルビアが「民族浄化」を行うことを結果的に可能にした。そのうえ、この武力攻撃は、セルビアをコソボから排除することによって、アルバニア系勢力がセルビア系住民の人権を侵害することも可能にした。後者の「逆民族浄化」の被害者は二二万人に及んだといわれる。そこで、「迫害の被害者であった人々が、新たに与えられた自由の下で、かつて自分たちを迫害した人々を迫害するようになるならば、迫害された人々の解放の手助けにどれだけ意味があるのであろうか」と問われることになった（イグナティエフ二〇〇三a：七一）。大規模な「逆民族浄化」の発生が「手助け」の帰結であったとすれば、「手助け」を行った主体のその帰結に対する責任が問われるべきであろう。しかし、NATOは、NATO軍に行動命令を発令した際に、その行動には法的根拠が存在するとしたものの、その法的根拠が何であるかについてはついに説明しなかったことから、説明責任すら果たさなかった。

4　権限の踰越と簒奪——一九九九年以降の国連による暫定統治

国連による暫定統治とコソボの「独立」

NATOの武力攻撃によって、セルビアはその軍と警察をコソボから撤退させる軍事技術協定への署名を強制された。この協定の下でコソボの治安維持は、NATOの指揮命令系統を通して行動するコソボ治安維持部隊が担うものとされた。この協定は、「国と国際機関との間又は国際機関相互の間の条約法に関する条約」第五二条に反映されている慣習国際法の下で、違法な武力行使を用いた強制による条約として無効ではないかという疑義がある。かりにそれが有効なものである場合にも、この協定を受けて採択された安保理決議第一二四四号は、セルビアの領土保全を保障し、かつ、セルビアの軍と警察の一部をコソボに復帰させるとしていた。主権をもつ共和国の離脱に対して連邦の一体性が保障される程度よりも、その共和国の構成地域にすぎず、主権をもたない自治州の分離独立に対して共和国の領土保全が保障される程度はいっそう大きいと考えられる。それにもかかわらず、安保理は領土保全が毀損される状況の変化を防止することも、セルビアの軍と警察を復帰させることもなかった。安保理のそのような重大な懈怠に照らして、衡平の原則または信義誠実の原則の下で、当該決議は効力を否定されるべきかもしれない。そう考えなければ、同決議は征服を偽装したものであるということすら可能であろう。実際に、同決議の下で設立された国連コソボ暫定行政ミッション（United Nations Mission in Kosovo：ＵＮＭＩＫ）がコソボを暫定統治するものとされ、この暫定統治体制の下でアルバニア系住民が事実上の支配を確立することになった。[*5] 暫定統治の開始によってコソボが「事実上独立」したとしたり（Falk 2011: 56, 58）、暫定統治の開始からある時点――少なくとも二〇〇六年――までコソボは国家の要件を満たさなかったが、二〇一四年までにはそれを満たすようになったとしたりされるように（Crawford 2015: 288-290）、ＮＡＴＯによる武力攻撃とそれに続く暫定統治がコソボの「独立」の前提となったのである。

なお、ＮＡＴＯによる武力攻撃が違法であるとしても、それとコソボの独立宣言との間に国連による暫定統治が介在していることから、コソボの独立宣言は違法ではないのに対して、ロシアによるウクライナに対する違法な武力行使の直接の結果であるクリミアの独立宣言は違法であるといわれることがある（Milanović & Wood 2015: 3-4）。しかし、国連の暫定統治が違法な武力攻撃の直接の結果であるとすれば、それが独立宣言の前に介在することがなぜ独立宣言の違法性を阻却する原因となりうるかは十分説明されていない。セルビアの領土保全を保障するとした安保理決議に基づく暫定統治が、その領土保全を毀損するコソボの独立宣言を正当化するというのは、一見明白に矛盾するからである。安保理決議の文言への信頼を前提として国連の暫定統治を受け入れたことによって、コソボを喪失することを受忍するようにセルビアに要求することが衡平に適うかどうかには疑義がある（Jovanović 2012: 316）。以下では、国連による暫定統治の期間に、コソボの「独立」にむけた違法行為がいかに積み重ねられたかを検証する。

欧米諸国による交渉「案」の拡大解釈

欧米諸国は、ＮＡＴＯによる武力攻撃に先立って行われた交渉で提起された「案」にコソボの最終的地位を確定するための基礎として繰り返し依拠した。すなわち、コソボのアルバニア系住民の勢力のみが署名し、セルビアは署名すらしていない一九九九年三月一八日の「案」を「ランブイエ合意（Accord）」または「暫定協定（Interim Agreement）」と呼び、あたかもセルビアが受諾した約束であるかのように、セルビアにその履行を要求したのである。[*6] たしかに、セルビアは、ＮＡＴＯによる武力攻撃の後の同年六月、この「案」が領土保全の尊重を掲げる全欧安全保障協力会議――ＯＳＣＥの前身――のヘルシンキ最終文書に言及していることを前提として、この「案」を「考慮」することに合意した。ヘルシンキ最終文書は、国連憲章第二条四項と同じく、自決権の行使の文脈ではなく武力行使の文脈で領土保全に言及している。しかし、国連憲章の権威ある解釈を宣明したものとみなされている一九七〇年の国連総会決議「友好関係原則宣言」は、自決権行使の承認が既存の国家の領土保全を害する行為を奨励するものではないと断っているのである。セルビアはこのような理解のうえに、「案」の「考慮」に合意したのであり、その履行を約束したわけではなかった。欧米諸国は、この「案」の内容についても、セルビアの領土保全については言及することなく、コソボの最終的地位がその住民の意思を反映するべきであるとする部分のみを強調した。たとえば、旧ユーゴ内戦の際に仲介を行うべく欧州連合（European Union：ＥＵ）加盟国四ヶ国、ロシアおよび合衆国が構成したコンタクト・グループ（連絡調整グループ）は、二〇〇六年一月三一日に、コソボ問題の「解決はとりわけコソボの人民にとって受諾可能なものである必要がある。過去の破滅的な政策が現在の問題の核心に存在する」として、セルビアに一方的な要求を行ったのである。

　安保理決議第一二四四号を通して国際共同体が追求しようとした目的は、信頼性のある国際保障体制を樹立したうえで、セルビアの主権の下でコソボに自治を保障すれば達成されえたと指摘されている（Oeter 2012: 130）。それにもかかわらず、欧米諸国はランブイエ交渉の際の「案」の恣意的な解釈に基づいて、セルビア国民全体の意思を踏まえることなく、コソボの住民の意思のみがコソボの最終的地位を決定するべきであると要求したのである。この立場から、セルビアが二〇〇六年に制定した憲法において、「コソボおよびメトヒヤ」にアルバニア系住民が受け入れうる広範な自治を認めなかったことを、セルビアは包括的自治を与えるという約束を履行する意思がない証拠であるとして、欧米諸国はコソボを国家承認する正当性があると主張したともいわれる（Knoll-Tudor 2015: 82）。

国連事務総長特別使節による権限濫用

国連は、暫定統治を行うとともに、コソボの最終的地位の確定を支援するために、二〇〇五年一一月に国連事務総長特別使節を任命した。その事務所は「コソボの将来の地位に関する国連事務総長特別代表事務所（United Nations Office of the Special Envoy of the Secretary General for the Future Status Process for Kosovo：UNOSEK）」と呼ばれる。安保理決議第一二四四号は、コソボの最終的地位については「当事者の交渉による和解（settlement）」によるべきであるとしていた。コンタクト・グループが規定し、安保理議長が確認したUNOSEKの行動の指導原則は、UNOSEKにコソボの最終的地位に関する交渉の支援を委任していた。コソボの最終的地位を一方的に勧告すること——ましてそれを一方的に決定すること——はUNOSEKの任務とされておらず、和解を達成できなければUNOSEKの任務は端的にいって失敗したことになるはずであった。ところが、UNOSEKは、中立的な立場から和解の仲介を行うかわりに、アルバニア系住民に偏向する立場から、その権限を踰越し、みずからコソボの最終的地位を一方的に勧告することになった。国連職員のなかには、現地の実情を理由として、法的妥当性に関する異議については「沈黙を守るように言う」者がいるといわれる（明石二〇〇一：九五、一一二）。国連憲章が正義に照らして現行法と異なる決断を下す権限を認めているのは安保理のみであるにもかかわらず、個々の国連職員が与えられた権限を越えて政治的必要に応じて行動しうるかのような組織文化が醸成されているのである。以下にあげるUNOSEKの行動は、このような国連職員による「法の支配」の廃棄の現れであるということができるかもしれない。

UNOSEKは、二〇〇六年一月一六日に、一九八九年のコソボの自治権の廃止が旧ユーゴ憲法に違反するとして、コソボをセルビアの支配の下に戻すことは実行可能な選択肢ではないと一方的に宣言した。しかし、旧ユーゴの国内法を解釈し、セルビアによるその解釈を否定することがUNOSEKの権限に含まれているかどうかには疑義があった。UNOSEKは、ロシアを除くコンタクト・グループの構成国の要請を受けて、二〇〇七年二月二日に、「コソボの独立のみが実行可能な選択肢である」とする「包括的提案」を公表した。この提案は、たとえば、安保理決議第一二四四号に基づいてUNMIKの長を務める国連事務総長特別代表の権限を、国際文民事務所へと移すという提案を含んでいた。この提案については、それが国際的見解を代表するものであるとして、それを背景に行われたコソボの独立宣言を一方的なものであるとすることは不適切であるという主張がないわけではない（Weller 2015: 213）。しかし、この提案は、セルビアによって受諾されることも、安保理によって採択されることもなかった。この提案が国際的見解を代表するということは、国際的見解を代表する資格を安保理から一部の国々とUNOSEKへと簒奪する独断的な見解にすぎない。

UNOSEKは、さらに、同年三月一一日に、セルビアが「現実的提案」を申し出ることを期待するとする声明を公表した。ここでいう「現実的提案」とは、UNOSEKの主張を受け入れて、コソボの分離独立を承認することを外交的言辞で表現したものである。この声明は、セルビアがそれに応じる可能性のあることを要請する仲介者として信義誠実に則って公表されたものではなく、ロシアがセルビアの領土保全を支持していたこともあり、セルビアがそれに応じる可能性がないことが明白であったにもかかわらず、同国に政治的圧力をかけるために公表されたものであった——かりにセルビアがそれに応じるとUNOSEKが確信していたとすれば、それが願望的思考（wishful thinking）によるものにすぎないことは明白であった。この声明は、コソボの独立活動家の期待をいやがうえにも高め、和解をいっそう困難にすることになった。この提案は、後に、「コソボ憲法」第一四三条に明示的に取り込まれた。*7

国連事務総長による権限踰越と安保理の権限の簒奪

国連事務総長は、二〇〇七年三月二六日に、UNOSEKの「包括的提案」を支持すると表明した。これによって、UNOSEKによる権限踰越に加担することになった。*8 コソボの独立宣言の後、コソボの独立運動家たちは、UNM

ＩＫに撤退するように要請した。それを受けて、事務総長は、二〇〇八年七月一五日に、「国連はコソボの地位の問題について厳格に中立であるという立場を維持する」と宣言しつつ、「安保理が指針を提供できないという事実に照らして、変化した現実に適応させるためにＵＮＭＩＫを再構成」するとした。安保理決議第一二四四号は、安保理が決定しないかぎり、ＵＮＭＩＫの活動が継続されるとしていた。安保理が新たな指針を提供しない場合には、その権威の下にある事務総長は現状を維持することを義務づけられている。安保理が新たな指針を提供するべきであるのにそうすることが「できない」と一方的に認定し、安保理に代わってＵＮＭＩＫを再構成することは、安保理の権限の簒奪にあたる。安保理は、このような事務総長の行為を無効であるとする決議を採択しないかぎり、それを黙認しているといわれることもある（Röben 2010: 1083）。しかし、この解釈によれば、ひとたび安保理決議が採択されると、事務総長がその実施の際にいかに権限を踰越しても、常任理事国が一国でもそれを支持すれば、同国の拒否権ゆえに安保理がそれを無効であるとする決議を採択することは不可能であることから、その権限踰越は放置されることになる。このような解釈が合理的であるということは困難である。しかも本件における権限踰越のあり方は、安保理決議が保障するとしたセルビアの領土保全が「変化した現実」――事務総長はＵＮＯＳＥＫを介しておよび直接にその変化に加担した――によって毀損されることを追認しても国連の中立性が損なわれないとする不可解なものであった。

欧州連合特使の権限踰越

ＵＮＯＳＥＫの提案に関して安保理が決議を採択しないなかで、ＥＵ、ロシアそして合衆国の三者――トロイカと呼ばれる――は仲介に乗り出した。その際に、ＥＵの特使は、コソボの地位に関する和解の成立とセルビアのＥＵへの加盟の可能性とを結びつけることによって、「その任務を明らかに逸脱した」（Knoll-Tudor 2015: 85）。たしかに、セルビアは「コソボの維持とＥＵへの加盟」という二つの目標を追求していた。しかし、セルビアがコソボの主張を受け入れる代価としてＥＵへの加盟を提示することは、ＥＵの特使が仲介者として中立性を放棄することを意味し、トロイカの枠組で試みられた仲介の本質と抵触する行動であったのである。

欧州連合による権限簒奪

EUはコソボ問題に深く関与していた。安保理議長は、「バルカン半島西部全体に関する欧州の見通しを推し進める」EUの努力を歓迎すると声明し、EUも、セルビアとコソボの未来はEUにあると宣言して、その関与を正当化していた。しかし、このことは安保理がコソボ問題の解決をEUに白紙委任していたことを意味するわけではない。EUは、UNMIKの下で経済的再構築の支援を担当していた。しかし、EUの理事会は、コソボの独立宣言の直前の二〇〇八年二月四日に、UNMIKの下での活動を終了し、代わりに「コソボEU法の支配ミッション（European Union Rule of Law Mission in Kosovo：EULEX）」を派遣することを決定した。EUは、コソボの分離独立に反対する加盟国の建設的棄権をともなう書面による会合によって、この決定を行ったのである。EUの一方的決定に基づくEULEXは、コソボで活動する基礎となる法的根拠をもたなかった。EUは、当初、安保理決議第一二四四号に基づいてEULEXが独自に活動しうるとしたが、ロシアなどがそれに抗議したことから、後に、国連の権威の下におかれることに同意した。結局、安保理議長が、EULEXが安保理決議第一二四四号を尊重し、国連の枠組の下で活動することを確認する声明を公表し、事後的な合法化を図ったのである（Delgado 2012: 157, 165-166）。

EULEXは、特定の分野の支援を分担するというよりも、コソボの国家建設を一般的に担うものとされた。とりわけ、EULEXは「関連するコソボ国際文民事務所と協議したうえで」コソボ当局の採択した決定を覆す権限をもつものとされた。この権限はもともとUNMIKの長である事務総長特別代表に認められていた。EUは、その権限をEULEXへと簒奪しようと試みたのである。そして、国連事務総長は、UNMIKの「再編成」の際に、この権限の移転を追認した。しかし、安保理決議第一二四四号が国連からEUへのこのような権限の移転を許容していたかどうかには疑義がある。コソボでは、政治的圧力から自由な警察官や法曹はほとんど存在しておらず、援助資金のほとんどが腐敗した人々に渡っているともいわれる（イグナティエフ二〇〇三a：一二九）。そして、ＥＵＬＥＸが、「コソボの政治エリートが組織犯罪ネットワークに組み込まれているという事実を含むコソボ社会の風土病のような腐敗と恩顧主義」を改善できるかどうかには疑義があるといわれる[*9]（Oeter 2012: 128）。

強大な権限を与えられたＥＵＬＥＸについては、皮肉なことに、ＥＵＬＥＸ自身が「法の支配」に服していないことが問題とされるようになった。そこで、ＥＵＬＥＸによる人権侵害に対する不服申立を受けるために、人権審査委員会（Human Rights Review Panel）が設立された。もっとも、この委員会は、ＥＵＬＥＸに対する独立が十分保障される司法機関ではなく、その権限も人権侵害を行った者に対して懲戒を行うことを含まず、賠償以外の救済手段を勧告することができるにすぎないものとされた。この委員会は二〇一〇年から二〇一六年の間に一八八件もの申立を受けつけることになった。

5 「法の支配」からの免除――「違法であるが正当」および「唯一の事例」

欧米諸国は、コソボの「独立」の過程でおこなわれた様々な違法行為を正義の観点から正当化するために二つの立論を試みた。その一つは、「違法であるが正当」であるというものである。たとえば、ＮＡＴＯ非加盟国である――しかし、ロシアとの関係で、その安全保障のためにＮＡＴＯと緊密な協力関係をもつ――スウェーデンが設置した「独立国際委員会」は、「法の支配」が及ばない「灰色の領域」が存在し、それは合法性の問題を越えて、正当性に関する柔軟な理念が問題となる領域であるという（The Independent International Commission on Kosovo 2000: 164）。しかし、問題は、「法の支配」の領域と「灰色の領域」との境界をだれがどのような基準によって画定するかである。それらが特定されていなければ、この境界の画定は主観的なものにすぎないことになるからである。そうであるとすれば、ＮＡＴＯが国連憲章の文言は遵守していないが、その精神を尊重しているので正当であるという主張は、強国の圧力に屈した主張にすぎないと考えられることになるのである。さらにいえば、NATOが「違法であるが正当」であるとして行った武力攻撃は、「人類の名においてみずからの政治的な敵と戦うのは、人類の戦争であるのではなく、（中略）その戦争相手に対して普遍的概念を占取しようとし、（相手を犠牲にすることによって）みずからの普遍的概念と同一化しようとする戦争」（シュミット 一九七〇：六三）にまさにあたる行為であろう。「灰色の領域」の存在と正当性のこのような占取を認めれば、強国が「法の支配」に服する領域はかぎりなく縮小していくことになる。

もう一つは、コソボ問題が法的先例とならない「唯一の（*sui generis*）事例」であるという主張である。「灰色の領域」が存在するかどうかはともかく、少なくとも本件は「法の支配」に服しないとする主張である。コソボの独立宣言の前文自体が、コソボは「合意に基づかないユーゴの解体から生じた特別な事例であり、いかなる他の事態に対しても先例とはならない」としており、欧米諸国も次に検討するICJの勧告手続などで、「唯一の事例」であるという主張を繰り返した。コソボの独立運動家たちや欧米諸国が「唯一の事例」であると取りつかれたように主張したことは、現行法の下でコソボの独立を正当化することが不可能であることをそれらが自覚していた証拠であるといわれる（Pertile 2011: 123-124）。「唯一の事例」であるとする主張は、コソボが独立したとする主張を法に基礎づけて説明することを断念しつつ、その主張が「灰色の領域」の存在を肯定することにつながったり、他の地域の独立運動家の活動を正当化することにつながったりすることを防止する「ダメージ・コントロール」の試みにすぎなかった（Milanović 2015: 58）。しかし、この試みが成功したということが困難であることは、クリミアや北キプロスなどの「独立」についてすでにコソボの先例が援用されていることからも明らかである。

セルビアは、コソボの独立宣言が公表されて間もなく、それが国際法の下で合法であるかどうかに関して、ICJに勧告的意見を言い渡すよう要請することを国連総会に提案した。この提案の目的は、国々によるコソボの国家承認を遅らせることであったとする見解や、セルビア国民の民族主義的な熱狂が冷却する期間をかせぐことであったとする見解もある。[*10] しかし、最も主要な目的は、コソボが「唯一の事例」であるとする主張を否定することであったと考えられる。セルビア自身の言葉によれば、同国は、「国際共同体による法の支配への支持」の象徴として、ＩＣＪへの諮問を提案したのである。ＩＣＪ規程第五六条一項は、ＩＣＪは司法裁判所としてその意見を法的に理由づけるべきであるとしていることから、ＩＣＪが「唯一の事例」であるという立論に依拠し、普遍的に適用される法の原則または規則に理由づけずにすませたならば、同項に違反し、その任務を放棄することになるのである。ところが、ＩＣＪは、旧ユーゴの解体過程においてセルビアが国連加盟国の地位にあったかどうかについて、「唯一の立場」にあったという判決をすでに下していた（Cour international de justice 2003: 31）。この判決も強い批判を受けていたことから、同じ「理由」を再び採用するならば、司法裁判所としての信頼を決定的に損なうことになると危惧された。そこで、ＩＣＪは法的審査に踏み込まざるをえず、そうすれば、コソボの独立宣言が合法であるという勧告的意見を言い渡すことはできないであろうと考えられたのである。この意味で、ＩＣＪの勧告手続は、セルビアがコソボと欧米諸国を「法の支配」に服させうる唯一の手段であったのである。

6　司法判断の回避——二〇一〇年の国際司法裁判所による勧告的意見

国連総会による要請を受けて、ＩＣＪは、二〇一〇年に、独立宣言は国際法に違反するものではないとする勧告的意見を言い渡した（International Court of Justice 2010）。その主要な理由は、独立宣言を公表した主体が国家でも安保理決議の下で設立された機関でもないとする認定であった。この意見は、法を機械的に適用しようとする伝統的なアプローチを克服し、実体的な正義を実現するために、法を国際共同体の要求に適応させようとする未来志向的なアプローチによるものであったとする評価がないわけではない（Brand 2013: 598）。しかし、ＩＣＪは、その意見を現実の争いの帰趨に影響を及ぼさないものにするために、諮問事項にいわば「ロボトミー手術」のような解釈を施したともいわれている（Pertile 2011: 126）。この意見は、真の争点について判断を下すことを狡猾に回避し、ＩＣＪが最も有用性の少ない手段であることを明らかにしたとすらいわれるのである（Milano 2011: 89-90）。この意見がどのような正義を実現したのか明らかではないこと、そして、それを受けた国々の行動にも照らせば、後者の評価が実態に即したものであると考えられる。

なお、ＩＣＪはこの勧告手続においてきわめて作為的な手続を採用した。まず、この手続の表題を、口頭手続の終了までは国連総会の諮問通り「コソボの暫定自治機関による一方的独立宣言の国際法適合性」としていたにもかかわらず、口頭陳述で独立宣言の署名者たち（authors）の地位が争われたという理由で、口頭手続が終了した後に「コソボに関する一方的独立宣言の国際法適合性」へと変更した。このような遅いタイミングで要請機関の定式を変更することは前例のない処理であった。また、ＩＣＪは、ＩＣＪを利用する資格を認められていない署名者たちにセルビアと対等に手続に参加させた。ＩＣＪが国家でも国際機構でもない主体に口頭手続への参加を認めたことはそれまでになく、しかも、セルビアと同じ陳述時間を配分したことは、ＩＣＪが彼らを国家代表に相当する資格をもつものと見なしていたことを示唆するものであったといわれる（Onica Jarka 2010: 51）。この処遇は、セルビアの領土保全を保障する安保理決議第一二四四号と抵触し、かつ、ＩＣＪの慣行からも逸脱し、ＩＣＪの公平性を疑わせるものであった。

ＩＣＪの勧告的意見が前提とした事実認定は、明らかに作為的なものであった。独立宣言の署名者たちは、選挙によって暫定自治機関の「大統領」と「議会」の構成員の地位にあった。しかし、暫定自治機関の権限にコソボの最終的地位の一方的な決定は含まれていなかった。それゆえ、その構成員の地位にあるという事実は、独立宣言を公表する権限を与えられていたことを意味しない。独立宣言を公表した署名者たちは、「地元の名士の集まり」と呼ぶべき集団であった（Morrison 2013: 602）。もっとも、署名者たちはＵＮＭＩＫ制度の下で「与えられた権限（*pouvoir constitué*）」を行使したわけではなく、人民を代表して憲法制定権力（*pouvoir constituant*）を行使したのであると考えることができるかもしれない。しかし、ＩＣＪは、一九七五年の西サハラに関する勧告的意見において、領土の地位を決定する人民の意思表明は、住民が十分情報をもつ状態で、かつ、民主的手続でなされなければならないとしてい

写真 6-2　旧ユーゴスラビア国際刑事裁判所（安部圭介氏撮影）

る（Cour international de justice 1975: 32-33）。実際に、ソ連や旧ユーゴの解体の際に共和国の独立が承認された前提は国民投票の実施であり、チェコスロバキアの解体とドイツの統一の前提はその点に関して決定する権限を与えられていた議会による決定であった。署名者たちによる独立宣言の公表は、ＩＣＪ自身が宣明したこれらの条件を満たすものではない。ＩＣＪは、意見のなかで署名者たちを「コソボ人民の代表者」と表記したが、それが独立宣言の文言を引用したものにすぎないならばともかく、署名者たちがそのような資格をもつという認定であるとするならば、そもそもコソボの住民が「セルビア人民」の一部ではなく独立の「コソボ人民」であるとする認定の理由が記載されていないうえ、署名者たちがどのような民主的手続でその「代表者」とされたのかも記載されていないという問題がある。

署名者たちの資格については、さらに二つの問題が存在する。一つは、アルバニア系以外の住民――暫定自治機関のセルビア系およびゴーラ系の「議員」を含む――がだれも独立宣言を公表した集会に参加しなかったことである。二〇〇一年にセルビアが加入した一九九五年二月一日の欧州評議会の少数者保護枠組条約に規定されているように、少数民族はその代表が協議に参加するなどの手段で公的決定過程に参画する権利をもつという原則が、コソボにおいても遵守されるべきであるとするならば、アルバニア系の独立運動家のみによる独立宣言に先立って、少数民族の権利が保障されたかが問題となるのである。もう一つは、旧ユーゴスラビア国際刑事裁判所（ＩＣＴＹ）がセルビア系住民に対する「人道に対する罪」などの容疑で起訴することになる者が複数、署名者となっていたことである（Arp 2010: 862-864）。もちろん、それらの者が署名者となる資格をもつかどうかは関連する法に照らして決定されるべき問題であるが、少なくとも独立宣言がアルバニア系住民による一方的なものであったという性質を表す事実であるということは可能である。

独立宣言の一般国際法との適合性に関するＩＣＪの分析も問題がないものではない。ＩＣＪは、領土保全を尊重する義務は国家間に存在するにとどまるので、国家ではない署名者たちはそのような義務を負わず、独立宣言を行う自由を留保していると認定した。しかし、一九九八年に、安保理はセルビアの領土保全を確認する決議第一一六〇号を採択したうえで、その遵守を「コソボのアルバニア人共同体」に義務づける決議第一二〇三号を採択している。安保理決議第一二四四号も義務の名宛人である「すべての関係者」から「コソボのアルバニア人共同体」を排除しているわけではない。それゆえ、非国家主体が類型的に領土保全を尊重する義務を負わないとする認定は十分理由づけられていない（Jovanović 2012: 306-307）。そのうえ、ＩＣＪは、禁止されていないかぎり自由に行うことができるとするローチュス原則――常設国際司法裁判所が一九二七年の「ローチュス号事件」判決において判示した原則――に依拠したが、この原則は、主権に自由の留保を根拠づけるものであり、主権をもたない署名者たちが自由をもちうる根拠にはならないと批判されている（Müller 2015: 131）。

ＩＣＪは、禁止規範が存在しないという理由で、独立宣言が国際法に違反しないとしたことから、独立宣言が特定の権利の行使であると基礎づける必要はないとした。しかし、勧告手続に参加した国々のなかには、コソボの独立宣言は、「救済的分離（remedial secession）」の権利を行使したものであるとするものも存在した。すなわち、内的自決権（自治権）を含む人権の享有が体系的に否定されているときに、そのような状態を打開する唯一の手段である場合には、外的自決権（分離独立する権利）が生じるという主張である。しかし、この権利が慣習国際法の下で確立したということは困難である。まず、それが認められた国家実行が存在しない。一九七一年のバングラデシュの独立がその先例であるといわれることがないわけではないものの、同国は、被分離国パキスタンの反対にもかかわらず自決権の行使として承認されたわけではない。パキスタンが同地の支配権を回復する見込みを失い、同国の分離独立を既成事実として受け入れた後で、国際的に承認されたにすぎない。逆に、チェチェンの事例では、チェチェン人が自決権の主体である人民であり、彼らの人権が大規模に侵害されていることが広く認められたにもかかわらず、ロシアの領土保全が尊重されるべきであると一般的に考えられているのである（Crawford 2006: 408-410）。また、国家実行と並ぶ慣習国際法の成立要件である法的確信も存在するとはいえない。ＩＣＪの勧告手続においても、「救済的分離」の権利の存在を否認する国が少なくなかったのである。

さらに、かりに「救済的分離」の権利が確立しているとしても、その要件は人権侵害を防止する緊急の必要性であると考えられる。ＮＡＴＯによる武力攻撃とＵＮＭＩＫによる暫定統治は、セルビアによるアルバニア系住民に対する人権侵害の可能性をほとんど失わせており、「救済的分離」によってアルバニア系住民を保護する必要性は当時存在しなかった。独立宣言が公表された時点で報告されていた人権侵害は、アルバニア系住民によるセルビア系住民などに対するものであった。たしかに、セルビアによる人権侵害の「生きている記憶（living memory）」がアルバニア系住民のアイデンティティの一部を構成するようになり、セルビアの主権の下に彼らが復帰する障害となるといえるかもしれない。しかし、その事実は、「救済的分離」の権利を認める根拠となるわけではなく、暫定統治を終了し、民族共存の枠組を構築する際に考慮するべき事実であるにすぎないはずであった。

独立宣言が特別国際法である安保理決議第一二四四号に違反するかどうかについても、ＩＣＪの分析は問題がないものではない。ＩＣＪは、同決議はその下で設立された暫定自治機関に独立宣言を公表する権限を与えていないが、署名者たちは同決議の枠組の外で行動したことから、独立宣言は同決議に違反するものではないとした。しかし、かりにコソボ人民が存在し、彼らが分離独立する権利をもつとしても、安保理は、その権利はセルビアとの和解に従って行使されるべきであるとして、コソボの最終的地位に関する交渉が継続している間、その行使を禁止する権限をもつ（Röben 2010: 1081）。そして、同決議は実際そうしていたと考えられるのである。また、ＩＣＪは、ＵＮＭＩＫの制定した憲法的枠組の第一二章の下で、コソボ当局による安保理決議第一二四四号と抵触する行為に対して適切な措置をとる権限をもつ国連事務総長特別代表が独立宣言を無効なものであるとする措置をとらなかったことは、かれがそれを暫定自治機関の行為であると考えなかったことを表すと認定した。しかし、国連事務総長特別代表はこの点について最終的決定権をもつわけではなく、ＩＣＪは、かれがその職務を懈怠したかどうかを審査するべき立場にあった。さらに、当時の状況は、国連事務総長特別代表がそのような措置をとったならば、アルバニア系住民がＵＮＭＩＫの職員に対して暴力をふるうおそれがあり、かれは措置をとらないよう脅迫されていたという指摘もあるのである（Ker-Lindsay 2011: 6）。

ＩＣＪは、独立宣言が国際法に違反していないと認定することによって、コソボを国家承認しても国際法に違反しないこと、および、コソボの最終的地位に関する交渉の継続は不要であることを黙示的に認定したといわれる（Rudi 2013: 620）。前者の認定にもかかわらず、ＩＣＪが後者の立場をとっていないという形式的な評価はありえないといわれるのである（Nollkaemper 2015: 236）。もちろん、ＩＣＪは、コソボを国家承認することが合法であるかどうかを審査しておらず、安保理がその最終的地位を決定する前になされる国家承認がいわゆる「尚早の承認」として国際法に違反し、セルビアの領土保全を侵害する可能性を否定していない（Bothe 2010: 839）。しかし、コソボの国家承認が禁止されていないという「誤解」が生じうることを予期しながら、ＩＣＪがその意見を作成したとすれば、司法機関として信義誠実に則った行為であるかどうか疑義が生じるであろう。もっとも、実際には、ＩＣＪの意見を受けてコソボを国家承認する国が劇的に増加したという事実はなく、ＩＣＪの意見は国々の行動にほとんど影響がなかったといわれる（Peters 2015: 297）。結局、ＩＣＪの意見は、一九九八年以来のコソボの事態について、国際法がどれほど武力および政治力に服従してきたかを明らかにするものであり、国際法への信頼と国連の信望を掘り崩すものであるといわれる（Ingravallo 2012: 234）。ここで法は、「政治的便法の外交的語法」である各国の承認にその役割を取って代わられたといわれるのである（Ryngaert & Sobrie 2011: 480）。

7　おわりに

コソボの「独立」は正義の実現であるというべきであろうか。欧米諸国は、それを正義の実現であると考えたのかもしれず、コソボのアルバニア系住民二〇〇万人をセルビア系が七〇〇万人を占めるセルビアに復帰させることは両者の利益にならないと考えたのかもしれない。いずれにせよ、欧米諸国がコソボを分離独立させると決断したとき、セルビアの領土保全は保障されえなかった。ここから得られる教訓は、分離独立が成功するかどうかは、あらかじめ規定される法的条件を満たすかどうかではなく、武力を行使する意思と能力をもつ大国の支持が得られるかどうかによるということである（Jovanović 2012: 314-315）。そうであるならば、各地の独立運動家は、大国の（「世論」の）状況認識を操作し、その被保護者として認知されることを目指し、ときにはテロ行為によってみずからへの抑圧を激化させようとすることになるであろう。現在のところコソボが「唯一の事例」であるとすれば、それはコソボの状況が特異であったからではなく、コソボの独立運動家がこの戦術を成功させたからである。それに対して、セルビアは、欧米諸国の状況認識を矯正することに失敗するとともに、セルビアを保護する意思のないロシアに依存しようとして失敗した。ロシアが欧米諸国と同程度に民主化されていたならば、同国の政府はその国民の是認を得るためにセルビアを支持したかもしれない。しかし、民主化されていない同国の政府は、対内的にはセルビアへの同胞意識を強調しつつ、その国益は合衆国と対立しないことにあると判断し、セルビアを保護しなかったのである（イグナティエフ二〇〇三b：一二九―一三〇）。

ＩＣＪは、バルセロナ・トラクション電力会社事件について、最初に提訴された一九五八年から一一年後に、同会社を保護するために提訴していたベルギーが当該訴訟を提起する資格をもたないとする判決を下した。スペイン法の下でのみならず国際法の下でも法的保護の可能性が尽きた同会社は、その最後の年次報告書において、「当社の株主の財産は完全に強奪されてしまいました」と記載した（トレイン 一九八七：二〇三）。ＩＣＪは、スペインの政商がスペイン法を使って同会社をベルギー人株主から「強奪」することを阻止しなかったように、コソボの独立運動家たちが国連の暫定統治を利用してコソボをセルビアから「強奪」することを阻止しなかったということもできる。歴史を決定するのは力であり、そのような歴史が実定法を超える正義を実現するのかもしれない。もっとも、コソボに関する勧告的意見に対する反対意見において、ＩＣＪのベヌーナ裁判官は、同意見は「時の流れに漂う泡にすぎない」[*11]であろうと示唆した（International Court of Justice 2010: 514）。それが、正義の実現に道を開くものであったのか、単なる「泡」となるのか、それとも先例として「法の支配」を掘り崩す蟻の一穴となるのかは、今後の歴史がそれをどのように受け止めるかにかかっている。[*12]

注

＊１　ある規範が自然法であるかどうかについて、裁定者のいない「神々の争い」に陥り、力の勝る者が自然法を一方的に認定することを避けるためには、だれが自然法を認定する権限をもつかについて決定されていなければならない。これを決定する法は自然法ではありえず、実定法となる。それゆえ、社会的には、自然法は実定的な「自然法」としてしか存在しえない。

＊２　旧ユーゴから四共和国が独立した後に、残った二共和国はユーゴスラビア連邦共和国（新ユーゴ）を名乗り、さらに、同国はセルビア＝モンテネグロ国家連合へと改称した。両国は二〇〇六年に国家連合を解消した。本章は、コソボ問題を対象とすることから、旧ユーゴの構成国セルビア、新ユーゴ、セルビア＝モンテネグロそして現在のセルビアをセルビアと呼ぶ。

＊３　ＫＬＡの構成員は、麻薬や人身の売買を行う組織犯罪集団と関係していたといわれる。「独立」後に行われたＫＬＡの元構成

員に対する裁判では、その証人に殺害予告も届けられた。なお、この裁判の当時、コソボの検察官と裁判官約二千人のうちアルバニア系以外は四六人（そのうちセルビア系は七人）にすぎなかった。

＊4　欧米諸国の見解も一致しているわけではない。たとえば、EU加盟国のうち、カタルーニャ州などで独立運動家が活動しているスペインと大アルバニア主義に反対しているギリシア、その他にキプロス、スロバキアおよびルーマニアは、コソボを国家承認していない。本章は便宜のために、コソボの独立を支持する国々を欧米諸国と呼ぶ。

＊5　統治者からその国の少数民族を守るという人道的な目的を主権の不可侵性に優先させた国連のはじめての試みは、イラクにおけるクルド自治区の設置であった。しかし、クルド人はいまだ独立を達成していない。UNMIKの直接の先例は、一九九六年に設立された国連東スラボニア＝バラニャおよび西スレム暫定統治機構であった。同機構は、二年間の暫定統治の後、セルビア系などの少数民族の権利を保障しうる状態が確立されたとして、セルビア系住民の独立を認めることなく、クロアチアによる統治を回復した。

＊6　ランブイエ会議の目的について、合衆国の報道官は、アルバニア人をテロリストであると考えがちな人々に、彼らが「いい奴」であると納得させることにあるとした。合衆国は、約四〇日続いた会議が終了する予定の前夜に、セルビアが受け入れる見込みのない提案を提出した。これは、同会議の目的が達成されたと考え、その提案をセルビアに拒否させることによって、あたかもセルビアの責任で会議が成功しなかったかのような事実を創出しようとしたものと考えられる。

＊7　コソボの独立を支持する論考のなかには、コソボ当局とコソボを承認した国々が構成する国際運営グループ（International Steering Group）が「監視下の独立」が終了したと宣言したことについて、それが一方当事者の宣言であるという事実を無視し、国連の暫定統治が「監視下の独立」であったとする一方的な解釈をあたかも公知の事実であるかのように前提として、事務総長がその終了を認める権限をもち、実際にその終了を認めたかのような印象を作り出そうとするものがある（Pellet 2015: 277）。

＊8　国連事務総長は、UNMIKの運営責任者であったという意味でも、コソボの最終的地位を安保理に代わって承認する権限をもつかのように行動したという意味でも、コソボ問題の当事者であった。しかし、それと同時に、書証の収集、選択および翻訳によって「国連の主要な司法機関」であるICJを支援する任務も負っていた。そこで、事務総長を利用するICJは「裁判官であると同時に当事者でもある」立場に立つことになり、司法機関として要求される公平性の基準に合致していないのではない

かという問題が指摘されている（Forteau 2015: 185-186）。

＊9　コソボでは臓器売買が行われていると指摘される（Marty 2010）。コソボ当局がそれに責任を負うかどうかが問題となる場合に、コソボを国家承認した国においては、その主権免除の問題が生じることになる。

＊10　ＩＣＪの勧告手続がセルビア人の「ナショナリストの激情」を鎮静させ、彼らを「現実政治の感覚をもつ態度」にさせたとする評価もある（Milanović & Wood 2015: 3）。しかし、安保理決議が保障するとしたセルビアの領土保全を維持しようとする意思を、「権利のための闘争」の意思ではなく「激情」と呼び、権利を断念する態度を「現実政治の感覚をもつ態度」であるとする評価には、コソボの独立支持への偏向があからさまに現れている。この偏向は、たとえＩＣＪがコソボの独立宣言を違法であるとする意見を言い渡したとしても、「事実の問題として」セルビアがコソボを回復する見込みはなかったとして、そのような事実に棹差そうとする態度にも表れている。

＊11　ベヌーナ裁判官は、この意見の理由づけは見かけだけが論理的なもので、「よくいっても詭弁法」であると批判する（International Court of Justice 2010: 508）。裁判官によるこの見解は意見の質を問題とする。これに対して、ＩＣＪの外にある学者のなかには、ＩＣＪの意見はＩＣＪの意見であるという理由だけで勧告以上の権威をもつとする者がいる（Falk 2011: 52）。国々がＩＣＪの意見をしばしば無視していることからも、この見解が願望的なものであることは明らかである。

＊12　たとえば、すでに、北キプロス共和国の独立宣言も国際法に違反していないことが明確になったとして、その国家承認が促進されるべきであると主張されている（Doğan 2013: 67）。

参考文献

明石康　二〇〇一『生きることにも心せき――国際社会に生きてきたひとりの軌跡』中央公論新社。

イグナティエフ、マイケル　二〇〇八『ライツ・レヴォルーション――権利社会をどう生きるか』金田耕一訳、風行社。

イグナティエフ、マイケル　二〇〇三ａ『軽い帝国――ボスニア、コソボ、アフガニスタンにおける国家建設』中山俊宏訳、風行社。

イグナティエフ、マイケル　二〇〇三ｂ『ヴァーチャル・ウォー――戦争とヒューマニズムの間』金田耕一他訳、風行社。

イグナティエフ、マイケル　一九九九『仁義なき戦場――民族紛争と現代人の倫理』真野明裕訳、毎日新聞社。

シュミット、カール　一九七〇『政治的なものの概念』田中浩・原田武雄訳、未来社。

千田善　一九九九『ユーゴ紛争はなぜ長期化したか――悲劇を大きくさせた欧米諸国の責任』勁草書房。

トレイン、ジョン　一九八七『金融イソップ物語――「あと一歩」で儲け損なった男たちの話』坐古義之訳、日本経済新聞社。

Arp, Björn 2010. The ICJ Advisory Opinion on the *Accordance with International Law of the Unilateral Declaration of Independence in Respect of Kosovo* and the International Protection of Minorities. *German Law Journal* 11 (8) : 847-865.

Bothe, Michael 2010. Kosovo: So What?: The Holding of the International Court of Justice Is not the Last Word on Kosovo's Independence. *German Law Journal* 11 (8) : 837-839.

Brand, Ronald A. 2013. Introduction. *University of Pittsburgh Law Review* 74 (3) : 595-599.

Cour international de justice 2003. Demande en revision de l'arrêt du 11 juillet 1996 en l'affaire relative à l'application de la convention pour la prévention et la repression du crime de genocide (Bosnie-herzégovine c Yougoslavie), Exceptions préliminaires, *Recueil des arrêts, avis consultatifs et ordonnances 2003*: 7-75.

Cour international de justice 1975. Sahara occidental, *Recueil des arrêts, avis consultatifs et ordonnances 1975*: 12-176.

Crawford, James 2015. Kosovo and the Criteria for Statehood in International Law. In Marko Milanović & Michael Wood (eds.), *The Law and Politics of the Kosovo Advisory Opinion*. Oxford, U.K.: Oxford University Press, pp. 280-290.

Crawford, James 2006. *The Creation of States in International Law*. 2nd ed., Oxford, U.K.: Clarendon Press.

Delgado, Isabel Lirola 2012. The European Union and Kosovo in the Light of the Territorial Issue. In Peter Hilpold (ed.), *Kosovo and International Law: The ICJ Advisory Opinion of 22 July 2010*. Leiden: Martinus Nijhoff Publishers, pp. 157-180.

Doğan, Nejat 2013. Ramifications of the ICJ Kosovo Advisory Opinion for the Turkish Republic of Northern Cyprus. *Ankara Bar Revirw* 6 (1) : 59-79.

Falk, Richard 2011. The *Kosovo* Advisory Opinion: Conflict Resolution and Precedent, *American Journal of International Law* 105 (1) : 50-60.

Forteau, Mathias 2015. The UN Secretary-General and the Advisory Opinion. In Marko Milanović & Michael Wood (eds.), *The*

Law and Politics of the Kosovo Advisory Opinion. Oxford, U.K.: Oxford University Press, pp. 167-186.

Ingravallo, Ivan 2012. Kosovo after ICJ Advisory Opinion: Towards a European Perspective?. *International Community Law Review* 14 (3) : 219-241.

International Court of Justice 2010. Accordance with International Law of the Unilateral Declaration of Independence in Respect of Kosovo. *Reports of Judgments, Advisory Opinions and Orders 2010*: 404-626.

International Court of Justice 1971. Legal Consequences for States of the Continued Presence of South Africa in Namibia (South West Africa) Notwithstanding Security Council Resolution 276 (1970). *Reports of Judgments, Advisory Opinions and Orders 1971*: 16-345.

Jovanović, Miodrag A. 2012. After the ICJ's Advisory Opinion on Kosovo: The Future of Self-Determination Conflicts. *Belgrade Law Review* 60 (3) : 292-317.

Kaikobad, Kaiyan H. 2011. Another Frozen Conflict: Kosovo's Unilateral Declaration of Independence and International Law. In James Summers (ed.), *Kosovo: A Precedent?: The Declaration of Independence, the Advisory Opinion and Implications for Statehood, Self-Determination and Minority Rights*. Leiden: Martinus Nijhoff, pp. 55-85.

Ker-Lindsay, James 2011. Not Such a "Sui Generis" Case after All: Assessing the ICJ Opinion on Kosovo, *Nationalities Papers: The Journal of Nationalism and Ethnicity* 39(1): 1-11.

Knoll-Tudor, Bernhard 2015. The Settling of a Self-Determination Conflict?: Kosovo's Status Process and the 2010 Advisory Opinion of the ICJ. In Marko Milanović & Michael Wood (eds.), *The Law and Politics of the Kosovo Advisory Opinion*. Oxford, U.K.: Oxford University Press, pp. 73-95.

Marty, Dick 2010. Report: Inhuman Treatment of People and Illicit Trafficking in Human Organs in Kosovo, COE Doc. AS/Jur (2010) 46. (http://www.assembly.coe.int/CommitteeDocs/2010/ajdoc462010prov.pdf 〔二〇一八年六月一日閲覧〕)

Milano, Enrico 2011. Declarations of Independence and Territorial Integrity in General International Law: Some Reflections in Light of the Court's Advisory Opinion, In Maurizio Arcari & Louis Balmond (eds.), *International Law Issues Arising from the*

International Court of Justice Advisory Opinion on Kosovo. Milano: D. A. Giuffrè Editore, pp. 59-90.

Milanović, Marko 2015. Arguing the *Kosovo* Case. In Marko Milanović & Michael Wood（eds.）, *The Law and Politics of the Kosovo Advisory Opinion*. Oxford, U.K.: Oxford University Press, pp. 21-59.

Milanović, Marko & Michael Wood 2015. Introduction. In Marko Milanović & Michael Wood（eds.）, *The Law and Politics of the Kosovo Advisory Opinion*. Oxford, U.K.: Oxford University Press, pp. 1-6.

Morrison, Fred L. 2013. Recognition, the Advisory Opinion, and the Future of Kosovo. *University of Pittsburgh Law Review* 74 (3) : 600-610.

Müller, Daniel 2015. The Question Question. In Marko Milanović & Michael Wood（eds.）, *The Law and Politics of the Kosovo Advisory Opinion*. Oxford, U.K.: Oxford University Press, pp. 118-133.

Nollkaemper, André 2015. The Court and Its Multiple Constituencies: Three Perspectives on the *Kosovo* Advisory Opinion. In Marko Milanović & Michael Wood（eds.）, *The Law and Politics of the Kosovo Advisory Opinion*. Oxford, U.K.: Oxford University Press, pp. 219-239.

Oeter, Stefan 2012. Secession? Territorial Integrity and the Role of the Security Council. In Peter Hilpold（ed.）, *Kosovo and International Law: The ICJ Advisory Opinion of 22 July 2010*. Leiden: Martinus Nijhoff Publishers, pp. 109-138.

Onica Jarka, Beatrice 2010. Several Reflections on the Significance of the ICJ Advisory Opinion on Accordance with International Law of the Unilateral Declaration of Independence in Respect of Kosovo. *Lex ET Scientia International Journal* 17 (2) : 49-58.

Organization for Security and Co-operation in Europe 1990. Document of the Copenhagen Meeting of the Conference on the Human Dimension of the CSCE.（http://www.osce.org/odihr/elections/14304?download=true〔二〇一八年六月一日閲覧〕）

Pellet, Alain 2015. *Kosovo*: The Questions Not Asked: Self-Determination, Secession, and Recognition. In Marko Milanović & Michael Wood（eds.）, *The Law and Politics of the Kosovo Advisory Opinion*. Oxford, U.K.: Oxford University Press, pp. 268-279.

Pertile, Marco 2011. Self-Determination Reduced to Silence: Some Critical Remarks on the ICJ's Advisory Opinion on Kosovo. In

Maurizio Arcari & Louis Balmond (eds.), *International Law Issues Arising from the International Court of Justice Advisory Opinion on Kosovo*. Milano: D. A. Giuffrè Editore, pp. 91-129.

Peters, Anne 2015. Has the Advisory Opinion's Finding that Kosovo's Declaration of Independence Was not Contrary to International Law Set an Unfortunate Precedent? In Marko Milanović & Michael Wood (eds.), *The Law and Politics of the Kosovo Advisory Opinion,* Oxford, U.K.: Oxford University Press, pp. 291-293.

Röben, Volker 2010. The ICJ Advisory Opinion on the Unilateral Declaration of Independence in Respect of Kosovo: Rules or Principles? *Goettingen Journal of International Law* 2 (3) : 1063-1086.

Rudi, Zana Zegiri 2013. Foreign Policy after the Advisory Opinion. *University of Pittsburgh Law Review* 74 (3) : 620-622.

Ryngaert, Cedric & Sven Sobrie 2011. Recognition of States: International Law or Realpolitik?: The Practice of Recognition in the Wake of Kosovo, South Ossetia, and Abkhazia. *Liden Journal of International Law* 24 (2) : 467-490.

The Independent International Commission on Kosovo 2000. *The Kosovo Report: Conflict, International Response, Lessons Learned*. Oxford, U.K.: Oxford University Press.

Weller, Marc 2015. The Sounds of Silence: Making Sense of the Supposed Gaps in the *Kosovo* Opinion. In Marko Milanović & Michael Wood (eds.) , *The Law and Politics of the Kosovo Advisory Opinion*. Oxford, U.K.: Oxford University Press, pp. 187-216.

第7章　性暴力と裁判

フィリピン戦が伝えるもの

岡田泰平

1　はじめに――性暴力の過去をさかのぼる

本章では、アジア太平洋戦争下のフィリピン戦において日本軍のフィリピン人住民に対する暴力行為がどのように裁かれたのかを描き出したい。米軍が主導で行い、後にフィリピン政府が引き継いだ、マニラにおけるいわゆるBC級裁判（以下マニラ裁判）について論じる。本論集の大きなテーマであるグローバル・ジャスティスとの関連でいえば、国際刑事裁判や真実委員会などにおいて独裁政権下や紛争下での暴力を裁くという実践が行われる前に、どのように住民に対する暴力が裁かれたのかという歴史学的関心に基づいたものである。

マニラ裁判で取り上げられた数ある暴力のなかで、本章では戦争下で行われた性暴力について取り上げる。このような関心は、国際法の進展について疑問を投げかけるものになる。一九九〇年代がこの進展の画期とされる。性暴力が戦争犯罪として認識されるようになり、ルワンダやユーゴスラビアの国際刑事裁判では性暴力が起訴内容に明示され、大々的に訴追された（cf. 小長谷 一九九九：七〇、九〇、九八、一〇一、一一八―一一九）。また、後述するように常設の国際刑事裁判所（ＩＣＣ）の規約にも性犯罪が盛り込まれた。ところが本章では、二〇世紀中葉には、すでに性暴力が裁かれていたことを論じる。

もっとも、一九九〇年以降の様々な形式の真相究明努力と比べると、本章で取り上げる裁判事例には、いくつかの大きな制約があったことも指摘しておかなければならない。もっとも顕著なものは、マニラ裁判は勝者である米軍が敗者である日本軍による戦争犯罪のみを取り上げた典型的な「勝者による正義」（望月 二〇一二：一一）であったということだ。これは、戦勝国側の戦争犯罪も管轄権の対象となしうる国際刑事裁判所（ＩＣＣ）の特徴とは異なるといえよう（小長谷 一九九九：一三五）。マニラ裁判において米軍側の犯罪行為は、訴追されることがなかった。このことは、米軍、米兵、さらには親米的なゲリラ組織に犯罪行為がなかったことを証明するわけではなく、ただそのような行為がマニラ裁判では追及されなかったことのみを意味している。現時点から見れば、これは正義が存立するために不可欠な公平性を欠いているとも解釈できよう。また、マニラ裁判はどのような意味においても、赦しを模索するものではなかった。マーサ・ミノウが提起した復讐か赦しかという二項を立てるとすると、マニラ裁判は明らかに前者に傾倒している。ミノウが虐殺後の「裁判自体は赦しに関係しない」と述べることに加え、この裁判の場合、勝者による犯罪は不問に付すなど、彼女のいう裁判の問題性である「政治性」と「選択性」が際立っている（ミノウ 二〇〇三：五一、六七—七九）。細谷広美は、虐殺後に関連して、国家という枠組と村などの共同体とを別の次元で捉え、その入り組んだ加害—被害の関係を考察している（細谷 二〇一三）。重要な方法論上の問題提起である。フィリピンの場合、アジア太平洋戦争の体験が住民同士の軋轢として残り続け、暴力を振るった側と受けた側の対話が成立してこなかった事例が示されており（cf. 片島 一九九一、Terami-Wada 2014: xiii-xv）、とりわけ共同体における取組が十分でなかったといえよう。そのうえで、被害者フィリピン人と加害者日本人に関していえば、その後の歴史過程を見ても、どのような次元であれ両者の共生を求める要素は皆無だった。というのも、フィリピン人にとっての望みは、日本人——とりわけ戦争犯罪を行った日本人——を極刑に処すか、二度とフィリピンに戻ってこさせないことであり

（cf. 永井 二〇一〇：四四―五二）、加害者の排除にあったからだ。結局は国家においても、共同体においても、日本人を極刑にせよ、または放逐にせよという、排除の論理がそこには働いていた。つまり、正義や赦しという概念でこの裁判を評価することには、本質的な矛盾がある。だからこそ、一部の日本人のなかには、この裁判が法の名の下の復讐劇だったという認識が残り続けたのである（cf. 坂 一九六七：三八―四二）。

さらには、その当時には性暴力を裁くにあたり、十分な認識の深化に伴う、洗練された概念が確立していなかった。一九九〇年代の国際刑事法の進展もあり、現在ではレイプと紛争下の性暴力は次のように定義されている。国際刑事裁判所（ＩＣＣ）ローマ規程の補足文書において、レイプとは、「強制的状況」において「実行者が、実行者の性器を被害者の身体のいずれかの部分に、わずかであれ貫通させる行為や、なんらかの物体や身体の他の部分を被害者の肛門または生殖器に貫通させる行為によって、人の身体に侵入した」ことである（建石 二〇〇八：二九二―二九三）。また同規程の七条一項には「強姦、性的な奴隷、強制売春、強いられた妊娠状態の継続、強制断種その他あらゆる形態の性的暴力であってこれらと同等の重大性を有するもの[*1]」とあり、レイプとともにそれ以外の性暴力が詳述されている（McCormack 2004: 195）。歴史学研究者のヘインマンによると、このような国際法上の概念規定により、二一世紀の国際連合が認める性暴力とは「レイプ、性器切除、性的侮辱、強制売春、強制妊娠を含む」。また、被害者は女性の場合はもとより、男性の場合もある。これに付け加え、拘束された状態で裸にされること、陰毛を剃られること、さらには近親者と性行為を行わせられることも、レイプを目的に連れさられようとしている娘を父親が殺してしまうような状況を創り出すことも性暴力である、と主張する（Heineman 2011: 2）。やや先回りをして論じるのであれば、本章の事例では定義が明確にならないままレイプや性暴力が裁かれている。逆の言い方をすると、なぜ行為に対する概念が確立されないなかで、その行為を裁くことができたのだろうか、という疑問が生じる。本章では、この疑問に対して、裁判内で示された概念に注目することで応答したい。

さらなる制約としては、ある特定の関係の間に生じる性暴力のみが取り扱われる、という点がある。加害者は日本人男性で、被害者の大多数はフィリピン人、とりわけフィリピン人女性である。アメリカ人女性に対する性暴力事件は、少数の事件に限られている。さらには米海兵隊や韓国軍においては、男性の軍人同士においてもレイプが生じることが報告されているが（Belkin 2012, Kwon 2010）、このような男性による男性に対するレイプは、本章で扱う事例のなかでは見つけることができなかった。

このように本章の関心は、広くいえば戦争と性暴力の歴史的変遷にあるのだが、この分野での主たる先行研究として、ヘインマン編『紛争空間における性暴力』（Heineman 2011）がある。古代から現代まで、ヨーロッパ、南北アメリカ、中央アジア、東アジア、そしてアフリカでの様々な戦争における性暴力を扱っている。所収論文の多くでも、何らかの裁判が行われ、性暴力——とりわけレイプ——が記述されたがために、性暴力が生じた状況や性暴力に対する当時の対応が垣間見える。当然、時代や状況によって資料の量や詳細さにも大きな差があるのであり、均質化した方法論に則って、各章が論じられているわけではない。同書所収の論文では、異なる状況における性暴力の概要を示すとともに、どのように資料に残されたか、そして性暴力がどのように認識されたかに主眼がおかれている。つまり、この論集が示す研究の水準では、必ずしも性暴力と当時の法との関係が明確になっているとは言えない。

本章も、二〇世紀中葉の法規範を論じ、そのなかに性暴力を位置づけるというような法学的な考察を意図したものではない。むしろ、そのような法学的な考察の基礎となるべく、その当時の裁判における性暴力に対する認識を浮き彫りにすることを目的としたい。このような観点から、『紛争空間における性暴力』の論述と比べ、本章では次の二点において新たなる地平を切り開いていきたい。第一には、どのような案件が初期の調査段階、その後の捜査段階を越えて、訴追対象になったのか、という点である。訴追段階より前に作成される資料を見ることにより、どのような行為がどのような条件のもとで犯罪として訴追されたのかを明らかにする。第二には、性暴力の区分がどのように設定され、その区分の性暴力はどのように裁かれたか、という点である。レイプは酷い性暴力であるが、この性暴力のみを論じるのではなく、レイプを多様な暴力のなかに位置づける。そうすることにより、多様な暴力が頻発するなかで、レイプを含めた性暴力が何を意味したのかを探求したい。

次にマニラ裁判についての概要を説明しておきたい。まずはこの分野での先駆者である永井均の研究を参照し、戦争犯罪の捜査を可能にした体制を整理してみよう。一九四四年一〇月六日に、ワシントンDCの米陸軍法務総監室に戦争犯罪部がおかれる。その後、一九四四年一二月二五日に米陸軍省が各軍司令部の法務部に戦争犯罪支隊を設置するように求めた。これを受け、マニラ市街戦後の一九四五年四月一〇日に極東米軍司令部の法務部に戦争犯罪支隊が設置された。所管組織の変更はあるものの戦争犯罪支隊は米軍将校約二〇〇名、文民約一五〇名、さらには臨時勤務のフィリピン人将校を加えて捜査活動を行った。ワシントンDCの戦争犯罪部とマニラの戦争犯罪支隊の活動の結果、一七〇〇件のケースファイルが作られた。それぞれのケースファイルは、三名の将校から構成される三名委員会による検討を受け、犯罪が軽微である、犯罪発生地が遠隔地であるなどの理由ゆえに、その多くが調査対象から外され八〇〇件のみが追加調査の対象となった（永井 二〇一〇：一七―二七）。以下では、このような体制で行われた捜査過程を追うわけだが、八〇〇件のうち、後述するように本章で対象とするのは二四一件のみである。また本章でいう捜査員とは、戦争犯罪支隊の隊員のことである。

訴追段階については、次のようにいえる。軍事委員会による公開の裁判が行われた（林 二〇〇五：五一―五四）。一九四五年九月二四日付で一度米太平洋陸軍による「戦争犯罪人裁判規程」が作られたが、戦争犯罪の類型化がないなどという瑕疵があったため、それが同年一二月五日付の連合国軍最高司令部による「戦争犯罪被告人裁判規程」に差し替えられた（永井 二〇一〇：二〇一）。これら規程に従い、検察と被告人側で争われ、裁判の執行機関に検察官が任命され、被告人は弁護人を選ぶことができ、軍事委員会が判決を下す、上級審はないが再審手続はあるといった訴訟手続が定められた。*2 この手続には、アメリカの司法の伝統にならい「罪状認否の手続（arraignment）」がある（ファーンズワース 二〇一四）。この「罪状認否の手続」では、明確に記された起訴内容（charge）と起訴明細（specification）が述べられ、それぞれの起訴明細に対して、被告による有罪、無罪の答弁（plea）が行われた。*3 このような訴訟手続に基づき、米軍の管理下では九七件の裁判が行われ、一九四七年七月にフィリピン政府が裁判の執行母体となると、その後、七二件の裁判が行われた（永井 二〇一〇：二〇一、二〇四、林 二〇〇五：六一）。

2 一次資料の構造と初期調査

マニラ・レポートには被害者が一人の場合から一千人に及ぶ場合もあり、またその種類もアメリカ人捕虜の殺害から住民虐殺まで多様である（永井 二〇一〇：三五―三七）。このような多様な事例から、筆者は性暴力事例を抽出したのだが、以下の方法を採用した。

はじめに、資料においてどのように性暴力が現れるか、を検討した。日本軍が行った多様な非人道的な行為のなかで、性暴力としてそれらの行為を明記するかは、事件によって異なることが想定される。いいかえれば、同程度の性暴力が起きたとしても、それが同じように書かれるとは限らない。歴史学的調査の場合、この点は大きな問題になってしまう。というのも、七〇年以上前の事件を取り扱っている以上、もはや被害者や目撃者への聞き取りはほぼ不可能であるなかで、性暴力が書かれていれば、そのような事件があったか否かが歴史学的調査の対象となるのだが、逆に性暴力が書かれていなければ、調査すら行うことができないからだ。つまり、書かれなければ性暴力事件があったとはいえないという資料上の問題がある。逆の言い方をすれば、多数の書かれていない性暴力があったとしても、これら事件の解明はできないということになる。つまり、本章ではあくまでも資料に書き残された性暴力のみを対象としている。

そのうえで、資料に現れる性暴力がどのように処理されていくか、を検討した。関連資料は、おおむね次のような構造をもっている。

（A）初期調査資料 →（B）捜査報告書（マニラ・レポート）→（C）公判資料

法という側面から見ると、どの事件がどの段階で終わるかは重要である。（A）や（B）の段階で終わってしまう事件については、当然、加害者は法の裁きを受けていない。他方、（C）公判資料がある場合、おおむね判決が下されている。以下では、（C）にまで行き着いた場合と、（A）や（B）で終わってしまった場合を比較し、何が立件当否の要件になったのかを考察する。

（B）にあたるマニラ・レポートには通し番号が付されており、三五八番まである。今回は「その他ファイル、一九四六〜」（"Miscellaneous Files, 1946-" LS 32391-32420, 39743-39765）[*4]という資料区分に含まれている資料を使用した。各フォルダや収められている多くの文書には、事件の概要、場所、時期が分かる「長いタイトル」が付されている。また、マニラ・レポートの一覧表もあり、そちらからは各番号に「短いタイトル」が付けられている（LS 39908-39909）。「その他ファイル」のなかで、捜査報告書が含まれている番号はおおむね七九番以降である。このうち「長いタイトル」も「短いタイトル」もフォルダもない欠番と思われるものが六件、理由は不明だが、捜査報告書が入っていないものが二二件あった。その他に、この資料群からプライバシー保護を理由として、アメリカ国立公文書館で捜査報告書が抜き取られてしまっている「秘匿扱い」が一一件あった。つまり、ここでの調査の対象は、二四一件ということになる。

3 （A）初期調査報告

それでは、まずは（A）初期調査資料は作成されているものの、（B）捜査報告書に至らなかった事例を見てみよう。日本の国会図書館内でしか使えない「占領期資料」のデータベースを用いた。分類欄を「GHQ／SCAP」とし、その横に「二二二」を入力した。「二二二」とは捜査報告書より前に作成された資料を指している。そして、タイトルに rape または raping と入れたところ、五二件ヒットする。[*5] そのうち「調査終了（closed files）」と記されており、一九四五年二～三月のマニラ市街戦以外のもの二〇件ほどを検討した。これらの事例は、それぞれの（A）初期調査資料の最後にそれ以上の調査をしないという捜査員自身による提言がなされており、（B）捜査報告書は作成されなかった案件である。数が多いので特徴的なものを論述する。アルファベットの識別番号と概要を示すと以下の通りである。

［D・八六］スミス夫人という白人女性が三人の日本兵に監禁、レイプされた、と米兵が報告。この米兵はマニラ北のマラボン在住の女性から聞いた。この女性は、庭師から聞いた。対応としては、一九四五年八月に調査したものの、より明確な情報が得られなかったとして、調査終了を提案。（LS 07211）

［F・六六］米兵によると、ミンダナオ島カガヤン西のイポカン川近くにおいて、フィリピン人女性が複数の日本兵によって木に縛り付けられレイプされた。被害者、加害者、日付が不明のため、調査終了を提案。（LS 07233）

以下、すべてビザヤ地方タブラス島において（LS 07237-07238）。

［F・八五］サンタフェ町長に対する拷問。
［F・八六］サンタフェ町における日本兵五〇人による少女に対するレイプ。
［F・八七］学校のダンスパーティーにおける二日間のレイプ。
［F・八八］数名の女性が名称不明の村においてレイプされた。

［F・八九］グンビラヤンの海岸において、母と娘がレイプされた。

他三件

これらのすべてが、ルーサーという米軍の一等兵がまとめた報告書に基づいている。捜査員は、これらの案件について住民から聞き取りをした。

［F・八五］サンタフェ町長ラファエル・ゴメスに確認したところ、拷問に該当するものとしては、銃床で尻を叩かれたことのみだった。

［F・八六］ゴメスによると、サンタフェ町において日本兵によって暴行された（abused）女性はいない。

［F・八七］二日間学校に留めおかれたとされる、数名の女性に聞き取ったところ、実際に学校にいなければならなかったのは数時間で、何の暴行もなかった。

［F・八八］サンタフェ町近郊の村での聞き取りでは、そのような事実は確認できなかった。

［F・八九］グンビラヤンの海岸近くの住民は、母と娘がレイプされた、との噂を聞いたが、その話の情報源が誰であるのかははっきりしない。その当時、ゴメスがこの海岸近辺を訪れているが、そのような出来事があったことは知らなかった。

このような結果を受け、一九四六年四月一九日付の報告書では、日本兵加害者が誰かも、加害者がどの部隊に所属していたのかも分からないことに加え、示された多くの事件がルーサー一等兵の「過剰に活発な想像力」によるものであるとし、調査終了を提案している。

［H・五六］イザベラ州の村マラオイラオイにおける事件についてのフィリピン人一等兵アリピオの証言。男性の一部が

拷問を受け銃剣で刺殺され、女性はレイプされた後に子どもとともに殺された。アリピオ自身は、レイプを目撃している。捜査員は、アリピオの報告は短いものであり、時期も被害者も加害者も明らかになっていないとし、調査終了を提案している。

(LS 07256)

［H - 八九］米国シアトルの新聞記事によると、レイテ島イノパカンで、一八人の日本人によりフィリピン人女性が暴行され（abused）、胸を切断され、殺害された。日付、証人、加害者、被害者が不明という理由で、調査終了を提案。

(LS 07260)

いくつかの特徴が、これらの（A）初期調査資料から見てとれる。第一には、情報の確実性が重要だった。おおむね伝聞による情報に基づいており、さらなる調査によっても性暴力が生じたとされた場所、被害者、加害者が特定できない場合、その案件についての捜査——つまり捜査報告書を作成に至る追加の調査——は行われなかった。［H - 八九］にある新聞記事からの情報や、［D - 八六］の伝聞に伝聞を重ねたものは、捜査されていない。また、このような不確かな情報という側面については、［F - 八五］から［F - 八九］までのタブラス島の事件が興味深い側面を明らかにしている。この場合、一人の米兵が情報源なわけだが、捜査員はこの情報源のみでは不十分と考え、事件が生じた現地に赴き、住民に対して聞き取りを行っている。その結果、米兵による報告の裏づけが、他の証言から取れず、そもそもの米兵の報告が虚偽であると判断している。当然、捜査報告書は作成されなかった。逆の言い方をすれば、捜査報告書が作られる過程で、事件が生じた場における住民への聞き取りなど、すでに事件に対する裏づけが一定程度なされていたことになる。

第二には、これらの事件では、大量殺人を伴わない。後述する捜査報告書に現れる事件と比べると、おおむねその被害の規模は小さいものだ。*6 より集団的で規模の大きい暴力が捜査の対象になりやすかったといえよう。

第三には、捜査員の意向によるところも大であった。前述の［H・五六］や［H・八九］の調査では場所がきわめて限定されている。また、［H・五六］の場合、報告した兵士の名前も分かっている。しかし、捜査員が現地を訪れ聞き取りをすることは行っていない。つまり、どの件が追及されるかについては、捜査員の意向が働いたとも思われる。

4　（B）捜査報告書になった事例

次に初期調査段階の後に、捜査報告書が作られた事例を見てみよう。先行研究でも、捜査報告書に基づいた特定の事件の概要が示されている。永井均は、捜査報告書の第一号の事件をフィリピンにおける日本軍による非人道的行為の象徴的事例として取り上げている（永井 二〇一〇：二八―三四）。捜査報告書が作られても訴追されない事例もあるが、捜査報告書自体は複数の被害者証言を基にしている。捜査報告書は戦争犯罪支隊の調査官によって作成され、その内容は題目、事件発生地、事件発生期間、「証拠の要約（Summary of Evidence）」という事件概要、証言者などの一覧、証拠リスト（Exhibits）、事件の分析と結論、「加害者の特定（Identity of Perpetrators）」、訴追にむけた「勧告（Recommendation）」である。[*7] このうち、訴追に至るかという点で重要なものは、「加害者の特定」と「勧告」である。なお、「勧告」とは、当該事件を立件すべきか否か、立件するとしたらどのような犯罪行為に基づくのかについての、戦争犯罪支隊の責任者の承認を受けた見解である。

では、どのようにして性暴力を含む事件を特定していったかというと、以下の通りである。「その他ファイル、一九四六～」の七九番以降で公開されているすべての題目と捜査報告書二四一件すべての「証拠の概要」を検討した。その結果、性暴力があったと思われる事件は三二件あった。このうち九件が「秘匿扱い」となっており捜査報告書を閲覧できず、一件は詳細が不明であるため除外した。つまり、二二件がここでの対象となる。これら二二件は、おおむね六種類に区分できる。当然、以下の区分は暫定的なものだ。ただし、それぞれの事件は異なる状況で生じている。

よって、このような区分けは、性暴力が生じる多様な状況を分かりやすく示すために有用である。

また以下では、公判記録を分析するのだが、捜査報告書と裁判の公判記録のつながりは自明のものではない。捜査報告書に記された事件が、立件されたか否か、また立件された場合、どの裁判で立件されたのかを判断するために、次の二段階の手続を行った。捜査報告書に示された容疑者名を前述の国会図書館のデータベースに入力し、その人物が被告となっている公判資料を見つけた。そのうえで、その公判内容が場所や他の被告との関係から、当該の捜査報告書の内容を反映しているものかを確認した。この条件が満たされる場合、捜査報告書に書かれた事件について立件されたと判断した。以下では冗長さを避けるために、捜査報告書の「証拠の概要」から、特徴的な事例を取り上げる。

A 死者が数十人から数百人に及ぶ大規模な治安行動

七件がこの項目にあてはまる（［一〇六番］［一一二番］［一三一番］［一四〇番］［一七一番］［二二四番］［二四八番］[*8]）。多数の人々が虐殺されるなかで、レイプを典型とした性暴力事件が記されているのだが、殺害の多さに比べると性暴力についての記述はごくわずかである。［一四〇番］のパナイ島とその近隣の小島タブラス島[*9]における事件では、六五〇人が殺害されたとの証言がある。しかし、性暴力の記述は、一名の女性に対するもののみである。［一三一番］のパナイ島アジュイおよびサラの事件では、赤子から老人まで殺された個々人一〇七名が列挙されている。そのなかで、二名の女性のみのレイプおよび斬首が記されている。これらの七件のうち、五件（［一一二番］［一三一番］［一四〇番］［一七一番］［二四八番］）は立件されたが、残りの二件（［一〇六番］［二二四番］）については公判記録を見つけられていない。捜査報告書によると、これら二件については、それぞれの地域住民にとっては地域の外からやってきた部隊によるものであり、加害者を特定できていない。

写真 7-1　虐殺の現場だったと推定される場所。当時も現在も小学校である

写真 7-2　虐殺の現場だったと推定される小学校の校舎

B 死者が数名もしくは死者が生じていない小規模な治安行動

この項目には、四件が分類される（［一二七番］［一二九番］［二五二番］［二八三番］）。［一二七番］のルソン島カガヤン州の事件では、一九四五年二月から五月にかけて、四回の残虐行為が生じている。そのうちの一九四五年二月二六日の事件では、将校に率いられた日本兵が、五名の若年女性を森に連れ込んでいる。その過程では、日本兵がキスを強要しているところが目撃され、直後には彼女たちの助けを求める叫び声が聞こえた。その後、彼女たちを見た者はいない。また［一二九番］のセブ市コルドバの事件では、裸にする、性器に火をつける、性器に物を挿入するという性暴力が具体的に示されている。［二五二番］のネグロス島ヴィクトリアスの場合、拷問のみであり殺害は生じていない。拷問と時を同じくして、若い女性が田んぼに連れ込まれて、二名の日本兵にレイプされている。これら四件のうち、［二五二番］を除き、三件が立件されている。

C 現地の駐屯部隊によるもの

この項目には、五件ある（［一〇八番］［一三六番］［一五三番］［三一二番］［三三〇番］）。［一三六番］のセブ島バリリの事件では、六名の日本兵が校舎に住民を集め、男性は刺殺した。女性は、駐屯地に連れていかれ、それぞれ異なる部屋に連れ込まれた。彼女たちのレイプを目撃した者はいないものの、彼女たちの泣き叫ぶ声が聞こえ、戻されたときには泣いていたので「暴行（abuse）」されたと思われた。また別の部屋に連れていかれた女性によれば、暴行を受けかけたが日本兵が泥酔し寝てしまったので難を逃れた、との証言があり、「暴行」が生じたことに対する「推察は強められた（The assumption was fortified）」と、捜査報告書に記されている。［一五三番］のセブ島ボゴの事件は、製糖工場に駐屯していた日本軍による、一九四四年八月から一一月の間に行われた住民虐殺についてである。九月には三名の女性が繰り返しレイプされ、その後銃殺されている。一〇月には二名の若年女性がレイプされている。その後被害者の一人は、三週間の間日本軍の伍長と同棲することを強要されている。また、一〇月には住民二五名が殺される虐殺も生じている。

この区分五件のうち、四件においては容疑者が特定されており立件されている。立件されなかったものは、［三三〇番］のネグロス島ラ・カルロタの事件であり、容疑者が明確にならなかったからである。この事件では、住民が招集され、男性と女性に分けられ、尋問ののち、男性は一斉に機関銃で撃たれ、そのうち一八名が死亡した。女性は駐屯所に連れていかれ、一四名の日本兵によって四名の女性がレイプされた。しかし、いずれの日本兵の氏名も分かっていない。

D 散発的なもの

この項目には五件ある（［一三二番］［一五〇番］［一五四番］［一八三番］［二八二番］）。このうち、［一三二番］のセブ島カルカルの事件は、アメリカ人女性に対する暴行である。ベレス夫妻という住民が日本兵による襲撃を受ける。夫はフィリピン系アメリカ人で、妻はアメリカ人[*10]であるが、夫は暴行の後行方不明となり、妻に対してはレイプ未遂が生じている。［一五〇番］と［二八二番］はともにミンダナオ島での事件で、避難民に対するレイプと殺害が記されている。容疑者が特定された［一五〇番］と［一五四番］は立件されている。

E 長期にわたるもの

これはAと重複している一件のみで、［一七一番］のギマラス島におけるものである。ネグロス島とパナイ島の間にあるこの島で、一九四三年八月から一九四五年一月までの間に行われた拷問や殺人が問われている。合計で二七体の死体が発見されており、そのなかには日本軍に連行された一六歳の女性の、首なし下着なしの死体が含まれている。この事件の場合、容疑者の多くは姓しか知られておらず、逆に特定されている人物は、他の事件でも訴追されている。特定された人物の一人、進准尉[*11]については、［一七一番］と［一三一番］が併合され訴追されている。

F　例外的なもの

［一八六番］によると、ミンダナオ島マググポでは、一九四二年七月に性暴力事件が生じた。アメリカ人のザックスという人物とフィリピン人数名が、略奪、虐待に並び、一名の日本人女性に対するレイプの容疑で逮捕された。これに対して、日本軍はホバカという将校が中心となり、裁判を行った。その結果、容疑者は処刑された。捜査員は、裁判の正当性に疑義を示しつつも、「被害者（処刑された人々）は裁判を受けることができた」と述べ、この事件に関してはザックスらを死刑に処した日本軍法務官らを訴追しないと言明している。つまり立件されていない。[*12]

このように捜査報告書の「証拠の要約」とマニラ・レポートの題目から、性暴力が生じた事例を取り上げてみた。その結果、二つの特徴が明らかになった。第一に、二二件中一五件が立件されている。つまり性暴力が生じた事件であっても立件されている、といえよう。第二に、わずかの例外を除き、性暴力を行った人物もしくはその現場にいた人物が容疑者とされ、容疑者の特定が訴追の必要条件になっている。いいかえれば、直接の性暴力を行ったと思われる人物やその同行者が誰か判明できない場合や死亡してしまっている場合は、立件されなかった。

5　「勧告」のなかの性暴力

それでは、次に捜査報告書のなかで、どのような理由によって訴追しようとしているのかを見てみよう。捜査報告書において、性暴力の多くが「勧告」に組み込まれたかというと、そうではない。性暴力を立件の理由とすることに対する、いくつかの否定的な特徴が示されている。

第一の特徴として、性暴力の場合、物証が残りにくいにもかかわらず、検証可能な死体があることが求められている。［一〇八番］はセブ市における家族虐殺および家屋焼き払いが問題となった事件であるが、一家の娘二人が殺される前に日本兵にレイプされたというものである。この事例では、「彼らの死体は激しく焼け焦げており、レイプされたか否かを判定することが可能だったとは思われない」とし、「勧告」では、容疑者を放火と殺害で訴追することを求めている。［一二七番］では、治安作戦のなかで、五人のフィリピン人若年女性が森に連れ去られ、彼女たちの助けを求める叫び声は聞こえたものの、その後、彼女たちを見たものはいない。この場合もレイプは「勧告」に含まれず、他の住民に対する殺害と暴行での訴追を求めている。

第二には、レイプに至らない性暴力に合致する犯罪区分が欠落しており、その行為を特定の犯罪とは認識できていないことである。［一四〇番］では、盲目の女性が裸にされ、性器を触られ、木に逆さづりにされたまま放置されている。「勧告」は、様々な場所で行われた殺人のみである。裸にされ性器を触られているので、前述の紛争下の性暴力の定義においては、性暴力であることは明らかであるが、この行為を特定の犯罪区分として位置づけることは行われていない。

第三の特徴として、性暴力が「勧告」に含まれるためには、性暴力が生じたという確度が高くなければならなかったようである。［一八二番］の場合、ミンダナオ島での事件を取り扱っており、「証拠の要約」では数十人の囚人の殺害が主たる事件内容となっている。その詳細が述べられたうえで、女性がレイプされた、と記されている。しかし、レイプに至る状況に性暴力がなく、かつレイプが目撃されておらず、本人証言にも疑義が示されている。この事件の場合、「勧告」も「上述した犯罪」と曖昧である。なお、この事件は立件されていない。

それでは逆に、捜査報告書においてレイプが「勧告」に記されるのは、どのような場合だろうか。［三一二番］は、ロンブロン島で一九四四年一二月から一九四五年二月にかけて行われた、殺人や性暴力についてである。藤本伍長の小隊は、レイプを含む性暴力を行っている。一月二八日に、女性の服が脱がされ、殴られ、家に連れ込まれて、藤本に命令された日本兵一名によりレイプされている。また、二月には同じく藤本の命令の下、一二歳の少女が、五名の日本兵によってレイプされている。この場合、「殺人、レイプ、虐待（mistreatment）」で藤本らを訴追することを求めている。また、［一三一番］は大規模の治安行動のなかで犯した殺人や性暴力についてである。日本軍が村落（barrio）から村落を廻り、拷問や殺戮を行っていくなかで、レイプをしている。「殺害、拷問、レイプ」で訴追することを求めている。

このように見てくると、あくまでも殺人や拷問が主たる「勧告」の内容であり、性暴力はそこに付随するものである。ただしレイプは「勧告」に明記されている場合もある。それでも、［一三一番］［三一二番］に見るように、レイプが「勧告」に組み込まれるためには、複数の被害者がいるなかで、繰り返し性暴力が行われ、そのなかでレイプが生じる必要があった。また、レイプ以外の性暴力は、「拷問（torture）」や「虐待（mistreatment）」という形で「勧告」に組み込まれており、レイプ以外の性暴力を捉える「性暴力（sexual violence）」というような区分は「勧告」のなかには存立していない。いいかえれば、レイプは「レイプ」と認識されたが、レイプでない性暴力は、「拷問」「虐待」の一部として理解されていた。このような傾向は、以下に見るように、公判資料にも反映されている。

6　（C）訴追段階における性暴力

次にビザヤ地方の事件を中心に、前述一五件のうち、八件の公判資料を分析する。立件の元資料であるマニラ・レポートの番号、裁判名、国会図書館憲政資料室の参照番号を記しておく。

［一〇八番］「米国対宮城および小林」　LS 12670-12673
［一二九番］「米国対吉田他」　LS 38183-38199
［一三一番］「米国対藤井」　LS 10782-10792

［一三六番］「米国対杉本他」　LS 26824-26828
［一四〇番］「米国対戸塚」　LS 38228-38245
［一五〇番］「フィリピン人民対島村他」　LS 32788-32798
［二四八番］「米国対尾家」　LS 27189-27289
［三一二番］「フィリピン人民対藤本」　LS 29814-29826, 28170-28177

起訴明細のなかには、レイプが組み込まれているものがある。そして、ほぼすべての被告はその起訴明細に対して無罪を申し立てている。

「フィリピン人民対藤本」では、前述「勧告」の「殺人、レイプ、虐待」を反映し、藤本の命令の下、日本兵が氏名不詳の一二歳のフィリピン人少女を「残虐にレイプしたこと」が起訴明細五となっている。また、捜査報告書ではレイプでの訴追は「勧告」されていないのに、起訴明細にレイプが組み込まれている事例が三例ある。「米国対吉田他」の起訴明細二は、三名の女性に対する「拷問」と「レイプ」である。ここでは「拷問」と「レイプ」が並置しているのだが、「米国対宮城および小林」の起訴明細二および「フィリピン人民対島村他」の起訴明細一では「レイプ」のみが記されている。さらには、［一三六番］の捜査報告書では殺人で訴追することを求めているが、この報告書が対応している「米国対杉本他」の起訴明細二では、十数名の日本兵が「性的侮辱（sexual indignities）の強要およびレイプまたはレイプ未遂により」七名のフィリピン人の女性を「暴行し虐待した（abused and mistreated）」、と述べられている。

つまり、同一の起訴明細に暴行や殺害とレイプを並置するか、レイプのみの起訴明細を立てるか、もしくは起訴明細の中でレイプを虐待の一部と捉えるかの違いはある。いずれにしても、レイプという犯罪がこれらの裁判では問われたことは確認できる。ただし「殺人」や「拷問」が圧倒的多数の起訴明細を構成しているのに対し、「レイプ」を含んだ起訴明細はごくわずかであり、性暴力が重要視されているとはいえない。[*13]

むしろ、なぜ拷問や虐待が性暴力を含み込み、さらにレイプに関連づけられるのかという点を、事件が生じた状況から考察してみたい。この点は、日本軍の拷問の方法が、通例として性暴力を含み込んでいたことを反映している。「米国対吉田他」の公判資料および付随資料を最も詳しく読み込んできたが、そこにはおよそ性暴力にまつわる三つのステップがあった。ステップ一では、男女を問わず裸にする。ステップ二では、性器や陰毛に火をつける。ステップ三では、女性の性器に指や棒などを挿入する、というものだ。付言すると、被告側は事実認定については争わなかったので、これらの三ステップは事実として認定されている。この裁判の結果、吉田と石坂という二名の人物が死刑に処されている。吉田曹長の命令によって同行の日本兵とフィリピン人対日協力者がステップ一～三を行い、石坂伍長は別の場所でステップ一～三を行っている[*14]（岡田 二〇一四）。

このうちステップ二は、他の事例でも観察される。「米国対戸塚」では、フィリピン人対日協力者の一人が、自らの目撃した拷問を三段階で説明している。はじめに棒で殴打し、次に水をたくさん飲ませて殴打し、そして最後には性器や陰毛を焼くというものだった（493-494〔公判資料の頁番号、以下同じ〕, LS 38240）。また「フィリピン人民対藤本」でも、日本兵は数十名の住民を拘束し、複数名に対して、暴行を行い、性器に火をつけるという行為を行っている。また、そのうちの一名を殺害している（38-40, LS 29816）。つまり性器を焼くという行為は拷問の一過程として広く用いられているといえよう。

より典型的なレイプに近いステップ三はどうであろうか。「米国対藤井」では、藤井がゲリラの妻とおぼしき女性ミリタンテを拘束している。妊娠三ヶ月の彼女を殴り、裸にし、性器に棒を突っ込み、その結果、彼女を流産させている（545-548, LS 10785）。また、パナイ島およびその近くの島で生じた事件を扱ったものに、藤井や戸塚の上官河野中将を裁いた「米国対河野」があるが、そのなかでは、渡辺という兵士[*15]が三名の女性に対して、拷問の一環として性器に指を入れた後に、殺害したとの目撃証言がある（213-214, LS 38137）。前述と合わせると、裸にし、性器に火をつけるという行為に加え、女性の性器にものや指を入れるという行為は、日本軍では拷問の一環として行われる場合もあったと思われる。

また、拘束し裸体にするという性暴力は頻発していた。ステップ一が常にステップ二や三に進んだわけではない。「米国対戸塚」では家屋で女性が裸にされた後にそのまま放置されたとの証言がある（131, LS 38232）。また、「米国対藤井」では、前述のミリタンテではなく、他の女性に対する性暴力の記述も多いのだが、藤井自身の証言によれば、拘束した女性を裸にしたもののゲリラについての情報を提供したので暴行しなかったとのことである（308-309, LS 10789）。後者の場合、拷問の目的が達せられたので、さらに過酷なことをしなかったということだろう。拘束し裸体にし、そのうえで情報提供の有無によって次のステップへ進むかどうかが決まるということだったと思われる。

他方では、性暴力は情報を得るためだけに使われたわけではない。とりわけレイプにおいては、拷問の一部とは言い難い側面がある。証言のなかでは、婉曲的な表現が使われている場合もある。たとえば「米国対藤井」では、男性から離され、裸にされ別室に連れ込まれた女性が、日本兵は「不道徳（immoral）」だったと述べている（103-106, LS 10784）。また、「米国対戸塚」では、拘束された住民男性の一人は、三名の若年女性が別室に連れていかれたことを見、その後に彼女たちの泣き声や叫び声を聞いている。別室から出てきた彼女らに、何が起きたのかと問いただしたところ、そのうちの一人は、日本兵は「みだら（indecent）」だと答えたという（178, LS 38233）。「米国対杉本他」において起訴明細では七名に対するレイプを含む虐待が問われていたが、そのうち六名は殺されてしまっており、唯一、一名の被害者から証言を引き出すことに成功している。この場合、その地に駐屯していた部隊による殺害や性暴力だったこともあり、証言が具体的である。被害者は一九四四年九月三日にバリリ小学校の家庭科棟の後ろの倉庫で村田伍長にレイプされたと証言をしている。なおなぜ彼女が殺されなかったかというと、レイプ後に村田が酔いつぶれてしまったからとのことである（23-27, LS 26825）。

直接の目撃証言もある。「米国対尾家」ではとりわけ凄惨な殺人が多いが、そのうちの一つでは、避難民が証言と質問への応答のなかで次の点を述べている。三名の日本兵が証言者の隣人のフィリピン人女性を家の外まで追いかけまわした。日本兵は、服をはぎ取り、女性が「殺さないでください」と嘆願しているにもかかわらず、かわるがわる彼女をレイプした。その後、乳房を切り取り、眼球をえぐり出し、殺害している（1365-1376, LS 27221）。いずれも男性の性器を女性の性器に強制的に挿入するという典型的なレイプが起きたと思われる証言である。しかし、これらの事例は、被拘禁者のうち女性を分けて別室に入れレイプする、殺す前にレイプする、追いかけまわしレイプし殺害するといったように、情報収集を一応の目的とする拷問の一環とはいえない特徴を有している。このようなレイプの発生こそが、レイプを拷問や虐待とは異なる犯罪と認識したことや、レイプが一部の起訴明細に組み込まれたことの背景にあろう。

さらには、「米国対戸塚」における住民男性の証言によると、この男性はある女性とともに拘束された。この女性は、ゲリラである夫を庇おうとし、この男性が彼女の夫であると嘘の証言をした。すると日本兵は、男性に女性に対して「人前ではすべきではない行為」をその場でさせたという（216, LS 38231）。つまり性行為を強要させられたわけだが、レイプの先には、このような深刻かつ猟奇的な性暴力も生じていた。

このように広範に性暴力が行われるなかで、軍事委員会は、性暴力が「暴行（abuse）」や「虐待（mistreatment）」という概念に組み込まれると理解していた。前述のように［一三一番］では、「勧告」においてレイプによる立件を求めている。ただし、この案件を引き継いだ「米国対藤井」では、レイプは起訴明細に含まれていない。裁判が起訴明細の是非を論証する過程だとすると、その起訴明細と関係なくレイプや性暴力を追及することに対しては手続上の疑義が生じる。以下の事例は、その疑義をめぐる弁護人、検察官、軍事委員会委員長のやりとりである。背景となる状況としては、男女の村人が家屋に閉じ込められており、そのうちの三名の若年女性が、二階に連れていかれる。裸にされた彼女たちに何が起きたかを追及している場面である。なお、煩雑さを避けるために、それぞれの個有名を検察官、弁護人、委員長と書き換えた。

検察官：裸にされる以外に、それらの若年女性は、その家にいた間に、他にどのような虐待を受けたかを述べましたか。
弁護人：ちょっと、すいません。（中略）本件では、レイプや他の虐待が行われたことを示す起訴明細はありません。よって、この点を証明しようとすることは公平だとは思いません。今までの様々な裁判で述べられた証言から、証人が唯一言いたいことは、それらの女性が裸にされたことだけだと確信します。（中略）
委員長：あなたは検察官の質問に異議を申し立てているのですか。
（中略）
弁護人：一九四三年九月にアグボボロで女性が虐待を受けた（mistreated）という起訴明細は、本裁判にはありません。
検察官：起訴明細四の最後の部分には、「（中略）三名の無防備の非戦闘員である市民は暴行され（abused）激しく虐待（brutally mistreated）された」とあります。
弁護人：前言を撤回します。
委員長：委員会は事実とこの証人が何を知っているかに関心があります。
弁護人：私には、この点を証明しようとすることは、レイプがあったことを証明しようとしているように見えます。
委員長：いいえ、私はそうは思いません。委員会もそのようには考えません。この起訴明細に関して、何を証明できるかを見てみたいのです。
(107-108, LS 10784)

つまり委員長は、たとえ虐待についての証言がレイプにつながるとしても、その証言をさせることを促している。いいかえれば、レイプも含めどのような拷問や虐待が行われたのかを口述させることに関心がある。

まとめると次のようなことが言えよう。日本軍は治安行動などのなかで住民を拘束し、その際に過剰な暴力を振るった。それらは「拷問」や「虐待」と認識されていた。そして、その一環として性暴力が行われる空間を作り出した。

拘束して裸体にすることは大変に多く、殴打などに伴い、性器や陰毛に火がつけられることも幅広く見られた。そのうちの一部が、女性の性器に物や指を入れるという行為へと至った。その延長には、レイプがあり、さらにはレイプ後の死体損傷や性行為の強要といったより猟奇的な行為があった。それゆえにレイプ以外の性暴力を、虐待や拷問の一部として認識する十分な根拠があった。このような認識があったからこそ、十分とは到底いえないが、マニラ裁判の訴追段階では具体的な性暴力が論じられ、なおかつ裁かれたのである。

7　おわりに――マニラ裁判と国際法

本章においては、性暴力が示された八点の公判資料を分析してきたが、それぞれにおいて被告の多くは有罪となっており、おおむねそのなかの主犯格の人物は死刑判決を受けている。また、そのうちの五件ではレイプが起訴明細の一部を構成しており、それらの起訴明細においては、有罪が三件、無罪が一件、そして個別の起訴明細に対する判断がないため不明が一件となっている。もっとも、日本軍のどの部隊がどのような状況において性暴力を用いたのか、誰が性暴力の行為者であり、その人物はなぜそのような行為を行うようになったのかなどの疑問には、本章では答えておらず今後の課題としたい。それでも、性暴力が裁かれたという事実は明らかである。またこの事実は、フィリピン戦ではゲリラおよびゲリラの同調者への拷問の一部として日本軍が性暴力を幅広く用いたこと、また一九九〇年代の国際刑事法廷よりも五〇年も前に明確に定められた訴訟手続を伴った裁判において性暴力が裁かれたことを明らかにしている。

とりわけ、後者に見るマニラ裁判の先駆性は、重要な発見に思える。国際法研究者トゥバ・イナルは、近現代史における戦時の略奪とレイプの違法化の過程を追っている。彼女の考察によれば、法律上、女性はそもそも男性の動産として認識されていた（Inal 2013: 1）。ニュルンベルク裁判ではレイプで訴追された事例はなく、東京裁判では、レイプで訴追された事例が南京事件を中心にあったが、レイプは戦争犯罪として適切に扱われたわけではなかった（Inal 2013: 105）。一九四九年のジュネーヴ諸条約には道徳的に許容しがたい行動であるとして、レイプが書き込まれた（Inal 2013: 92-93）。一九七七年のジュネーヴ諸条約追加議定書において、ようやく「女子は、（中略）強姦、強制売春その他のあらゆる形態のわいせつ行為から保護される」[*16]という条文によって戦時レイプの違法性が明文化される（Inal 2013: 113）。一九九〇年代にはユーゴスラビアとルワンダの国際刑事裁判でレイプが裁かれる。さらには国際刑事裁判所（ICC）ローマ規程において、レイプがあらためて「人道に対する罪」であることが確認され、戦時レイプに関する法制度が整備され、国際規範に従うことが各国に求められるようになった（Inal 2013: 161-166）。

それでは、国際法という文脈においてなぜ一九九〇年代になってレイプが問題視されていったのだろうか。大きな背景としてはジェンダー研究の拡がりがあろう。その中で、ルワンダやユーゴスラビアなどにおける大規模な性犯罪などとともに、一部の論者によると「慰安婦」問題の解決運動が要因の一つだったといわれる（前田 二〇〇二：三章、Copelon 2011）。国際法の視点から見てみると、ニュルンベルク裁判と東京裁判後には停滞していた国際法の進展が、一九九〇年代に進展したことになる（建石 二〇〇八）。このようななかで、イナルは性暴力が「人道に対する罪」として認識されるようになってきたとの点を強調しているのだが、同様に前田朗も「人道に対する罪」の発展を跡づける論考のなかで、レイプを含む「重大な性暴力」の追加を発展の一過程として位置づけている[*17]（前田 二〇〇九：一二八―一二九）。つまり、イナルや前田の見解では、「人道に対する罪」の概念がより広まることでレイプやその他の性暴力がそこに組み込まれるようになり、そうであるが故に裁かれるようになったということになろう。他方、国際法の限界を指摘する見解も多い。たとえば、国際刑事法と国内法の管轄権の問題がある（洪 二〇一四）。また、ローマ規程をどのように国内法に反映させるのかはこれからの課題とされる（Copelon 2011）。いわば、国際法があったとしても、犯罪的な行為に対してその国際法が適用されるとは限らない。ただしこれら双方の思潮が前提としているのは、一九四五年以降に国際法において戦争下の性暴力に対する関心が徐々に高まり、一九九〇年代に性暴力が国際法で問われるようになったということである。しかし、性暴力事件を追及したマニラ裁判が国際法上における前例として捉えられることは、ほとんどないようである。

その反面、国際法研究者の戸谷由麻は、マニラ裁判の一つであった山下裁判と国際法の関係を論じている。マニラ裁判では陸軍大将山下奉文が有罪となり、その後処刑された。その主たる要因はマニラ市街戦における非人道的行為だった。この非人道的行為は、山下の下で参謀長だった武藤章に対する東京裁判の判決に深く関係していた（Totani 2008: 110, 186）。また上官責任に関しては、マニラ裁判を含むBC級裁判は、国際刑事法の進展を促す一因となった（戸谷 二〇一五：六）。つまり戸谷によれば、マニラ裁判で裁かれた非人道的行為や上官責任は、国際法の進歩に貢献したとのことである。しかし、同じマニラ裁判における性暴力の訴追は、同様の貢献をしたとは認識されていない。なぜこのような違いが生じているのかの解明は、今後の国際法研究に期待したい。[*18]

このような経過とは逆に、本章は法の発展と性暴力を裁くことが明白な因果関係にはないことを示している。「人道に対する罪」に対する認識が深化し、性暴力が訴追されるようになったことを、イナルや前田は示唆しているのだが、前述してきたようなマニラ裁判での曖昧な性暴力の扱いを捉えるには、よりニュアンスに富んだ理解が求められよう。「人道に対する罪」に対する認識の深化とともに性暴力を戦争犯罪とする理解が進み、一九九〇年代に戦時下、紛争下の性暴力が国際刑事裁判の場で問われるようになったという直線的な発展論では、マニラ裁判における性暴力の訴追を捉えそこねてしまう。むしろ今後問うべきは、なぜある戦争裁判においては性暴力が問われ、他の戦争裁判においては問われなかったのか、そして問われたのであれば、どのように問われたのか、という点であろう。

このほかには、レイプを含む種々の性暴力が、いつ個別のカテゴリーとして訴追の根拠になったのかという問いが残る。前述してきたようにマニラ裁判では殺人や虐待や拷問が前景化され、性暴力はわずかにしか取り上げられていない。レイプは起訴明細で明示されることがあったのだが、レイプ以外の性暴力は拷問や虐待の一部とされていた。しかもマニラ裁判の認識は、二一世紀のレイプと性暴力の定義とは大きく異なっている。女性の性器に指や棒を入れるという行為がレイプとは理解されていない。このような行為がレイプを構成するようになるのはいつなのか。さらにはマニラ裁判では、裸にする、性器や陰毛に火をつけるという行為は虐待や拷問であり、性暴力だとは認識されていない。レイプ以外の性暴力が訴追根拠として出現するのは、いつ、どういう状況においてだったのか。これらの問いの解明が課題として残る。

さらには、真実委員会が示す広範な暴力事例のリスト化を参考にすると（ヘイナー 二〇〇六：二章）、マニラ裁判には明らかに不十分な特徴があった。マニラ裁判では、容疑者が確定されない限り公判が行われず、殺人や拷問が優先され性暴力の犯罪性は強調されなかった。容疑者が拘束された場合でも、容疑者を極刑にするに足る犯罪行為が立証できれば、その他の犯罪行為を訴追する必要がなかった。懲罰に重きがおかれるがゆえに生じる、裁判という形式がもつ限界があった。この点からマニラ裁判は、永井がいうように事件や証言を記録するという点で「歴史への貢献」だったのだが（永井 二〇一〇：三八）、同時に日本軍が犯した性暴力の全体像の解明への阻害要因も内包していた。

これらの限界はあるにせよ、「慰安所」も含め日本軍の性暴力制度を究明することは、ルワンダやユーゴスラビアにおける性暴力制度の比較からも重要である。ついては、グローバル・ジャスティス時代の歴史学研究者の責務として、マニラ裁判の資料などを手掛かりとし、日本軍の性暴力制度を総合的に理解することが求められるのである。

注

＊1　日本語訳は日本外務省のＨＰから入手。「国際刑事裁判所に関するローマ規程（略称：国際刑事裁判所ローマ規程）」、「和文テキスト」、六頁（https://www.mofa.go.jp/mofaj/gaiko/treaty/treaty166_1.html 二〇一八年一一月一四日閲覧）。

＊2　「戦争犯罪人裁判規程」は、後述の「米国対宮城および小林」LS 12670-12673 に、「戦争犯罪被告人裁判規程」は「米国対戸塚」LS 38228-38245 に所収してある。これらを参考にした。

＊3　これらの日本語の用語は、田中英夫編『英米法辞典』による（田中 一九九一：一三七、六四二、七九八）。

＊4　日本の国会図書館憲政資料室所蔵のマイクロ・フィッシュ・コピーを使用した。LSはその際の参照番号である。米国国立公文書館ではRG331という区分に属する。元資料はManila Branch, Legal Section, GHQ/SCAP Records, RG 331, NARA, U.S.A.である。
＊5　二〇一八年二月二六日閲覧。
＊6　このような小規模事件のうち、どのような案件については（B）捜査報告書が作られ、どの案件が（C）公判資料に書かれるに至ったのか、別稿で論じたい。
＊7　永井も同様の分析を行っており参考にした（永井 二〇一三：二二一―二二四）。
＊8　本章で使用した捜査報告書についてはLS 32391-32420, 39743-39765を参照せよ。煩雑になるので、各捜査報告書の参照番号は明記しない。
＊9　（A）［F‐一八五］～［F‐一八九］ではタブラス島の虐殺や性暴力事例がすべて虚偽に基づくものであったとしているのに対して、（B）［一四〇番］ではタブラス島は大量殺人の現場として論じられている。この矛盾については、占領期のタブラス島史を追う必要があり、今後の課題としたい。
＊10　ここでのアメリカ人とは白人を示すと思われる。
＊11　米国による裁判の一覧はすでに日本語で刊行されている（坂 一九六七：八―三二）。氏名の漢字表記が分かった場合は、漢字で姓と階級を記すこととする。なお被害者についても姓のみを記す。
＊12　ここでは、日本軍が裁いている事件は、マニラ裁判では裁かないという方針が示されており、管轄権の問題が生じている。
＊13　ただし永井によれば、フィリピン政府に引き継がれた案件においては、殺人と性暴力が重視されたという（永井 二〇一三：八六）。米軍による裁判とフィリピン政府による裁判との差異は今後追究してみたい。
＊14　なお、石坂はレイプでも訴追されレイプをしたと認定されている。ただし、石坂本人はもとより当該の被害者も五〇年後の宣誓供述書でレイプがあったことを否定しており、ここではレイプについては論じない（岡田 二〇一八）。
＊15　当該の渡辺の階級が他の資料と整合しないため兵士とした。
＊16　日本語訳は日本外務省のHPから入手。「二　ジュネーヴ諸条約追加議定書（一九七七年採択）」「第一追加議定書（全文）」

九七頁（http://www.mofa.go.jp/mofaj/gaiko/k_jindo/giteisho.html 二〇一八年九月三〇日閲覧）。

＊17　もっとも、どの時点で性暴力が「人道に対する罪」に組み込まれたかについては、今後の研究の進展を待ちたい。

＊18　中保佳恵によると、ニュルンベルク裁判後ドイツの英米管理地域に設けられたドイツ管理理事会法律第一〇号二条Cでは、「人道に対する罪」として「強姦」が入っている（中保 二〇〇一：一四八）。英米管理地域では、千人以上の被告が裁かれたといわれており（McGoldrick 2004: 12）、マニラ裁判と同様に性暴力が裁かれた可能性が高いと思われる。

参考文献

岡田泰平　二〇一四「戦時性暴力はどう裁かれたか――セブ・マクタン島コルドバの事例から」『アジア太平洋研究』三九、一二九―一四七頁。
岡田泰平　二〇一八「日本軍『慰安婦』制度と性暴力――強制性と合法性をめぐる葛藤」上野千鶴子・蘭信三・平井和子編『戦争と性暴力の比較史に向けて』岩波書店、八五―一〇九頁。
小長谷和高　一九九九『国際刑事裁判序説』尚学社。
片島紀男　一九九一「アジアと太平洋戦争　第三回　マッカーサーの約束――フィリピン・抗日人民軍の挫折」（ＮＨＫスペシャル）、一九九二年八月一四日放映。
洪恵子　二〇一四「ＩＣＣにおける管轄権の構造」村瀬信也・洪恵子編『国際刑事裁判所――最も重大な国際犯罪を裁く　第二版』東信堂、四一―六六頁。
坂邦康　一九六七『比島戦とその戦争裁判――惨劇の記録』東潮社。
清水正義　二〇一一『「人道に対する罪」の誕生――ニュルンベルク裁判の成立をめぐって』丸善プラネット。
建石真公子　二〇〇八「国際刑事裁判所における国際犯罪としての性暴力」宮地尚子編『性的支配と歴史――植民地主義から民族浄化まで』大月書店、二六三―二九八頁。
田中英夫編　一九九一『英米法辞典』東京大学出版会。
戸谷由麻　二〇一五『不確かな正義――ＢＣ級戦犯裁判の軌跡』岩波書店。

永井均　二〇一〇『フィリピンと対日戦犯裁判――一九四五〜一九五三年』岩波書店。
永井均　二〇一三『フィリピンBC級戦犯裁判』講談社。
中保佳恵　二〇〇一「国際刑事法における『人道に対する罪』――ニュルンベルグ国際軍事裁判所条例およびドイツ管理理事会法第一〇号を素材にして（三）」『早稲田大学大学院法研論集』九九、一四三―一六二頁。
林博史　二〇〇五『BC級戦犯裁判』岩波新書。
ファーンズワース、E・アラン　二〇一四『アメリカ法への招待』笠井修・高山佳奈子訳、勁草書房。
ブラウンミラー、スーザン　二〇〇〇『レイプ――踏みにじられた意思』幾島幸子訳、勁草書房。
ヘイナー、プリシラ・B　二〇〇六『語りえぬ真実――真実委員会の挑戦』阿部利洋訳、平凡社。
細谷広美　二〇一三「人権のグローバル化と先住民――ペルーにおける紛争、真実委員会、平和構築」『文化人類学』七七（四）、三月。
前田朗　二〇〇二『ジェノサイド論』青木書店。
前田朗　二〇〇九『人道に対する罪――グローバル市民社会が裁く』青木書店。
ミノウ、マーサ　二〇〇三『復讐と赦しのあいだ――ジェノサイドと大規模暴力の後で歴史と向き合う』荒木教夫・駒村圭吾訳、信山社出版。
宮地尚子編『性的支配と歴史――植民地主義から民族浄化まで』大月書店。
望月康恵　二〇一二『移行期正義――国際社会における正義の追及』法律文化社。
Belkin, Aaron 2012. *Bring Me Men: Military Masculinity and the Benign Facade of American Empire, 1898-2001*. New York: Columbia University Press.
Buss, Doris 2014. Seeing Sexual Violence in Conflict and Post-Conflict Societies: The Limits of Visibility. In Doris Buss et al.（eds.）, *Sexual Violence in Conflict and Post-Conflict Societies: International Agendas and African Contexts*. Routledge, pp. 3-27.
Copelon, Rhonda 2011. Toward Accountability for Violence against Women in War. In Elizabeth D. Heineman（ed.）, *Sexual Violence in Conflict Zones: From the Ancient World to the Era of Human Rights*. Philadelphia: University of Pennsylvania Press, pp. 232-256.

Estrich, Susan 1987. *Real Rape*. Cambridge, Mass.: Harvard University Press.

Heineman, Elizabeth D.（ed.）2011. *Sexual Violence in Conflict Zones: From the Ancient World to the Era of Human Rights*. Philadelphia: University of Pennsylvania Press.

Inal, Tuba 2013. *Looting and Rape in Wartime: Law and Change in International Relations*. Philadelphia: University of Pennsylvania Press.

Kwon, Insook 2010. Masculinity and Male-on-Male Sexual Violence in the Military: Focusing on the Absence of the Issue. In Setsu Shigematsu & Keith L. Camacho（eds.）, *Militarized Currents: Toward a Decolonized Future in Asia and the Pacific*. Minneapolis: University of Minnesota Press, pp. 223-250.

McGoldrick, Dominic 2004. Criminal Trials Before International Tribunals: Legality and Legitimacy. In Dominic McGoldrick & Peter Rowe, Eric Donnelly（eds.）, *The Permanent International Criminal Court: Legal and Policy Issues*. Oxford: Hart Publishing, pp. 9-46.

McCormack, Timothy LH. 2004. Crimes Against Humanity. In Dominic McGoldrick & Peter Rowe, Eric Donnelly（eds.）, *The Permanent International Criminal Court: Legal and Policy Issues*. Oxford: Hart Publishing, pp. 179-202.

Terami-Wada, Motoe 2014. *Sakdalistas' Struggle for Philippine Independence, 1930-1945*. Quezon City: Ateneo de Manila University Press.

Totani, Yuma 2008. *The Tokyo War Crimes Trial: The Pursuit of Justice in the Wake of World War II*. Cambridge: Harvard University Press.（戸谷由麻　二〇〇八『東京裁判——第二次大戦後の法と正義の追求』みすず書房）

第Ⅲ部　人類学の現場から

第8章　国家を代替する社会
東アフリカ遊牧社会におけるローカル・インジャスティス

湖中真哉

1　はじめに——ジャスティスからインジャスティスへの視座転換
グローバル・ジャスティスのマトリックス

本章は、東アフリカ遊牧社会で発生したある紛争をめぐる民族誌的研究に基づいて、グローバル・ジャスティスの再検討を試みることを目的とする。民族誌的には、東アフリカ遊牧社会を対象として、国家の劣悪なガバナンスの下で蔓延するローカルなインジャスティスの諸相を報告するとともに、拷問と和解の事例を提示し、ローカル・インジャスティスの側からグローバル・ジャスティスを問い直すことを試みる。理論的には、ローカル・インジャスティス状況におけるジャスティスの特徴を析出し、こうした状況下における国家と社会の関係性を問い直す理論的モデルを探求することで、ジャスティスの新たな基盤を提示することを試みる。

まず、グローバル・ジャスティスという概念を考えるにあたって、ジャスティスをグローバルとローカルの対立軸のみで考えるのではなく、ジャスティスの概念そのものを再検討することを試みたい。なぜなら、国家の統治が脆弱

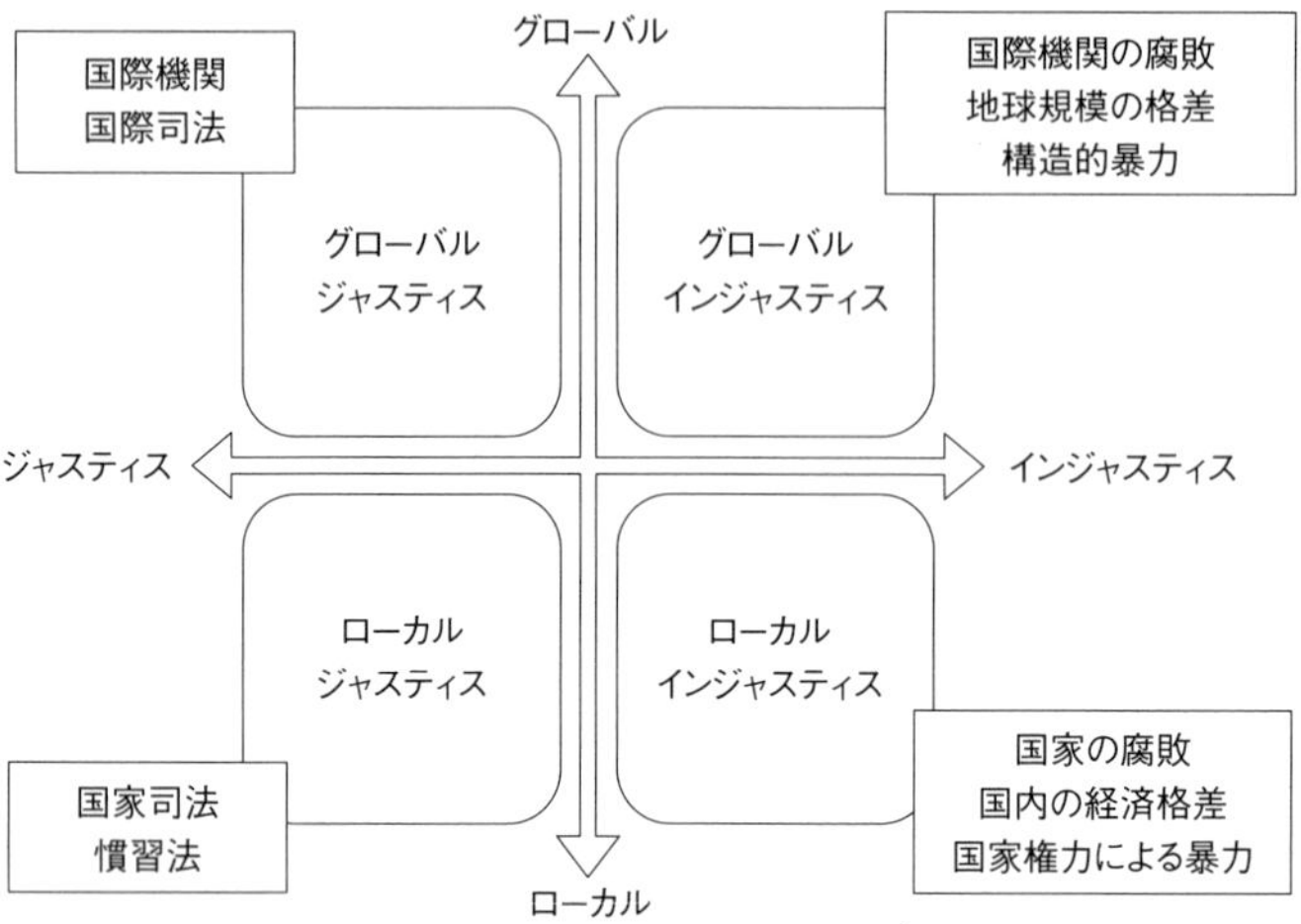

図8-1　グローバル・ジャスティスのマトリックス

で腐敗が蔓延しているような周縁社会では、ジャスティスをそもそも自明のものと見なすことは必ずしも適切とはいえず、ジャスティスはすでに社会の基調を成しているインジャスティスとの関係において捉えなければならないからである。すると、ジャスティスを考えるにあたって、ローカルとグローバルの対立軸だけではなく、ジャスティスとインジャスティスの対立軸が加わることとなり、二つの対立軸が交差することによって四つの象限からなるマトリックスをつくることができる（図8-1）。ここでいうローカルには、国家レヴェルの事象と地域共同体レヴェルの事象の両方が含まれる。グローバルの対極をナショナルと見なす見方も確かにありうるが、そのような見方をとれば、ここで問題化しようとしている国家から抑圧されている地域共同体はなきものと想定されてしまうため、本章ではこのような領域設定を行う。

　まず、ジャスティスの領域について見ると、グローバル・ジャスティスは、国際刑事裁判所などの国際機関による国際司法の領域を意味する。修復的正義を評価しようとする一連の国際的な潮流もこの領域に属する。これに対して、ローカル・ジャスティスは、国家による司法や共同体による慣習法の領域を指す。ただし、もちろん、両者は相互関連している。もともと、グローバル・ジャスティスは、国家によるジャスティスが十分機能しない場合に、それを補完するものとして提唱され、グローバル・ジャスティスに被害者の権利の保障や平和構築の手段となる修復的正義などが取り込まれるようになった。

一方、インジャスティスの領域を見ると、まず、グローバル・インジャスティスとしては、たとえば、本来超国家的な共益のために行動すべき国際機関が、特定のアクターの私益に即して行動する場合などの国際機関自体の腐敗の問題がある。また、グローバリゼーションの恩恵から排除されてきたいわゆるグローバル・サウス（global south）を対象とした議論や、構造的暴力（structural violence）（ガルトゥング 一九九一）の問題がこの象限に属する。これに対して、ローカル・インジャスティスの象限には、国家の腐敗、汚職、国内の経済格差、国家権力による国民に対する暴力、慣習法の不正などの問題が属することになる。

もちろん、これらの四つの象限は複雑な相互影響関係にあるといえる。しかし、ジャスティスを扱ったこれまでの人類学的研究においておもに議論されてきたのは、修復的正義の問題や、地域共同体におけるローカルなジャスティスのあり方であった（石田 二〇一一、松田・平野 二〇一六など）。しかしながら、グローバルなジャスティスであれ、ローカルなジャスティスであれ、こうしたジャスティスの領域はあくまで法制度的に顕在化している領域に過ぎない。ジャスティスの領域は、とりわけ国家が十分に機能していない周縁社会においては、実際には、極めて広大なインジャスティスの領域に浮んでいる小島のような、わずかな領域として再検討する必要がある。

グローバル・ジャスティスがグローバルな視野に立った正義の理念であるとすれば、いわば、その対偶に位置するローカル・インジャスティスは、局所的に見た情け容赦ない不正義の現実である。本章では、このローカル・インジャスティスの現場から、グローバル・ジャスティスを逆照射するアプローチを試みる。

ローカル・インジャスティスの人類学にむけて

つぎに、ローカル・インジャスティスに関わる先行研究、とりわけ、劣悪なガバナンスと腐敗の人類学をレビューしながら、ローカル・インジャスティスを扱う人類学の方向性を探ってみたい。これまで、文化相対主義の前提のもとに、伝統文化や在来文化を称揚してきた人類学は、ローカル・インジャスティスの領域をあまり対象化してこなかった。周縁社会においては、国家統治が脆弱であり、ローカル・インジャスティスがそこに生きる人々を理不尽に苦しめてきたにもかかわらず、人類学者は、腐敗、賄賂、悪政、圧政などのローカル・インジャスティスの問題については目を瞑り続けてきたのである。

ローカル・インジャスティスは、国際機関の用語では、良きガバナンス（good governance）の対極となる劣悪なガバナンス（bad governance）と呼ばれてきた。「ガバナンス」の概念自体は必ずしも国家を前提としたものではないが、世界銀行は、「ガバナンス」を「ある国家が開発のために経済社会的な資源を運営する際に権力を行使するやり方」（World Bank 1992: 1）と定義しており、冷戦体制崩壊以降、この概念は、世界銀行による途上国融資のコンディショナリティ（conditionality）として用いられてきた。冷戦時には、腐敗した独裁政権であっても米国の共産主義封じ込めを優先目的として援助は行われたが、冷戦の崩壊によりその前提が崩れ、新しい援助の基準として選ばれたのがガバナンス概念だったのである。良きガバナンスは、反腐敗（anti-corruption）、透明性（transparency）、アカウンタビリティ（accountability）などの諸概念とセットとなり、新自由主義的なグローバル資本主義が展開しやすい基盤を世界各地の途上国で形成するべく唱道されるようになった。政治学的には、ローズノー（Rosenau 1992）がいうように、ガバナンスとは政府と同義ではなく、政府や警察権力を前提としていない統治のあり方（governance without government）を意味する。

これに対して、人類学者のブロンドとル・メアー（Blundo & Le Meur 2008）は、ガバナンスを、雑多な実践のレトリック的な基準に状況づけられた概念として捉えている。国際機関の計画者や実務家によって、ひとたびこの概念が用いられるようになると、行為遂行的にガバナンス概念が創り出されていく。彼らは、ガバナンスという概念が日常世界における現実を構成する過程を民族誌的に描出しており、確かに、この概念を固定的に捉えるのではなく、行為遂行的に創り出される概念として捉える視座は有効である。その一方、彼らの研究は、おもにガバナンス概念の扱いに終始しており、それらの概念すら用いられないような場所において、劣悪なガバナンスのもとで営まれる地域住民の生とはそもそもいかなるものかという問いは欠如している。

また、ローカル・インジャスティスに関わる研究としては、ショアーとヘイラー（Shore & Haller 2005）による人類学的な腐敗の研究があげられる。彼らは、開発学や国際関係論を中心とする従来の社会科学における腐敗の理論では、構造論的視角と、相互作用論的視角の二つが主流となってきたという。このうち構造論的視座は、腐敗を、途上国を中心とする特定の社会においてのみ見られる特有の現象として捉えており、腐敗を中立的・客観的概念として扱う。相互作用論的視座は、腐敗を公的義務からの逸脱行動として定義している。いずれにせよ、腐敗は、先進国の基準からの例外や逸脱として捉えられてきた。

ショアーとヘイラーは、なぜ人類学者たちは彼らが腐敗それ自体については調査研究の対象から除外してきたのかについても考察している。その理由として、人類学者は、腐敗の研究をすることで調査対象者を批判したくないことや、調査自体の継続が危ぶまれること、腐敗が秘匿されることにより参与観察法が困難になることなどをあげている。しかし、こうした困難にもかかわらず、彼らは、人類学は腐敗を研究する意義があると述べる。彼らは、人類学的視点によって、腐敗が世界各地で何を意味し、いかに日常生活に位置づけられているかを解明することができるという。また、人類学がもつ当事者からのイーミックな視点によって、贈与と賄賂の区別はいかになされているのか、人々がいかにして自身の行為を、適切／不適切、道徳的／非道徳的、合法／非合法といった枠組に分類しているのかを探求することが可能になるという。

確かにショアーとヘイラーの議論は、人類学的な視角による腐敗研究への貢献という点では意義深い。しかし、彼らがいうように、腐敗を「文化」として扱ってしまうと、腐敗は地域文化と同一視されてしまう。腐敗の根源に、国家的な暴力があるような場合には、このように腐敗を特定地域の文化として扱ってしまうと、インジャスティスに苦しめられている側の地域住民の文化にこの問題が責任転嫁されてしまうことには、注意を払っておく必要がある。

また、ムイアーとグプタ（Muir & Gupta 2018）は、同じく腐敗の行為遂行性やコンテクスト性に注意を払いつつも、腐敗への関心をたんなる新自由主義ガバナンスの兆候として還元してしまう見方を退けている。彼女らは、腐敗を公と私の境界侵犯として捉え、腐敗と反腐敗の複合状況（the corruption/anti-corruption complex）などの新たな着眼点を提示している。しかしながら、腐敗があまりに全面的に蔓延し過ぎていて反腐敗の動きすらまったく見られないような状況については射程に入れていない。

以上のガバナンスと腐敗の人類学的先行研究検討から浮かび上がってきた、ローカル・インジャスティスの人類学の課題は、以下の三つの点に要約できるだろう。第一の点は、ローカル・インジャスティスをジャスティスの例外や逸脱として捉えるのではなく、それ自体をより中心的な課題として捉えることである。第二の点は、諸概念を自明のものと見なすのではなく、行為遂行的に創出されるものとして捉えつつも、諸概念の使われ方のみに終始するのではなく、劣悪なガバナンスのもとで営まれる地域住民の生のあり方自体を問い直すことである。第三の点は、ローカル・インジャスティスを地域住民がもつ文化として安易に捉えるのではなく、国家の暴力と地域住民の文化の相互関係に注目することである。

2　東アフリカ遊牧社会における紛争事例の概要

紛争事例の概要

つぎに、本章が扱う東アフリカ遊牧社会における紛争事例の概要を報告する。この紛争については、すでに別稿（湖中二〇一二a、二〇一二b、二〇一二c、二〇一二d、二〇一二e、二〇一五、二〇一六）で報告したため、ここでは概略のみ示す。

この章で扱うのは、東アフリカの某国で近年発生した民族集団AとB間での紛争である。この紛争は、殺人、傷害のほか、家畜の略奪、家屋や家財の焼き討ちなど、多大な被害をこの地域にもたらした。一連の紛争は、ほとんど報道されることがなく、ある国際機関（The Internal Displacement Monitoring Centre：IDMC）の報告でも、紛争について の情報が不足し、紛争によって発生した国内避難民が無視されてきたことが指摘されている。両者の紛争は、二〇〇四年に始まり、二〇一〇年に終結した。筆者の調査累計では、死者の総数は五六七人を数える。この紛争によって発生した国内避難民の数について、IDMCは二〇〇六年一〇月時点の国内避難民総数を二万二千人と推計している。

一連の紛争の主因については別稿（湖中 二〇一二a）でおもに分析したため、ここでは概略のみを示す。メディアや国際機関は、牧畜民の間での伝統的な家畜略奪や民族対立、旱魃によって稀少化した資源をめぐる競争などの地域住民側の主因を指摘してきたが、これらはこの地域がおかれたインジャスティスが常態化している状況を考慮に入れておらず、的外れな指摘に過ぎない。紛争は、民族集団Bのある国会議員Xが、選挙の集票目的で、地域住民を扇動し、民族集団Aに対して紛争を引き起こしたことに端を発する。彼は、二〇〇〇年頃から、国会議員の選挙運動期間中に、民族集団Aへの敵対心を煽る政治演説を繰り返し、彼らの土地への領土侵略をほのめかすことで、自らの政治的人気を獲得するようになった。そして、当選した彼は、民族集団Aへの襲撃を実行に移したのである。紛争は、その後、結果的に民族集団A・B相互の報復を招いたが、紛争の直接的な要因は民族集団Bの政治家による扇動と動員にほかならない。つまり、この紛争の主因となったのは、国会議員によるローカル・インジャスティスであることは疑う余地がない。

先述のように、この紛争は、二〇一〇年までにほぼ終結した。その理由の一つは、民族集団BがAに対して二〇〇九年に行った虐殺事件がメディアで大きく報道され、国内治安大臣によって政治的な圧力がかけられたからであるが、もう一つの理由は、民族集団Bが民族集団Aの圧倒的防衛力に恐れをなしたことである。二〇〇九年九月の紛争では、

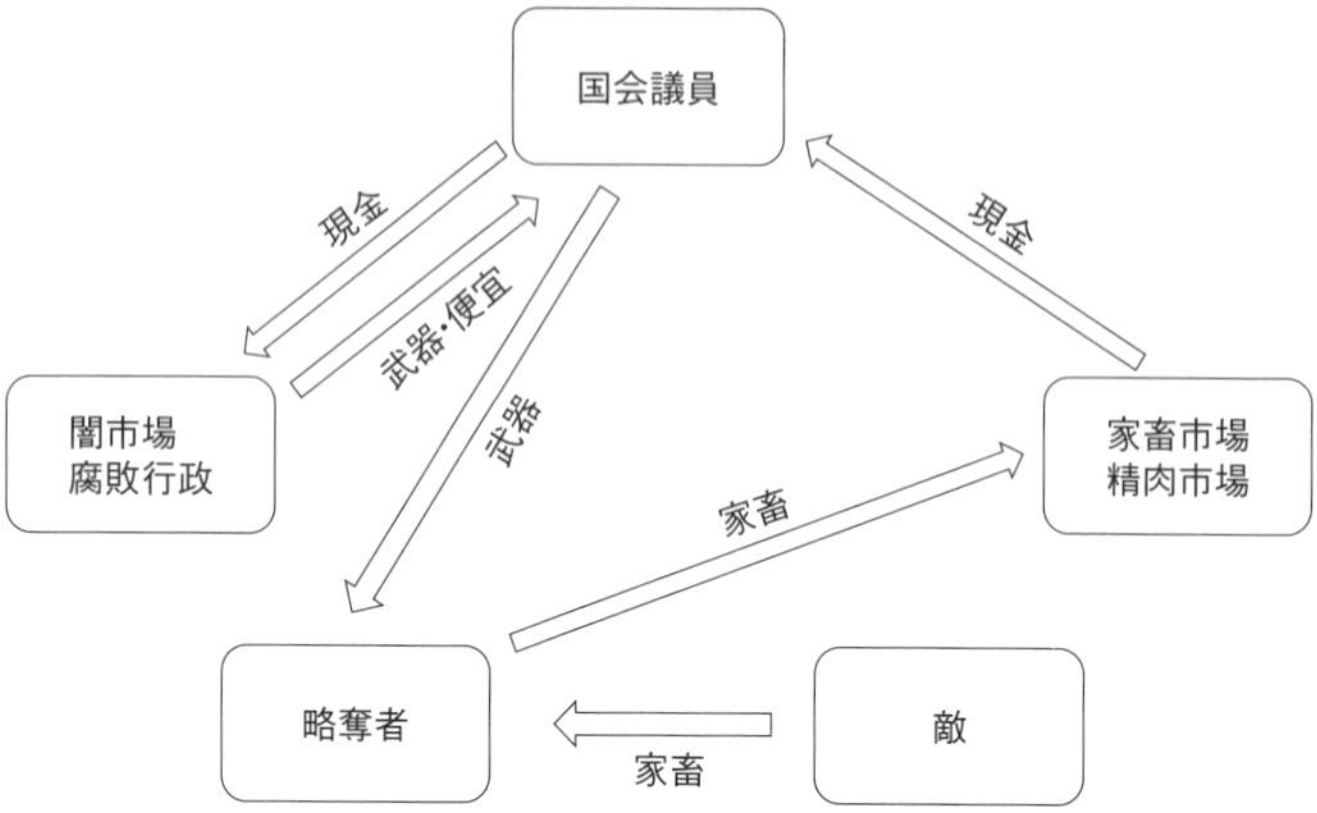

図 8-2　闇の資本主義経済のフロー

民族集団Ｂは民族集団Ａの防衛拠点となったある集落を攻略しようとして約三〇〇人の民兵を派兵したが、防衛戦術に徹した民族集団Ａから激しく迎撃され、犠牲者一二〇人を出す結果となった（民族集団Ａの死者はなし）。この集落は、集落内で寄付を募って警察から不正に購入したバズーカ四機を使用して迎撃したのである。つまり、紛争を終焉に導いたのは、不正によって得られた圧倒的軍事力であった。

紛争事例におけるインジャスティスの諸相

この紛争は著しいインジャスティスを特徴としており、続いてそうしたインジャスティスの諸相について報告する。国会議員Ｘは、紛争が始まった二〇〇四年以降、隣国の紛争地から約五〇〇〇丁のＡＫ四七式自動小銃を中心とするアサルトライフル銃を密輸して、地方行政首長に仲介させながら、民族集団Ｂの若者たちに民族集団Ａの襲撃を命じた。若者たちは小集団に分かれ、機を見て断続的に民族集団Ａに対する攻撃を行った。民族集団Ａから略奪された家畜の約四五％は略奪参加者間で分配されるが、残りの五五％は略奪には直接参加しなかった者に献上されたという。その内訳は、国会議員が四〇％、県議会議員、末端行政首長、占い師がそれぞれ五％である。略奪した家畜を家畜のまま売買すると不正行為が発覚しやすいため、国会議員Ｘは、その家畜をあえて遠隔地の屠殺場に持ち込み、屠殺・解体して肉として加工し、精肉市場で販売し

写真 8-1　AK-47 式アサルトライフル銃

ていた。そして、国会議員Xは、その売り上げ代金を、闇武器市場でさらなる兵器を購入することや、警察の買収工作に充てていた。つまり、こうした仕組みは、伝統的な遊牧民同士の家畜略奪合戦とは程遠く、腐敗した闇の資本主義とでも呼ぶべき様相を呈していたのである（図8－2）。

国会議員Xは、当地の警察を組織的に買収しており、民族集団Aに対する襲撃の際には、最初に警察署に立ち寄って、あらかじめ多額の賄賂を支払うことで警察の出動を事前に阻止していた。そのため、攻撃を受けた側が警察に通報しても、紛争現場への到着は著しく遅延した。たとえば、民族集団Aのある集落では、朝五時に襲撃があり、すぐに警察に携帯電話で通報したが、警察が襲撃地点に到着したのは、翌日の一七時であった。警察は、車の燃料がなかったなどと言い訳をするが、実際の理由は、あらかじめ攻撃側から買収されて救援に行かないよう約束していたためと思われる。警察側がこの集落の人々に対して、敵方よりも多額の賄賂を支払えば救援に向かってやってもよい、と電話をかけてくることすらあった。

また、紛争が激化すると、民族集団A・Bともに、隣接する紛争国からの密輸のみならず、兵器、弾丸、制服などを警察から闇取引で購入するようになった。制服を着用しているため、外見からは警察と見分けのつかない民兵もいた。紛争抑止のために、紛争地には政府の特殊部隊が駐屯していたが、その特殊部隊すら買収されていた。特殊部隊の駐屯地内は部外者立ち入り禁止のため、パトロール中に収賄金のやりとりをしていた。

つまり、攻撃を受けた民族集団Aの地域住民は、国家からの保護をまったく受けることができず、国家による地域住民に対する人権侵害が横行していた。そもそも、この地域では、国家による国民に対する安全保障が、完全に機能不全を起こしていたのである。

3　ローカル・インジャスティス状況における拷問と和解

ローカル・インジャスティス状況における拷問

つぎに、この紛争中に行われた拷問と和解の事例を対象として、こうしたローカル・インジャスティス状況のなかにこれらの事例を状況づけることを試みる。まず、拷問の事例について検討する。民族集団A・Bの居住地は、東西に隣接しているが、二〇〇四年に紛争が発生するまで両者の関係はきわめて良好で、大きな紛争はもとより家畜の略奪もほとんど見られなかった。一九九六年の民族集団Aと別の民族集団の衝突の際には、民族集団Bが同盟関係にある民族集団Aに援軍を送っていたほどである。民族集団Aにとっては、背景に国会議員Xの扇動があることなど知る由もなかったため、当初、民族集団Bから一方的に攻撃を受けた民族集団Aは、なぜこれまで友好的であった民族集団Bが突如組織的な攻撃を開始したのかを訝った。紛争勃発当時には、隣国から密輸された大量の自動小銃を携えた民族集団Bの火力は圧倒的に優位であり、この地域に居住する民族集団Aは壊滅の危機におかれていた。

この紛争では、二〇〇五年五月に大規模な衝突があった。この衝突では、民族集団Bの四〇〇人が民族集団Aの領土を襲撃し、二六人が死亡し、二万頭の家畜が略奪された。衝突後、民族集団Aは、民族集団Bの遺体を調べた。すると、遺体が身につけていた携帯電話の連絡先に、民族集団Bの国会議員、県議会議員、末端行政首長、さらに警察署の電話番号が登録されており、行政と治安当局が民族集団Bの何者かに買収され、彼らの襲撃に協力した痕跡を発見した。

さらに、この衝突において、攻撃を受けた民族集団Aは、民族集団Bの負傷した戦闘員一名を捕虜として捕獲した（ここでいう「捕虜」は一般的な用語としての捕虜であり、国際法上の「捕虜」を意味しない）。民族集団Aの数人は、真相を吐けば、病院に連れて行ってやると告げ、この捕虜を殴り続けて、拷問を行った。すると、捕虜は、苦痛に耐えかねて、民族集団B出身の国会議員Xが襲撃に行くように指示して、食料、銃、金銭を若い民兵に分配したと自白した。彼らは、その後、この捕虜を、彼らが行った拷問が罪に問われることを恐れて、おそらく証拠隠滅のため殺害した。

二〇〇五年五月の大規模な衝突後、民族集団Aは、警察に証拠として携帯電話の登録情報カード（ＳＩＭカード）を提出した。そこには国会議員Xの携帯電話番号が登録されていたが、おそらく買収工作が影響したものと思われ、警察は、国会議員Xを逮捕せず、末端行政首長Yだけが紛争を主導した疑いで逮捕された。Yはわずか一ヶ月だけ投獄され、釈放後、末端副行政首長として復職した。その後、二〇〇八年九月、復職したYは民族集団Aの若者を銃撃して、一人を殺害し、一人を負傷させた。民族集団Aの目撃者がこの事件を警察に通報した。警察は、いったんYを投獄し、役職も解任した。しかし、国会議員Xが当地では大金にあたる約三〇万円の保釈金を払って、彼を釈放した。そして、彼は、出獄後、末端副行政首長に再任されたのである。この末端行政首長Yのような人物にとっては、国家の法秩序を遵守することよりも、国会議員Xの指示にしたがった方が有益であったことは、容易に想像がつく。つまり、ここではすでに国家の法秩序が十分に機能しておらず、何がジャスティスなのかが、国家の法秩序に則して判断されるような状況にはなかったことが分かる。

また、二〇〇八年一〇月の小規模な襲撃の際にも、民族集団Aは、民族集団Bの負傷者を捕虜として捕獲した。この捕虜もまた、当初、自白を拒絶したが、彼らが殴り続けると苦痛に耐えかねて自白したという。捕虜は、国会議員

Xが、県議会議員と地方行政首長を通じて、金銭と銃弾を与えて民族集団Aを攻撃しに行けと命令したことを自白した。また、「土地と家畜のどちらを求めて攻撃しているのか」と尋ねると、捕虜は「両方だ」と答えたという。この捕虜も自白後、殺害された。こうして、民族集団Aはなぜ民族集団Bが突然襲撃を開始したのかを知るようになったが、その方法が拷問だったため、いっさい公にはされなかった。

つぎに、民族集団Aが行ったこの拷問について考察する。ここで重要なことは、彼が拷問を行ったことは、彼らがもともとそのような暴力を肯定的に捉える文化をもっていたからではないことである。たとえば、タラル・アサド（Asad 1997）は、拷問を通文化的に相対化しており、ディール（Deal 2010）は、南スーダン・ディンカ社会の拷問を文化相対主義と普遍的人権の相克として捉えている。ただし、ここで筆者は、文化相対主義を持ち出して、彼らが行った拷問という行為を擁護するつもりはない。まず、拷問は決して彼らの伝統文化とはいえない。植民地期に遡る歴史的過去において、この地域で行われた家畜の略奪においては、この紛争で見られたような国家レヴェルの政治家の関与などなかったため、首謀者となる政治家の関与を自白させる必要はそもそもなく、戦闘中に捕らえられた人物は、おそらくたんに殺害されたり、あるいは、その集団に編入させられたりしたと思われる。彼らの社会には捕虜に該当する概念はなく、敵対民族の殺害は、もちろん国家にとっては犯罪であるが、紛争中の当該民族にとっては犯罪とは見なされてこなかった。

そもそも、彼ら自身は、拷問を行ったことを、許されることとも、合法的なこととも認識してはいない。そのことは、この拷問について語ってくれた人物が、非常に話しにくそうにしながらも苦々しく語ってくれた様子からも窺える。筆者が、この紛争の調査の過程で、国会議員Xが紛争を主導したことをどうして民族集団Aの人々が知りえたのかを強く疑問に思ったため、繰り返し質問した際に、ある人物が度重なる逡巡の末に、拷問によって知ったことをようやく教えてくれたのである。この人物は、もちろんそれ以上多くを語らなかったが、自らの生命が突如として危険にさらされる理不尽な状況におかれた彼らが紛争の主因を何としても知りたかったことは、容易に想像できる。

ただし、紛争の主因を知ったところで、彼らにはどうすることもできなかった。捕虜がそのように自白したことを警察に通報したとしても、それを聞き出した手段が拷問による殺人であった以上、彼らが殺人罪に問われることは明らかであり、通報できなかったのである。また、彼らが仮に警察に通報したとしても、すでに国会議員Xに買収された当地の警察が、彼らの保護のためになんらかの措置をとってくれた可能性はほぼ皆無であったといわざるをえない。

もちろん、拷問を受けて非業の死を遂げた二人やその関係者の苦痛を考えても、何らかの理由づけを持ち出すことで、彼らが行った拷問を正当化することはできない。いうまでもなく、国連世界人権宣言第五条やジュネーヴ条約において拷問は禁止されており、グローバル・ジャスティスの側から見れば、彼らの拷問は、明らかに許されない行為である。ジュネーヴ条約（外務省 n.d. a）に照らせば、この事例の場合は、「締約国の一の領域内に生ずる国際的性質を有しない武力紛争」（ジュネーヴ諸条約共通第三条）に該当する。「拷問および他の残虐な、非人道的な又は品位を傷つける取扱い又は刑罰に関する条約」第一条一項（外務省 n.d. b）による拷問の定義では、①人に重い苦痛を故意に与え、②情報もしくは自白を得ることなどを目的として、かつ、③公務員その他の公的資格で行動する者により、またはその扇動により、もしくはその同意もしくは黙認の下に行われるという三つの条件を満たす行為が「拷問」とされる。本事例の場合、拷問を行った人物は公務のために雇用された公務員には該当しないが、国家が安全保障の機能を十分に果たしていなかった状況を考えると、各紛争当事者は、「公務員その他の公的資格で行動する者」に含まれると考えられるため、彼らが行使した暴力は、拷問と見なしうると判断される。

先に述べたように、ローカルな文化的脈絡を強調することで文化相対主義的にグローバル・ジャスティスに反論したいわけではない。むしろ、ここで筆者が注意を促したいのは、ローカルな文化ではなく、彼らが拷問を行わざるをえなかったローカル・インジャスティスの実状とそれを放置した国家や国際社会である。筆者は拷問を正当化するつもりはない。しかし、それと同じぐらい、彼らの社会におけるローカル・インジャスティスを野放しにして、彼らの人権を保護するための努力を怠ってきた国家や国際社会を正当化するつもりもない。

ローカル・インジャスティス状況における和解

続いて和解の事例を検討する。この紛争は二〇〇九年に終結した。そして、紛争終結後、和解が両民族の課題となり、二〇一〇年三月に政府の主導で和平会議が開催された。国際社会、国際機関の介入はなかった。おそらくこの和平会議開催前には、国内治安大臣を含めた様々な関係者によるインフォーマルな事前協議があったと推測されるが、その内容については知る術がなく、ここでは詳述できない。

この和平会議において国会議員Xは、選挙の得票のために紛争を扇動したことを認め、出席者に謝罪した。そして、国会議員Xによるものを含めて、この紛争中の犯罪行為はすべて不処罰とすることが取り決められた。つまり、この会議では、懲罰的あるいは報復的司法ではなく、表面的には修復的正義として見られやすいような不処罰を前提とする和解方法がとられたのである。

その後、政治家や行政首長による和平会議が頻繁に開催されたが、実効的な成果はほとんど何も上がらなかった。また、米国国際開発庁（ＵＳＡＩＤ）も、ピース・キャラバンという啓発活動を中心とした平和構築を支援する活動を展開したが、形式的な成果しか上げることができなかった。二〇〇九年一二月以降、当該国の警察と軍は、遊牧社会を対象として、大規模な武装解除を実施した。しかし、民族集団Ａのある集落では、武装解除という名目で、警察や軍が無抵抗の住民に暴力をふるい、一人が死亡、一一人が重軽傷を負い、六人の少女が性的暴行を受けた。没収された武器は皆無であった。地域住民に対する差別意識ゆえ、武装解除という目的が、いつのまにか住民弾圧にすり替わってしまったと思われる。その後、二〇一〇年二月にこの集落を訪れた警察を、彼らは空砲で追い返した。つまり、ローカル・インジャスティスに対するジャスティスの介入は、国家によるものであれ国外機関によるものであれ、ほとんど実効的な成果を上げていない。

これに対して、地域住民は、携帯電話を用いた民族間の情報交換網を考案し、紛争の拡大を未然に防ぐ仕組みを自力で構築したが、それについてはすでに別稿（湖中 二〇一二c）で報告したためここでは詳述しない。本章では、紛争終結五年後に発生したある和解の事例を扱う。

紛争終結後五年が経過した二〇一四年九月に、民族集団Bの略奪者四名が彼らの地域に宿営し一時的に放牧に来ていた民族集団Aを襲撃して、彼らの牛群一〇頭を略奪した。その際の交戦で、民族集団Aの若者一名が死亡する事件が発生した。この事件を受けて二〇一五年一月に両民族の地域住民同士が小規模な和平会議を開催した。この会議で、民族集団Bは、略奪を謝罪し、民族集団Aと共同で略奪者を捜索することを申し出た。民族集団Aはこの申し出を受け、老人十数人が、民族集団Bと共同で捜索に参加した。三週間後、犯人がみつかり牛群一〇頭はすべて戻ってきた。そして、その後、問題となったのが犯人の処罰である。

そもそも地域住民は、警察、司法を含め、政府関係機関を信用してはいなかったため、犯人の処罰を議論した会議には政府関係者はまったく呼ばれず、完全に地域住民のみの直接的合議のみで処罰が決められた。そして、そこでは、国家法とは異なる慣習法の論理のみが参照されることとなった。両民族とも、民族集団内での罪の償いについては慣習法が定められているが、先に述べたように帰属民族以外の人間を殺すことはそもそも罪とは見なされてこなかったため、民族間での殺人を裁く慣習法は存在しなかった。おそらく、この会議は両民族間で殺人罪の償いを議論したはじめての会議であったと思われる。

民族集団B内の慣習法では、殺人を犯した犯人は、犯人の死をもって罪を償うか、牛八一頭の支払いをもって賠償することになっていた。犯人の死による罪の償いは、被害者側の親族が犯人を殺害することを許容することを意味する。一方、民族集団A内の慣習法では、犯人の死は求められておらず、殺人に参加した犯人全員が、犯人一人につき牛三〇頭を賠償することになっている。この事例の場合、略奪者数は四名だったため、合計一二〇頭を支払わねばならないことになる。

当初、民族集団Bは、慣習法の内容に民族間の相違があることを知らなかった。そこで、民族集団Bは、彼らの慣習法に従って、犯人たちを、民族集団Aに差し出して、銃殺しても構わないといった。これに対して、民族集団Aは、民族集団Bとの慣習法の違いを説明し、彼らの側は犯人の死を求めているわけではなく、家畜の賠償のみを求めていることを伝えた。ただし、賠償家畜頭数は、民族集団Aが一二〇頭、民族集団Bが八一頭とかなりの開きがあった。しかし、その後、熟議が重ねられ、その結果、民族集団Bの犯人を銃殺することは中止し、その代わりに、被害側である民族集団A側の慣習法に優先的にしたがって、比較的多い賠償家畜頭数を採用することが取り決められた。最終的に、民族集団Bは民族集団Aに対して、牛一二〇頭を支払った。結果的に、犯人四名は殺害されなかった。民族集団Bは、民族集団Aが犯人の殺害を要求しなかったことに深く感謝したという。

つぎに、この事例をもとに、ローカル・インジャスティス状況における和解のあり方について考察する。修復的正義とは、本来、「犯された罪悪を可能な限り正し、癒やすために、その罪悪による損害、ニーズ、果たすべき責任をすべての関係者がともに認識し、語る協力的な手続」(ゼア 二〇〇八：五〇)である。それゆえ、ハワード・ゼアがいうように、「修復的正義の主な役割は、許しと和解ではない」(ゼア 二〇〇八：一〇)。しかしながら、本章で扱った政府による和平会議では、修復的正義の本来的な意義は必ずしも貫徹されなかった一方、結果的には、表面的には修復的正義として見られやすい不処罰の裁定が国会議員Xに対しても下された。しかし、この紛争の場合、和解と同時に、紛争を扇動したことに大きな人道的責任がある国会議員Xの罪状をまったく問わない結果となってしまった。少なくとも、紛争に重大な責任をもち、本来処罰されるべき犯罪者が十分な議論もないまま、いとも簡単に不処罰になったことは、手放しで歓迎すべき結果とは思われない。

一般的な特徴としては、慣習法は懲罰的・応報的ではなく修復的である(栗本 二〇一六：九六)。しかしながら、本章で扱った民族集団間の和平の事例は、慣習法に従っているにもかかわらず、むしろ懲罰的・報復的であり、栗本がいうような一般的な慣習法の方向とも、修復的正義が重視するような方向とも異なることにここで注意を促しておきたい。両民族集団が求めたのは、少なくとも、修復的正義の特徴と一般に考えられているような赦しや和解ではなかった。それは、彼らの慣習法を徹底させたむしろ懲罰的・報復的なジャスティスであった。そのためには、彼らはどうぞ犯人を殺して下さいといって敵に犯人を差し出すことすら厭わず、赦しよりも懲罰によるローカルな正義の貫徹が優先された。こうした懲罰を優先しようとする姿勢は、修復的正義の特徴と一般に考えられている方向性と一致しているとは言い難い。

しかしながら、一方で彼らは、民族間で慣習法が異なる場合には、その両者の間で熟議による調整を行い、被害者側の慣習法に従ってより多い家畜の賠償頭数を採用しつつも、結果的に犯人の殺害を回避することに成功している。このことは、ローカル・ジャスティスが、それぞれの正義の論理を貫徹しつつも、修復的正義の方向性とはまた異なった、しかし、文化を越えた柔軟な調整力によって維持されていることを示しているといえるだろう。また、結果的に、両民族の合意のうえで、報復殺人を回避できたことは、熟議を経れば、ローカル・ジャスティスが人権の擁護に接近しうることを窺わせる。つまり、必ずしもローカル・ジャスティスは修復的正義と同義ではなく、懲罰的・報復的なローカル・ジャスティスもありうること、そして場合によっては、それもまた人権の擁護に寄与しうることをこの事例は示しているように思われる。

4　おわりに――国家を代替する社会

ローカル・インジャスティスから見たグローバル・ジャスティス

最後に、先述の事例に基づいて、グローバル・ジャスティスの再検討を試みる。まず、前節で扱った拷問と和解の事例からグローバル・ジャスティスを捉え直すことを試みる。拷問の事例においては、拷問を行った人物と拷問によって殺された若者の間には明らかに対等ではない関係性が存在するが、ここでは、その奥にさらなる対等とはいえない関係性があることに注意を促したい。ここに国内人道法であれ国際人道法であれ、何らかのグローバル・ジャスティスのロジックを持ち込んで拷問を理解することには、二つの意味で注意が必要である。第一の問題点は、拷問を行わざるをえなかった側の人権が国家からも国際社会からも保障されない状況を一方で完全に放置しつつ、彼らに対しては、義務として人権の遵守のみを要求することは、グローバル側とローカル側の不均衡な関係性を前提としていることである。もう一つの問題点は、グローバル・ジャスティスの問題を扱う際に、われわれはローカル側ではインジャスティスが常態化している実状をそもそも考慮に入れていないことであり、それもやはりグローバル側とローカル側の不均衡な関係を前提としていることである。

こうしたローカル・インジャスティスは、彼らが共同体の外部から強いられた現状であり、彼らがもともと野蛮で攻撃的な文化をもっているから生じている事態と誤認されるべきではない。たとえば、テロリストの攻撃を国際社会が抑止できそうにない場合に、超大国に対してだけは、拷問という手段に訴えてテロを防止することがやむをえない安全保障行為として正当化される一方、東アフリカ遊牧社会の人々が、ローカル・インジャスティス状況において拷問を行ったことは野蛮な文化に根差した習慣的振る舞いとして非難されるようなことはあってはならない。拷問がグローバル・ジャスティスや人権の普遍性の観点から問題視されるのであれば、超大国の諜報機関の場合も、東アフリカ遊牧民の場合も、同様に問題視されねばならない。また、超大国という圧倒的に強力かつ確固たる国家的後ろ盾を背景に行使される暴力と、そのような国家的後ろ盾には完全に見放され、文字通り自らで自らの身を守るしかないローカル・インジャスティス状況で行使される暴力には大きな隔たりがあることは、忘却すべきではない。つまり、ローカル・インジャスティスの現場からグローバル・ジャスティスを照射することによって明らかになったのは、グローバル側とローカル側の間に潜むこうした隠れた非対称性である。そしてまた、ローカル・インジャスティス状況を起点としてものごとを考えることの必要性である。

修復的正義についても同じことがいえる。本報告の事例では、当初、報復殺人の許容さえ主張されていたのであるから、修復的な赦しを肯定的に評価し、それを推進しようという動向には本事例は明らかに合致しない。しかし本事例は同時に、修復的な赦しによらずとも、地域住民間の自発的熟議さえあれば、それぞれの慣習法の論理を貫徹しつつ、文化を越えた調整を行うことで報復殺人を回避できる可能性を示している。つまり、ここで重要なのは、表面的あるいは名目的に修復的正義の方向性に準拠しているかどうかではなく、むしろ、地域住民間の自発的な熟議を経ているかどうかなのである。このローカル・ジャスティスの事例は、修復的正義を中心とした現在のグローバル・ジャスティスの潮流に対しては非対称的な関係にあるが、しかし、そこからは、真に多様な和解の可能性を照射することができる。

トマス・ネーゲル（Nagel 2005）が指摘するように、現状の世界においては、グローバル・ジャスティスを強力に実現しうる超国家的な機関は、どこにも存在しない。それは、人権の擁護であれ、人道的配慮であれ、アルジュン・アパデュライ（二〇〇四）がいう「イデオスケープ」の一部を形成し、世界規模で流通している巨大な言説の一つに過ぎない。「グローバル・ジャスティス」の概念は、人権をめぐる国際的裁判など、「司法の正義」の議論において頻繁に用いられる一方、ピーター・シンガー（二〇一四）やトマス・ポッゲ（二〇一〇）らが議論するように、地球規模の貧困や格差の是正をめぐる「分配の正義」の議論においても今日用いられていることは重要である。彼らは、現行のグローバルな諸制度そのものの不正義に異議を唱え、極度の貧困を削減することを先進国の義務として扱っている。つまり、前者の司法の正義の議論は、周縁社会に生きる人々が遵守すべき「義務としての人権」に関わっているが、後者の分配の正義は、周縁社会に生きる人々に最低限認められるべき「権利としての人権」に関わっている。

このように司法の正義と分配の正義の双方を包括的に考慮に入れた上で本報告の事例を再考すれば、容赦ないインジャスティスに晒される周縁社会の現場では、富や権力、安全や生存の権利は周縁社会になんら均等に配分されないまま、人権の遵守だけが義務として普遍的かつ一方的に要求されていることが指摘できる。グローバル・ジャスティスを考える際には、まず、なによりも、周縁社会が晒されている容赦ないインジャスティスの領域に視野を拡げる必要がある。そして、文化相対主義と普遍的人権の相克という人類学者が陥りがちな議論の罠に陥る前に、まず、隠れた非対称性を明るみに出す必要があるというのが、筆者が本報告を通じて到達した暫定的な結論の一つである。さらに、この隠れた非対称性を乗り越えた先に、本章で扱ったように修復的正義には必ずしも分類されないが、自発的熟議を経ることによって和解を達成している場合など、多様な可能性が拓けてくるのではないかと思われる。

国家を代替する社会

本章で扱った紛争事例のようにローカル・インジャスティスが常態化している状況においては、もはや、国家がジャスティスの基盤とはなりえないことは明らかであり、それゆえにローカル・インジャスティスが常態化している。それでは、このような国家も国際社会も無力な状況において、いったい何がジャスティスの基盤となりうるのだろうか。この課題を考えるためには、地域社会の側から見た国家との関係性を根本から考え直す必要がある。

もちろん、どのような地域社会であれ歴史的に存在してきた諸国家との様々な関係性のなかにあり、状況は複雑であるが、ここでは地域社会の側から見た国家との関係性に焦点化して理論的モデル化すれば、大きくいって三つがある（湖中 二〇一四）。第一に、植民統治への応用を背景とした英国社会人類学者による一九五〇・六〇年代のアフリカ社会研究においては、中央集権的権力機構をもたない社会は、「国家なき社会（stateless societies）」「統治者なき部族社会（tribes without rulers）」「無頭制社会（acephalous societies）」などと呼ばれた（フォーテス＆エヴァンス＝プリッチャード 一九七二、Middleton & Tait 1958 など）。彼らが国家に代わる地域住民の統治基盤として見出したのは、リニィジや年齢体系であった。第二に、南米先住民の社会を研究したピエール・クラストル（一九八七）は、「国家なき社会」をもじって「国家に抗する社会」と呼んだ。南米先住民の社会は国家がないのではなく、権力の集中を抑止し、絶えざる内部紛争を通じて、国家の発生に抗してきたというのである。さらに、東南アジアの山岳地帯を研究したジェームズ・スコット（二〇一三）は、こうした社会の様々な制度は、古い文化の残存ではなく、国家の支配を免れるため積極的に選び取られたものだと主張している。いわば、国家の支配から逃走する社会というモデルを打ち出したのである。

第三に、政治学者たちは、アフリカの国家には、西洋近代国家のような国家像がまったく通用しないことを指摘してきた。そもそも、アフリカには近代的な意味での国民国家はなく、近代国家は、植民地期にヨーロッパ諸国によって、住民を搾取する目的でつくられた。植民地国家としてこうした性格の多くは、そのまま独立後のポストコロニアル新家産制国家（武内 二〇〇九）に引き継がれることになった。その結果、アフリカのいくつかの国家においては、国家が支配者によって私物化され、腐敗が横行し、国民とその資源が収奪の対象となってきたことを多くの研究者が指摘してきた（cf.川端 二〇〇六）。そこでは、国家は露骨な暴力装置に過ぎない。このような国家においては、国民は国家の保護をあてにして生きていくことはできない。

先にあげた国家なき社会論も、国家に抗する社会論も、国家から逃走する社会論も、こうしたアフリカのポストコロニアル国家の現状とはうまく切り結ぶことができない。人類学者によるこれらの国家モデルは、いずれも現にあるポストコロニアル国家の機能不全状況を見落としてきた。ここで重要なのは、機能主義者が描くようにリニィジや年齢体系のような社会構造が機能していることではなく、構造的に、国家が機能していないことの方なのである。この理論的枠組を、ここで「構造的機能不全主義（structural dysfunctionalism）」と呼んでおこう。この概念は、ビッグスがある書評（Biggs 2002）のなかで使用した概念であるが、ここでは、社会の機能ではなく、国家の機能不全に注目する理論的視座を意味する概念として用いる。こうした国家においては、国民国家としてのまともな機能は機能不全に陥っているが、しかし、その一方で、機能不全の結果生じた混乱を巣窟として利用する腐敗権力の暴力装置はむしろ国家内で強力に機能している。政治学者のシャバルとダロス（Chabal & Daloz 1999）は、こうした状況を「混乱の政治的道具化（political instrumentalization of disorder）」として分析している。国家は構造的に機能していない一方、混乱は有効に機能しているのである。

つまり、少なくとも現在のアフリカを対象とした議論においては、国家なき社会論も、国家に抗する社会論も、国家から逃走する社会論も、現にある機能不全を起こしたポストコロニアル国家と地域社会の関係性を見落としてきた点に大きな欠陥がある。それゆえ、国家の機能不全状況との関係を捉えるために、ここで筆者は、「国家を代替する社会（societies substitutes states）」という国家モデルを提案する。

機能不全状況に陥った国家と共存することを余儀なくされた社会は、通常は国家が果たしている諸機能をやむなく自力で代替せざるをえなくなる。ここで強調しておかねばならないのは、本報告で対象とした東アフリカ遊牧社会の人々は、今日では、すでに国家の諸制度の多くを受け入れ、国家の一員としてのアイデンティティももっていることである。人々は国家が良好に機能している場合には、それを好んで受け入れており、それは市場経済（湖中 二〇〇六）や教育制度（湖中 二〇一二d）においてとくに顕著である。こうした状況におかれた社会では、自警団が発達し、ときには拷問が横行するが、それは国家の警察が機能しなかったこととの関係において理解しなければならない。また、筆者が別稿（湖中 二〇一二e、二〇一六）で論じたように、国内避難民の集落内では、相互扶助の仕組みが発達しているが、それは、国家による支援や社会福祉の仕組みが麻痺してきたこととの関係において理解すべきである。本章で見たように、国家の司法ではなく、慣習法が参照されるのは国家の司法装置が信頼されていないこととの関係において理解されねばならない。

今日、人類学者が在来の「文化」と見なしている現象の多くは、それのみを単独で取り出せば、いわゆる「伝統文化」に見えるかもしれないが、国家との関係において捉え直すと、国家の機能不全状況のなかで、地域住民が生存を維持していくために、やむなく創り出してきた国家の代替物であった可能性がある。ある種の極論に響くことを覚悟でいえば、こうした国家の代替現象が、国家を見ない癖をもつ人類学者にとっては「伝統文化」に見えていただけなのかもしれない。

それでは、国家を代替する社会におけるジャスティスの特徴はどのようなものだろうか。犯罪を犯した末端行政首長Yが釈放されたり任命されたりした事例からも明らかなように、ローカル・インジャスティスが常態化し、複数のジャスティスが乱立すると、どのジャスティスが正当とされるかは、あくまで、人々がおかれたジャスティスの磁場によって、そのつど決定されることになる。集落から寄付を集めてバズーカ砲を警察から不正に購入することは、もちろん国家の法秩序からは許されることではない。しかし、国家による保護が期待できない状況下では、バズーカ砲を購入して自衛することは、当該集落の論理に則ってみた場合、ジャスティスと判断されるだろう。人々が自らの生命維持に役立たない国家の法秩序よりも地域住民の生存を優先したことは、当然である。当時、兵器購入の寄付に協力的でなかった人物は、集落内で厳しく非難されたという。このような状況下では、国家の法秩序のように、どのような場所でも通用する普遍的なジャスティスは、事実上、効力をもたない。ブロンドとル・メアーがガバナンス概念について指摘したのと同様、ジャスティス概念も行為遂行的に創り出される。つまり、ここでいう国家を代替する社会においては、とりわけ、ジャスティスは複数性（plurality）と状況依存性（contextuality）を特徴とする。

ここで導かれた国家を代替する社会論は、ローカル・インジャスティス状況下において、いったい何がジャスティスの基盤となりうるのかという先の問いに対する答えを提供している。国家が機能しなければ、人々の生存・生活基盤は、それを代替する社会しかない。それがはたして良いことなのか、それとも悪いことなのかについては当然議論の余地がある。しかし、ここで重要なことは、このような状況下におかれた人々にとって、当面の生存や生活、そしてジャスティスの基盤となりうる事実上有効な選択肢は、国家を代替する社会以外にはなかったことである。もし、まともに機能する国家があれば、人々は疑いなく国家に依存したはずである。もちろん各社会にはそれぞれの固有のジャスティスの論理があり、それらが葛藤することもむろんありうるが、各社会間での自発的熟議を経たその間の新しい調整も生まれつつあることを本章の和解の事例は示した。それは必ずしも伝統文化によるものではなく、その調整によって文化を超えて新しく生み出されたものでもある。そして、それは国家や国際機関が実施した空疎な平和構築実践よりも、むしろ実効的にうまく機能したのである。
　本章が報告したような国家が著しいインジャスティスに覆われている場合には、おもに先進国で見られるような国家がまともに機能している状況を前提とした場合にのみ成り立つような法秩序を現場に持ち込んでも、グローバル・ジャスティスは実効的な成果を上げることはできないであろう。たとえ、それが修復的正義であったとしても同じことである。本章の事例が示したように、問題は、司法の性質が修復的であるかどうかではなく、地域住民の自発的熟議によるものかどうかなのであり、修復的正義にはあたらないが、有効な和解の方法も発見可能なはずである。また、それとは正反対に、在来の文化やその多様性をただたんに表面的・名目的に尊重したり称揚したりしたとしても、ローカル・インジャスティスの状況を考慮に入れない限り、表層的な成果しか上げえないであろう。ジャスティスの複数性と状況依存性を特徴とする国家を代替する社会においては、ジャスティスのあり方はわれわれの常識とはかけ離れているといわざるをえない。少なくともローカル・インジャスティス状況におかれた周縁社会を扱う際には、人類学は、伝統文化や在来の文化から、国家を代替する社会に目を向け直す必要がある。そして、グローバル・ジャスティスは、機能不全に陥った国家を代替してきた社会が実質的なジャスティスの基盤となってきたことを再認識する必要がある。そして、その基盤を見据えながら、地域社会や国家、国際社会との協同によって、新たなジャスティスのあり方を立ち上げる可能性を考えていく必要がある。

謝辞
　現地調査では東アフリカ遊牧民の国内避難民の皆様に御協力いただいた。本研究はＪＳＰＳ科研費ＪＰ二五二五七〇〇五、ＪＰ一八Ｈ〇三六〇六、ＪＰ二〇四〇一〇一〇、ＪＰ一六Ｋ一三三〇五、ＪＰ二四六五一二七五、静岡県立大学教員特別研究推進費の助成を受けて行われた。本章の一部は、日本文化人類学会中部地区研究懇談会（中部人類学談話会）第二二二回例会にて報告され、参加者の先生方からは有益な助言をいただいた。また、本共同研究プロジェクトのメンバーの先生方には有益な御助言をいただいた。

とくに成蹊大学法学部佐藤義明教授には貴重なコメントをいただいた。また一般向けには着想の一部を湖中（二〇一四）として発表させていただいた。以上の方々の御厚意と御協力に、心より御礼申し上げる。

参考文献

アパデュライ、アルジュン　二〇〇四『さまよえる近代――グローバル化の文化研究』門田健一訳、平凡社。
石田慎一郎編　二〇一一『オルタナティブ・ジャスティス――新しい〈法と社会〉への批判的考察』大阪大学出版会。
外務省 n.d. a「ジュネーヴ諸条約および追加議定書の主な内容」http://www.mofa.go.jp/mofaj/gaiko/k_jindo/naiyo.html（二〇一八年二月二日閲覧）。
外務省 n.d. b「拷問及び他の残虐な、非人道的な又は品位を傷つける取扱い又は刑罰に関する条約」http://www.mofa.go.jp/mofaj/gaiko/k_jindo/naiyo.html（二〇一八年二月二日閲覧）。
ガルトゥング、ヨハン　一九九一『構造的暴力と平和』高柳先男他訳、中央大学出版部。
川端正久　二〇〇六「アフリカ国家論争を俯瞰する」川端正久・落合雅彦編『アフリカ国家を再考する』晃洋書房、一―八一頁。
栗本英世　二〇一六「紛争解決と和解への潜在力の諸相」遠藤貢編『武力紛争を越える――せめぎ合う制度と戦略のなかで』京都大学学術出版会、七九―一一一頁。
クラストル、ピエール　一九八七『国家に抗する社会――政治人類学研究』渡辺公三訳、水声社。
湖中真哉　二〇〇六『牧畜二重経済の人類学――ケニア・サンブルの民族誌的研究』世界思想社。
湖中真哉　二〇一二a「劣悪な国家ガヴァナンス状況下でのフード・セキュリティとセキュリティ――東アフリカ牧畜社会の事例」松野明久・中川理編『GLOCOLブックレット〇七　フード・セキュリティと紛争』大阪大学グローバルコラボレーションセンター、三九―五二頁。
湖中真哉　二〇一二b「アフリカ牧畜社会における携帯電話利用――ケニアの牧畜社会の事例」杉本星子編『情報化時代のローカル・コミュニティ――ICTを活用した地域ネットワークの構築』国立民族学博物館調査報告一〇六、二〇七―二二六頁。
湖中真哉　二〇一二c「紛争と平和をもたらすケータイ――東アフリカ牧畜社会の事例」羽渕一代・内藤直樹・岩佐光広編『メディ

アのフィールドワーク――アフリカとケータイの未来』北樹出版、一三六―一五〇頁。
湖中真哉　二〇一二d「遊牧民の生活と学校教育――ケニア中北部・サンブルの事例」澤村信英・内海成治編『ケニアの教育と開発――アフリカ教育研究のダイナミズム』明石書店、三六―五八頁。
湖中真哉　二〇一二e「ポスト・グローバリゼーション期への人類学的射程――東アフリカ牧畜社会における紛争の事例」三尾裕子・床呂郁哉編『グローバリゼーションズ――人類学、歴史学、地域研究の立場から』弘文堂、二五七―二八四頁。
湖中真哉　二〇一四「そもそも国家がないとしたら、国家とは何なのか――東アフリカ遊牧社会から考える」『α-Synodos』一六二・一六三。
湖中真哉　二〇一五「やるせない紛争調査――なぜアフリカの紛争と国内避難民をフィールドワークするのか」床呂郁哉編『人はなぜフィールドに行くのか――フィールドワークへの誘い』東京外国語大学出版会、三四―五二頁。
湖中真哉　二〇一六「アフリカ国内避難民のシティズンシップ――東アフリカ牧畜社会の事例」錦田愛子編『移民／難民のシティズンシップ』有信堂、六〇―八〇頁。
シンガー、ピーター　二〇一四『あなたが救える命――世界の貧困を終わらせるために今すぐできること』児玉聡・石川涼子訳、勁草書房。
スコット、ジェームズ・C　二〇一三『ゾミア――脱国家の世界史』佐藤仁監訳、みすず書房。
ゼア、ハワード　二〇〇八『責任と癒し――修復的正義の実践ガイド』森田ゆり訳、築地書館。
武内進一　二〇〇九『現代アフリカの紛争と国家――ポストコロニアル家産制国家とルワンダジェノサイド』明石書店。
フォーテス、M／エヴァンス＝プリッチャード、E・E　一九七二『アフリカの伝統的政治体系』大森元吉他訳、みすず書房。
ポッゲ、トマス　二〇一〇『なぜ遠くの貧しい人への義務があるのか――世界的貧困と人権』立岩真也監訳、生活書院。
松田素二・平野（野元）美沙編　二〇一六『紛争をおさめる文化――不完全性とブリコラージュの実践』京都大学学術出版会。
Asad, Talal 1997. On Torture, or Cruel, Inhuman, and Degrading Treatment. In R. A. Wilson (ed.), *Human Rights, Culture, and Context: Anthropological Perspectives*. London: Plute Press, pp. 111-133.
Biggs, Michael 2002. CSSH NOTES: James C. Scott. Seeing Like a State: How Certain Schemes to Improve the Human Condition

Have Failed. New Haven and London: Yale Agrarian Studies, Yale University Press, 1998. *Comparative Studies in Society and History* 44 (4) : 852-854.

Blundo, Giorgio & Pierre-Yves Le Meur 2008. Introduction - An Anthropology of Everyday Governance. In G. Blundo & P. Le Meur (eds.), *The Governance of Daily Life in Africa: Ethnographic Explorations of Public and Collective Services*. Leiden: Brill, pp. 1-33.

Chabal, Patrick & Jean-Pascal Daloz 1999. *Africa Works: Disorder as Political Instrument*. Oxford: James Currey.

Deal, Jeffery L. 2010. Torture by *Cieng*: Ethical Theory Meets Social Practice among the Dinka Agaar of South Sudan. *American Anthropologist* 112 (4) : 563-575.

Middleton, John & David Tait (ed.), 1958. *Tribes without Rulers: Studies in African Segmentary Systems*. London: Routledge and Kegan Paul.

Muir, Sarah & Akhil Gupta 2018. Rethinking the Anthropology of Corruption: An Introduction to Supplement 18. *Current Anthropology* 59, Supplement 18: 4-15.

Nagel, Thomas 2005. The Problem of Global Justice. *Philosophy and Public Affairs* 33 (2) : 113-147.

Shore, Cris & Dieter Haller 2005. Introduction - Sharp Practice: Anthropology and the Study of Corruption. In D. Haller & C. Shore (eds.), *Corruption: Anthropological Perspectives*. London: Pluto Press, pp. 1-26.

Rosenau, James N. 1992. Governance, Order, and Change in World Politics. In N. Rosenau & E. Czempiel (eds.), *Governance without Government: Order and Change in World Politics*, Cambridge: Cambridge University Press, pp. 1-29.

World Bank 1992. *Governance and Development*. Washington, D.C.: World Bank.

第9章　待つことを知る社会の正義
東アフリカ民族誌からのオルタナティブ・ジャスティス論

石田慎一郎

1　はじめに――ケニア三社会の比較から

人が人を裁くことには、根源的な困難がある。かつて滞在したケニア西部グシイ地方の農村において、そして当地で紛争事例を多数観察しているなかで、そう感じた。当事者双方ともに自分が正しいと思ってぶつかり合っていると き、意見対立をおさめるのは容易なことではない。村の寄合で紛争処理を担っている長老たちは、熟慮のうえに結論を導いても、当事者から、その結論が間違っていると非難されてしまう。そして、紛争の処理が新たな対立を生み出してしまう。私はそれを「紛争の吹溜り」と表現したが（石田 二〇〇三：五〇）、これはグシイ社会のみに限られない、人が人を裁くことの根源的な困難に由来するものだと思われる。

その後、場所を変えて、ケニア中央高地のイゲンベ地方で調査を始めた。調査のなかで分かったことは、イゲンベ社会では、グシイ社会で見たような「紛争の吹き溜り」が発生しないようなやり方で事件を処理しているということである。それは、ムーマという方法で、次のような手続によるものである。呪われた／いや呪っていない。この土地は私のモノだ／いや私のモノだ。金を貸した／いや借りていない。そんな意見対立の場合に、長老たちは、両方の言い分に耳を傾けるけれども、どちらが正しいかの結論を導くことをしない。そのかわりに、呪物を飲み込むことを求める。間違っていたら恐ろしいことがわが身に起こるであろうと述べつつ呪物を嚥下し、公然と自己呪詛をする。すると、間違ったことを言った当事者の身に、将来必ず恐ろしい災いがふりかかるとされる。

災いは、交通事故かもしれないし、病気かもしれないし、家畜がいなくなってしまうということかもしれない。そのような災いは遠くから近づいてくる。そして、少しずつ自分の身に迫ってくる。そうしたなかで、いよいよ恐ろしくなって、あのときは自分が悪かったのだと自身の責任を認める。その時点で、当初の意見対立が解決する（石田二〇一六a）。

同じケニアに、イゲンベと似て非なる社会がある。浜本満（二〇一四）の民族誌に描かれたドゥルマ社会では、周囲に災いをもたらす妖術使いだと告発された人物は、呪物を飲み込んで、つまり身体をはって自らの無実を証明しようとする。疑われた人が本当に妖術使いならば、飲み込んだ呪物の効果が現れる。その点ではイゲンベの方法によく似ている。しかしながら、イゲンベの事例と違うのは、その効果がその場ですぐに現れることである。口が腫れて息ができなくなり、苦しみ悶える。浜本は、それが「いかさま」である可能性にふれている。呪物を用意する施術師は、容疑者が真犯人であるという直感のもとに、最初から呪物に毒を仕込む。だからすぐに効果が現れるのは当たり前のことなのだ。しかし、苦しみ悶える容疑者が、自らの罪を「自白」すると、毒を仕込んだ施術師は自分の直感の正しさに対する確信をますます高めていく。肉体的苦痛を与えて「自白」を強いる事例である。

以上、グシイ・イゲンベ・ドゥルマの三社会を併置した。これはケニアの三社会の比較である（それぞれの社会の民族誌的理解としては単純化しすぎているけれども）と同時に、もう少し一般的なレベルでの比較を意図したものである。それは、人が人を裁くことの根源的な困難をどのように受け止めるのかについての、三類型を示すためのものである。すなわち、グシイは人が人を「裁く社会」（しかしながら「裁ききれない社会」）であり、イゲンベは「裁かない社会」

であり、ドゥルマは「裁いてしまう社会」である。

導入論としては長くなったが、冒頭で述べた論点に立ち返って総括すると、次の通りである。グシイの長老たちは紛争当事者の間の合意をどのように導くかという問いに直面し、人が人を裁くことの根源的困難に真摯に向き合っている。他方、イゲンベの長老たちは、第三者が結論を導く裁判制度の限界を受け止め、自らの手で裁定することをせずに、当事者自身の改心と告白とをどこまでも「待つ」。本章では、両社会の方法を対比する視点から、リーガル・プルーラリズムならびにオルタナティブ・ジャスティスという、ジャスティスの二類型を引き出す論点を提起する（本章第3節で詳述する）。それに対して、ドゥルマの施術師の方法は、身に覚えのない疑いについて「自白」を強いた、わが国の数々の冤罪事件を連想させるものであり、明らかにインジャスティスに直結するものと私は考えている。[*1]

2　待つということ――イゲンベ農村での内省的考察

私が現在調査をしているイゲンベ社会は、右の意味で「裁かない社会」である。そして、ムーマの実施後、一方が自らの責任を告白するまで、他方の当事者を含め皆が待ち続けるという意味で、「待つことを知る社会」である。土地紛争にせよ妖術告発にせよ、真実の発見と終局的な解決は、第三者による裁定ではなく、有責者自身の将来的な告白に委ねられている。第三者の裁定に委ねないばかりか、人間が人間を裁かないという意味で、後述の通り、これはいわゆる「神判」に類似する方法である。私は、このムーマという方法の、イゲンベの人々にとっての正しさについて二つの側面があると考えている。

ムーマという方法の第一の正しさは、ドゥルマ社会とちがって、ムーマの効果を即時に求めないという点に由来する。イゲンベ社会では、自分が正しいという確信をもつ当事者どうしの対立は、「待つこと」によって解決する。いいかえると、「待つこと」によって、「真実」が明らかになる。当事者自身の人間関係や生活環境が変化するなかで、自分自身が間違っていたのかもしれないと発見する日がくるかもしれない。その可能性をひらく点で、鷲田清一（二〇〇六）がいう「待つこと」に通じるものがある。当事者自身の「告白」によって争論が解決する。ゆえに、私は、イゲンベが、待つことを知る、冤罪が起きにくい社会だと考えている。もっとも、これは、第三者から強いられた「告白」ではない点を重視した論点であり、当事者による自己判断の「真偽」について問うものではない。

ムーマという方法の第二の正しさは、呪物そのものの内容構成に由来する。呪物となるヤギ肉には、ある人物の唾液が染み込んでいる。唾液を提供する者は、呪物を飲み込む当事者の兄弟分（イシアロ）関係にあるクラン*2の人物であれば誰でもよいこととされている。特別な職能をもつ人の唾液である必要はなく、クラン所属をのぞけば性別・年齢・親族関係などを問わない非人格的な呪物である。また、イシアロ関係にあるクランどうしは互いに恐れあう関係にある。イシアロの力は、唯一クラン所属のみを条件に、すべての人に生まれながらにして備わる力であり、しかも該当するクランどうしが互いに力を及ぼしあうという点で、平等主義的な力となる。私は、これら非人格性と平等主義がムーマの第二の正しさの根拠になっていると考える（石田 二〇一六a）。

待つことと非人格性を維持することとの正しさは、ムーマの守備範囲を越えて、ひろくイゲンベ農村における社会秩序の教理になっているというのが、私の見立てである。私は、次に述べるようなイゲンベ農村での内省的経験のなかで、そのような二つの正しさが別の文脈でも真であると知る機会を得た。

二〇一五年八月、イゲンベの農村にて、ルコイという名（仮名）の若い呪術師から彼の自宅に招かれて、呪いの仕事に立ち会う機会があった。大切なものを盗まれた人の依頼を受けて、名の知れぬ真犯人を呪う仕事である。すべての窓、ドアを締め切った薄暗い屋内での出来事だった。この日、私は、待つことについて、そして非人格性を維持することについて、予期せぬかたちで、そして自らの内省的経験として、この呪術師から学ぶことになった。

呪術師ルコイは、生きた鶏を手に取り、両足を縛り、そのすべての開口部を縫い合わせて生贄を用意した。生贄の足には赤い紐が結びつけられていた。この鶏の身にこれから起こることが近い将来に盗人の現実となる。準備が整うと、彼はおもむろに立ち上がり、すべての扉を閉じ、そして全裸となった。ふたたび腰掛けると、野生動物の角を手に取って、悶える犠牲の上に弧を描くように回しながら、角に呼びかけるかたちで呪いの言葉を吐いた。その間、息つぎのタイミングでプッと音を立てて唾を吐いた。その後、ふたたび立ち上がって壺を持ち込み、赤い紐で吊るしたままに犠牲をその壺の内部に沈ませ、呪いの言葉を吐いた。これと同じことが盗みの真犯人の身に生じるようにと。

呪いが終わると、ルコイは一枚の写真を出してきて、何の前触れもなく、これを私に手渡した。それは、仮面ダンサーの写真だった。この写真は、呪いそのものの観察以上に強く私の心を捉えた。私にとっての一五年の謎を解き明かす、特別な一枚だったためである。私は、この一五年の間、知らぬうちに、この瞬間を「待っていた」のかもしれない。

写真 9-1　呪いに用いる生贄を手にする呪術師ルコイ

話は二〇〇一年に戻る。私がフィールドワークをしているケニア中央高地イゲンベ地方の農村にはじめて入って、まだ二日目ぐらいのことだった。村の道を歩いていると、どこからともなくピーッピ、ピーッピという笛の音が聞こえてきた。だんだん音が大きくなってきたところで、前方に、突然、跳動する男たちの一団が現れた。そのうち一人は、野生動物の毛皮を身にまとい、仮面を被って、踊っている。加えて、全身に白土を塗布した従者たちがいる。私はとっさにその写真をとってしまった。これは反省すべき軽率さであった。私は、無断で写真撮影したことに対

写真 9-2　跳動する仮面ダンサー

してきびしく抗議を受け、深く反省した。それと同時に、私は、仮面ダンサーの姿に一目惚れしてしまった。アフリカの農村で、伝統文化の一端を見ることができたという思いで、興奮を覚えていた。もっと知りたいと思った。

だが、仮面ダンサーについて、ほとんど何も知ることはできなかった。仮面ダンサーは、その正体を明らかにしないものとされていた。あの仮面はいったい誰なのか。どこからやってきたのか。話を聞きたい。しかし、「核心的」なことは分からないままだった。分かったことといえば、仮面ダンサーは、割礼明けの「成人式」を祝福するために村中をかけまわるということぐらいだった。「本人」に話を聞きにいくこともできず、村の友人たちに聞いても、あれが誰なのかは自分も知らないと言うばかりであった――本当は「知っている」としても、他所からやってきた私に明かすことはできないのだろう、私はそう理解していた。

以来、私の現地生活は、現地の日常のなかにしだいに溶け込んでいき、いろいろなことを学びながら、仮面ダンサーのことは忘れられるようになった。しかし、割礼明けのシーズンになると、あいかわらず仮面ダンサーが姿を現し、私の目の前で親しげに踊ることもあった。そんなときには、その正体を知ることのできない現実に直面して、なんだか心にぽっかりと穴があいているような思いで、居心地の悪い気分だった。

二〇一五年八月、呪術師ルコイからもらった一枚の写真は、二〇〇三年に撮影された仮面ダンサーの記念写真――ダンサーと従者だけで撮影した内輪の記念写真――だった。彼は、ダンサーを指さして、これが自分だと言った。私は、そういうことだったのかと、驚きと納得とを同時に感じた。私は、この写真によって、仮面ダンサーの正体を知ったわけだが、しかし、それ以上のことを理解したと感じた。

私と、この呪術師とのつきあいが始まったのは、二〇〇五年のことだった。彼の母親にインタビューしたことがきっかけで、その息子である彼と知り合いとなった。彼の母親は勤勉なシングルマザーで、ローンを借りて家を建て、そのローンを計画通りきっちり返済したことがあった。これは村では珍しいことなので、繰り返しインタビューをした。ところが、二〇〇六年に亡くなってしまった。私は、母親の写真を引き伸ばして、その息子であるルコイのもとに届けた。それをとても喜んでくれた。それ以来、こんどは息子とのつきあいが始まった。その当時は、彼は呪術師として一人前ではなかった。私自身、彼がそういう人物であることを知ったのは、母親が亡くなってからのことである。二〇一〇年頃から、呪いの仕事の現場を見せてくれるようになった。そうい

写真 9-3　仮面ダンサーの記念写真

う長いつきあいのなかで、二〇一五年八月に、あの写真をもらうところに至った。仮面ダンサーの正体を知りたいという一五年前の私の興味関心は、すでに薄れていたところだった。

私は、一五年をかけて仮面ダンサーの正体を知るに至ったわけだが、秘密の内容以上に重要なこととして、秘密を共有するということはどういうことなのかを理解することができたように感じた。だが、私は、もっと重要なことが理解できるようになっていた。それは、仮面ダンサーとは誰なのかという問い自体が、問いとしての妥当性をもたないのではないかということである。仮面ダンサーが仮面を被るのは、「本人」の人格を消去するためなのである。仮面を被っているのが、特定の誰かであってはならない。したがって、私にとって、仮面ダンサーの「正体」を知る必要はそもそもなかったのである。

イゲンベ社会では、特定の役割を果たす者は、その役割そしてその役割にそなわる力を私物化してはならない。役職の非人格性は、仮面ダンサーのみならず、ムーマにおいて呪物に唾液＝力を与えるイシアロにも、求められている（石田二〇一六a：一一〇）。私は、イゲンベの農村で調査を続けるなかで、そのことが理解できるようになった。仮面ダンサーの「正体」を知ろうとしてはならないということが、それが特定の誰かであってはならないということの裏返しであること、そして、かつてルコイが仮面を被っていた（現在は別人が被っている）ということ。私は、仮面ダンサーの正体は何者かという問いそのものから離れつつ、一五年をこえてこの社会に関わり続けるなかで、つまり「待つ」なかで、この二つのことがいつのまにか理解できるようになっていた。

3　オルタナティブ・ジャスティス――呪縛圏を脱出する二つの方法

右のケニアの事例と社会的文脈は異なるが、日本中世末期の神判と喧嘩両成敗とは、どちらも同じく人が人を裁く根源的な困難を乗り越えるためのものだった。

清水克行（二〇一〇）によると、戦国時代から江戸時代初期に、紛争解決の方法としての神判が全国的に多用された。清水は、これを幕藩体制確立への政治的移行期に特殊な社会現象だったと見ている。人が人を裁く裁判制度は、裁く側への裁かれる側の信頼が不可欠である。政治的移行期にあって権力基盤が脆弱だった時代には、裁かれる側も裁く側も、人が人を裁く根源的な困難にまさるほどに、裁判制度への確信を得られなかった。そのために、裁かれる側は神判を求め、裁く側は喧嘩両成敗に委ねた。

清水の議論には、ヴァルター・ベンヤミンのエッセイ「暴力批判論」（ベンヤミン 一九九四）の筋書と興味深い一致点がある。ベンヤミン「暴力批判論」でいうところの「暴力」とは、殴る・叩くという意味での物理的な暴力ではなく、複数の、対立する正しさのなかから一つだけを選び出してしまうことを指す。法とはそのような意味での暴力を伴う。そして、ベンヤミン「暴力批判論」には「呪縛圏」という概念が登場する。複数の正しさのなかから一つだけを選び出してしまうと、常に別の正しさとの矛盾が顔を出す。そのような競合関係は永遠に解消しない。それを呪縛圏と呼ぶ。

呪縛圏は、複数の正しさの間の永遠の競合状況のことであり、ベンヤミン「暴力批判論」は、そうした呪縛圏から脱出する二つの方法について述べている。その一つが神の暴力であり、もう一つが非暴力的な和解である。人が人を裁くことはできない。唯一、裁くことができるのは神である。そのようにして求められるのが神の暴力であり、神判の正しさはそれに由来する。他方の非暴力的な和解は、人が人を裁くことはできない、だから唯一の正しさを選び取らないという方法である。喧嘩両成敗の正しさはそこに由来する。付言すると、ベンヤミンのいう「神話的暴力」は、神的暴力に見せかけた人による裁きのことであり、神の暴力とは異なる。

法の暴力すなわち人間の暴力とは、両当事者が同じ土俵にのって一方が他方を突き落とすことであり、裁判の当事者対抗性の顛末でもある。それに対するオルタナティブの一つは、当事者どうしが同じ土俵にのらずに、当事者対抗性を保留し、あるいは人が人を裁かずに、神の裁きに委ねることである。もう一つのオルタナティブは、同じ土俵にのるとしても、唯一の正しさを求めて一方が他方を突き落とすことをしない、非暴力的和解である。神の暴力と、非暴力的和解とは、人が人を裁く裁判システムに対する二つのオルタナティブとなっている。本章では、この二つの方法を、オルタナティブ・ジャスティスと呼ぶ。

二〇一一年に若手研究者仲間で『オルタナティブ・ジャスティス』（石田編 二〇一一）という論文集を出版した。この論文集では、従来の裁判制度に対する様々なオルタナティブ・アプローチの総称としてオルタナティブ・ジャスティス概念を提起した。具体的には、世界各国で制度利用が拡大しつつあるＡＤＲ（裁判外紛争処理）や、応報的司法に対比される犯罪解決アプローチとしての修復的司法、さらには南アフリカなどで過去の政治犯罪や集団暴力の真相究明と被害者・加害者「和解」を目的として設立された真実和解委員会を含む。右の論文集は、従来のアプローチと併用するかたちで（たとえば南アフリカの場合には、真実和解委員会と加害者の刑事訴追による裁判とを併用するかたちで）これらを制度面で拡充する、世界各地の試みに着目した。

その後、オルタナティブ・ジャスティス論は、既存のリーガル・プルーラリズム論と何が違うのかというコメントを受けることがあり、この点について考えるようになった。右の論文集では明確に区別していなかったが、リーガル・プルーラリズムは〈他者の法〉（異文化の法）に関わるものであり、オルタナティブ・ジャスティスは〈法の他者〉（法の外側におかれたもの）に関わるものである。いいかえると、前者は、呪縛圏の内側での妥協をはかり、新しい規範形成をはかる。後者は、呪縛圏外部への脱出をはかる。法は前者の、神の暴力そして非暴力的和解は後者の領分である。これらの点で、両者は、原理的に異なっている。

リーガル・プルーラリズム[*3]は、異なる社会的背景をもつ法システムの併存状況を示す概念である。近現代的文脈では、植民地国家における一方的な法移植や人・モノ・情報のグローバルな移動などを背景として、こうした複数の法システムの相互浸透が大規模に生じた。伝統文化（あるいは相対主義）と人権言説（あるいは普遍主義）との衝突はその典型例である。とはいえ、リーガル・プルーラリズム研究は、そうした背景説明に限定しないかたちでの、法の発展プロセスに関する一般理論を指向する面もある。

リーガル・プルーラリズム研究は、異質な法システムが併存し、対立したり混淆したりする実態を記述することに尽きるものではない。異質な法システムの併存状況が、いかにして新しい固有法の形成に結びつくかを経験的、理論的に考えようとする研究のことである。したがって、リーガル・プルーラリズムは、他者を同じ土俵にのせ、妥協をはかり、新しい固有法のもとでの法の支配を探究する。[*4]

他者を知る法理論としてのリーガル・プルーラリズムには、プラスとマイナスの両面があることが指摘されている。すなわち、異質な法を取り入れることで法システム内部の多様性が増す——法が豊かになる——というプラス面がある。同時に、法の道具的利用が高まると、紛争の強度が増す——呪縛圏の内側での合意による規範形成がいっそう困難となり、法の支配を脅かす——というマイナス面がある[*5]（タマナハ 二〇一六）。

このように、リーガル・プルーラリズムは、あくまでも法の理論である。私自身、右の論文集では、前述の意味での現代のオルタナティブ・ジャスティスの世界的動向を、リーガル・プルーラリズムの新しい展開として議論を始めた。というのも、第一に、古くからありながらこれまで周辺化されてきた様々なオルタナティブについて、その意義と役割が新たに「公認」されるようになったためである。そのような世界的動向は、西洋近代法・公式法・国家法制度を頂点とする旧来の多元的法体制を再編する可能性があり、法人類学の主要テーマの一つであるリーガル・プルーラリズム研究にとって重要な研究課題となる。第二に、法・司法を主軸とするジャスティス論が、〈他者の法〉のみならず、〈法の他者〉としてのオルタナティブ・ジャスティスに向き合うポーズを示しているように見えたためである。

このような世界的動向は、多くの場合、「非＝法化」にむかうものとして捉えるよりも、じっさいには、リーガル・プルーラリズム論の応用問題として捉える方が適切である。たとえば、ADRは、従来の裁判制度に対するオルタナティブ・アプローチの一つとして導入されながら、既存の司法制度に対する代替財としてよりも、むしろ補完財として運用されている（早川 二〇〇四）。そして、インフォーマリズムへの転換という点で「非＝法化」に寄与するように見える一方で、私的秩序における法形成の相を含めて「法化」概念を広義に捉えるならば、そのような意味での広義の法化に寄与している（田中 二〇〇〇：一七）。

本節は、呪縛圏外部への脱出口を求めるオルタナティブ・ジャスティスと、呪縛圏内部の合意による新しい規範形成を目指すリーガル・プルーラリズムとの間の原理的な違いについて論じた。加えて、オルタナティブ・ジャスティスの領分とリーガル・プルーラリズムの領分とでは、両者が重なりあって見えることについても触れた。次節で触れる「和解」概念は、後者の一例であり、同一概念であっても、どちらの領分に属するかによって、内実がまったく異なるものになる。

4 赦しと怒り――交渉を停止する二つの方法

グローバルとローカル、ローカルとローカルとの間の関係性を、対立か調和かをめぐる問題として考えること、そして両者の妥協点を求めることは、リーガル・プルーラリズム論につながる視点である。他方で、対立する当事者両方が同じ土俵にのって相互に交渉するなかでの合意や新たな規範形成を、いますぐに求めないこと。これは、本章でいうところのオルタナティブ・ジャスティス論につながる視点であり、オルタナティブ・ジャスティス論集に寄稿した加藤敦典が以前から議論してきたこと、そして最近の論文でも繰り返し述べていることと重なる。「関係切断のための関係性」、関係切断におけるモラル・社会性、あるいは「けんか別れの作法」が必要だとする議論（加藤 二〇一一、二〇一六）である。

従来の刑事司法に対するオルタナティブ・アプローチとしての修復的司法や真実和解委員会は、加害者に対する刑事責任の追及に加えて、犯罪解決や被害者救済への手がかりの一つとして「和解」を考慮する。一方、当事者間の交渉による――そして多くの場合に困難な――個人的和解を当初から予定してしまうことに対する懐疑がある。このような懐疑の的になるのは、当事者に合意を強いるもの、言いくるめを含むものとしての「和解」であり、これはベンヤミンのいう意味での「非暴力的和解」とは異なる、いわば暴力的和解である。

和解を関係維持のための当事者間の交渉と合意を含意するものと見なすならば、そのような個人的和解は現実的に難しい。南アフリカ真実委員会の事例について、阿部利洋（二〇〇七）は、そうした視点から個人的和解とは異なる社会的和解としての和解の可能性とメリットを考えた。そこでいうところの社会的和解は、個人的和解において想定される当事者間の直接的・持続的交渉を停止する。*6

以下で触れるいくつかの文脈では、赦しもまた交渉を停止する。赦しは、和解と親和性が高いように見えるが、両者は無条件に結びつくものではない――後述の通り原理的に異なっている。阿部（二〇〇七：二六三）は次のように述べ、赦しと和解との間に因果関係を予定できないことを指摘した――「『〔加害者が〕告白する＝〔被害者側に〕癒やしが起こる＝〔両者が〕和解する』あるいは『〔被害者側から〕赦しが語られる＝〔両者が〕和解した』という変換関係を想定することは妥当とはいえない」（〔 〕内補足は石田）。

次に述べる事例における赦しは、和解に似て非なるものである。二〇〇六年一〇月、米国ペンシルバニア州ニッケルマインズの小学校で、五名の女子児童が殺害される銃撃事件が発生した。この事件に関する報道で、被害児童の親たちが、犯行直後に現場で自殺した犯人とその家族に対して、事件発生の夜に赦しを表明したこと、そして被害児童の親たちがアーミッシュ・コミュニティの人たちだったことが伝えられた（朝日新聞二〇〇六年一〇月七日夕刊記事）。この事件を題材に、赦しをめぐるアーミッシュ固有の思想と社会的・宗教的背景を考察した研究者たち（クレイビルほか二〇〇八）によれば、赦しは、加害者の責任を免除することではなく、「加害者への憤りを克服すること」として理解することができる。赦しを表明した被害者は、加害者の謝罪に依存しない生き方を求めている。一方的に理不尽な暴力に巻き込まれた被害者が、その後も引き続き加害者に支配されないための決意だという点で、アーミッシュの赦しは、被害者のためのものであり、加害者のためのものではない。このような赦しは、不処罰を容認するものではなく、まして合意による和解と同じものではない。

　このように理解すべきものとしての「赦し」の語りは、右の事例のほかにも認められる。二〇一五年六月、米国サウスカロライナ州チャールストンの教会で、一人の白人至上主義者に九名の黒人が殺害される銃撃事件が発生した。被害者家族のその後を報じた新聞記事に、当事者による次のようなことばが紹介されている――「我々の歴史は、痛みの歴史。何か被害を受けたとき、ゆるせなければ、いつまでも憎しみに心を支配される。ゆるすことは、自らを解放することなのです」（朝日新聞二〇一六年一月一日朝刊記事）。

　三木清『人生論ノート』（三木 一九五四）所収のエッセイ「怒について」における「怒」と「憎み」との対比は、赦しと和解との対比を、ネガとポジの関係で反転させたもののように見える。三木によれば、「怒と憎みとは本質的に異なるにも拘らず極めてしばしば混同されている」。「怒」は、すべて突発的なものであり、それゆえにこそ純粋なものである。対して「憎み」は、すべて習慣的・永続的なものであり、それゆえに人間的なものである。神が知るのは怒ることであって、憎むことではない[*7]。


　怒は復讐心として永続することができる。復讐心は憎みの形をとった怒である。しかし怒は永続する場合その純粋性を保つことが困難である。怒から発した復讐心も単なる憎みに転じてしまうのが殆どつねである。（三木 一九五四：五五）

「怒」をめぐる三木の議論は、純粋かつ無条件の赦し――謝罪と和解のいずれをも前提としない、あるいは当事者間の取引を前提としない赦し――の意味をめぐるジャック・デリダの考察（デリダ 二〇一五、守中 二〇一五）と共通の論点を含んでいる。さらに、守中高明がそう指摘するように、「デリダ的な赦しは、ヴァルター・ベンヤミンの言う『神的暴力』に似る」（守中 二〇一五：一二二）。

デリダ的な赦しが、その純粋性において、すなわち非‐エコノミー的で非‐和解的な性質によって、「革命のように」「歴史の、政治の、そして法の通常の流れを不意打ちする」ひとつの力であるのと同様に、ベンヤミン的な「神的暴力」もまた、その「純粋な直接」性において、「法を措定する」「神話的暴力」に「あらゆる点で対立」しそれに「停止を命」ずることで、「国家暴力を廃止」して「新しい歴史時代」を「創出」する、そんな革命的な力をそなえている。（守中 二〇一五：一二四）

右の意味での和解と憎しみは、ともに持続的な交渉のなかで育まれるものとしてネガとポジの関係にある。他方、赦しと怒りは、そうした持続的な交渉を「停止」する。和解は交渉維持あるいは関係維持指向、赦しは交渉停止あるいは関係切断指向である。そうした対比に重ねていうと、リーガル・プルーラリズムは前者――持続的交渉――のうちで新しい規範形成を求める法理論である。他方、オルタナティブ・ジャスティスは、後者――持続的交渉を停止すること――によって呪縛圏からの脱出口について語る、法批判としての正義論である。

5　おわりに――ふたたび待つということについて

本章では、人が人を裁くことの根源的困難に着目し、ベンヤミン「暴力批判論」によって、複数の正しさのなかから一つだけを選び出してしまう法の暴力と、複数の正しさの間の永遠の競合状況としての呪縛圏の存在にふれた。そして、神的暴力と非暴力的和解とを、呪縛圏から脱出する二つの方法、すなわちオルタナティブ・ジャスティスとして議論した。

人が人を裁くことには根源的な困難があること、いますぐに話せば分かるわけではないこと、交渉を強いられることの苦痛から自らを解放すること、土俵から降りてしまうこと、本章では、これらの可能性を視野にいれて、呪縛圏を脱出するオルタナティブ・ジャスティスの営みについて論じた。

右のようなオルタナティブ・ジャスティスは、法の暴力に対する批判に根差すものだが、永久に法を否定したり、放棄したりするものではない。リーガル・プルーラリズムは、むしろオルタナティブ・ジャスティスを必要とする。最後にこの点について述べる。

法人類学者フェルナンダ・ピリーが近年提唱する法人類学の新しい課題は、法が、いかにして呪縛圏あるいは政治を超越して「意味のある地図」に近づくのかを問い直すことである。これまでの法人類学は、強者・弱者ともに人間がそれぞれの立場で利用する法が、いかにして政治的文脈に絡み取られて「歪んだ地図」となるかを記述する研究に蓄積があった。他方、ピリーは、固有の理想主義に導かれて、政治を超越する高みから究極の正義を実現するものとしての法を希求し、模索する人間の姿を、古今東西の事例に認めた（石田 二〇一七）。

ピリーが古今東西の事例から具体的に描いたのは、「意味のある地図」に近づく一つの方法としてのリーガリズムの探究が、法学者・法律家の知的活動によって担われること、そしてそのような活動の社会的・政治的文脈である。ところが、そのような探究によって得られるものはどこまでも不完全な地図だった。[*8] 人間が希求し、探究する「意味のある地図」としての法は、いまここの地点からは手の届かないところで、何者かによって描かれる／描かれたものである。その何者かは、究極的には、過去の賢人かもしれないし、神であるかもしれない。そうでなければ、未来の何者かである。そして、イゲンベの事例が示唆するところでは、「未来の何者か」とは、いまここの時点で待つことを知る者の未来である。

私は、いったん降りた土俵の外で待つこと、そして待つことによる他者理解・自己理解の可能性を考えることの重要性をイゲンベの農村で学んだ。イゲンベ農村の人々は、人が人を裁くことの根源的困難を深く理解し、言いくるめの態度を否定して、いつの日か当事者の自己理解、他者理解、そして事実理解に「変化」が生じ、結果的に自らの手で合意に辿り着く可能性にかけている。オルタナティブ・ジャスティス論はそのような可能性を考える。

以上、オルタナティブ・ジャスティスを、リーガル・プルーラリズムとの対比のなかで論じてきた。オルタナティブ・ジャスティスは、いったん呪縛圏の外部に踏み出してみる。そして待つ。待つことは、何もしないでいることではない。それは、いますぐの時点で手に届かない「意味のある地図」としての法に近づくために、自己を自らのうちに閉じ込める永遠の逼塞から人間を解き放つことである。その意味で、オルタナティブ・ジャスティスは、待つことを知る正義論である。私は、そのことをイゲンベ農村で学んだ。

謝辞

本章をとりまとめる過程で、細谷広美先生ならびに佐藤義明先生から、貴重なご助言とご批判を頂戴した。可能なかぎりでの加筆修正に努めたが、そのすべてに応えるかたちには至らず、課題は残されている。また、研究会の過程で、久保忠行先生から、関連文献の示唆を含めて有用なご助言を賜った。記して御礼申し上げます。

注

＊1　私は、ここで述べたドゥルマの施術師の方法を、ためらわずにインジャスティスと位置づけた。理由の一つは、ここでの批判が、ドゥルマの方法を標的とした他文化批判に尽きるものではなく、日本における冤罪発生のメカニズムをめぐる自文化批判を含意していること。一つは、共通善がいますぐの時点で語りえないとしても、共通悪についてはその限りではないと考えるためである（若松 二〇〇三）。本書のもとになる研究会での湖中真哉の報告は、東アフリカにおけるインジャスティス、とくに国家の機能不全に起因するローカル・インジャスティスを、文化の問題に還元するのではなく、とりくむべき現実の問題として明らかにするものだった（湖中 二〇一九）。

＊2　イゲンベは男系社会だが、出自集団としてのクランは地縁化していない。元のクラン名を維持したままの分派の移住が、長い年月をかけて少しずつ進行し、イゲンベ地方全体に及んでのクラン分派の混在状態が形成されている。多くの場合、クランは平常の利益集団として顕在化しておらず、クラン成員権はあくまでも個人それぞれの生得的な社会属性として、必要時に「発見」されるという側面が強い。

＊3　ここでいうリーガル・プルーラリズムは、千葉正士ならびにヴェルナー・メンスキーの法理論（角田ほか編 二〇一五）を念頭においたものである。
＊4　ここでいう固有法とは、外部の影響が及んでいない在来の法システムのことではなく、新たな移植法に対峙する、その時点でのドメスティックな法の姿を捉える概念である。この意味での固有法は、異質な「法」あるいは法外の様々な制度や規範を取り込みながら発展してきた。リーガル・プルーラリズム研究は、法が無数の異質な断片を含んで多元化していくプロセスに加えて、新たな固有法システムとしての全体性と普遍性を獲得してくプロセスを解明する（石田 二〇一六b）。
＊5　ブライアン・タマナハは、この点を次のように説明している――「訴訟において当事者たちが競合する法システムをそれぞれの武器として戦略的に用いることを可能にする点で、リーガル・プルーラリズムは訴訟の強度を高める環境を提供しているのである」（タマナハ 二〇一六：五七）。
＊6　阿部の社会的和解論は、当事者間関係を、二者間のうちに閉じた対立関係から多数が参加するなかでの共通目標を抱いた競合関係への変換を想定している点で、当事者間の直接的交渉の停止を伴うものと理解することができる。
＊7　本論集のもとになる研究会の場で久保忠行からの示唆を得て、さらに多くの事例を知ることができた。二〇一五年一一月のパリ同時多発テロ事件において妻を亡くしながら、実行犯に宛てるメッセージとして「ぼくは君たちに憎しみを贈ることはしない」と綴った、アントワーヌ・レリス（二〇一六）のエッセイはそのうちの一つである。
＊8　法社会学者・尾﨑一郎の論考（二〇一三）は、この点に関わる法と正義をめぐる議論の要所を明確に指摘している。すなわち、普遍性を想定すること、ならびに包括性・公共性を確保することに加えて、正義の内実についての人為的な定式可能性を想定することが、法を手掛かりに正義を考えるうえで欠かせない前提である（尾﨑 二〇一三：六三）。だがそれと同時に、法と正義との間の根源的な齟齬が顕になって、法は「正義による批判の目にもさらされている」（尾﨑 二〇一三：六七）。

参考文献

朝日新聞　二〇〇六「容疑者家族に『許し』――アーミッシュ流にメディア驚嘆」二〇〇六年一〇月七日夕刊。
朝日新聞　二〇一六「世界はうたう――アメージング・グレース」二〇一六年一月一日朝刊。

阿部利洋　二〇〇七『紛争後社会と向き合う――南アフリカ真実和解委員会』京都大学学術出版会。
石田慎一郎　二〇〇三「寄合のしごと――ケニアにおける首長と長老の紛争処理」宮本勝編『〈もめごと〉を処理する』雄山閣、二八―五一頁。
石田慎一郎　二〇一六a「ケニア中央高地イゲンベ地方の紛争処理における平等主義と非人格性」松田素二・平野（野元）美佐編『紛争をおさめる文化――不完全性とブリコラージュの実践』アフリカ潜在力一、京都大学学術出版会、九三―一二三頁。
石田慎一郎　二〇一六b「千葉法学における法主体・固有法・法文化の概念」『アジア法研究』九、六三―七四頁。
石田慎一郎　二〇一七「［書評］Fernanda Pirie, *The Anthropology of Law*」『社会人類学年報』四三、一四五―一五二頁。
石田慎一郎編　二〇一一『オルタナティブ・ジャスティス――新しい〈法と社会〉への批判的考察』大阪大学出版会。
尾崎一郎　二〇一三「法と正義――その親和性と懸隔」『法社会学』七八、六一―七三頁。
加藤敦典　二〇一一「義のない風景――ベトナムの文学作品にみる法と社会の外がわ」石田慎一郎編『オルタナティブ・ジャスティス――新しい〈法と社会〉への批判的考察』大阪大学出版会、二七九―三〇二頁。
加藤敦典　二〇一六「けんか別れの作法――人類学者が和田法社会学から学ぶこと」西田英一・山本顯治編『振舞いとしての法――知と臨床の法社会学』法律文化社、一七二―一七五頁。
クレイビル、ドナルド・B／スティーブン・M・ノルト／デヴィット・L・ウィーバー－ザーカー　二〇〇八『アーミッシュの赦し――なぜ彼らはすぐに犯人とその家族を赦したのか』亜紀書房。
湖中真哉　二〇一九「国家を代替する社会――東アフリカ遊牧社会におけるローカル・インジャスティス」本書第八章。
田中成明　二〇〇〇『転換期の日本法』岩波書店。
角田猛之／ヴェルナー・メンスキー／森正美／石田慎一郎編　二〇一五『法文化論の展開――法主体のダイナミクス』信山社。
清水克行　二〇一〇『日本神判史――盟神探湯・湯起請・鉄火起請』中央公論新社。
タマナハ、ブライアン・Z　二〇一六「開発における法の支配とリーガルプルーラリズム」石田慎一郎・村上武則訳『ノモス』三九、四三―五九頁。
デリダ、ジャック　二〇一五『赦すこと――赦し得ぬものと時効にかかり得ぬもの』守中高明訳、未来社。

浜本満　二〇一四『信念の呪縛――ケニア海岸地方ドゥルマ社会における妖術の民族誌』九州大学出版会。
早川吉尚　二〇〇四「紛争処理システムの権力性とADRにおける手続きの柔軟化」早川吉尚・山田文・濱野亮編『ADRの基本的視座』不磨書房、三―二〇頁。
ベンヤミン、ヴァルター　一九九四『暴力批判論　他十篇』野村修編訳、岩波文庫。
三木清　一九五四「怒について」『人生論ノート』新潮文庫、五一―五七頁。
守中高明　二〇一五「不・可能なることの切迫――来るべき赦しの倫理学のために」ジャック・デリダ『赦すこと――赦し得ぬものと時効にかかり得ぬもの』守中高明訳、未来社、九九―一三五頁。
レリス、アントワーヌ　二〇一六『ぼくは君たちを憎まないことにした』土居佳代子訳、ポプラ社。
鷲田清一　二〇〇六『「待つ」ということ』角川学芸出版。
若松良樹　二〇〇三「人権の哲学的基礎」『ジュリスト』一二四四、六―一二頁。

第10章　福祉国家における難民の社会統合
ビルマ（ミャンマー）難民のフィンランドへの第三国定住

久保忠行

1　はじめに

アメリカ同時多発テロで幕をあけた今世紀は、新しい難民の世紀である。ますます人の移動が容易になり活性化していくなかで、国家は何らかのかたちで難民と向き合わざるをえない状況にある。ある国での難民の発生は、同時に別の国でいかに受け入れるのかという課題をもたらす。難民問題の根源は、その国や地域における個別具体的な事象にある。他方で、難民の流出国と周辺の一次庇護国のみでは対処しきれないように、難民をめぐってはグローバルなレベルでの関与が求められている。

難民の地位は、「難民の地位に関する条約」および「難民の地位に関する議定書」（以下では、これらを含めて難民条約と表記）で規定されている。[*1] しかし条約が制定された当初、難民条約は、必ずしも難民の人道的な保護を主眼としたわけではなかった。難民条約は冷戦構造の産物であり、東側諸国からの避難民を西側諸国が受け入れることで西側諸国の政治的優位性を示すためにつくられたという政治的意図もあった（阿部 二〇〇二：八二）。条約に基づき難民を受け入れるのはアメリカをはじめとする西側諸国だが、各国は独自の基準でこの条約を運用し、どのような難民を受け入れるかを判断している。難民の庇護というジャスティスを実現するのは、国家である。

難民の保護と支援を担う代表的な国際機関の一つが、国連難民高等弁務官事務所（United Nations High Commissioner for Refugees：UNHCR）である。UNHCRは難民問題を解決するための方策として、①本国への帰還、②一次庇護国での国籍取得、③第三国への再定住の三点をあげている（国連難民高等弁務官事務所 二〇〇一）。これらの方策が示すように現実的な難民問題の解決策とは、国家を追われた難民を再び国家へ統合することである。しかし難民生活が長期化する傾向にあるなかで、本国帰還は困難である。[*2] また一次庇護国での国籍取得も容易ではない。UNHCRは、（出身国でも避難先の国でもない）第三国へ難民を再定住させることで問題の解決を模索しているが、難民を受け入れる国は限られている。第三国定住制度は、難民を受け入れている国家（一次庇護国）の負担の共有（burden sharing）として運用される。ここにも難民の庇護という理念よりも、第三国定住難民を受け入れる国家（おもに欧米諸国）の方針が優先されている点が示唆されている。

非白人の移民や難民の流入と定住化にともない、欧米諸国では多文化主義的な政策が採用されるようになった。多文化主義政策とは、文化的に異質な集団の権利の保障と再分配を行うことで、文化的多様性の再生産を支援するものである（佐藤 二〇一五：二一）。多文化主義の実現にあたっては、文化的アイデンティティの権利をいかに保障するのかという文化的シティズンシップのあり方が鍵となる。文化的シティズンシップとは、人種、エスニシティ、言語の側面でのマジョリティに対する差異の権利（the right to be different）を指す（Rosaldo 1994: 57）。レナート・ロサルドは、シティズンシップは普遍的に平等なものではなく、性差、セクシュアリティ、ジェンダー、人種、言語、尊厳といった面で不平等があることを指摘している（Rosaldo 1997）。移民や難民の処遇については、政治的、経済的な側面がクローズアップされることが多いが、社会的、文化的な承認がどのような仕組みで実現されうるのかを検討する必要がある。

社会福祉制度を活用しマイノリティ支援を重視する政策をとるのが、福祉多文化主義である。福祉多文化主義が進展することで、マイノリティへの公的支援は、特例的な措置から社会福祉・社会保障サービス全体に制度化（主流化）されていく。他方で、福祉多文化主義の問題点として、次の点も指摘されている。それは福祉多文化主義の進展にあたっては、マジョリティを中心とした既存の国民統合と福祉国家全体を維持できる範囲内に、マイノリティがもつ文化的差異を収めるように管理する力が働くことである（塩原 二〇一二：七八―七九）。

マジョリティによる管理の側面は、近年の北欧諸国で生じている福祉排外主義の台頭に見られる。福祉排外主義とは、「福祉国家が移民を守る」という理念を、「移民から福祉国家を守る」という論理へと反転させて生じる。その要因となるのが、移民の社会統合の低さや、庇護希望者や難民を「福祉の受益者」として概念化しフリーライダーとして認知することである（挽地 二〇一五：四七）。挽地は、スウェーデンにおいてホスト社会が移民・難民に対して寛容であることと、移民・難民がホスト社会に統合されていることはイコールではないこと、そして移民・難民への寛容な政策の展開は、そのまま移民・難民の社会統合の達成にはつながらないという疑問を呈している（挽地 二〇一五：四四）。「寛容な統合政策の展開が、社会統合に結びつかない」というパラドクスが生じる理由として、移民は人的資本や社会関係資本がなくとも、またホスト社会に適応しようとしなくとも、それなりの生活を維持することができることがあげられている。そして手厚いサービスが受動性と依存の文化を生み出し、移民集団の周縁性を拡大させることが指摘される。そして、このような社会統合の程度の低さが、福祉排外主義が生まれるメカニズムになっていると指摘する[*3]（挽地 二〇一五：四六）。

以下では、フィンランドを対象とし福祉国家における難民の社会統合について考察する。事例とするのは、第三国定住難民としてフィンランドが受け入れたビルマ（ミャンマー）出身のカレンニー難民である。本章では、フィンランドの多文化主義的な難民の受け入れ体制のあり方を明らかにし、それがどのような社会統合をもたらし得るのか、その可能性と問題点を指摘する。ここでは難民のフィンランドへの定住の成否は判断しない。移住の成否にかかる評価は定住の段階や世代によって異なり、数年、数十年単位でなされるべきものと考えられるからである。

フィンランドでの調査は、二〇一六年八月一七日～九月一日および二〇一七年八月二〇日～九月四日にかけて行った。本章における民族誌的現在は、難民が定住してから約一〇年目の時期にあたる。筆者は二〇〇四年以降、カレンニー難民が長年暮らしてきたタイの難民キャンプとその周辺で調査を実施してきた。そして二〇一二年以降は、第三国定住先であるアメリカやオーストラリアで再定住状況についての調査を実施してきた。第三国定住難民についての調査では、筆者がタイで調査したときのインフォーマントに再会するかたちで実施した。本章では他国での調査結果も参照しながら、フィンランドにおける難民の社会統合の特徴を明らかにする。

以下の第2節では、国家による難民受け入れ体制について論じる。第3節では、カレンニー難民のフィンランドでの定住生活について明らかにする。

2 国家による難民の受け入れ

移民・難民とフィンランド

福祉国家として知られるフィンランドは、人口約五五〇万人で平均寿命は男性七八・二歳、女性は八三・九歳で、平均世帯数は二・一人である。おもな使用言語はフィンランド語が八九％だが、歴史的にはスウェーデンの領土であったこともあり、スウェーデン語の話者が五・三％を占め、ロシア語が一・三％である。主な宗教は、ルター派七四％、東方正教会一％、その他が二四％である。国土三九万平方キロのうち六八％が森林で、一八万八千の池がある。国民の主な就労先として、貿易・ホテル業が一五％、金融・サービス業が一四％、製造業が一三％、輸送・通信関連が一〇％、建設・電力関係が八％、農業が四％、その他が三五％を占める。フィンランドでは、フィンランド語とスウェーデン語が公用語である。スウェーデン語話者は五％以下なので、事実上のマイノリティである。そのほかにも、サーミー、ロマ、ユダヤ、タタールといった人々が居住している。

フィンランドは一九世紀末から二〇世紀初頭にかけ約二八万人が北米に移住し、第二次世界大戦後から一九七〇年代までに約四六万人がスウェーデンに移住する移民の送り出し国であった（庄司 二〇〇九：二九五）。一九七〇年代、フィンランド国内で外国生まれの人口は、推定一万人に過ぎなかった。フィンランドはEU諸国のなかで最も外国人の割合が低いが、その数は一九九〇年代に急増し、二〇〇一年の外国人数は九万八千人で全人口の約二％となった（Valtonen 2004: 72）。移民のおもな出身地は、ロシア、エストニア、スウェーデン、ソマリアであった。二〇一六年の時点で国内の外国人の総数は、二四万四四九九人である。[*4] これは全人口の約四・四％にあたる。

フィンランドが受け入れる難民は、庇護申請者、クオータ（quota 割り当て）難民と、家族の再統合によるものである。クオータ難民とは、フィンランド政府の方針に基づいて年次ごとに特定の人数を割り当てる難民を指す。受け入れる難民の出身国については、UNHCRの提案に基づいて決定される（難民事業本部 二〇〇五：八—一〇）。

フィンランドがはじめて難民を受け入れたのは、一九七三年のチリ難民（一〇〇人）である（本書第一章、二章参照）。その後一九八〇年代にベトナム難民（約一四〇〇人）を受け入れた。国連の第三国定住制度を導入したのは一九八六年で、これ以降年間の受け入れ難民数は一〇〇人から一千人に増加した。庇護申請者の受け入れについて、二〇一六年一月から一二月までの入管の案件処理数は、二万八二〇八件で、このうち難民条約に基づき条約難民として受け入れられたのが四五八六人、補完的保護が一七三九人、人道配慮が五〇人、その他の居住許可が一三七〇人と、合計で七七四五人が受け入れられた。[*5] 他方で不認定が一万四二八二人で、「ダブリン規約（ダブリンⅢ規約）」（難民が最初に入国した国で審査を受ける規約）などに基づき審査が取り消されたのが二三二六件であった。庇護申請者の主な出身地は、イラク（一二四七人）、アフガニスタン（七五七人）、シリア（六〇二人）で、ミャンマーからは七人であった。[*6]

また一年あたりのクオータ難民数は、二〇一二年以降、原則として七五〇人である。割当数は年ごとに異なり、二〇一六年では、トルコのシリア難民（五二三人）とレバノンのシリア難民（一三五人）と緊急に庇護が必要であるシリア難民とイラク難民（九一人）の合計七四九人に割り当てられた。二〇一五年にはレバノンのシリア難民（五〇二人）と無国籍者（五人）、ソマリア難民（一人）、エジプトのシリア難民（一三六人）、マラウイとザンビアのコンゴ難民（一五一人）、イランのアフガニスタン難民（一三九人）、その他の緊急に庇護が必要である者（一〇〇人）の合計一〇三四人に割り当てられた。本章で対象とするカレンニー難民は、タイに居住するミャンマー難民への割り当てとして受け入れられた。年次ごとの割り当て数は、二〇〇五年（一一八人）、二〇〇六年（三四九人）、二〇〇七年（一三〇人）、二〇〇八年（一五〇人）、二〇〇九年（一二五人）、二〇一〇年（一三一人）、二〇一一年（一一九人）、二〇一二年（一〇五人）で、合計一三二七人ある。*7

フィンランドにおいて移民や難民を受け入れることによる外国人数の増加は、比較的均質なフィンランドの民族的、文化的な環境に多様性をもたらした（Valtonen 1998: 38-39）。急激な多民族化は、それまでどちらかというと単一民族性を国家の理想として黙認し安住してきたフィンランド人の意識に変革を迫るものであった。すなわちフィンランド生まれでも育ちでもない人々を社会のメンバーとして認め、それに従う社会の変化を受容していかざるをえなくなったのである（庄司 二〇〇九：二八二―二八三）。

社会的、経済的コストがかかるにもかかわらず、フィンランドが外国人を受け入れる背景には、高齢化と労働力不足がある。一四歳以下の人口は、一九五〇年と二〇一〇年を比較すると、三〇％から一六・五％に減少し、二〇四〇年には一五％を切るといわれている。六五歳以上の人口は、一九五〇年から二〇一〇年にかけて六・六％から一七・五％に増加し、二〇四〇年には二六％を超えると予想されている（石野 二〇一七：二六一）。国家レベルで外国人の受け入れが進められる背景には、多文化主義的な理念だけではなく、少子化や労働力不足を補おうとする政府の意図があったとされる（庄司 二〇〇九：二九六）。

それでは、移民、難民受け入れ国へと舵を切ったフィンランドでは移民や難民の社会統合は、どのような考え方に基づいて進められているのだろうか。

社会統合の考え方

フィンランドでは、「移民の社会統合および庇護申請者の受け入れ法（The Act on the Integration of Immigrants and Reception of Asylum Seekers〔493/1999〕）」が一九九九年五月一日に施行された（以下では社会統合法と表記）。この法律は、地方自治法と外国人法に基づきフィンランドの自治体に原則一年以上の滞在を前提とする定住者として登録された者を対象とする。特筆すべき点として社会統合法には、移民は自身の文化とアイデンティティを放棄することなく、国民と対等に社会参加の権利を有することが明記されている。

社会統合法の第二条には、以下の通り社会統合（integration）が定義づけられている。「社会統合とは、移民自身の言語と文化を保持したまま、労働市場と社会への参画を実現するために個人の力を伸ばすこと（personal development）を指す。そして、社会統合を促進し支援するために行政の措置、提供されるサービス、および公的サービスの立案と計画にあたって移民のニーズを熟考することも、社会統合である」*8。このように社会統合法には、移住者の言語と文化の保持に加えて、移住者のニーズに沿った行政サービスを提供することも理念として掲げられている。またフィンランドでは、二重国籍が認められており、国籍取得にあたり出身国の国籍を放棄する必要がない（Ministry of Interior 2011: 40）。

フィンランドでの難民の社会統合について多くの研究成果を報告しているヴァルトネンは、社会統合法を踏まえて、社会統合を次の能力をもつことと定義している。すなわち、「民族文化的（ethnocultural）なアイデンティティと文化を放棄することなく、経済的、社会的、文化的、そして政治的な活動に完全に参加できる能力（ability）をもつこと」である（Valtonen 2004: 74）。

このようにフィンランドにおける社会統合の理念は、政治的、経済的に参加する能力をもつことに加えて移住者の文化的シティズンシップを認めている点に特徴がある。

また、一九九九年に施行された基礎教育法（六二八／一九九八）により、国籍にかかわらず一定期間（一年以上の滞在許可）居住する子どもは、基礎教育を受ける義務および権利が発生することになった。外国人や移民に対する国家政策理念を変化させたことの背景には、フィンランドが国連の「世界人権宣言」や「子どもの権利条約（児童の権利に関する条約）」「すべての移住労働者とその家族の権利保護に関する国際条約」に署名し、万人の自言語や文化への権利を保障するという姿勢を率先してとってきたからである（庄司 二〇〇九：二八九）。

国家が庇護する難民にも、社会統合法に基づいた行政サービスが提供される。内務省が雇用をコーディネートし、地方自治体は、各自治体にある「雇用および経済開発事務所（Employment and Economic Development Office）」などの諸機関と連携し、社会統合プログラム（語学研修と職業訓練）を提供する。職業訓練は、移民難民の社会統合プログラムの一環として成人職業訓練センター（The Vocational Adult Education Center）で行われるが、ここには一般のフィンランド人も入校する。難民は定住促進プログラムの一環で入校できるので、費用はすべて国家が負担する（難民事業本部 二〇〇五：一四）。住民登録がされている移民と難民は、失業時に社会保障をうけることができる。また内務省の下部組織であるフィンランド移民サービス（Finnish Immigration Service）が、入管、住居、難民への対応、国籍の付与の業務を担う。

フィンランドに定住した難民の社会統合をはかる指標として、先行研究では言語、生活環境、就業、教育、社会関係、社会参加（地域社会との関係）、家族間の関係、差別の有無といった項目があげられている。先行研究で指摘されるのは、言語習得は容易ではないため就業に困難が見られる点である（e.g. Kametani 2010: 12）。この状況は、一九九九年の法律が施行されてからも大きな変化はなかった（Forsander & Similä 2003）。フィンランドへ再定住したビルマ難民を対象とした調査でも、言語能力は統合のための前提として最も重視されていると結論づけられている（Janger 2010: 90）。とりわけ労働市場への参入状況は、社会統合プロセスのなかでも重要視される。就労は、経済的自立と人的資本の活用につながるからである（Valtonen 1998: 46）。

またルター派の北欧諸国に特有の労働観は、フィンランド社会を特徴づけている。同じプロテスタントでも（建国の父たちが信仰していた）カルバン派の（影響を受けている）アメリカでは、予定説により貧者を罪人と見なし貧困は個人の責任とされる。対照的にルター派の北欧では、貧者が罪人とはされず「働くことではじめて人は幸せになれる」という思想が根底にある。よって、すべての階層の人々の就労を支援する社会サービスを北欧は充実させてきた（大岡 二〇一四：二五二）。

フィンランドの労働市場では、移民が出身国でうけてきた職業訓練は評価されず、フィンランドで取得した資格に基づいて就業しなければならないので、高学歴の移民であっても就職にあたって困難に直面する。このため自営業を営むことが、移民にとって最良であるとも指摘される（Jasinskaja-Lahti and Liebkind, Vesala 2002: 22-24, cited Kametani 2010: 51）。また言語の習得について、十分な言語運用能力を必要としない職種であっても、言語が十分にできないことを理由に雇用主が採用を拒否することもある。これは若年層のソマリア人に対して見られる傾向である（Valtonen 2004: 79）。

次節では、社会統合法の理念が謳われているフィンランドにおけるカレンニー難民の定住生活について論じる。以下では、まずカレンニー難民について概説し、フィンランドでの定住生活について論じる。

3　フィンランドでの定住生活

難民キャンプからフィンランドへ

カレンニー難民とは、ビルマ（ミャンマー）のカヤー州を出身とする難民を指す。カヤー州は、ビルマのなかで最も面積が小さく人口が少ない。カレンニーとは英語の民族名の「カレン」に赤を意味するビルマ語の「ニ」がついた他称で、「赤カレン」を意味する。ビルマがイギリスから独立する一九四八年前後から、当地を「カレンニー州」として分離独立させることを目指す武装闘争が起こった。一九八〇年代後半になると、約二万人の人々がタイ側の難民キャンプで生活するようになった。武装闘争を主導したカレンニー民族進歩党は、タイの難民キャンプを中心に「カレンニー」という民族名をカヤー州内の諸民族の総称として用いるようになった。「カレンニー」とはカヤー、カヤン、パク、ブウェ、マノー、インタレーなど九つの民族の総称として、分離独立運動をとおして政治的に構築された民族カテゴリーである（久保 二〇一四）。他方で、人々には明確な政治的意図はなく、同じ難民キャンプを出身とする者という程度の意味合いでカレンニーという呼称を受容している側面もある。本章では、カヤー州出身でタイの難民キャンプを経た難民を総称してカレンニー難民と表記する。

難民受け入れ国のタイは二〇〇五年以降、ＵＮＨＣＲが仲介する難民の第三国定住制度を導入した。第三国定住制度とは、難民の本国であるビルマでも、一次庇護国のタイでもない第三の国が難民を受け入れる再定住支援制度である。この制度をとおしてタイのキャンプ難民は、アメリカ、オーストラリア、カナダ、ニュージーランドやノルウェー、スウェーデン、フィンランドなどの各国へ再定住した。

タイ政府が第三国定住制度を導入したのは、ビルマの民主化が進展せず難民帰還の目処が立たなかったからである。一九七〇年代後半のインドシナ難民の発生以降、タイは周辺国からの難民受け入れ国となってきた。しかし、タイは難民を庇護する国際的な義務を負うことを回避するため難民条約を批准していない。タイ政府は公式には難民の存在を認めておらず、避難民（displaced persons）、あるいは不法移民として扱い、難民のタイ国籍の取得も認めていない。難民は帰還を前提として一時的に受け入れられているに過ぎない。

難民は移動の自由を制限され、キャンプ外に出ることを禁止されている。それでも生活するため（そして安い労働力の需要があるため）多くの難民は、近隣の村落で農作業をして日銭を稼いでいる。しかし日給はタイ人の半分から三分の一程度で、賃金が未払いになることもある。未払いでも泣き寝入りするしかないため、難民には搾取されている感覚がある。

キャンプの全人口のうち、半数程度が学齢期の子どもである。キャンプには一〇年生（高校に相当）とその後の二年間の高等教育プログラムがある。しかしキャンプでの在学は学歴にはならず、学校を卒業したところでキャンプの教師をするか、NGOのローカルスタッフとして勤務するしかない。これらの仕事に就いたとしても月給二千円程度で、必ずしも働くモチベーションにはならない。若い教師は生徒に見下されることもあり、教師の職は不人気である。

キャンプの学校に通って読み書きができる若者は、農村での日雇い労働など肉体労働を忌避する傾向にあり農作業を体験したことがない者も少なくない。このことは、世代間で故郷への帰還についての認識の差をうみだす。年長者は生まれ育った村落に帰ることを希望するが、若い世代にとってビルマの村は将来を描く居住地にはならない。難民生活を通してパソコンや携帯電話などの機器に触れ、インターネットを通して知る難民キャンプの外の近代的な世界への憧憬の方が強い。難民キャンプで将来像を描けないことやタイでの差別経験から、「二度難民になった」と自身の経験が語られることがある。一度目は故郷で、二度目は避難先のタイでの困難な経験を指す。このような日常を脱するための唯一の選択肢として、第三国定住制度がある。

フィンランドは、タイ政府が二〇〇五年に第三国定住制度を導入してから最初に提示した再定住地のうちの一つである。先に定住した難民がいないためフィンランドを選択した難民は、難民キャンプで行われた再定住についての説明会で聞いたこと以上にどのような国であるかを知らずに申請をした。しかしいったん再定住すると戻ることはできない。第三国定住とは難民生活に終止符をうつための選択肢だが、その後の人生を左右する「賭け」でもある。

第三国定住難民は、タイ政府とUNHCR、そして受け入れ国政府の審査を経て選ばれた者で、受け入れ国に永住することを前提とする。彼らは再定住国を変えることはできず、後戻りはできないという覚悟を求められる。各国に定住した難民たちは、すべては一からやりなおしになるという認識を共通してもっている。だからこそ甘受すべき困難は多い。彼らは与えられた条件のなかで最良の方法を選びながら、日々の暮らしを送ることになる。

難民の受け入れ体制と定住状況

最初のカレンニー難民がフィンランドへ再定住したのは、二〇〇六年三月である。フィンランドのカレンニー難民の人口は、二〇一六年時点で約四〇〇人である。筆者が調査をした北部の都市ロヴァニエミでは一五〇人（約二五世帯）が、西部のヴァーサでは五六人（九世帯）が暮らしている。また二〇一七年に調査をしたミッケリでは約七〇人（約一四世帯）が暮らしている。

筆者によるアメリカでのカレンニー難民に関する調査では、同じマンションや敷地内に集住する傾向が見られた（久保二〇一四）。フィンランドでは、全体として各地に分散しゆるやかに集住する傾向が見られる。カレンニー難民がおもに居住しているのは首都のヘルシンキに加え、ロヴァニエミ、ケミ、セイナヨキ、クオピオ、サヴォリンナ、ミッケリ、ヴァーサである。彼らのほとんどは、マンションの一室や一軒家を賃貸して居住している。一ヶ月あたりの家賃は、地域や世帯の規模にもよるが、地方の単身者マンションで五〇〇ユーロ程度、家族むけの一軒家で七五〇ユーロ、ヘルシンキでは世帯むけのマンションで一千ユーロ以上である。冬季には、マイナス数十度にもなる厳しい冬の寒さから住居の劣化が進みやすい。このため住居を購入した場合はローンに加え修繕費がかかるので、カレンニー難民の間では賃貸契約が好まれる傾向にある。筆者の調査時にフィンランド国籍をすでに得ていたカレンニー難民のなかで、三世帯が住居を購入していた。三世帯のうち二世帯はマンションを、一世帯は一軒家を購入していた。首都ヘルシンキでは約一五万ユーロでマンションを、ヴァーサでは約二〇万ユーロで一軒家を銀行ローンを利用して購入したという。

フィンランドのカレンニー難民のおもな職業は、洗車、機械部品の製造業、解体業、建設業、収穫、溶接、医療補助、介護、看護、自営業（アジア食品）、輸送、自動車整備、調理師などである。就労時間は、一日あたり八時間程度でシフト制がとられている職種もある。給与は手取りで月額一四〇〇〜一七〇〇ユーロ程度である。後述するように、フィンランドで正規の職を得て定住するには、一定期間、語学研修と職業訓練を受ける必要がある。これらの研修の受講状況によって個々人の定住プロセスは異なる。

フィンランドを選択した理由として、最も多くあげられるのが子どもの教育と将来のためである。子育てをする親の世代にとっては、すべてが再スタートになるので苦労も多い。キャンプで教師をしていたコーレー（仮名）は、現在は解体業に従事しているが、フィンランドではじめて経験する職業に就くことはめずらしくない。

コーレーは、ここでは仕事が第一であるといい、次のような例えを用いてフィンランドの社会民主主義的な国家のあり方を語る。「フィンランドを一つの庭だとしよう。私たちがどこに木を植えるかは自由だ。ただし木を大きくする責任は自分たちにあって、かならずその木は、国家へ貢献することが求められている」。居住地の自由を植林に、自立することや子育ての責任を木の成長に例えて、各個人が国民としての義務を果たすべきであるという自覚をもとうとしている点が窺える。病気や失業のさいには、必要最低限な暮らしができるように政府が埋め合わせをしてくれるので、今の暮らしや将来への不安はない。社会保障を受けられることに対する負い目は見られない。それは難民に対する特別な支援ではなく、フィンランド人と同等の社会保障だからである。難民キャンプやアメリカでは、インタビュー時に支援される側に特有の悲愴感や諦念を感じることがあったが、フィンランドに再定住した人々には物質的にも精神的にも余裕が感じられる。

対照的に六五歳以上の年長者には、「生かされている」という閉塞感が見られる。高齢者は容易に国籍を取得することができ、年金生活を送れる。しかし、やるべきことがなく社会と接点をもたない暮らしは退屈で、とくに冬季は一日中自宅にこもり気が滅入るという。生きがいがないため故郷での暮らしを懐かしむ者は少なくない。しかしそう思い描いた瞬間、故郷には身近に頼るべき人がおらず、高齢である自分には働き口がなく、帰るという選択肢はありえないことを認識することになる。

年長者の難民にとって気晴らしになるのは、携帯電話のフェイスブックのアプリである。ミッケリに住む女性（六二歳）は、筆者と会話をしている最中も、携帯電話で更新情報がないかチェックを欠かさず、筆者と写真撮影すると、すぐに写真をアップロードするほどフェイスブックに依存している。彼女には、フェイスブック上で六七九人の友人がいる。携帯電話の言語設定は英語だが、投稿するのは写真のみで文字は使われていない。通信料は安いためフェイスブックのビデオ通話を利用してアメリカにいる友人やノルウェーに再定住した娘と会話する。そうした姿を見ている若い世代は、老人はフェイスブックがないとフィンランドでは生きていけないと冗談交じりで、しかしなかば真面目に指摘をする。

フィンランドで就業するには、原則として最低でも三年間の語学研修を修了し、その後、職種によって受講年は異なるが二〜三年間の職業訓練を修了する必要がある。家族統合として後から来た者で、かつ定住地が地方にある場合は、パソコンのスカイプ回線を用いたオンライン形式で語学研修を受講することもできる。パソコンやインターネット回線は無料で貸し出され、レッスンは録画されているので復習も容易である。

職業訓練には、様々な業種があり興味のあるものを選択することができる。職種によっても異なるが、たとえば木材を扱う職業の場合は教科書はなく、日々、実地でオンザジョブトレーニングの形式で訓練を実施する。フィンランドは資格社会で、職業訓練を修了したことを証明できる資格がなければ基本的に就業することは難しいとされる。ただし実地経験があれば資格がなくとも雇われることがあるが時給制で給料は安くなる。フィンランドでは、語学研修で落第しても学びなおすことができる。また職業訓練も、当初受けていたものとは異なる職種の訓練を受け直すことができる。

フィンランドの職業訓練は、一定年数をかけて行われるように特定の分野での専門家を育成することを目指すものと考えられる。ただしその職種の資格があっても、仕事があるわけではない。たとえば地方では、ＩＴ関係の資格をとっても仕事はない。ミッケリのインフォーマントによると、難民に対する偏見から仕事がなかった時期もあった。必ずしもつきたい職業につけるわけではないので、介護士や老人介護施設での給食づくり、看護師補助など、求人が多い仕事の職業訓練を受ける傾向にある。また別のインフォーマントは、難民にはフィンランド人と同等の給与を支払わなければならないので、雇用者は外国人の出稼ぎ労働者を雇用したがるとも指摘する。たとえばミッケリで野菜の収穫をした場合、外国人には時給七・五~九ユーロだが、難民には時給一〇~一一ユーロが支払われる。

フィンランドで受け入れられた難民には、まず継続居住（continuous residence）というステイタスが付与された五年ごとに更新される居住許可証（residence permit）が発行される。これは生体認証型のカードで、カードには労働権があることも示され社会統合法に基づいたサービスを受けることができる。難民の支援に関しては、労働省が補助金を自治体に提供し、各自治体は地域性を考慮した方法で支援を実施する（難民事業本部 二〇〇五：一五）。このため支援内容は、難民が定住した自治体ごとに異なる。

難民を含む移住者がフィンランド国籍を取得するためのおもな要件は、一定の滞在期間を有すること、フィンランド語かスウェーデン語の運用能力があること、生計手段があることである（Ministry of Interior 2011: 39-40）。ある世帯では夫のみ職業訓練の修了証がないために、夫だけが居住許可証で妻と子どもは国籍を取得しているケースも見受けられた。子どもについては、両親のいずれかが申請するときに同時に申請が可能である。就労状況について筆者が調査した時点で定住後、約一〇年が経過していたが、フルタイムで働き始めて三年目という者もいれば、いまだ語学研修に通っている者、職業訓練学校に通っている者など定住の段階には個人差がある。

母語教育

フィンランド語（またはスウェーデン語）の習得は、就労を通した社会参加につながるため社会統合の一つの指標とされる。他方フィンランドでは、多文化主義に基づく移民統合政策の一環として、移民には母語教育を行う権利が保障されている。これは移住者が自文化を保持することを謳う社会統合法の理念に沿った措置である。

母語教育の権利が認められるようになった背景として、①一九七〇年代から活性化した少数民族の言語・文化擁護運動の流れ、②一九八〇年代以降のバイリンガル教育に関する研究で、母語が子どもにとって精神・知能発達や人格形成にも影響を与えると見られるようになったことがあげられる。そして、基本的人権とならぶ権利として言語権が主張されるさいには、必ず母語による教育を受ける権利にも言及され、フィンランドでも言語権を根拠として母語教育の必要性と正当性が導かれる（庄司 二〇〇九：二八三―二八四）。なおここでの母語教育とは、移民の自言語の母語教育をさす（庄司 二〇〇九：二九五）。

母語教育の端緒は、一九七〇年代のベトナム難民受け入れの場で、その後、一九八七年の教育省の決定ですべての移民の子どもを対象に移民の母語教育が制度化された。一九九四年に、国家の正式教育カリキュラムとして母語教育が、基礎学校教育課程に導入された[*9]（庄司 二〇〇九：二八八）。

母語教育については、基本的に国家がその八六％の経費を負担し、自治体が運営するという原則がある。ただし自治体には、母語教育実施の義務はない。母語教育を行うかどうか、いかに行うかは自治体が決定する。実施条件は、母語教育の希望者が最低四名存在することである。参加者側の条件は原則として、その言語の運用能力をもっていることだが、これには厳格な基準は設けられていない。ただし出自にかかわらず、語学としてはじめてその言語を学ぶというケースは除外されている（庄司 二〇〇九：二八五―二八六）。

フィンランド全体では、一〇四の自治体、四九言語、移民の子どもの約七七％が母語教育に参加している（二〇〇三年）。首都ヘルシンキでは、四二言語、移民の子どもの約七〇％が母語教育に参加している（二〇〇七年）（庄司 二〇〇九：二八七）。筆者の調査および、フィンランドが受け入れた難民を支援するフィンランド難民評議会（Finnish Refugee Council）への聞き取りによると、カレンニー難民や他のビルマ難民を対象とした母語教育は行われていない。

ロヴァニエミでは、難民キャンプでビルマ語の教師をしていた女性が、子どもたちを対象にインフォーマルにビルマ語教室を開講したことがあった。制度を利用して母語教育を実施するには、母語言語の教師資格が必要だが、難民キャンプでの経験はフィンランドで資格として通用しないので、制度を利用することはできない。それでも自言語を残したいという思いから始めた活動であった。彼女は、高齢のためフィンランド語は思うように習得できず就労もしていない。そのため生きがいの一つとして始めた活動でもあった。しかし彼女によると、一年もたたず教室は閉鎖された。その理由の一つは、（カヤー、カヤンなど、それぞれ言語が異なる諸民族を包括する）カレンニー難民の場合、何をもって母語とするのかという問題があるからである。

多民族が暮らすビルマ国内や難民キャンプでは、異なる民族の母語を用いて会話はできないためビルマ語が共通言語となる。ただし母語ではないビルマ語を用いることができるのは、学校で学習経験がある者に限られる。難民キャンプの学校ではビルマ語が教えられているので、若い世代はビルマ語で会話ができる。しかし学校がない地域の出身者や教育経験のない中高年は、ビルマ語を使うことができない。

他方で、両親が異なる民族（たとえば父がカヤー、母がカヤン）の場合、どの言語を母語と見なすかは家庭環境によって異なる。こうした世帯では夫婦間ではビルマ語を用いるが、子どもにはそれぞれの母語で語りかける。どちらの言語が頻繁に用いられるかは、子育てを手伝う両親の住居の近さや会う頻度といった環境に左右される。

このような言語使用状況に、フィンランド語（あるいはスウェーデン語）が加わることになる。かつて難民キャンプでそうであったように、人々は夕方や休日になると、子どももつれて各家庭を訪問する。そうした場面では、ビルマ語、カヤー語、フィンランド語が飛び交うことになる。両親がある程度フィンランド語を習得している場合は、子どもとはフィンランド語で会話する。この場合、子どものカヤー語やカヤン語、ビルマ語の能力は低い。家庭内の使用言語がそれぞれ異なる子ども同士は、フィンランド語で会話をすることになる。世帯によっては、子どもも連れてビルマに一時帰国したときのことを思って、家庭内では意識的にビルマ語を用いている世帯もある。

このような状況から、どの言語を母語とするのかについて共通した認識をもつことは難しい。インフォーマルなビルマ語教室の活動が長続きしなかったのには、次の理由もある。子どもの関心が続かないこと、また親世代は母語教育の意義は認めるものの、現実的には自言語を教えるよりもフィンランド語を習得し定着していくことを優先するからである。

フィンランドは、多文化主義に基づく移民統合政策の一環として移民の母語教育を位置づけている。しかし定住から約一〇年目が経過したカレンニー難民の場合、母語教育の理念は、受講者の現実の必要性を満たすものではない。母語教育の制度がカレンニー難民に利用されるのは、ビルマ語やカヤー語が家庭語でも母語でもなくなりうる危機感を人々がもつときかもしれない。ただし長期間の難民キャンプ生活を経てフィンランドに再定住した難民には、ビルマ語を教える正規の教員資格はない（カヤー語はビルマ国内で正規の語学科目にもなっていない）。このため、必要になったときに制度を利用できないということも考えられる。その場合には、象徴的な文化的帰属性を維持するためのインフォーマルな教育活動にとどまると考えられる。

経済的余剰のつくり方

語学の運用能力の問題から、難民は低廉な賃金の職につくことになる。そのような難民に経済的余剰を提供しているのがフィンランドの自然環境である。

ヴァーサで暮らすボーレー（仮名）は、一九九一年築の中古の一軒家を二〇万ユーロ（調査時のレートで、約二四〇〇万円）で購入した。彼は病院で看護師補助をし、妻は老人介護施設で給食をつくる仕事をしている。九歳、七歳の娘と五歳の息子の三人の子どもがいる。子どもの教育費用はかからないものの、月収は一人あたりで手取り一七〇〇ユーロ（約二〇万円）程度である。多額のローンを組むことになるのだが、返済をスムーズに進めるため仕事後の時間や休日を利用した副業がある。

副業として大きな収入源になっているのは、八～九月にかけて収穫できるベリーである。この時期、ブルーベリー、リンゴベリー、クラウドベリーが各地に自生するようになる。バケツ一杯（約六～七キロに相当）のブルーベリーは、約四〇ユーロで売ることができる。ベリーの収穫にあたっては、専用の道具でベリーを傷つけないようにすくって収穫をする。収穫時に数種類のベリーが混ざることになるが、種類ごとに選り分けるとより高値で売ることができる。

ボーレー一家は、シーズンになると大人二人で一日あたりバケツ四五杯程度（二七〇〜三一五キロ）ものベリーを収穫する。単純計算で一五〇万円相当になるが、選り分け作業には根気と時間を要するため、必ずしも収穫できたベリーすべてを選り分けられるわけではない。一回の作業で一〇杯分程度が限度で、夜通しでベリーを選り分けることもある。フィンランドでは、自然享受権として林産物には課税されないため、収穫し売った分がそのまま収入となる。収穫したベリーの販売先は、ラジオや雑誌に広告を出して見つけ、自身のフェイスブックのサイトでも購買を呼びかける。彼には約二〇〇人の顧客がおり、一人あたりの単価は三〇〜二〇〇ユーロである。売却したベリーは国内のレストランで使用されたり、海外に輸出され健康食品やパン、ジュースなどに利用されたりするという。また林産物として、キノコも採集する。ゴールデンマッシュルームとしても知られる杏茸は、市場では一リットルあたり五ユーロ程度で販売されている。

写真 10-1　収穫したベリー

彼らが再定住した地域は高齢者が多く、競合する地域住民がいない。ベリー採集の時期になると企業は外国人労働者を雇い各地で収穫するが、彼の住む地域には外国人労働者は来ておらず、現時点では、毎年同じ場所で採集できるという。ベリー採集を教えてくれたのは、語学学校の教師であった。ボーレーは、妊娠していた妻を難民キャンプに残し二〇〇七年四月に単身で再定住してきた。妻子が来たのは一年半後だが、子どもを養う必要があることを伝えると、教師が教えてくれたという。当時は自動車免許ももっていなかったので、自転車やバスで移動した。

彼は、毎年新しい採集場所を開拓して収穫量を増やしている。そのために用いるのが、携帯電話のグーグルマップのアプリである。地図の地形表示機能を用いることで、ベリーが自生していそうな場所の「あて」をつけてから実際に車で現地を確認しに行く。地図上の画像の解像度は高くないが、この緑色と黒が混ざった場所はリンゴベリーというように、経験則に基づいて判断することができる。

ベリーの収穫は、ロヴァニエミやミッケリでも行われている。ボーレーが住むヴァーサよりロヴァニエミの方が多くのベリーが自生しているというが、ベリーの収穫と販売には手間と時間がかかるため、ロヴァニエミではあまり収穫されていない。これにはロヴァニエミに定住している人は、マンションを賃貸し借金を抱えていないという事情があることも考えられる。他方、ミッケリでは自生するベリーが少ないのでほとんど収穫は行われていない。ただし、毎日フェイスブックで時間を潰している老人にとっては気分転換とわずかな金銭を得るための貴重な活動である。筆者がミッケリで調査を行った時点で、彼らが一日かけて採集したベリーは、わずかバケツ一杯であった。収穫したベリーは、買い手を知る家族を介して売られる。

このようにフィンランドでの自然環境は、難民に経済的余剰を提供している。また採集は、仕事がなく社会と接点をもたず「生かされている」だけの年長者にとって貴重な外出の機会となっている。故郷で採集や農業の経験がある年長者には、自然環境に身をおくベリーの採集は数少ない楽しみでもある。

以上の点を踏まえて次節では、フィンランドにおける難民の社会統合のあり方について考察する。

4　フィンランドにおける難民の社会統合

福祉多文化主義は、マイノリティへの支援を特例ではなく社会福祉・社会保障として制度化する点に特徴がある。フィンランドでも難民が受けることができる社会福祉は、語学研修を除き難民だけに特化したものではない。他方で、福祉多文化主義の問題点として、マジョリティの都合のよいようにマイノリティの文化的差異を管理する点や、難民を福祉の一方的な受益者（フリーライダー）とする福祉排外主義が生じることが指摘されてきた。難民への寛容な政策は、そのまま難民の社会統合にはつながらないとされる（塩原 二〇一二、挽地 二〇一五）。

フィンランドでは、移住者がもつ文化の維持を謳う社会統合法に沿って難民の受け入れが進められる。本章の事例に照らし合わせた場合、福祉多文化主義の問題点は、次の観点から再考することができる。まず福祉の一方的な受益者（フリーライダー）として、その依存性を強調する見方は社会統合を経済的自立と狭義に捉えてしまっている。確かに、短期的には難民の受け入れにはコストがかかる。しかし、中長期的な視点から見ると手厚い福祉の提供は、移住第一世代だけではなく、移住第二世代へのいわば投資でもある。日本やアメリカへ再定住した難民の第一世代は、競争的かつ能力至上主義的な労働市場へと、すぐに参入することが求められる（久保 二〇一四）。低廉な賃金で働かざるをえず、貧困は子どもにも連鎖し、その足場は不安定である。これに対して福祉多文化主義は、短期的には国家負担の側面が強調されるが、長期的には経済的自立を含む社会統合の理念を実現しやすいとも考えられる。定住を植林に例えつつ国家への貢献を口にするコーレーの語りには、一方的に支援を受けるだけの難民ではなく、主体的に国民として国家に貢献するべきであるという自意識の萌芽が見られる。

ただしフィンランドの福祉多文化主義にも、マジョリティに都合のよい力学が働く側面がある。移民や難民は、少子高齢化社会で労働力となることが期待されており、正規の職を得るにはフィンランドで認可された資格が必要である。難民は自身がなりたい職業よりも求人がある職種の訓練を受ける傾向がある点にも、フィンランドの事情にあわせて振る舞わざるをえない側面が窺える。彼らはベリーの採集で経済的な余剰を得ているが、この収入源も採集を専門とする企業の方針次第で、すぐに絶たれてしまう可能性がある。

またビルマ難民への母語教育は、フィンランドへの適応を優先するという現実的理由と、資格をもつ教師がいないという実質的理由から行うことができない。このような点で社会統合法の理念は、形骸化している。自文化を保持する権利は認められているものの、その権利を行使できるわけではない。

フィンランドで生活するための福祉制度としては手厚いものの、マジョリティ側に対する差異の権利としての文化的シティズンシップは事実上、承認されず、同化主義的な性質が見られる。それでは第二世代への投資として評価できる福祉多文化主義の特徴と、同化主義的な側面はどのような関連があるのだろうか。フィンランド人に文化的に同化していくことが、社会統合なのだろうか。以下では同化の二つの側面から、この点を考察する。

ロジャース・ブルーベイカーは、アメリカの移民第二、第三世代が様々な側面で同化し続けている点を肯定的に評価している。移民をアメリカ人として国家に包摂していくことは、第一に市民的参加を動機づけ維持できること。第二に再分配的な社会政策に対する支持基盤となるからである（ブルーベイカー 二〇一六：七八―八〇）。彼は、固有の文化とアイデンティティの維持のみを強調するような差異の捉え方には否定的である。というのも、このような差異の賞賛は、エスニックな差異を超えた共通性を明確にし、その共通性に基づいて行動することを困難にさせるからである（ブルーベイカー 二〇一六：八一）。

そのうえで彼は、同化のあり方について再考を促す。同化は常にそれぞれの特定の領域で、対象となる特定の集団と相関したものなので、一定の領域に限定するのであれば、その同化を望ましいものとして擁護することもできると論じる（ブルーベイカー 二〇一六：二一八）。その根拠として彼は、同化の他動詞的用法（誰かを同化する）と自動詞的な用法（自らが同化する）を区別することの重要性を指摘する（ブルーベイカー 二〇一六：二〇五―二〇六）。自動詞的な同化は、誰かによって強制されるものでも、個々人の意思によるものでもない。それは個々人の無数の選択（居住地、進学、職業、友人関係、結婚など）の後、意図せざる結果として発生する創発的な現象である。同化の過程は、人々に対してなされるものではなく、人々によって達成されるものである。または個人による選択でさえなく、多世代にわたる変化でもあると指摘する（ブルーベイカー 二〇一六：二二〇―二二二）。

自動詞的な同化という考え方をフィンランドの状況に照らし合わせると、次の点が指摘できる。一〇年以上が経過しても職業訓練を受け、世帯内でも国籍取得状況が同一ではないように、定住の段階には個人差がある。語学研修や職業訓練は受講しなおすことができるので、資格を得ての労働を通した社会参加を急かされるわけではない。この点は、フィンランドが強制力をともなう他動詞的な同化よりも、自発的な自動詞的な同化を促す社会環境であることを示す。

ただしこの議論に対しては、国民と外国人との権力関係を無視しているという批判があるだろう。つまり、移民が自動詞的に同化する（しているように見える）のは、ホスト社会で移民の文化が下位に見なされ、自文化の維持はホスト社会での社会的地位の上昇につながらないからである。*10 不平等な権力関係のもと、従属的な立場にとどめおかれる移民や難民がとる手段の一つは、自助組織の活動を通して不公正な制度の不備を補い、マジョリティ側に対して組織的に是正にむけた働きかけを行うことである。他のEU諸国の移民を対象とした研究でも、マイノリティ側がマジョリティ側に対して、個人としてではなく集団として差異化し、実質的意味で市民になろうとする戦略があり、集団として権利を主張することが肯定的に評価されている（石川・渋谷 二〇一二：二〇）。カレンニー難民の場合、自助組織の活動は、難民キャンプや再定住地のアメリカとオーストラリアでも見られる生存戦略だが、フィンランドでは見られない。

フィンランド以外の難民居住地では、自助組織には諸民族の総称である「カレンニー」の名が冠される。そして難民としての「カレンニー」という集団には、特別な支援が必要であることがアピールされる。また自助組織がある難民居住地では、ビルマ語の役割が再評価される傾向にある。アメリカやオーストラリアに住む移住第一世代（とくに親世代）は、再定住後、ビルマ語を積極的に使用するようになる。その背景には人口と集住規模が大きいことに加え、難民キャンプ出身者で集団化し、まとまることが生活環境の改善に結びつくからである。アメリカでは、教会での生活相談の場をはじめ民族的な出自を越えた相互扶助の必要性から、ビルマ語を用いる機会が増える。オーストラリアでも同様に、キャンプではほとんど使用しなかったビルマ語を多用するようになった。職場で他のビルマ難民と同僚になることも珍しくない。

しかし「カレンニー難民」であれ「ビルマ難民」であれ、特定の難民集団として組織化することは、周縁化されたマイノリティ集団を可視化させる反面、自らをマジョリティ側に対して排他的に位置づけてしまうことでもある。これは自らを他動詞的な同化の対象にしてしまうことにつながり、かえって多文化主義的な包摂からは遠ざかることになりかねない。

フィンランドでは、福祉制度が整備されているため自助組織をつくる必要も、ビルマ語を頼りにして相互扶助の範囲を広げる必要性もない。個々人の事情に応じて対処する福祉制度は、必ずしも難民の文化的シティズンシップを保障するものではない。他方で、この定住環境は自動詞的な同化を促すもので、将来的には難民として定住した者の社会的地位を向上させる可能性がある。難民がフィンランド社会に包摂されるプロセスを評価するには、それがどのような選択と意思に基づく差異化あるいは同化の形態なのかを見極める必要がある。

謝辞
本研究はJSPS科研費一五K一六九〇四の助成を受けたものです。調査に協力して下さったすべての方々に感謝申し上げます。

注

＊1 難民とは「人種、宗教、国籍もしくは特定の社会的集団の構成員であることまたは政治的意見を理由に迫害を受けるおそれがあるという恐怖を有するために、（一）国籍国の外にいる者であって、その国籍国の保護を受けることができない者、またはそのような恐怖を有するためにその国籍国の保護を受けることを望まない者および、（二）常居所を有していた国の外にいる無国籍者であって、当該常居所を有していた国に帰ることができない者、またはそのような恐怖を有するために当該常居所を有していた国に帰ることを望まない者」である（国連難民高等弁務官事務所 二〇〇一：二三）。この他に難民の定義として、一九六九年のアフリカ統一機構による「アフリカにおける難民問題の特殊な側面を規律するアフリカ統一機構（ＯＡＵ）条約」がある。本章では、ＵＮＨＣＲによる第三国定住制度を利用する難民を扱うことから、難民条約に基づく難民を射程に入れて論じる。

＊2 世界銀行の統計によると一九九〇年以降、難民状況の期間は平均で一〇～一五年である（Quy-Toan Do 2016）。

＊3 フィンランドでは、反移民政策をとる政党（The Finns Party）がフェイスブックで「多文化主義の悪夢に立ち向かおう」という反多文化主義のキャンペーンを呼びかけたところ、一万人の多文化主義の支持者がヘルシンキでカウンターデモを行った。"Over 10.000 Finns rally in support of multiculturalism" (July 29 2015) https://www.yahoo.com/news/over-10-000-finns-rally-support-multiculturalism-181340638.html（二〇一七年一一月二一日最終閲覧）。このことはフィンランドには、多文化主義を支持し福祉排外主義に抗する社会の土壌があることを示唆している。

＊4 Foreign Citizens Living Permanently in Finland, 31 December 2016, preliminary data. http://www.migri.fi/download/71950_suomessa_asuvat_ulkomaalaiset_12_ennakko_2016.pdf?d6da5f45fc11d588.（二〇一七年一一月二一日最終閲覧）。

＊5 補完的保護とは、難民条約の条件は満たさないが、拷問禁止条約など他の人権条約上の観点から保護が必要とされる者への保護措置である。人道配慮では、難民とは認められなかったものの家族の事情や病気などを理由に滞在が認められる者への保護措置である。

＊6 Decision on Asylum 1.1-31.12. 2016. http://www.migri.fi/download/65782_asylum_decisions_2016.pdf?f692ee128e05d588（二〇一七年一一月二一日最終閲覧）。Asylum Applicants 1.1-31.12. 2016. http://www.migri.fi/download/65778_asylum_applicants_2016.pdf?f89c15128e05d588（二〇一七年一一月二一日最終閲覧）。

＊7　Quota refugees. http://www.migri.fi/about_us/statistics/statistics_on_asylum_and_refugees/quota_refugees（二〇一七年一一月二一日最終閲覧）。

＊8　社会統合法についてはフィンランドの法務省のデータベース（Finlex Data Bank）を参照。http://www.finlex.fi/en/laki/kaannokset/1999/en19990493.pdf（二〇一八年一月三〇日最終閲覧）。

＊9　母語教育が正式な科目となってから、フィンランド語を母語としない生徒への優遇策として、母語教師による母語能力の評点が、高校や大学入試の科目（フィンランド語話者の「フィンランド語と文学」に相当）の評点としても反映されるようになった。しかし二〇〇四年に、母語教育は基礎科目から補助科目へと格下げされた。母語教師による教育レベルや評点が曖昧で、「フィンランド語と文学」科目の評点との間に不公平感があったからである（庄司 二〇〇九：二八七―二八九）。

＊10　ロサルドらが、文化的シティズンシップについての議論で試みたことは、従属的立場にある人々への権利付与の可能性とあり方である。そこで留意すべきは、マジョリティの特権的な立場、すなわち第一級のシティズンシップ（first-class citizenship）は、所与のものではなく、それ自体もまた調査され検討すべきものだという視点である（Rosaldo & Flores 1997: 60）。

参考文献

阿部浩己　二〇〇二「消されゆく難民たち」『現代思想』三〇（一三）、八〇―九三頁。
石川真作・渋谷努　二〇一二「序論」石川真作・渋谷努・山本須美子編『周縁から照射するEU社会――移民・マイノリティとシティズンシップの人類学』世界思想社、二―二一頁。
石野裕子　二〇一七『物語フィンランドの歴史――北欧先進国「バルト海の乙女」の八〇〇年』中央公論新社。
大岡頼光　二〇一四「北欧の『社会』と『国家』――中間層の福祉、脱家族化と宗教」森明子編『ヨーロッパ人類学の視座――ソシアルなものを問い直す』世界思想社、二五一―二七四頁。
久保忠行　二〇一四『難民の人類学――タイ・ビルマ国境のカレンニー難民の移動と定住』清水弘文堂書房。
国連難民高等弁務官事務所　二〇〇一『世界難民白書二〇〇〇』時事通信社。

佐藤成基　二〇一五「国民国家とシティズンシップの変容」宮島喬・佐藤成基・小ヶ谷千穂編『国際社会学――現代社会へのトランスナショナルな接近』有斐閣、一一三―一三〇頁。
塩原良和　二〇一二『共に生きる――多民族・多文化社会における対話』弘文堂。
庄司博史　二〇〇九「変わる移民政策：フィンランドにおける移民への母語教育――移民統合政策の一環として」庄司博史編『移民とともに変わる地域と国家』国立民族学博物館調査報告八三、二七九―二九八頁。
難民事業本部　二〇〇五『フィンランドにおける第三国定住プログラムによって受け入れられた難民および庇護（難民認定）申請者等に対する支援状況調査報告書』（財）アジア福祉教育財団難民事業本部。
挽地康彦　二〇一五「スウェーデンにおける移民統合のパラドクス」『和光大学現代人間学部紀要』八、三九―五一頁。
ブルーベイカー、ロジャース　二〇一六『グローバル化する世界と「帰属の政治」――移民・シティズンシップ・国民国家』佐藤成基・髙橋誠一・岩城邦義・吉田公記編訳、明石書店。
Forsander, Annika & Matti Similä (eds.) 2003. Cultural Diversity and Integration in the Nordic Welfare States. *Proceedings of the 12th Nordic Migration Conference*. Centre for Research on Ethnic Relations and Nationalism.
Janger, Hanna 2010. Keys to Successful Integration: Importance of Social Relations on the First-Phase Integration of Burmese Refugees in Rovaniemi. Master Thesis, University of Jyvaskyla, Department of Social Sciences and Philosophy.
Jasinskaja-Lahti, Inga and Karmela Liebkind, Tiina Vesala 2002. *Rasismi ja syrjintä Suomessa*. Gaudeamus.
Kametani, Yuko 2010. The Process of integration among Burmese refugees in Finland. Master Thesis, University of Helsinki, Department of Social Policy, Social Work.
Ministry of Interior 2011. *Welcome to Finland*.
Quy-Toan Do 2016. How Many Years Have Refugees Been in Exile? (Policy Research Working Paper 7810). World Bank Group.
Rosaldo, Renato 1994. Cultural Citizenship in San Jose, California. *Political and Legal Anthropology Review* 17 (2) : 57-63.
Rosaldo, Renato 1997. Cultural Citizenship, Inequality, and Multiculturalism. In William V. Flores & Rina Benmayor, (eds.), *Latino Cultural Citizenship: Claiming Identity, Space, and Rights*. Boston: Beacon Press, pp. 27-38.

Rosaldo, Renato & William V. Flores 1997. Identity, Conflict, and Evolving Latino Communities: Cultural Citizenship in San Jose, California. In William V. Flores & Rina Benmayor (eds.), *Latino Cultural Citizenship: Claiming Identity, Space, and Rights*. Boston: Beacon Press, pp. 57-96.

Valtonen, Kathleen 1998. Resettlement of Middle Eastern Refugees in Finland: The Elusiveness of Integration. *Journal of Refugee Studies* 11: 38-60.

Valtonen, Kathleen 2004. From the Margin to the Mainstream: Conceptualizing Refugee Settlement Processes. *Journal of Refugee Studies* 17: 70-96.

第11章　宗教と「正義」
ミャンマーにおける仏教徒女性婚姻法制定をめぐって

土佐桂子

1　はじめに——宗教多元的状況における「ジャスティス」

ミャンマーでは、徐々に民主化が進み始めた二〇一二年、宗教対立をきっかけに、反ムスリムの動きが生じ、さらに、僧侶を中心とした婚姻法制定の動きが生じる。元来この時期の動きは、主としてムスリムと仏教徒の対立とその波及として注目されてきた。*1 筆者もこうした観点からいくつか論じてきたが（土佐 二〇一六、印刷中）、本章では法律制定を求める運動と「正義（ジャスティス）」に焦点をあててみたい。

フレイザーは、社会的ジャスティスへの希求には、資源と富を求める再配分の要求と、マイノリティなどによる政治活動を通じてそれぞれの価値観や生活スタイルに対する承認の要求があるとして、後者の重要性が増していることを指摘する（フレイザー&ホネット 二〇一二）。それに対してホネットは、その二つは承認の「規範的一元論」として捉えられるとし、フレイザーの扱う社会的ジャスティス承認の運動は、フェミニズム、反人種主義的運動、性的マイノリティが中心で、政治的公共性のなかで社会的コンフリクトとして承認されない要求が最初から捨象されていると批判する。つまり、「社会的ジャスティス承認の運動」としてふさわしいものが無意識に選抜され、社会内で他者の排除につながる運動が触れられずに残る(フレイザー&ホネット 二〇一二:一三二)。まさに、ミャンマーにおける仏教徒女性婚姻法制定運動は、仏教徒側から見れば仏教徒女性に課せられる不利な状況を是正するジャスティス希求運動だが、国内のムスリムや国際社会からは「排除につながる運動」として激しい批判を受けてきた。この法律制定運動が、ホネットのいう「社会的コンフリクトにつながる運動」の一つであったことは間違いない。

一方、この一連の出来事を、現地社会の文脈における法概念と普遍的な人権概念との齟齬という観点から見ることも可能である。元来、人権法は普遍的原則をすべての状況に採用することが求められ、トランスナショナルなアクターが主となって人権に関する政策を論じる脈絡では、現地の文脈が無視されやすい傾向にあった。それに対して、メリーはトランスナショナルな人権概念が国際機関を通じて、いかに形成されていくかを明らかにしつつも、こうした人権概念がいかにローカル化されていくかをＮＧＯや草の根人権活動家などのアクターに着目して民族誌的に記述した(Merry 2006)。メリーは人権の概念がどのような場で形成されるか、その政治性を意識しつつも、人権概念がローカル化し、受け入れられ、変化するプロセス、さらに、それらがローカルな政治的闘争をいかに形作るかに注目し、いわばグローバルとローカルのインターフェースに着目した。一方、ミャンマーにおける婚姻法制定運動は方向性として反対に見える。すなわち、ローカル、かつマジョリティによる「社会的ジャスティス」運動に着目し、信仰の自由に抵触しかねない草案が、より人権概念に合致する法律へと書き換えられるプロセスを追うことになるが、同時に、植民地時代に起因すると考えられる宗教多元的状況の形成、それを背景とする異教徒同士の婚姻という問題が、グローバル化された状況のなかでいかに議論されるのか、あるいは議論されずに看過されていくのかを考察する。

2　婚姻法制定の経緯

「法」をめぐる歴史社会的文脈

ミャンマー（ビルマ）にいわゆる西洋的な「法」概念がもたらされるのは、一九世紀の英領化以降である。インドでは、英国判例法の成文化として法典化が進められていた。ビルマは当時インドの一州でもあり、こうした法典化が進められた。これらを収集したものがビルマ法典（The Burma Code: BC）（全一三巻）で多くは現在でも有効である。一方、英国植民地政府は裁判所などの司法制度を整えていき、イギリス法を法律概念の基盤としていたが、家族と宗教に関しては、概ねビルマの伝統法を尊重し、それらの規定を活用した（奥平 二〇〇二：一五八）。本章で追っていく仏教徒婚姻法は現実にはこのビルマ法典内で規定された法律と内容的にかぶる側面がある。しかし、一九六二年クーデターで成立したネーウィン社会主義政権時代には、一九七四年憲法に基づいて司法機関は、連邦レベルで「人民司法評議会」となり、人民議会により選任され、責任を負うものとなった。また、裁判官も社会主義計画党員であることが必要とされた（安田 二〇〇〇：三一〇、BLC 1995）。こうした政策を通じて、英領時代に確立された司法制度は形骸化した。さらに軍部を核とする政権に権力が集中することで、法システムよりも、権力中枢にいる人間との人間関係が重視されるようになる。ただこの間統治における「法」概念の重要性というものがまったく無視されたわけではない。皮肉なことだが、一九八八年民主化運動を制圧して登場した軍事政権（一九八八～二〇一一年）は「国家法秩序回復評議会」を自称し、形式的には法と秩序を回復する役割を自認している。*2 同政権は一九九〇年に行われた総選挙でアウンサンスーチーら民主化派に大敗するが、政権の座に残る理由の一つに、時代に即した憲法がないことを掲げ、憲法制定後の民政移管を発表した。つまり、「憲法制定」を軍政継続の理由としてあげている。

現実に国民民主連盟（National League of Democracy：ＮＬＤ）側の活動家や少数民族の活動家たちに目をむければ、

正式の裁判もないままに投獄され、実際アウンサンスーチーも長く自宅軟禁状態におかれてきた。湖中（本書第八章）の分類に従えば、大多数の国民はマジョリティ、マイノリティによらず長年「インジャスティス」の状況におかれてきたといえよう。同時に、国際社会もまた、ミャンマーの民主化を願う国民を一塊に支援すべき対象として捉えてきた。

その後二〇年かけて政府主導で執筆された憲法草案は、現実には軍人の政治参与を常態化させる条項やアウンサンスーチーＮＬＤ党首の大統領など重職への就任を阻害する条項などが組み込まれていた。軍政側は国民投票を行い、ＮＬＤは投票を棄権したが、長い軍人支配に対し変化を望む国民は投票に参加し、圧倒的多数でこの憲法の制定が決まった。軍事政権は新憲法に基づき、二〇一一年総選挙を実施した。ＮＬＤが棄権した初回の総選挙では軍事政権に近い連邦団結発展党（ＵＳＤＰ）が圧勝、退役軍人のテインセインが大統領に就任した。ただテインセイン大統領は検閲制度の廃止、情報の透明性の推進など予想された以上の民主化を進めたことから、ＮＬＤは二〇一二年に実施された補欠選挙には参加し、四五議席中四三議席獲得し、それ以降スーチー党首も下院議員として国政に参与することとなった。

民主化移行期の宗教対立と反ムスリム運動

このように、民主化が進み始めていた二〇一二年、ラカイン州でラカイン族仏教徒女性が暴行され殺害されるという事件が起こった。犯人がロヒンギャの人間であるとされ、同年六月にラカイン族仏教徒により、ムスリム一〇名が殺害された。これがラカイン州全般での仏教徒とムスリムの衝突に広がり、大統領による非常事態宣言が出される。ちなみに、ロヒンギャとはバングラデシュからミャンマー・ラカイン州にかけて居住する、ベンガル系言語を母語とするムスリムの人々のことである。ロヒンギャは自称で、現在ミャンマー国内では彼らをベンガリ（ベンガル人）と呼んでいる。[*3] それ以降、各地で小さな揉め事や突発的事件をきっかけに暴動が生じ、宗教間対立が全土に広がる様相を見せた。政権側からすれば、民主化への移行を進め、その取り組みが国際社会にも評価されつつあった時期であり、宗教対立はこの流れに水を差すものといえ、その沈静化に最大の注意が払われた。[*4]

こうしたなか、仏教徒の間で九六九と呼ばれる仏教保護運動が広がっていった。「九六九」とは、仏陀の九徳、仏法の六徳、僧侶の九徳をもとに、仏教を数字で象徴化したもので、南アジア一帯のムスリムがクルアーン（コーラン）の文言をもとに、「七八六」という数字を使うことを意識している。もちろん、この九六九運動は、この時期にいきなり出てきたわけではない。「九六九」は一九九〇年代後半に宗教省仏教発展普及局局長（当時）のウー・チョールィンが使ったのが始まりで、[*5]彼はイスラームの拡張に伴う仏教消滅の危機を訴えた。さらに、国家仏教学大学などでも講演し、同大学の学僧らに大きな影響を与えたといわれる。このような反イスラーム的感情は急激に移民が増加した植民地時代にも生じており、斎藤（二〇〇八）によれば、反ムスリム感情を助長するような未検閲書籍は過去何度にもわたって流通してきた。一方、現代の九六九運動の旗手としては、マンダレー市マソーイェイン新僧院の幹部僧ウィラトゥ師が最も有名である。彼は二〇〇〇年代に反イスラームの思想をもつようになったといわれ、暴動に加担した容疑で投獄されるが恩赦で許され、それ以降、精力的に説法やインタビューなどを通じて、イスラームの脅威について発信してきた（藏本 二〇一六）。ウィラトゥ師についてはインタビューに応じ、反イスラーム的言動を繰り返すことから、国内のみならず欧米や中東のジャーナリズムで幾度となく取り上げられ、批判の矛先ともなってきた。

「民族宗教保護協会（マバタ）」結成の動き

現地社会でも初期にはよく誤解されていたが、九六九はあくまで運動であり、運動に明確な母体があったわけではない。ただ、イスラーム商店の不買運動をはじめとする反イスラーム・キャンペーンが国内で広がり、国際社会はその排他的傾向を批判した。こうしたなか、仏教僧を中心に、仏教保護のための協会を結成する動きが生じる。現在分かる最も早い動きは二〇一三年五月六日の会合で、この日ヤンゴン市インセイン・ユワマ教学僧院で住職ティローカビウンタ師の呼びかけに応じて八名の僧侶が集まった（Mabatha 2013c: 3-4）。ここで「民族宗教保護協会（マバタ）」

を組織する案が話し合われ、六月一三日、一四日に開催された出家者会議（フモービー会議）で仏教滅亡の危惧が共有され、仏教保護を目的として組織化を行うことと、民族保護法（ミョーサウンウパディ）の制定を働きかけることなどが提案された。つまり、協会の名称は彼らが提唱する法律名と連動し、法律制定は設立時に最も重点のおかれた事業であった。これを受けて六月二七日インセイン郡アウンサントーヤ・タッウー僧院モーゴゥイェイターで出家者の大集会（インセイン会議）が開かれる。ここで出家在家による一五三〇人の合意をもってマバタが結成され、ティローカビウンタ師が会長に就任し、全国的な組織化が行われた。

これらは、九六九運動に見られた反イスラーム・キャンペーンに比して法的な基盤を築き上げようとする仏教徒側から見れば社会的ジャスティス希求運動であった。ちなみに、一九六二年のネーウィン社会主義政権樹立以来、おそらくはじめての市民側からの法律制定運動であろう。しかし、僧侶を核とするマバタの組織化には微妙な問題が存在していた。ミャンマーのサンガ（僧団）は王朝時代から新たな宗派が生じては派閥争いを繰り返してきた。その解決法として、一九八〇年に開催された全宗派合同会議では、九宗派のみが公認され、それ以外に新しい宗派を設立することが禁じられた。また、国家サンガ大長老会議を頂点とする統一的なサンガ体制が確立され、揉め事や教学解釈、異端問題などについては、宗派を超えて、この統一サンガ内で扱うべきとされた。つまりマバタ設立は、「宗派」と見なされるか否かにより、サンガ内のいわば「合法」性が異なってくる。ただ、実際にマバタ結成にむけて動いた僧侶たちには、国家サンガ大長老会議の重鎮を含め、著名学僧が多数含まれており、彼らはサンガ組織内の規則を熟知していた。そのため、設立時には国家サンガ大長老会議議長らに「（この協会は）新たな宗派設立を目的とするものではなく、仏教の保護繁栄のためである」と理解を促す手紙を送り、マバタ年次会議には国家サンガ大長老会議議長をはじめ、サンガ界の重鎮を招聘し、サンガ組織やサンガ規則、さらに宗教省への配慮を欠かしていない。また国家サンガ大長老会議の側も、二〇一三年九月二日付けで「九六九に関連する組織」を作らないようにという指令を全僧院に出しているが[*6]、六月結成のマバタはこの時点では解散の対象にはなっていない。すくなくとも、マバタ結成時には

「九六九に関連する組織」とは見なされず、同時に、サンガ組織を脅かす新たな「宗派」とも考えられていなかった。[*7]

一方、マバタ内でその設立時に賛同者を増やす戦略が議論された。前述の通り僧侶は国内サンガの統一を乱してはならず、その頂点にある長老会議の理解を得ることが重要であった。また、ミャンマーにおける僧侶のエリートコースとは、若い時期にパーリ語基礎を学び、著名教学僧院に居住し、段階的に設けられた教学試験に合格し、僧院を任される住職となり、サンガ組織の重鎮を務めることといえる。全国の住職たちは次世代を担うと見込んだ見習僧を著名教学僧院に送り出す。とりわけ、教学内の最高峰は最難関の三蔵経試験にすべて合格した三蔵憶持師で、全国で数名しかいない。こうした観点から、マバタ会議ではサンガ組織重鎮と三蔵憶持師の説得が重要とされ、この資格も有し、影響力のあるティレッケインダービウンタ師とエインダーパーラ師が担当となった。また、地方の教学僧院はある意味、地域のネットワークの中核にある。そこで教学僧院の説得には、教学僧院のなかでも最も有名なインセイン・ユワマ教学僧院住職ティローカビウンタ師があたることとなった。また仏法講話や瞑想指導を行う僧侶は在家信者への影響力が強く、彼らの説得にはそうしたネットワークをもつピンニャーワラ師や前述のウィラトゥ師が担当となった。

法律の草案作成作業

マバタが結成当時「民族保護法」として準備した草稿は、宗教登録法とミャンマー仏教徒女性婚姻緊急法の二つであった。法案制定にむけて政治的ロビー活動も行い、まず、当時野党であったアウンサンスーチーＮＬＤ党首に打診した。しかし同意は得られず、その後、大統領と与党に接近する。一方では、法律専門家や慣習法の専門家などの意見を聞き、宗教登録法は改宗法という名称にし、一夫一婦制や産児制限法の草案を加えて四つの法律の草案（草案一）を準備した。また、参加僧侶を中心に、出家在家に働きかけ、法律制定請願書の署名を集め始めた。その結果、短期間に一三三万五六〇〇名の署名を集め、二〇一三年七月九日大統領に送付した。[*8]新法制定は議会で論じるべきものであり、この件は大統領府から二〇一四年二月二五日連邦議会宛に法律草案を検討するよう依頼書が送られた（TK

1-17: 9-10)。二日後に連邦議会議長トゥラ・シュエマンから大統領に返答書が戻る。「この法律の策定に関しては宗教だけでなく、社会、在家の問題が含まれる」ことを配慮し、法案検討省庁を定め、その他、外務省、内務省と国家人権委員会とも連携をとることとされた。[*9]担当省庁は、①改宗法は宗教省、②婚姻法、③一夫一妻法は連邦最高裁判所、④産児制限法は出入国管理・人口省となった（TK 1-17: 11-12）。

一方、大統領府は二〇一四年三月七日付けで右記四法案の「草案準備委員会」を結成した。委員は一一名任命され、内訳は連邦最高裁判所副長官と関連省の副大臣、局長が七名、残りが作家、歴史家、大使、法律家などの識者であった[*10]（KM 2014/3/8: 1, 3）。本委員会の任務として、草案執筆適任者の任命のほか、透明性のある会議の開催、草案に含まれるべき内容を示し、憲法や既存の法律と矛盾しないかの検討、民族、宗教分断に結びつけない努力などが課せられた。こうしたプロセスを通じ、五月以降順次草案改定案（草案二）が発表された。[*11]この改定案に対して、翌二〇一五年に最終草案が連邦議会に戻され、議論の後に投票が行われた。NLD議員たちはこの法案に反対したが、法案は次々に決されていった。産児制限法（右記④、連邦法第二八号、五月一九日付）、改宗法は再度名前が変わり宗教登録法（右記①、連邦法第四八号、八月二六日付）、さらに、ミャンマー仏教徒女性婚姻特別法（右記②、連邦法第五〇号、八月二六日付）、最後に一夫一婦法（右記③、連邦法第五四号、八月三一日付）である。

3　草案の変化と批判のプロセス

草案の変化と批判

それでは、これらの草案はどのように変遷してきたのだろうか。この法律制定の最も核となるのは、ミャンマー仏教徒女性婚姻特別法（右記②）であり、他の三法案はこれに付随して出てきたものといえる。したがって②の草稿に着目し、その変遷を批判の出た時期とあわせて考察してみたい。草案が発表されるごとに、ミャンマー国内外から反

表 11-1　法案関連の出来事と主要な批判が出された時期

時期	法案関連の出来事	批判・反対意見
2013 年 6 月 27 日	マバタ結成〈草案は①②〉	アウンサンスーチー打診・拒否
2013 年 7 月 9 日	大統領へ署名付き請願書提出〈草案1〉	6 月 18 日　8 つの女性団体が反対意見
2014 年 2 月 25 日	大統領から連邦議会に依頼書	
2014 年 2 月 27 日	連邦議会から返答（担当省庁）	
2014 年 3 月 7 日	草案準備委員会結成	5 月 5 日　女性団体、市民団体が反対意見
2014 年 5 月 24 日	改定案発表	
2014 年 12 月	改定案〈草案 2〉発表	12 月 20 日　反対意見
2015 年 5 月 19 日	法案投票通過〈法案〉	7 月 9 日　反対意見

対意見が出された（表11‐1参照）。

婚姻法の草案一はマバタから出された素案である。大きな特徴は、仏教徒の婚姻に対して「ミャンマー仏教徒女性と結婚する人間は、誰であれ法的に仏教徒でなければならない」（二条）と述べ、関連して「異なる宗教を信仰する人が、ミャンマー仏教徒ミャンマー女性と結婚する場合、仏教徒としての法的証明を必要とする」（三条）とされる点にある。つまり当初は仏教徒間婚姻のみを認め、異宗教間の婚姻を困難にする類いの法律が求められた。背景には宗教間婚姻により、仏教徒、とりわけ女性側がムスリムに改宗することが問題視され、反ムスリム運動の高まりもあって、改宗を防ぐ法律が求められたといえる。

各団体からの批判

この草案が公表されると、ミャンマーの非仏教徒、少数民族団体、女性人権団体のほか国際社会から多々批判が寄せられた。あらかじめ批判点を整理しておくと、第一に女性にのみ婚姻規制が課せられるというジェンダーの不均衡、第二に特定の宗教排斥につながる危惧、第三に特定の政党と宗教の結びつきに対する危惧であった。

マバタは前述の通り、この草案を議会に持ち込む件でNLD党首アウンサンスーチーに打診したが、失敗した。ラジオ・フリー・アジア（RFA）による六月一九日のインタビューでアウンサンスーチーは「なぜ仏教徒女性にのみ、仏教徒男性と結婚すべきということが課せられるのか」と、ジェンダーの不均衡、女性の権利侵害に対する批判を表明している（RFA 2013/6/20）。またヤンゴンに拠点をおく八つの女性人権団体が、この法案への反対を表明した（IR 2013/6/18）。さらに、この八団体を核にして反対運動が広がっていく。たとえば「レインフォール・ジェンダー研究グループ」は最初から反対運動に参加しており、創始者のズィンマーアウン（Zin Mar Aung）はこれがナショナリズムや極右思想から出ており、女性を代表するものでないと批判する。その他「助けを求めるホイッスル（Whistle for Help）」キャンペーンを二〇一二年に立ち上げた活動家マ・タータ[*12]ー（Ma Htar Htar）も同様の意見である（IR 2013/6/18）。トルー・ニュース週間新聞記者エーティリセインは、僧侶（出家者）は家族（家族、生産活動）を放棄しているのだから、在家の婚姻法について関与すべきでないと述べている（IR 2013/6/18）。

一方、大統領からの依頼を受け、連邦議会は各省庁に担当を割り振り、草案執筆が進むが、二〇一四年五月に再度大きな批判が生じている。その後マバタより提出された四つの法律草案に対して、九七の女性人権団体や市民団体が五月五日に反対意見を発表した（Statement 2015）。反対意見の主張として一〇項目示され、まず、現在のような民主化移行時期に必要なのは女性への不平等を含む憲法、各種法律の改定だという認識が表明されている。ここでは、先述の批判三点のうち二点がおもに出てくる。第一はジェンダー視点に則った批判である。たとえば婚姻法は女性の平等自由に反し、ミャンマー政府が一九九七年に締結した女子差別撤廃条約（ＣＥＤＡＷ）に違反している、あるいは、この婚姻法は女性の権利を認めていないという点で、仏教徒女性ばかりか仏教以外を信じる女性への差別ともなっているという議論もあった。さらに、民族文化などの保護を女性にのみ課しているという点で不平等であるなどである。さらに草案に見られる二〇歳以下の女性にのみ両親や後見人の意見が必要とされる点に対して、女性が男性より劣ったもので指導、保護が必要だという発想を下敷きにしているという点も批判された。第二に政治と宗教に対する批判も見られた。この草案制定の動きは二〇一五年選挙を睨んだ政治的運動で、宗教の政治利用で憲法三六四条への違反であるという論調である。たとえば九六九運動を牽引した僧侶ウィラトゥ師は前述の通り、反ムスリムの論客として、タイムズ誌表紙に顔写真入りで紹介され、国際世論の注目を浴びてきた。彼は法案に反対したスーチー党首とＮＬＤ

を敵視し、テインセイン大統領と当時与党のUSDP支援を明言し始めていた。このことについては、政治的観点から民主化派の人々から、さらには、僧侶が政治を必要以上に語っているとして他の仏教徒からも批判が出始めた。

これらの批判に対して、マバタ側では個別にメディアやフェイスブックなどで反論したり、マバタの広報誌『釈迦一族（ターキートェ）』で反論を展開したりした。一例をあげれば先鋭的保守派で知られるマウントェチュンは女性による反対声明への反論を寄せ、政治利用という批判には、スーチー氏が婚姻法を支援するなら、（彼女が政権をとるのに必要な）憲法条項を改正しようと書いている。極右思想という批判に対しては、極右ではなく悪いのは相手方なのであり、宗教対立のもととなった何回かの事件はいずれもムスリム側が仕掛けた暴力であるというマバタの一貫した主張を繰りかえす。その他、民主化や和平への弊害といった批判に対しては、現実にはミャンマー平和センターなども作られており、この法案が和平を妨げたという批判は不適切だと反論している（Maung Thwe Hkyun 2014）。その他、同じくマバタ派評論家のアウンミャインは、マバタ内の在家組織ウンターヌ協会結成について述べつつ、批判者の声が高まることを、たとえばラジオ・フリー・アジア、ボイス週刊新聞、ミャンマー・エクスプレスのほか、海外の政治亡命者が作ったメディアであるミッズィマやビルマ民主の声（DVB）などのフェイスブックを示して論じている。彼は反論は付け加えず、相手の批判を紹介し、危機感を煽るかのように、団結の必要性を訴えている（Aung Myain 2014）。一方、少数だが、「人権」「権利」概念に則った反論もある。同じくマバタ派評論家ニェインチャンダーは、民族宗教保護法が人権侵害と批判されることに異を唱える（Nyein Hkyan Tha 2014）。この法こそ、本来仏教徒女性が異なる宗教の男性と結婚するうえで確固たる法的基盤を与えるものだと述べる。彼によれば、ミャンマー国内でそれぞれの宗教に従い制定されたヒンドゥー教徒法、キリスト教徒法、ムスリム法を調べると異教徒との婚姻を認めていない、ここで仏教徒が彼らと同等の権利を求めるのは権利の平等といえるのではないかと述べる（Nyein Hkyan Tha 2014: 21）。

こうした議論を背景として、二〇一四年年末に国営新聞を通じて発表された草案二では、前記の「仏教徒は仏教徒とのみ結婚すべき」（二条、三条）という文言はすべて消え、さらに法律の体裁が整えられた。

実は、草案二は第2節で述べた、英領時代に慣習法をもとに作られたビルマ法典における「一九五四年仏教徒女性特別婚姻法（以降は一九五四年婚姻法と記す）」に酷似するものであった。[*13] さらに、草稿二で新たに加えられた文言もある。たとえばミャンマー仏教徒女性と子弟の信仰の自由を認め、とくに家内で許容されるべき具体的仏教実践が加筆された。つまり、婚姻相手の制限ではなく、非仏教徒と婚姻した場合に仏教徒女性の「信仰の自由」を守ることが強化されたのである。マバタが草案一で強硬に主張した「仏教徒同士の婚姻」の項は消えているが、興味深いことには、マバタ側や仏教徒側からの反論はほとんどなかった。[*14]

ここで注目したいのは、法律の草案をめぐる二度にわたる批判のなかで、一九五四年婚姻法への言及は極めて少ないという点である。管見の限り、ヒューマンライツウォッチ（HRW）女性権利局上級調査員カシャップが、草案一への批判として持ち出したにとどまる。彼女は草案一が仏教徒女性と婚姻する非仏教徒男性が実質改宗を余儀なくされることに対し、信仰の自由を妨げるという問題点を述べ、仏教徒婚姻法ならすでに一九五四年婚姻法が存在しており、こちらは、単に仏教徒女性と結婚する場合は、仏教徒慣習法に準じるよう定めるにとどまっていると述べ、評価している（Kashyap 2013）。ちなみにマバタの側も草稿一の段階では、一九五四年婚姻法については有効期限の言及に留まるが、初期から、この婚姻法については法律家の意見を聞き内容を検討していた（Mabatha 2013b, 2013c）。

また、草稿二から最終案に至る際には、一から二ほどの劇的な変更はなく、小さな変化にとどまる。[*15] 具体的には仏教徒女性に認められる権利に、死亡時に仏教徒の慣習法に従った葬儀（一九条H）が加わっている。宗教によって、とりわけ婚姻、相続、葬儀では慣行が異なり、この点では仏教徒女性の実情に寄り添う形になったといえるだろう。婚姻法の三つの原文（草案一、草案二、最終法案）と一九五四年婚姻法を比較すると表11－2の通りである。

まとめると、仏教徒は仏教徒とのみ婚姻すべしという過激なマバタ案（草稿一）は影を潜め、もともと存在した一九五四年婚姻法を基盤にしつつ、現状に合わせてかなり穏当な文言になるよう、変更が加えられたといえる。

表 11-2　婚姻法草案と 1954 年婚姻法の比較

内容や文言	草案 1	草案 2	制定された法律	1954 年婚姻法
仏教徒の夫は仏教徒であるべき	○（2 条）	×	×	×
この法律に関連しない人間の規定	×	○（2 章）	×	×
結婚届けを役所に提出	△（4 条）	○（4 章）	○（3 章）	○（6 ～ 8 条）
結婚の報を公開、反対者の有無を調べる	×	○（4 章 15 条）	○（3 章 10 条）	○（9 条）
結婚可能年齢の言及	×	○（男女ともに 18 歳、3 章 9 条）	○（同左、2 章 4 条）	○（男性は「成人」女性は 14 歳以上、5 条）
結婚に際しての同意の必要	△（4 条、女性のみ必要、年齢言及なし）	○（20 歳以下の女性は必要、9 条）	○（同左、4 条）	○（20 歳以下の女性は必要、5 条）
ムスリムと結婚する仏教徒女性の信仰に関して	×（法律そのものがムスリムとの婚姻を認めず）	仏教徒女性とその子息に信仰の自由を（5 章 24 条）。無理な改宗禁止（24 条（E））→罰則	○（同左、4 章 19 条）	×
許すべき宗教実践	×	仏像を置く、拝む、瞑想など（24 条 C、D）	○（同左、19 条 C、D）	×
死亡時の葬式を仏教徒のやり方で	×	×	○（20 条）	×
仏教信仰を損なう行為	×	仏教への信仰を損なうような文章、発言、振舞いは離婚原因となりうる（24条G）	○（同左、19条G）	×
仏教に対する誹謗中傷	×	刑法 295 条により罪に問われる	×	×
財産所有権と婚姻に関する事柄、離婚は慣習法による	×	○（9 章）	○（8 章）	○（25 条）
ヒンドゥー教、シーク教、ジャイナ教信者は仏教徒との結婚で元の家族から離れる	×	○（7 章 29 条）	○（8 章 26 条）	○（23 条）
1954 年婚姻法	無効に（8 条）	無効に	関連法案は残す	－

4　法律をめぐる歴史と法律制定を支える階層

宗教と婚姻をめぐって

一九五四年婚姻法はビルマ法典（第一一巻）に含まれ、法律制定運動が生じた時期も実は有効であった。つまり、類似の法律が存在したにもかかわらず、世論や批判のレベルでもほとんど言及されていないことがまさに、ビルマ法典との乖離、あるいは社会と法律の距離を示している。それでは、もともとの法律はどのような脈絡で生じたのだろうか。またなぜ何度も婚姻法がミャンマーの宗教問題として浮上するのだろうか。

前述の通り、ミャンマーでは一九世紀に下ビルマ（南部）を中心に英国による植民地支配が始まり、英国法概念および英領インド法が導入され、伝統法体系が変革されていった。ミャンマーにおける伝統的な法としては、王朝時代にヒンドゥー法典をもとにした「ダマタッ」があった。ただこれは制定法ではなく、ビルマの土着慣習を成文化したが、訴訟判例などの先例が付加された一種の法規類纂であった。相補するものとして国王の判決（ヤーザタッ）があり、その都度状況に即した判断を下すことが目されていた（奥平 二〇〇二：二九）。契約、私法および刑法の分野については英国法を適用し、家族と宗教関係は、ビルマの伝統法を尊重することとなった。植民地裁判所は、社会の変化により修正が加えられてきたダマタッに英国法概念をあてはめ、新しい解釈を試みたが、これは奥平によれば、ビルマ法の伝統的本質を取り損ねることになったという（奥平 二〇〇二：一四八―一七四）。他方で、先に英領化された下ビルマでは植民地経営下でデルタ開拓が進み、労働力不足からインド人や中国人移民が増加した。こうした移民流入を背景として、一八七二年ビルマ裁判所法（The Burma Courts Act）六条で、また一八九八年ビルマ法令法（The Burma Laws Act）一三条一項で、婚姻、財産分与、相続、宗教関連の道具、建築物の所有などの係争には、仏教徒は仏教徒の法（The Buddhist Law）を、イスラーム教徒にはイスラーム法、ヒンドゥー教徒であればヒンドゥーの法に基づくと定められた（Ba Maw 1992: 5, Myint Aung 1974: 11, Gutter 2001）。つまり婚姻をめぐってはその人間が「信仰する宗教」によって適用される属人法が用いられることになった。また、ここで「仏教徒の法」と記されたが、宗教法としてのビルマ仏教法なのか、慣習法としてのビルマ人仏教徒法なのかこの時点では曖昧であった。ただ、実際に従うそれぞれのきまりがビルマ法典内に明文化されたわけではない。[*16] 徐々に信仰を異にする人間同士が結婚することが増え（以降「混婚」と呼ぶ）、従来の法制度では追えない問題が生じた。とくに問題視されたのが、仏教徒女性の権利問題で、その後に制定された法律がビルマ法典に足されていくことになる。

そもそも一九五四年法は、一九三八年に生じた反インド人暴動の後に作られた法律が前身であり、法律制定の経緯が、現在のそれと酷似していることも興味深い。当時の暴動調査委員会の報告書によれば、一九三八年七月二六日にタータナ・ママカ青年僧侶協会（Thathana Mamaka Young Sangha Association）がシュエダゴン・パゴダで会合を行った（Riot Inquiry Committee 1939: 26）。この会合で確認されたアジェンダの一つに仏教徒女性特別婚姻法制定の要求があった。[*17] この要求に応じて、一九三九年に「仏教徒女性特別婚姻相続法（英文）」が制定され、独立後に「一九五四年仏教徒女性特別婚姻・相続法（ビルマ文）」が制定されたのである。換言すれば、同じ問題が同じ経緯で婚姻法制定を要求するという事態が八〇年経って再度生じたわけで、こうなる原因はきちんと考察すべきであろう。

第一にインド系住民と関連づけて仏教徒女性の法律が必要とされる理由だが、当時はこの点は現代以上に明確であった。英領植民地化されて以降、移民が急激に増え、多くはインド出身者であり、加えてインド系移民はジェンダー割合に偏りが見られたのである。それはセンサスからも明らかで、一九三一年センサスでは移民の七九・五％が当時のインド出身者、宗教内訳はヒンドゥー教徒が六七％、ムスリムは二七％、その他六％であり、移民の女性比率はヒンドゥー教徒が二二％、ムスリムは一一％、全体でも一九％と、移民は圧倒的に男性が多く、とくにムスリムにその傾向が著しい（土佐二〇一六、Bennison 1933: 60, 62）。こうした単身移民男性は現地の仏教徒女性と混婚するという事例が圧倒的に多かった。

表11-3　ミャンマーにおける宗教による婚姻規定と法律

	キリスト教	仏教	イスラーム	ヒンドゥー教
A 法律		仏教徒女性特別婚姻法		
B 婚姻に関する宗教上の規定	あり	なし	あり	あり

第二に、宗教により婚姻の取り扱いが異なったことにある。上座仏教社会では戒律を守ることが重視されるが、最も多くの戒律を守るのは出家者である。さらに出家者は妻帯は許されず、配偶者がいても妻を残して得度する。換言すれば、婚姻は基本的に在家者の問題であり、経典内に婚姻に関わる細かな戒律があるわけではない。つまりキリスト教、イスラーム、ヒンドゥー教には、宗教的に一定程度婚姻に関わる規定があるが、仏教には見られない。そのため、仏教徒用には、宗教的規定ではなく、彼らにとっての世俗（俗人）のきまりである慣習法が用いられたのである。つまりこの点では、等しく宗教のきまりに従うこととされながらも、どの宗教にも婚姻に関わる規定が平等に存在したわけではなかった（表11‐3参照）。また、イスラームの法ではムスリム同士の婚姻のみが正式の婚姻と見なされる。とくに、仏教徒は多神教徒の範疇に入れられるため、きまりによれば婚姻は不可能で改宗が必要となる。先に述べたように、初期の移民は圧倒的に男性が多く、仏教徒女性との混婚が増加し、仏教徒側のムスリムへの改宗が多かった。その問題に法律で対処しようとしたのが、一九三九年以降の仏教徒婚姻法だったのである。

第三に、それではビルマ仏教徒の慣習法を見ると、婚姻上の取り決め、たとえば資産の共有や相続は男性とほぼ同等の権利を有しており、ジェンダー差はほとんどなかった。つまり、ビルマ仏教徒女性は改宗することで、慣習法で認められてきた権利を失う。改宗者が増えるにつれ、細部の問題が認識され始め、仏教徒女性が蒙る不利の解消に、様々な努力がなされてきた。とくに、暴動後インド系ムスリムがミャンマーを去り、元仏教徒女性が残されるという問題が生じたが、イスラーム法の元では女性側からの離婚は不可能であった（Yegar 1972: 77, Crouch 2015: 3）。そこで当時の法務大臣であったバマー・ムスリム（ビルマ化したムスリム）のキンマウンラッが一九五三年「ムスリム離婚法」を定め、夫の不在などの一定の条件下で、女性からも離婚が認められる形にした。

さらにこの法律では女性が再度イスラーム以外の宗教に改宗すれば女性が離婚を申し立てられるようにした。このうえで、その翌年、一九五四年仏教徒女性特別婚姻法が制定されたのである（Crouch 2015）。つまり、同法四条に見られる、仏教徒女性とその女性の仏教徒以外の夫にはいかなる法律、慣習にも優先し、本法律が効力を有するという表現は、仏教徒を優先したというより、夫の不在に際して女性から離婚を求める権利を、国内では宗教によらず認める道筋を作ったという、ある意味では女性の不利益を可能な限り排除しようという意味をもっていた（BC10: 2-16）。
しかし、前記の通り一九五四年婚姻法は実質形骸化され、マバタによる法律制定運動を経て再生したともいえる。

何が活動を支えているのか

反対意見を表明した女性人権団体を見ていくと、二〇〇〇年初頭に結成されたものもあるが、多くは二〇一〇年以降に結成されている。つまり、民主化への移行が加速され、米国を中心に外部の資金や支援が急激に入って、その支援で結成された団体が多い。また、海外亡命者が参加したり、彼らが核となったりして結成された団体も少なくない。こうした亡命者は軍政時代に祖国を離れ、二〇一一年以降にようやく帰国、ないしは一時帰国した人々であった。女性人権団体や市民団体は、グローバルレベルの人権概念をもち、法的な概念を明確に用いつつ、議論を構築している。こうした批判には一定の意義があり、最初の草稿一に見られた文言が消えたのもこの批判の影響と考えられる。

一方、結成年だけを見れば、マバタも女性人権団体もポスト軍政期に結成されているわけだが、「人権」概念の浸透にはかなりの差がある。マバタは仏教消滅の危機感やイスラームの浸透に対する危機感を「法律制定」運動へと昇華させたが、基本的に「人権」の内容に関わる議論はほとんどしていない。かろうじて権利が持ち出されるとしても、「宗教間の権利の平等」が論点で、女性人権団体とはよって立つ背景がかなり異なるといえる。

こうした二つの乖離を理解するために、下ビルマ（ミャンマー南部）のカレン州、モン州近辺の事例を通じて、マバタや署名活動を支える人々やその社会状況を具体的に見てみたい。

マバタ組織設立時には会長、書記など重要ポストが定められたが、主要ポスト五名のうち三名の僧侶は、カレン州、モン州を拠点とする(Mabatha 2013a)。彼らはマバタ設立以前から連携し、マバタの組織化にも重要な役割を果たした。[18]

通常、ミャンマー内で仏教徒とムスリムの対立地域としてまず注目されるのは、インド、バングラデシュ国境沿いの西側だが、タイ側国境沿いに位置するこうした地域でも日常生活のなかでムスリム人口の増加が意識されていた。たとえば筆者も、二〇一三年の調査でカレン州にムスリムの人々の移住が増えているという話は様々な場所で聞いた。

その一つフラインボエ郡K村はポー・カレン住民が大多数を占める二〇〇戸ほどの村である。[19] 村人の話では二〇〇〇年前後からムスリムの人々が移住し始めた。最初の移住者が一軒家を購入して移住し、徐々に一〇軒、一五軒と増加し、気づくと四五軒ほどになった。彼らは宗教学校やモスクを建立したが、当初はまったく問題なく、周りの仏教徒と共存してきた。ただ数年前に村の仏教徒女性がムスリムの男性と関係をもち、妊娠した結果、その結婚問題から大きな揉め事に発展した。イスラーム法ではムスリム同士の婚姻が原則とされ、仏教徒女性側が改宗することになった。しかし娘の家族は結婚にも改宗にも大反対で、村長に相談にきた。そのため村長立会いで話し合いをしていたが、激昂した村長が青年を殴り、刑務所に入れると脅し、大騒動になった。娘は母の家に連れ戻され、村人全体が僧侶とも相談のうえ、ムスリム全員に出て行くように迫った。ただ、財産などを剥奪し追い出したわけではなく、家は売却し、購入者から代金を得て、別の地域に出て行ったという。[20] モスクが建てられていた土地も再度仏教徒の土地となった。村人はモスクを頼ってムスリムが戻ってきては困ると考え、仏教の「戒壇」に作り変え、仏像を置いて柵を設けた。通常仏教徒村落では仏像はオープンなものであり、鍵つきの柵内に備え付けられることはまずない。その点で異様ともいえるこの空間は、必然的に村落内では過去のムスリムとの確執やモスクを想起させる場ともなっている。

カレン州の宗教省役人たちも、州内でムスリム移住が増加しているということは語っていた。また彼らもまた、子どもの結婚相手がムスリムと分かり、仏教徒の親が役人や僧侶に相談に来るという経験を多々有していた。ただ、軍政時代にはカレン州は民主カレン仏教徒軍（DKBA）の強い影響下にあり、ムスリムの移住にはDKBAが目を光らせ、追い出すことも多かったという。

前掲の通り、九六九運動は従来からある反ムスリム感情に宗教対立が契機となって広がったとされ、それは間違いではない。ただ九六九が広がる一つの核であったカレン州でムスリムの移住と宗教間の揉め事が増加していたという点には注意すべきであろう。K村の例に見るように、移住の時点で問題が生じているわけではなく、仏教徒とムスリムとの混婚と改宗が生じた際に、個人から村落の社会問題として、可視化されていく。

こうした時期に、モン州のナンウー僧院住職ミャナン師、ミャゼディ・イェ僧院住職ウィマラボディ師らが、二〇一二年に「仏教保護仏教講師出家ネットワーク」[*21]を設立した。彼らは、仏教保護を呼びかける際に、僧侶による説法を効果的に用いた。参加僧は教学僧院の教師が主であった。ミャンマーでは出家者の世界も専門化されており、教学僧院で教える僧侶は教育に特化していることが多く、在家相手の説法が必ずしもうまいわけではない。そのため迷いもあり、他の説法講師などに相談しつつ始めたという。しかしやってみると説法はメッセージの伝道に有効だと分かり、彼らは精力的に説法会を開催し、広く州外でも行うようになった。

たとえば二〇一三年六月シャン州タウンジーで開催された説法会では、ミャナン師やミャゼディ・イェ僧院の中堅僧侶が講演し、数千名の聴衆を集めた。地域の人々が多数集まり、大説法堂でも入りきれず、八つのプロジェクターを使っている。説法内ではイスラームの拡大に気をつけるよう説くが、決して暴力的解決は奨励しない。ムスリム人口の増加、その脅威を説き、自分たちの国を仏教国として守る必要を、比喩、隠喩で笑いを巧みに誘い、共感を引き出す形で説いている（土佐 印刷中）。この説法会では、九六九の説明とステッカー配布に加えて、マバタ創立以前にもかかわらず、仏教徒女性婚姻緊急法（前述草案一）に関わる署名を集めている。つまり、この時期九六九運動を説明しつつ、後にマバタが推進する法律制定のための署名を前もって集めている。また、興味深いことには、説法内で「署名とは何か」が丁寧に説明されている。ミャナン師はその説法内で、ミャンマーの人々は署名を恐れる、皆は「政府」が意向を押し付けて国民に署名させるといった感覚でいるが、本来署名とはそういうものではない、自分でよく読み、理解し、賛成できるものにのみ署名すべきで、人に勧めるにも自分で説明できなければ意味はない、賛成できる人だけ署名するようにと説いている。つまり、この活動は、地方に住む一般の仏教徒が初めて法律の制定に関わる契機ともなっていた。

先に述べた通り、前記ネットワーク参加僧は、すでに在家を巻き込んで仏教守護の運動を推進しているものが多く、それが新たにマバタの支持基盤となったといえる。一例をあげれば、「斎飯協会（スンラウンアティン）」の再編成である。「斎飯協会」とはミャンマーの仏教徒が村落や居住地域で形成する僧侶への食事供与目的の在家組織である。カレン州パアン郡パアン市内S地区の元管理委員長を務めたE氏によれば、二〇一二年ごろに、州内の著名僧院であるズェカビン僧院の僧侶などが呼びかけ、仏教保護の必要性を意識している在家の若者を中心に、斎飯協会を新たに組織した。「新世代青年斎飯協会」[*22]と名づけ、コカレィ郡、パアン郡などでコミュニティごとに組織化されていった。ここでの九六九運動とはひとまず仏教保護が中心であった。ただ、場所によっては、参加者も運動に関わっていたという。[*23]この目的は僧侶への寄進であったが、ズェカビン僧院は九六九運動の中核地で、ムスリム増加に対する脅威を説く講習会を行ったり、ムスリム情報の収集なども行われた。そのほか、仏教徒の日曜学校「ダンマスクール」設立の動きなどもあり、それぞれ独立した動きではあったが、九六九運動やマバタの署名運動に応じる母体ともなった。

またこうした運動のなかで、上座仏教の危機が語られる点にも注意を払いたい。たとえば説法会をはじめ、各ネットワーク内でいろいろな資料が配布されているが、共通の資料がいくつか見られる。[*24]最も特徴的なのは「上座仏教社会消滅危機を示す宗教地図」「イスラームの歴史と拡張」と題された資料で、世界の宗教地図や、仏教が東に後進縮小する歴史という宗教史に落とし込んで上座仏教の危機を示すものである。こうした資料はグローバル・レベルでの宗教マイノリティという自覚や仏教最西端の砦としてのミャンマーという語りと直結するといえる。

5　おわりに——法律制定運動で何がとりのこされたか

最初に述べたように、マバタによる法律制定運動は、国内外で批判の対象となってきた。しかし、司法への働きかけという実践面では、この半世紀でおそらくはじめての市民主体の法律制定運動だったといえる。一方、九六九運動に見られた不買運動のような反イスラーム・キャンペーンに比すれば、法律制定運動は、運動参加者以外も議論に参加したり、法律改定に携わったりする回路が開かれた。実際に、最終的には草稿一の仏教徒を仏教徒同士の婚姻に限定する文言は影を潜め、一夫一妻法が導入される契機ともなった。さらに、草案執筆には、連邦最高裁判所、宗教省、出入国管理・人口省、政府が任命した草案準備委員会や女性人権団体などが意見を求められ、何らかの形で関与する回路が与えられた。すなわち、司法への働きかけという点では、従来司法に無縁の人々にも法律制定運動や署名活動への参加の道が開かれたこと、運動参加者にとどまらず、多方面から曲がりなりにも議論に参加する回路が設けられたことなどは、一定程度評価されるべきであろう。しかし、最も大きな問題はこの法律が暗に対象とするムスリムの人々が議論に参加できる状況でなかった点であろう。加えて、より広範に議論されるべきいくつかの問題系も、課題として残されている。

第一は、マジョリティ／マイノリティ、土着の民としての価値観、ジェンダーの公平性のなかで何を優先するかという問題の難しさである。マイノリティの価値観を守ることは民主主義の根幹でもある。英国植民地支配下の仏教徒婚姻法ではマイノリティの価値観・社会への移行（ここでは、ムスリムへの改宗）が女性に不利益をもたらすと判断され、植民地支配に対する「土着」の価値観を守ることは十分に「正義」として働いてきたといえる。それに対して、ほぼ同様の運動が、現代のミャンマーにあってはマジョリティによる利己的な「社会的ジャスティス」承認運動として批判の対象となった。仏教徒女性の問題が僧侶（男性）中心のマバタによって論じられることへの反発も存在した。

民主化への移行期にあって、ミャンマーの仏教徒は言論統制の時代とは格段の情報量と向き合い、世界に開かれていくプロセスを経験していた。世界宗教内で仏教徒はむしろマイノリティに位置づけられるという認識も、間違いではない。すなわち、ナショナルな宗教的布置におけるマジョリティが、世界宗教人口ではマイノリティとなり、新たな危機感が創出される。マバタの論調や説法会を通じて、仏教の消滅の危機観、マイノリティとしての語りが聴衆に広がりつつあった。これは国際世論の「マジョリティがマイノリティを迫害する」といった批判に対する、一種対抗的言説とも考えられる。ただ、仏教徒内でも、時には法律制定運動に参加した人々のなかにも、宗教的マイノリティへの配慮や仏教の教えとしての他者への寛容さを重視するものは少なからずいる。こうした流れを核に時間を掛けて、マイノリティや他者への配慮を共有していく方向性も十分残されている。

第二に、仏教徒にとっての「世俗」と欧米的な世俗概念を代表とする一般的「世俗」との間に、微妙なずれが存在するが、そうした点も議論から取り残された。たとえば、法の制定運動を出家者が先導し、とりわけ仏教の危機を説く場合、ローカルな文脈では「タヤー（taya）」がイデオロギー的に強化される。タヤーとは仏教用語では仏法であり、転じて法律、正義を指す。これは、仏法すなわち正義であるとか、仏法が法と混同されるといった単純な話ではない。確かに、出家者が政治を含む世俗的な問題に関与しすぎることは、理想的出家者のあり方からは逸脱していると見なされる。ウィラトゥをはじめマバタの一部が、次期選挙を睨んで当時の与党支援を呼びかけたときには、「政治」に関わりすぎ、出家者として不適切という批判が仏教徒内部から多数出た。これは、仏教徒的な世俗論ではあるが、より普遍的な世俗論にあてはめても同様の議論が成り立つ。これは、マバタによる与党接近が一般的な意味での政党支援、選挙活動と見なされたからである。同様に、世界を宗教的指標によって分類し、仏教徒世界を保護しようとする動きは、考えようによっては、宗教を基盤におく一種のアイデンティティ・ポリティクスといえる。しかし、仏教世界で「仏教保護」に従事する出家者はまさに宗教行為に従事していると見なされ、政治に関わっているとは理解されない。すでに見てきたように、熱心な仏教徒がマバタと触れる契機は説法会や日常の布施活動などである。つまりこうした法律制定運動は日々の慣習的宗教実践と結びつき、仏教徒全体の利権を扱う「政治」という境界は不可視化されてしまう。こうした宗教活動の延長としての様々な運動は、通常では法律制定や署名運動といった政治活動に動員されにくい人々まで巻き込んだといえるだろう。

第三は婚姻の取り決めが「宗教」によって異なる場合に、どの取り決めを優先すべきかという問題である。そもそも婚姻に際して宗教上の規定が存在する宗教とない宗教がある。ミャンマー国内では、キリスト教、ヒンドゥー教、イスラームに宗教上の規定が存在し、いずれも、信仰を異にする人間との婚姻に何らかの制限が加わる。一方仏教の場合は宗教上の規定、すなわち前掲の表11－3で見ればBのレベルの規定は存在せず、慣習法ともいうべき、婚姻や相続に関するきまりで代用された。もっといえば、上座仏教内の伝統的枠組では入信や棄教を明らかにする仕組みも存在しなかった。先述のK村の事例で見てきたように、仏教徒と非仏教徒との間で揉め事が起こるのは、移住時ではなく婚姻時であり、さらにいえば、仏教徒女性の非仏教徒への改宗問題はここでは僧侶（宗教的指導者）ではなく村長（社会的指導者）のところで社会問題化しているのである。

婚姻法制定運動はこうした宗教の非対称性、宗教上の規定における空白部を仏教徒側から修正しようとする試みともいえ、参加者にとっては、ある種「法の下での平等」ないしは「社会的ジャスティス」を目指していた。すなわち、仏教徒女性にとって、改宗すれば不利になる女性の権利の確保でもあった。しかし、当初の草稿一の文言「仏教徒女性は仏教徒男性とのみ結婚すべし」は、信仰の自由の侵害という、より根幹的な「人権」を侵害する可能性を含んでしまい、背景の文脈はさほど効果的に説明されなかった。また、女性人権団体からは法律制定という可視化されたレベルで生じる非対称性のみが批判され（表11－3のA）、宗教に埋め込まれた非対称性（表11－3のB）についてはまったく言及されなかった。したがって、本来は、こうした非対称性に着目し、その前提となる枠組自体の有効性、つまり表11－3そのものの有効性を問い直すという可能性もあったのではないだろうか。すなわち、宗教で人を区分けする属人法のありようを問い直し、ジェンダーや現代の文脈に合わせた議論を時間をかけて行うという課題が存在していた。これらはスーチー政権下でも今なお課題として残されたままといえるだろう。

注

＊1　たとえば、斎藤（二〇一五）、藏本（二〇一六）、Walton & Hayward (2014) など。また、ジェンダーの観点からは飯國（二〇一六）の論考があり、法案に対する女性の意見が集められている。

＊2　軍事政権が「法秩序回復評議会」を名乗りつつ、実際には「法の支配」をいかに軽視しているかは、Cheeseman (2015) に詳しい。

＊3　ロヒンギャ問題は現在アウンサンスーチー政権下で再度国際世論を巻き込んで大きな問題となっている。現在の争点は二点あるといえる。第一はロヒンギャの人々への暴力行為の有無とその調査をめぐる問題で、国内で独自に作られた調査委員会と国連事実調査団の見解も対立し、後者への自由な調査を認めていない状況でもあり、国際世論では民族浄化の一種であるという強い批判が出ている。第二は、従来からの議論の延長だが、ロヒンギャの人々をミャンマー国内でいかに位置づけるかである。ロヒンギャ側は八世紀以来居住してきた土着民族を主張し、ミャンマー側は土着民族という立場はまったく認めておらず、国内では「ベンガル人」が用いられている。一方、スーチー国家顧問は二〇一七年九月一九日の演説で過去の居住が確認できる人には適宜ふさわしい居住許可を与えるとした。

＊4　大統領は二〇一三年一月一六日に軍政以来残留していた元軍人トゥラ・ミンアウン宗教大臣を更迭、二〇日にエーヤーワディ管区のサンスィン管区首相を宗教大臣として任命した。新大臣は対立解消にむけて働き、ムスリム、キリスト教徒とのヒアリングなどを行ったり、宗教間会議を主催したりした。

＊5　カレン州での宗教局役人、僧侶などのインタビュー調査に基づく（二〇一三年八月）。一九九一年に宗教省の下に仏教普及局が開設され、彼は初代局長（在一九九一～九二年）で、『良き仏教徒になるために』という書籍も出版している（Marshall 2013, 平木 二〇一六）。

＊6　MT 2013/10/17. 筆者調査中にこの指令が僧侶の話題に上っていた（2013/9/10-11）。

＊7　ちなみに、その後は組織の見解をめぐって議論があり、二〇一七年五月二三日付け国家サンガ大長老会議議長名で、マバタは国家内で認められた正規のサンガ組織でないとし、マバタの看板などをはずすよう通達が出された。ただ現実にはマバタ内に多

くの重鎮僧が参加しており、何人かは国家サンガ組織の重要な役職を務めており、単純に対立した組織と見なすわけにはいかない。この点はWalton（2017）も指摘している。

＊8　二回目の日時は不明、三回目の八月八日に再度一〇〇人以上の署名が連邦議会に送られた。

＊9　国家人権委員会は二〇一一年九月五日に結成されたが、正当性・独立性については議論もあった（山田 二〇一五：六三―六七）。

＊10　委員長はトゥントゥンウー（連邦最高裁判所副最高裁判長）、副委員長がウィンミン（出入国管理・人口省副大臣）、委員はマウンマウンティ博士（宗教省副大臣）、スィッエイ（大統領法律顧問委員委員長）、ティンウィン（元大使）、トーフラ博士（元教授）、ナンダームン（歴史研究局局長、女性）、カインアウン（宗教省仏教発展普及局局長）、ミンチャイン（国家人口局局長）、ミャットゥ（作家）、ミントェ（医療関連識者）、ウィンミン（連邦最高裁判所副局長）。

＊11　たとえば、①改宗法は五月二七日（ML 2014/5/27: 10-11）、②婚姻法は一二月三日（ML 2014/12/3: 15-16）。

＊12　マ・ターターは女性人権団体アカヤー（Akhaya）創始者の一人で、二〇〇八年からリプロダクティブ・ヘルス関連の知識を普及し、二〇一二年には公共乗物内の痴漢行為に「助けへのホイッスル」運動を立ち上げた（IR 2017/7/27）。https: //www.irrawaddy.com/in-person/interview/why-dont-men-need-to-be-virgins.html（二〇一七年一一月七日閲覧）。

＊13　ビルマ語法案Boktha Hbathawin Meinmamya Ahtu Hteinmyahmu hnin Amwe Hsethkanhmu Et Upade（BC 10: 2-16）。役所での婚姻手続、婚姻登記人による婚姻、公示義務、財産所有権と婚姻に関する事柄、離婚はビルマ慣習法に基づく点、ヒンドゥー教、シーク教、ジャイナ教を信仰するものは、結婚により元の家族から離れるといった項目はまったく同じ形で入っている。

＊14　一方、女性人権団体が批判した「二〇歳以下の女性の結婚のみに両親や後見人の同意が必要とされる」は一九五四年以降の継続である。ただ結婚可能年齢は一九五四年婚姻法ではジェンダーによる非対称が存在したが、草案二以降は男女ともに一八歳以上として変更された。

＊15　本法律以外の婚姻に言及した二章がまるまる省かれて、計九章四一条となった。また草案二の、仏教に対する誹謗中傷にあたる行為は、宗教不敬を記した刑法二九五条への違反とする（一〇章四〇、四一条）という文言は最終案では消えた。

＊16　この時点で婚姻関連で存在したのは、一八五六年ヒンドゥー未亡人再婚法、一八八〇年法官（Kazis）法、一八九九年キリス

ト教徒関連法程度である。現在は『ビルマ法典』一一巻内に、A仏教徒、Bヒンドゥー教徒、Cムハマダン（ムスリム）、Dパルスィー（ゾロアスター教徒）、Eキリスト教徒という項目が設けられているが、それも、同じ形式、テーマの法律が並んでいるわけではない。それぞれの宗教のきまりを前提として、その都度社会的に問題が生じて作られた法律が加えられている。

＊17 何度かリライトされ、最終的に、マウン・シュエピーが執筆した「モールビー・ヨーギー論（Moulvi-Yogi Awada Sadan）」に仏教を揶揄する内容が含まれていることが発端となっている。

＊18 会長ティローカービウンタ師（ヤンゴン市インセイン・ユワマ教学僧院）、副会長カウィダザ師（カレン州パアン市ズェカビンタウン僧院）、書記ウィマラボディ師（モン州州都モーラミャイン市ミャゼィディ・イェ僧院）、副書記クマーラ師（エーヤーワディ管区パンタノー市ミャタウン教学僧院）とダンミカ師（ザガイン管区カレイ市ネィターピンニャーダーナ僧院）である。

＊19 K村での僧院や村人へのインタビューに基づく（二〇一三年九月一三日）。

＊20 村人によれば、三〇〇万チャット（当時のレートで二五〇万円程度）で買い取られたという。ただ後に買い手が七〇〇万チャットで売ったため、安値で買い叩いた可能性はある。

＊21 ビルマ名は Thathana Pala Ganta Wasaka Thangha Kunyet。参加僧侶たちのインタビューに基づく（二〇一七年九月四～五日）。

＊22 名称は Myozetthit Lunge Sunlaung Athin。結成は二〇一二年前後（インタビュー二〇一三年九月八日）。

＊23 E氏自身はこうした活動には距離をおいている。管理委員会関係者、州政府関係者のほか宗教省官僚も、こうした動きが反ムスリム的様相をもつことには危惧していたという。

＊24 二〇一三年九月、カレン州パアン郊外の一地域で古くからの知り合いが参加したダンマスクール予備講習会の配布資料として、ムスリム拡大の危惧を記した資料があったが、同時期に別郡でも、同じ資料を見せられた。

参考文献

（略語、ジャーナルなど）
IR: Irrawaddy（『イラワジ』新聞）
KM: Kyemon（『鏡』新聞）

MT: Myanmar Times（『ミャンマー・タイムズ』週間新聞）
ML: Myanma Alin（『ミャンマーの光』新聞）
RFA: Radio Free Asia
TK: Thakithwe（『釈迦1族』：マバタ広報誌）Yangon, Mabatha.

飯國有佳子　二〇一六「宗教と民族の境界を護る、越える――民主化後のミャンマーにおける宗教対立と女性」川橋範子・小松加代子編『宗教とジェンダーのポリティクス――フェミニスト人類学のまなざし』昭和堂、一〇一―一三〇頁。
奥平龍二　二〇〇二『ビルマ法政史研究入門――伝統法の歴史的役割』日本図書刊行会。
藏本龍介　二〇一六「ミャンマーにおける宗教対立の行方――上座仏教僧の活動に注目して」国際宗教研究所『現代宗教二〇一六』九九―一一七頁。
斎藤紋子　二〇〇八「『バマー・ムスリム』という生き方――ビルマ政府の国民概念とムスリム住民の生存戦略」博士論文、東京外国語大学。
斎藤紋子　二〇一五「ミャンマー社会におけるムスリム――民主化による期待と現状」工藤年博編『ポスト軍政のミャンマー――改革の実像』アジア経済研究所、一八三―二〇四頁。
土佐桂子　二〇一六「仏教徒とイスラーム教徒の共存の可能性」阿曽村邦昭・奥平龍二編『ミャンマー――国家と民族』古今書院、五七八―五九四頁。
土佐桂子（印刷中）「仏教公共性における説法の可能性」土佐桂子・田村克己編『転換期のミャンマーを生きる――「統制」と公共性の人類学』風響社。
平木光二　二〇一六「ウィラトゥ比丘と仏教団体『民族・宗教を保護する会』（マバタ：MaBaTha）の反イスラームキャンペーンについて」『パーリ学仏教文化学』三〇、六五―八六頁。
フレイザー、ナンシー／アクセル・ホネット　二〇一二『再配分か承認か?――政治・哲学論争』加藤泰史監訳、法政大学出版局。
安田信之　二〇〇〇『東南アジア法』（ＡＳＥＡＮ法／改訂版）、日本評論社。

山田美和　二〇一五「ミャンマーにおける『法の支配』――人権保護と憲法裁判所に焦点を当てて」工藤年博編『ポスト軍政のミャンマー――改革の実像』日本貿易振興機構アジア経済研究所、五三―七五頁。

Aung Myain 2014. Myosaung Upade hnin Kankwethnaungshetme Inasumya.（民族保護法に反対する勢力）*TK* 1(23): 44-46.

Ba Maw, U. 1992. *Myanma Nainngan Eintaunhkan Upademya.*（「ミャンマーの婚姻法」）Yangon: Win Sape.

BC（*The Burma Code*）Volume 11. 1950. Government of the Union of Burma.

Bennison, J. J. IC. S. 1933. *Census of India, 1931 Volume XI*（*Burma*）. Rangoon: Office of the Supdt., Government Printing and Stationery, Burma.

BLC（The Burma Lawyers' Council）1995. Lack of Democracy, Lack of Equality: Political analysis of Constitutional Principles Laid down by the SLORC National Convention, Internet Version（English）, November, 2002.（http://www.ibiblio.org/obl/docs/BLC-lack_of_democracy.htm〔二〇一七年一〇月三〇日閲覧〕）

Cheeseman, Nick 2015. *Opposing the Rule of Law: How Myanmar's Courts Make Law and Order.* Cambridge: Cambridge University Press.

Crouch, Melissa 2015. Constructing Religion by Law in Myanmar. *The Review of Faith and International Affairs* 13(4): 1-11.

Gutter, Peter 2001. Law and Religion in Burma, *Legal Issues on Burma Journal* 8: 1-17.（http://www.ibiblio.org/obl/docs/LIOB08-pgutter.law%20andreligion.htm〔二〇一七年一〇月三〇日閲覧〕）

Kashyap, Aruna 2013. The Myanmar Marriage Plot. Human Rights Watch HP（2013/9/50）（https://www.hrw.org/news/2013/09/05/myanmar-marriage-plot〔二〇一七年一一月七日閲覧〕）

Mabatha（Amyo Hbatha Thathana Hteinthain Saungshaukye Ahpwe）2013a. *Baho Uhsaung Hsayatawmya hma Htokpyan thaw Baho Ahpwe Hpwesipon hnin Pyine, Tain, Myone, Kyeywa, Yatkwe Hpwesipon.*（中央運営委員発表の中央組織と管区域、州、郡、村落群、地区組織。未刊行コピー版、二〇一三年）

Mabatha（Amyo Hbatha Thathana Hteinthain Saungshaukye Ahpwe）2013b. *Amyo Hbatha Thathana Hteinthain Kuni Saungshaukhpo Alonpawin Kyosaso.*（「民族宗教保護に皆参加しよう」未刊行コピー版）

Mabatha（Amyo Hbatha Thathana Hteinthain Saungshaukye Ahpwe）2013c. *Amyo Hbatha Thathana Hteinthain Saungshaukye Ahpwe.*（民族宗教保護協会、未刊行コピー版）

Marshall, Andrew R. C. 2013. Special Report: Myanmar Gives Official Blessing to Anti-Muslim Monks.（Reuters, Special Reports, June 27）（https://www.reuters.com/article/us-myanmar-969-specialreport/special-report-myanmar-gives-official-blessing-to-anti-muslim-monks-idUSBRE95Q04720130627〔二〇一七年九月二五日〕）

Maung Thwe Hkyun 2014. Myosaung Upadeko Kankwetkyakonthaw Ayathbet Luahpweasimyatho Tonpyanhkyet.（「民族保護法に反対する市民社会団体への反論」）*TK* 1(22): 17-19.

Merry, Sally Eagle 2006. *Human Rights and Gender Violence: Translating International Law into Local Justice*. Chicago and London: The University of Chicago Press.

Myint Aung, U. 1974. *Myanma Mithasu Upade.*（「ミャンマー家族法」）Yangon: Gawki Sape.

Nyein Hkyan Tha 2014. Ayoktaya ko Alomashihnin Mahoksagako Masobihnin.（「誤法を信じることなかれ、誤報を伝えることなかれ」）*TK* 1（22）: 20-23.

Riot Inqiry Committee 1939. *Final Report of the Riot Inquiry Committee 1939*. Rangoon: Government Printing and stationary.

Statement 2015. Statement of Women's Groups and CSOs on Preparation of Draft Interfaith Marriage Law in Myanmar.（http://humanrightsinasean.info/campaign/statement-women%E2%80%99s-groups-and-csos-preparation-draft-interfaith-marriage-law-myanmar.html〔二〇一七年一〇月三〇日〕）

Walton, Matthew J. 2017. Misunderstanding Myanmar's Ma Ba Tha. *Asia Times*, 2017/6/9（http://www.atimes.com/article/misunderstanding-myanmars-ma-ba-tha/〔二〇一七年一一月七日閲覧〕）

Walton, Matthew J. & Suzan Hayward 2014. *Contesting Buddhist Narratives: Democritization, Nationalism, Communal Violence in Burma. Policy Studies* 71: Honolulu: East-West Center.

Yegar, Moshe 1972. *The Muslims of Burma: A Study of a Minority Group*. Wiesbaden: Otto Harrassowitz.

おわりに

本書の元となるプロジェクトは、二〇一二～三年にサバティカルを利用してハーバード大学ロースクール「人権プログラム」に客員研究員として所属した際に、法学部の佐藤義明氏とハーバード大学で偶然出会ったことによって生まれている。国際法を専門とする佐藤氏はウェザーヘッド国際問題研究所の研究員として先に滞在されていて、滞在中いろいろなことを教えていただいた。

人類学者である筆者が、国際人権法等に関心を抱くことになった背景には、フィールド地が紛争の渦中にあったことにある。その後、所属していたプロジェクトのペルー側の機関であったペルー研究所の人類学者でもある所長がペルー真実和解委員会の委員になったことで、委員会の仕事を近くで見ることができた。ペルー真実和解委員会の委員長サロモン・レルネル博士が所属するカトリック大学、国際移行期正義センター、ペルー研究所が共催し、アルゼンチン出身の人権弁護士フアン・メンデス博士をはじめとするラテンアメリカの移行期正義に関する専門家によるシンポジウムも開催された。こうしたなか、人類学を基点として国際法や国際人権法について勉強してみたいと考えるにいたった。

ハーバード大学ロースクールの「人権プログラム」は、非常に恵まれた環境であった。プログラムの共同ディレクターのジェラルド・L・ニューマン博士は、国際連合の人権理事会のアメリカ代表でもあり、セミナーを聴講させていただいた。また、「人権プログラム」に所属するマーサ・ミノウ博士はロースクールの研究科長（当時）で、『復讐と赦しの間――ジェノサイドと大規模暴力の後で歴史と向き合う』（信山社、一九九八年）の著者として知られる。加えて大学内で様々な講演会が開催され、現場の話をきくことができた。*One Global Justice* を出版したばかりのマティアス・リッセ博士とも知り合う機会を得た。ちなみに、ロースクールでは、南アフリカ出身の著名な人類学者ジョン・L・コマロフ博士がセミナーを行っていた。

残念ながら諸々の事情により執筆がかなわなかったが、研究会には上杉妙子専修大学兼任講師（イギリス・ネパール）、佐々木紳成蹊大学准教授（トルコ）、千代勇一帝京大学専任講師（コロンビア）、楊海英（大野旭）静岡大学教授（中国・モンゴル）にもご参加いただいた。

また、メンバーの他に、アフリカの紛争や土地政策をめぐる著書を出版されてきている武内進一氏（現東京外国語大学教授）に特別講師を、移行期正義について研究してきているクロス京子氏（立命館大学准教授）にコメンテーターをお願いした。洪恵子氏（南山大学教授）には特別講師をしていただくとともに、人種差別撤廃委員会の委員に日本人としてはじめて選出されたばかりでご多忙のなか、論文も執筆いただいた。研究会の第四回目はオープンにし、コンセプシオン大学（チリ）のジャンヌ・シモン氏に講演をしていただいた。あわせてスペインのルイス・シントラ監督のドキュメンタリー映画「ロス・カビトスへようこそ（TE SALUDAN LOS CABITOS）」を、シントラ氏のご好意により日本ではじめて上映した。ロス・カビトスは細谷論文でもふれているように、ペルーの国内紛争において多くの人々が行方不明になった軍施設である。さらに、本研究会のメンバーの有志（代表・細谷、石田、湖中、土佐、楊）が、二〇一七年開催の日本文化人類学会第五一回研究大会で行った分科会「グローバル・ジャスティスの形成、規範化とローカリティ――ローカルな現場からの考察」では、アフリカの紛争研究で重要な役割を果たしてきている栗本英世氏（大阪大学教授）にコメンテーターをしていただいた。研究会にお力添えいただいた皆様に改めて心から感謝の言葉を捧げたい。

研究会は以下の日程と内容で開催した（敬称略）。

第一回二〇一五年六月一四日

趣旨説明（細谷広美）
参加者の自己紹介と研究会での研究計画
第二回二〇一六年二月二一日
杉山知子「軍政期の人権侵害をめぐる過去との対話――アルゼンチンの事例からの考察」
コメンテーター　クロス京子
佐々木紳「中東／イスラームの正義――理論と歴史、そして相対化」
第三回二〇一六年三月三一日
土佐桂子「宗教と『正義』――ミャンマーにおける仏教徒婚姻法制定をめぐって」
佐藤義明「カオ・プラ・ヴィハーン／プレア・ヴィヘア寺院をめぐる『国際法』と地域慣習法」
第四回二〇一六年四月二三日
講演　ジャンヌ・W・シモン（Jeanne W. Simon）
The conflict between the Mapuche people and the Chilean State: International Indigenous Rights Regime and Development Politics（先住民マプチェとチリ国家の葛藤――先住民権の国際レジームと開発政策）
ドキュメンタリー映画上映（日本初公開）
ルイス・シントラ（Luis Cintora）監督“Te Saludan Los Cabitos”（Welcome to Los Cabito,「ロス・カビトスへようこそ」）
第五回二〇一六年一〇月一日
楊海英（大野旭）「モンゴル人の中国文化大革命と未完の『名誉回復』」
岡田泰平「戦時性暴力を裁くこととは――フィリピン・セブ島のBC級裁判の事例から」
第六回二〇一七年一月二九日
石田慎一郎「他者を知る法理論――リーガル・プルーラリズムとオルタナティブ・ジャスティス」

上杉妙子「二重市民権をめぐる移出民と送出国政府の交渉——在外ネパール人協会の『ネパール市民権継続』運動を例として」

第七回二〇一七年三月二〇日

ゲストスピーカー　武内進一（アジア経済研究所地域研究センター長）「アフリカの土地法改革と『ランドグラブ』」

千代勇一「コロンビアにおける『移行期正義』概念の導入による和平プロセスの変容」

第八回二〇一七年七月二二日

成果出版に関する打ち合わせ

第九回二〇一七年一〇月一四日

湖中真哉「国家を代替する社会——東アフリカ遊牧社会におけるローカル・インジャスティス」

関根久雄「和解と忘却——ソロモン諸島における『真実と和解委員会』の活動が意味するもの」

第一〇回二〇一七年一一月一九日

ゲストスピーカー　洪恵子「国際刑事法におけるアムネスティについて——その意義と限界」

久保忠行「難民の社会統合とローカリティ——ビルマ難民のフィンランドへの再定住」

三年間にわたるプロジェクトの実施と本書の出版を助成して下さったアジア太平洋研究センターと成蹊大学に深く感謝する。またセンター職員の関島広祥氏（二〇一五年度〜二〇一六年度）、長橋典子氏（二〇一七年度）には、プロジェクト進行上の事務手続きで大変お世話になった。本書の出版にあたっては、昭和堂編集部の松井久見子氏にご尽力いただいた。記して感謝の意を表したい。なお本書は「成蹊大学アジア太平洋研究センター叢書」として刊行する。

二〇一八年九月

細谷広美

■執筆者紹介（執筆順）

細谷広美
＊編者紹介参照

杉山知子（すぎやま ともこ）
愛知学院大学総合政策学部教授
専門は国際関係論、政治学
おもな著作は『国家テロリズムと市民——冷戦期のアルゼンチンの汚い戦争』（北樹出版、2007年）、『移行期の正義とラテンアメリカの教訓——真実と正義の政治学』（北樹出版、2011年）など。

関根久雄（せきね ひさお）
筑波大学人文社会系教授
専門は文化人類学、開発研究、オセアニア地域研究
おもな著作は『地域的近代を生きるソロモン諸島——紛争・開発・「自律的依存」』（筑波大学出版会、2015年）、『実践と感情——開発人類学の新展開』（編著、春風社、2015年）など。

洪 恵子（こう けいこ）
南山大学法学部教授
専門は国際法
おもな著作は「移行期の正義（Transitional Justice）と国際刑事裁判——国際刑事裁判の機能変化と課題」（『国際法外交雑誌』111（2）、2012年）、『国際刑事裁判所——最も重大な国際犯罪を裁く　第2版』（共編、東信堂、2014年）など。

ジャンヌ・W・シモン（Jeanne W. Shimon）
コンセプシオン大学（チリ）政治学部准教授
専門は国際関係学、政治学
おもな著作は“Civil Society Reconstruction: Popular Organizations in Post-Earthquake Concepción”（共同執筆、*Latin American Perspectives* 44(4), 2017), “Cultural and Political Obstacles to Effective Resettlement: A Case Study of Involuntary Displacement of Pehuenche Families by the Pangue and Ralco Hydroelectric Dams in Southern Chile”（共同執筆、 In Susanna Price and Jane Singer (eds.), *Country Systems for Resettlement*. Routledge, 印刷中）、など。

クラウディオ・ゴンサレス－パラ（Claudio González Parra）
コンセプシオン大学（チリ）社会学部教授
専門は国際関係学、人類学
おもな著作は“Teoría de Dependencia”（In M. Picazo, V. Montero y J. Simon (eds.), *Diccionario de Ciencia Política*. Sello Editorial Universidad de Concepción: Concepción, 2016), “Etiologías del suicidio pehuenche: trauma territorial y fuerzas negativas en Alto Biobío, Chile”（共同執筆、In G. Guajardo (ed.), *Suicidios contemporáneos: vínculos, desigualdades y transformaciones socioculturales. Ensayos sobre violencia, cultura y sentido*. Santiago de Chile: FLACSO-Chile, 2017), など。

佐藤義明
　＊編者紹介参照

岡田泰平（おかだ たいへい）
　東京大学大学院地域文化研究科准教授
　専門は東南アジア史
　おもな著作は『「恩恵の論理」と植民地――アメリカ植民地期フィリピンの教育とその遺制』（法政大学出版局、2014年）、『戦争と性暴力の比較史へ向けて』（分担執筆、岩波書店、2017年）など。

湖中真哉（こなか しんや）
　静岡県立大学国際関係学部教授
　専門は地域研究、人類学
　おもな著作は『牧畜二重経済の人類学――ケニア・サンブルの民族誌的研究』（世界思想社、2006年）、『地域研究からみた人道支援――アフリカ遊牧民の現場から問い直す』（共編、昭和堂、2018年）など。

石田慎一郎（いしだ しんいちろう）
　首都大学東京人文科学研究科准教授
　専門は社会人類学、法人類学
　おもな著作は『紛争をおさめる文化――不完全性とブリコラージュの実践』（共著、京都大学学術出版会、2016年）、“Homicide Compensation in an Igembe Community in Kenya, 2001-2015: Fifteen Years of Clan Making in a Local Context”（*African Study Monographs* 38(4), 2017）など。

久保忠行（くぼ ただゆき）
　大妻女子大学比較文化学部准教授
　専門は文化人類学、移民・難民研究
　おもな著作は『難民の人類学――タイ・ビルマ国境のカレンニー難民の移動と定住』（清水弘文堂書房、2014年）、『多配列思考の人類学――差異と類似を読み解く』（共編、風響社、2016年）など。

土佐桂子（とさ けいこ）
　東京外国語大学大学院総合国際学研究院教授
　専門は東南アジア文化人類学
　おもな著作は『ビルマのウェイザー信仰』（勁草書房、2000年）、*Champions of Buddhism: Weikza Cults in Contemporary Burma*（分担執筆, Singapore: National University of Singapore Press, 2014）など。

索　引

あ 行

アーミッシュ　273, 278, 279
アウンサンスーチー　311, 312, 315, 317-319, 332
アカウンタビリティ→説明責任
アシエンダ（農園）　38
アジェンデ、サルバトール　30, 67-68, 162
アスペン研究所　78, 83, 87
アセンダード（農園主）　38, 55
アパデュライ、アルジュン　12, 251
アムネスティ・インターナショナル（AI）　7, 17, 70, 71, 117-122, 125, 126, 130-134, 246, 342
アヤクチョ県　35-38, 40, 41, 47-51, 60, 84
アヤクチョ市　35, 38, 40, 47, 48, 51-54, 60
アルゼンチン　16, 30, 31, 33, 57, 59, 65-69, 71-78, 80-83, 85, 87, 121, 140, 339, 341
慰安所　225
慰安婦　17, 223, 227
移行期正義　12, 15, 16, 24, 27-35, 40-43, 45, 46, 55-57, 59, 66, 77-81, 87, 96, 98, 99, 107, 110, 112, 117, 118, 339, 340, 342
イスラーム　18, 87, 172, 173, 313, 314, 322, 324-329, 331, 341
癒やし　97, 102, 106, 110, 111, 273
インジャスティス　18, 233-240, 242, 245, 246, 248-252, 255, 256, 263, 277, 312, 342
ウィラトゥ　313, 315, 318, 330, 335
ウェストファリア条約　9, 122
ウチュラハイ村　38, 39, 61
ウブントゥ　97
エスニック・テンション　92, 93, 95-98, 100, 101, 103-110, 112, 113
エイルウィン、パトリシオ　31, 83, 162
エングル・メリー、サリー　14, 15, 27, 310
欧州安全保障協力機構（OSCE）　167, 168, 174, 178
応報的司法　270
オカンポ、ルイス・モレノ　16, 33, 81
オルタナティブ・ジャスティス　18, 261, 263, 268, 270-272, 275-277, 341
恩赦　59, 75, 96, 97, 106, 108, 120, 122, 123, 131, 313

か 行

海軍工科学校(ESMA)　69, 71, 77
開発　2, 17, 36, 66, 99, 103, 105, 111, 139-161, 236, 237, 246, 288
神　49, 91, 123, 171, 192, 269, 270, 274-276, 324
ガルシア、アラン　40-43, 52
カレンニー難民　283, 284, 286, 289, 290, 292, 296-298, 303, 304, 306
慣習法　14, 120, 124, 126, 127, 131, 132, 168, 234, 235, 247-249, 251, 254, 315, 320, 321, 323, 324, 331, 333, 341
管轄権　117, 120, 124, 125, 127, 130, 131, 133, 134, 200, 223
北大西洋条約機構（NATO）　17, 173-178, 183, 184, 189
汚い戦争　16, 30, 66, 68-70, 88
規範化　1, 11, 340
キムリッカ、ウィル　17, 159

逆民族浄化　176
救済的分離　188, 189
旧ユーゴスラビア国際刑事裁判所（ICTY）　6, 7, 29, 127, 128, 187, 188
九六九運動　313, 314, 318, 327-329
強行規範　131, 168-171
強制失踪者　69-76, 79, 82-83, 85, 86
極東国際軍事裁判（東京裁判）　5, 29, 123, 134, 135, 222-224, 229
クオータ（割り当て）難民　285
グスマン・レイノソ、アビマエル　35
グローバリゼーション　235
グローバル・ジャスティス　8, 9, 15, 117, 118, 133, 134, 167, 171, 199, 225, 233-235, 245, 249-251, 256, 340
軍事独裁政権　17, 30, 31, 140, 151, 152, 156, 161, 162
ケチュア　37, 42, 45, 47, 48, 50, 54, 59, 60, 161
ケニア　18, 261, 262, 265, 268
憲法制定権力　168, 186
構造的機能不全主義　253
構造的暴力　235, 257
拷問　16, 18, 30, 31, 49, 51, 68, 69, 71, 79, 81-83, 103, 112, 125, 128, 129, 206-208, 212, 213, 216-222, 224, 225, 233, 242-245, 249, 250, 254, 305
五月広場の母の会　70, 74, 86
国際移行期正義センター（ICTJ）　29, 33, 34, 57, 59, 81, 339
国際刑事裁判所（ICC）　7, 10, 16, 20, 30, 32, 33, 80, 81, 118, 125, 130-132, 200, 201, 223
国際司法裁判所（ICJ）　4, 5, 17, 169, 185, 188
国際人権法　14, 15, 106, 126, 150, 339
国際人道法　119, 123, 126, 127, 249
国際法　1, 6, 8, 9, 14-17, 20, 27, 87, 103, 117-120, 122, 124-133, 150, 168-171, 176, 184-186, 188-192, 194, 199, 201, 222-224, 243, 339, 341
国際労働機関（ILO）　141, 161, 162
国際労働条約 107 号　141-143, 161
国際労働条約 169 号　143-145, 149-153, 158
国内避難民　38, 49, 58, 239, 254, 256
国立サンクリストバル・デ・ワマンガ大学（国立ワマンガ大学）　35, 36, 52, 60
国連国際法委員会（ILC）　130, 133, 169
国連人権高等弁務官事務所（OHCHR）　117, 118, 120, 125, 126
国連難民高等弁務官事務所（UNHCR）　282, 285, 290, 291, 305
国家承認　171-173, 179, 184, 190, 193, 194
国家なき社会　252, 253
国家に抗する社会　252, 253, 257
コア・クライム　7, 118, 122, 125, 127-131, 133
コンタクト・ゾーン（接触領域）　11
コンドル作戦　30, 57, 68, 69, 83
コンペンセーション　94, 95, 102, 103, 105, 106, 108-110, 112, 114

さ　行

裁判　5-7, 17, 30-31, 39, 43, 52, 53, 60, 70, 74-76, 80, 81, 87, 99, 102, 117-120, 122-132, 134, 135, 156, 168, 169, 172, 175, 185, 192-194, 199-204, 210, 214, 216-218, 220-222, 224-227, 251, 263, 269-271, 311, 312, 316, 322, 329, 333
裁判外紛争処理（ADR）　270, 271
サラケテ、ホセ　78, 83
ジェノサイド（集団殺害犯罪）　5, 7, 29, 44,

45, 59, 118, 119, 125, 127-131
ジェノサイド条約（集団殺害罪の防止および処罰に関する条約） 5, 6, 43-45, 59, 84, 127, 129
ジェンダー 4, 14, 17, 28, 125, 223, 282, 317, 318, 323, 324, 329, 331-333
自決権 139, 141, 144, 145, 147-150, 157-160, 168, 169, 175, 178, 188, 189
自主クーデター 39, 40, 43, 57
自然法 168, 170, 192
持続可能な開発目標（SDGs） 146, 147
自治権 154, 159, 171, 172, 179, 188
シッキンク、キャスリン 6, 8, 28, 33, 148, 150
実定法 127, 168, 170, 171, 192
自動詞的用法（同化の） 302
自動詞的な同化 302-304
社会的ジャスティス希求運動 314
社会統合 281, 283, 284, 286-289, 295, 300-302, 306, 342
従属理論 139
集団殺害罪の防止および処罰に関する条約→ジェノサイド条約
集団殺害犯罪→ジェノサイド
修復的司法 270, 272
修復的正義 105, 108, 234, 235, 246, 248-252, 256, 258
ジュネーヴ条約 120, 127, 129, 130, 245
女子差別撤廃条約 318
人権 4, 6, 7, 10, 14-16, 18, 27-29, 31, 33-35, 38, 40, 42, 43, 46-48, 55, 57-60, 66, 69-87, 96, 99, 103, 104, 112, 113, 118, 121, 122, 124-128, 134, 141, 144-151, 153, 154, 156, 162, 175, 176, 183, 188, 189, 242, 244, 245, 249-251, 270, 296, 305, 310, 316-319, 325, 329, 331, 333, 339, 341
人権裁判所 7, 118, 124, 134
人権レジーム 32, 34, 42, 144-146, 150
真実委員会 30-34, 39, 46, 58, 77, 79-82, 84, 85, 87, 199, 225, 273
真実和解委員会（TRC, CVR） 15, 16, 31, 32, 34, 39-43, 45-48, 52, 54, 57-59, 81, 83, 84, 91, 92, 96-104, 106, 108, 110-113, 121, 270, 272, 339
新自由主義（ネオリベラリズム） 17, 72, 75, 76, 142, 143, 146, 151, 152, 155, 159-162, 236, 238
人道に対する罪 5, 124-125, 127, 174, 188, 223-224, 227
人道に対する犯罪 7, 118-119, 125, 127-128, 130, 132, 134
神判 263, 268, 269, 279
人民 6, 8, 20, 143, 144, 168, 172, 178, 186, 187, 189, 190, 217, 218, 311
侵略犯罪 118, 125
水利権 142, 162
正義 1, 4, 6-12, 14, 16-18, 20, 25, 27, 29, 31, 65, 66, 72, 73, 75-83, 85-87, 96-98, 105-112, 118, 121, 134, 137, 147, 167, 168, 170, 171, 173, 174, 179, 183, 185, 186, 191, 192, 200, 201, 235, 249, 251, 261, 275-278, 309, 329, 330, 341, 342
正義のカスケード 6, 33
世界銀行 1, 2, 35, 139, 149, 161, 236, 305
世界人権宣言 6, 19, 141, 245, 288
説明責任 8, 29, 53, 96, 99, 176
先住民 3, 5, 11, 14-17, 27, 28, 34-38, 40-49, 53, 55-59, 80, 84, 139-162, 252, 341
先住民作業部会（WGIP） 144
先住民族の権利に関する宣言 17, 45, 143-146, 150, 159, 161

先住民族の権利に関する特別報告者　144
先住民の開発　141, 146-148, 152, 153
先住民の権利（先住民権）　17, 139-141, 143-145, 148-155, 157, 159, 160, 341
先住民法　152, 154, 157, 158
先住民問題に関する常設フォーラム　141, 144-146, 148, 153, 155, 156, 159
戦争犯罪　5, 7, 118, 119, 123-125, 127, 129, 130, 132-134, 199, 200, 203, 209, 223-225
センデロ・ルミノソ→ペルー共産党―センデロ・ルミノソ
専門家機構　144, 145
想像の共同体　3
ソロモン諸島　91-95, 97, 98, 101, 103-110, 112, 342
ソロモン地域支援ミッション　92, 95, 96, 98, 102, 107, 109
ソロモン真実和解委員会　16, 34

た　行

第三国定住制度　282, 285, 290, 291, 305
体制移行期　66, 73, 75, 76, 78, 79, 82, 85, 87, 88
タウンズビル和平合意　95, 105, 106, 108
多文化主義　155, 282, 283, 286, 295, 298, 304, 305
多文化政策　17, 152, 159, 160
タヤー　330
チリ　4, 17, 30, 31, 43, 59, 67, 68, 71, 73, 77, 78, 83, 121, 139-142, 150-156, 158-162, 285, 340, 341
テイテル、ルティ・G　29, 30, 33, 79
テリー、ベラウンデ　38, 40-42, 51, 52, 58
ツツ、デズモンド　91, 96-97, 99, 110-111
テロ　4, 30, 39, 42, 43, 76, 77, 125, 130, 172-174, 191, 250, 278, 281
テロ対策法案　156
同化　141-143, 148, 161, 302-304
東京裁判→極東国際軍事裁判
トゥパック・アマル革命運動（MRTA）　39, 84
土地所有権　142, 150, 154, 161, 162
トランスナショナル・アドボカシー・ネットワーク　8, 28, 55, 148

な　行

難民　4, 18, 20, 281-298, 300-305, 342
難民キャンプ　18, 284, 289-291, 293, 296-298, 300, 303, 304
難民の保護　282
難民問題　281, 282, 305
日系社会失踪者家族会　85, 86
ニュルンベルク裁判　5, 29, 123, 134, 222, 223, 227
人間の安全保障　33, 66
ネイティヴ　28
ネオリベラリズム→新自由主義
ネオリベラル多文化主義　159
農民（カンペシノ）　37, 45, 48, 57, 59, 142

は　行

バリオス・アルトス事件　59, 122
汎用化　10-12
非政府組織（NGO）　2, 7, 27-29, 47, 48, 54, 55, 60, 65, 70, 74, 77-81, 83, 87, 98, 140, 147, 149, 291, 310
ピノチェト、アウグスト　30-31, 67, 161, 162
秘密墓地　45-49, 53, 54
ヒュブリス　167, 171
標準化　10, 12, 111
ビルマ（ミャンマー）　18, 281, 283, 285,

286, 288-291, 296-298, 302, 304, 309-312, 314-320, 322-334, 341, 342
フィンランド　18, 281, 283-306, 342
福祉多文化主義　283, 301, 302
福祉排外主義　283, 301, 305
フジモリ、アルベルト　32, 39, 40, 42-43, 57-59, 84
武装解除　95, 121, 246
武装集団イサタンブ解放運動（IFM）　93-95, 100, 101, 104, 106, 107, 109, 113
仏教徒女性婚姻法　309, 310
仏教保護仏教講師出家ネットワーク　327
仏法　313, 315, 330
普遍的・定期的レビュー　141, 153, 154
文化相対主義　10, 27, 236, 244, 245, 251
文化的シティズンシップ　282, 287, 302, 304, 306
米州機構（OAS）　70, 71
米州人権裁判所　7, 59, 122, 124, 144, 145, 156
ヘイナー、プリシラ　32, 35, 46, 79, 99, 225
平和構築　11, 12, 16, 21, 32, 34, 45, 55, 66, 77, 80, 81, 96, 235, 246, 255
ベラスコ、フアン・アルバラード　37
ペルー共産党―センデロ・ルミノソ　35-42, 47, 48, 50, 53, 54, 59, 84
ペルー真実和解委員会　16, 32, 34, 39, 41, 43, 46, 47, 54, 57, 59, 339
ペロン、フアン・ドミンゴ　66-68, 73
包括的援助フレームワーク（CDF）　149
法社会研究センター（CELS）　70, 74, 75, 87
法人類学　13-15, 21, 271, 276
包摂　10, 12, 108, 302, 304
法の支配　17, 29, 79-81, 98, 118, 167, 168, 170, 179, 182-185, 192, 271, 332
報復的司法　246
母語教育　295-298, 302, 306, 307
ポストコロニアル・エリート　27, 28, 54
ポストコロニアル国家　253, 254

ま　行

マチ　156-158
マバタ（民族宗教保護協会）　313-315, 317-320, 325-330, 332
麻薬産業　34, 55
ミスティ　37
南アフリカ　31, 32, 78-80, 91, 97, 104, 270, 340
南アフリカ真実和解委員会（南アフリカTRC）　15, 16, 31, 81, 96, 97, 106, 110, 121, 273
ミレニアム開発目標（MDGs）　146, 147, 151
ミャンマー→ビルマ
民主化　16, 18, 29-32, 34, 40, 42, 43, 72, 77-79, 82, 145, 151, 152, 162, 191, 290, 309, 311, 312, 318, 319, 325, 330
民族宗教保護協会→マバタ
民族浄化　173, 175, 176, 332
民族保護法　314, 315, 336, 337
メスティソ　35-38, 42, 59
メンデス、フアン　34, 57, 78, 81, 87, 339
毛沢東　35, 36, 61

や　行

誘拐、拘束、行方不明者の家族の会（ANPHASEP）　52
ユーゴスラビア　6, 17, 29, 44, 171, 192, 199, 223, 225
赦し　97, 98, 101, 106-108, 110-112, 200, 201,

248-251, 272-275, 339
良きガバナンス　236
世論　155, 170, 191, 318, 322, 330, 332

ら　行

リーガル・プルーラリズム　18, 263, 270-272, 275, 276, 278, 341
領土保全　65, 168, 169, 176-178, 180, 181, 186, 188-191, 194
ルワンダ　2, 6, 29, 44, 59, 199, 223, 225
ルワンダ国際刑事裁判所（ICTR）　6, 30, 127
劣悪なガバナンス　233, 235-238
レムキン、ラファエル　5, 59
レルネル、サロモン　40, 57, 58, 339
ローカリティ　1, 9, 12, 15, 17, 27, 34, 171, 340, 342
ローカル・ジャスティス　134, 234, 249, 251
ロヒンギャ　312, 332
ロンコ　157

わ　行

和解　16, 18, 29-32, 39-43, 57, 84, 91, 92, 96-99, 102, 103, 106-112, 121, 179-181, 190, 233, 242, 246-249, 251, 252, 255, 256, 269, 270, 272-275, 278, 342

略　語

ADR→裁判外紛争処理
CDF→包括的援助フレームワーク
ICC→国際刑事裁判所
ICJ→国際司法裁判所
ICTJ→国際移行期正義センター
ICTR→ルワンダ国際刑事裁判所
ICTY→旧ユーゴスラビア国際刑事裁判所
ILC→国連国際法委員会
ILO→国際労働機関
MDGs→ミレニアム開発目標
NATO→北大西洋条約機構
NGO→非政府組織
OAS→米州機構
OHCHR→国連人権高等弁務官事務所
OSCE→欧州安全保障協力機構
SDGs→持続可能な開発目標
TRC（CVR）→真実和解委員会
UNHCR→国連難民高等弁務官事務所

■編者紹介

細谷広美（ほそや ひろみ）
成蹊大学文学部教授
専門は文化人類学、ラテンアメリカ地域研究
おもな著作は『アンデスの宗教的世界――ペルーにおける山の神信仰の現在性』（明石書店、1997年）、『他者の帝国――インカはいかにして「帝国」となったか』（共著、世界思想社、2008年）、『越境するモノ　フェティシズム研究2』（共著、京都大学学術出版会、2014年）など。

佐藤義明（さとう よしあき）
成蹊大学法学部教授
専門は国際法
おもな著作は『国際裁判と現代国際法の展開』（分担執筆、三省堂、2014年）、「国際法の歴史化――世界遺産制度および世界記憶遺産事業の政治性と政治化」（『国際法研究』4、2016年）など。

成蹊大学アジア太平洋研究センター叢書
グローバル化する〈正義〉の人類学
――国際社会における法形成とローカリティ

2019年2月28日　初版第1刷発行

編　者　細谷広美
　　　　佐藤義明
発行者　杉田啓三

〒607-8494　京都市山科区日ノ岡堤谷町3-1
発行所　株式会社　昭和堂
振替口座　01060-5-9347
TEL（075）502-7500／FAX（075）502-7501
ホームページ　http://www.showado-kyoto.jp

印刷　亜細亜印刷

ISBN978-4-8122-1804-4